三國遺事에서 빠진

삼 국 유 사

三國遺事에서 빠진 삼국유사

1판 1쇄 인쇄 2022년 2월 25일
1판 1쇄 발행 2022년 3월 2일

엮은이 여성구
펴낸이 유필남
디자인 당아
펴낸곳 도서출판 역사路
등 록 553-93-01280
e-mail. historyroad@naver.com
인 쇄 삼아인쇄사

ISBN: 979-11-975004-3-5(03900)

가격 25,000원

三國遺事에서 빠진

삼국유사

여성구 엮음

역사로

『삼국유사 보유』의 개정 증보판을 내며

앞서 개인 소장용으로 『삼국유사 보유』(2019)를 펴낸 바 있는데, 본서는 그 책의 개정 증보판이다. 오자와 오류를 고치는 과정에서 새롭게 꾸며보고자 책 이름도 바꾸고, 불필요한 부분을 빼고, 내용을 추가하였다. 또 이해를 돕기 위해 사진을 넣었다.

'보유'라는 것은 빠진 것을 보태어 채운다는 뜻이다. 『삼국유사』에서 생략·요약 정리된 자료를 보완하거나, 관련 자료를 수집·정리하는 것을 말한다. 보유편의 필요성은 이미 학자들로부터 지적되어 최남선은 자료를 부록으로 첨부하기도 하였다. 그러나 한 권의 내용을 온전히 정리한 것은 없다. 처음 시도인 만큼 두려움과 기대감이 교차한다.

보유편을 준비한 이유는 풍부한 역사문화가 있음을 알리고, 회자한 자료들의 출전을 정확히 제시하기 위해서였다. 『삼국유사』는 더 이상 학자만의 전유물이 아니다. 본서를 통해 학문적 외연도 넓혀졌으면 한다. 다양한 경험은 생존력을 키우는데 도움되듯이, 독자들이 풍부한 역사문화를 이해했으면 한다.

역사(歷史)와 유사(遺事), 사실과 진실을 통찰할 수 있기를 바란 것이 일연 스님이 『삼국유사』를 편찬한 목적이었으리라. 본서를 읽고 한 번쯤 일연 스님의 『삼국유사』를 펼쳐본다면, 일연 스님께 큰 누가 되지 않을 것이라고 위로해 본다.

보유편을 구상하고 자료를 수집한 지가 10년이 넘었다. 처음부터 원문 교감에 집중하였는데, 연구 기관의 사이트에 제공된 원문 자료의 많은 도움을 받기도 했지만, 그렇지 않은 자료는 일일이 입력하기도 했다. 역주는 관련 논문을 찾는 것이 중요한 작업인데, 아직도 마무리를 짓지 못하고 있다. 원문 교감과 역주본에 앞서 일단 축약본을 내놓게 되었다. 그 이유는 일단 하나를 정리하며, 평가가 필요했고, 나아가 지지부진한 기존의 작업에 속도를 낼 수 있다고 생각했기 때문이다.

『삼국유사』 보유편은 현실적으로 1인에 의한 연구결과물로서 소기의 목적을 달성하기란 쉽지 않다. 너무 자의적이라는 비평을 피할 수 없을 것이다. 그런 점에서 본서의 완성도는 떨어진다고 할 수 있으나, 향후 보유편의 방향성과 가능성을 점검받을 수 있기를 바란다.『동문선』,『속동문선』,『신찬동문선』과 같이 후속 보유편들이 나올 수 있기를 기대한다.

본 책에 수록된 사진은 본인과 '불교문화와 사찰', '문화권으로 보는 한국사', '한국 역사의 이해'라는 교과목을 수강한 학생들이 찍은 것이다. 이 자리를 빌려 수강생들에게 謝意를 전한다. 끝으로 교정과 조언을 아끼지 않은 북악사학회 회원과 원고를 기꺼이 맡아준 역사로 출판사에도 감사의 마음을 전하고 싶다.

2022년 2월
여성구

【범례】
* < > 안에 원문의 세주를 넣었다.
* ( ) 안에 내용의 이해를 돕고자 연문을 넣었다.
* [ ] 안에 출전을 표기하였다.
* 각 항목의 출전은 참고문헌에서 일괄 정리하였다.

차 례

기이 1

기이 2

흥법 3

탑상 4

피은 8

효선 9

고조선부터
신라 태종무열왕까지의 이야기
기이 1

1. 전조선의 단군 신화

처음에 누가 나라를 열고 비바람을 열었던가. 석제(釋帝)의 손자로서, 이름은 단군이다.

<본기[1]에 말하기를 상제 환인은 서자가 있었는데, '웅'이라 불렀다. 환인이 웅에게 말하기를, '아래로' 내려가 삼위태백에 이르러 널리 인간을 이롭게 하라.'라고 하였다. 웅이 천부인 세 개를 받고 귀신 3천을 거느리고 태백산 정상 신단수 아래에 내려오니 이를 '단웅천왕'이라 한다. 손녀(孫女)에게 약을 마시게 하여 사람이 되게 한 뒤 단수신과 혼인케 하여 아들을 낳으니 이름을 단군이라 한다. 단군이 조선의 땅에 의지하여 왕이 되었다. 고로 시라(신라), 고례(고구려), 남·북옥저, 동·북부여, 예, 맥은 모두 단군의 자손들이다. 1,038년을 다스리다가 아사달산으로 들어가 신이 되니 이것이 죽지 않는 이유이다.>

요임금과 같은 무진년에 일어나 순임금[虞舜]을 지나서 하국(夏國, 禹임금)까지 왕위에 계시었다. 은나라 무정(虎丁) 8년(B.C 1318) 을미년 아사달산에 들어가 신이 되니 <지금의 구월산 또는 궁홀 또는 삼위라고도 하는데 사당이 지금도 있다> 나라를 다스리기를 1,028년,[2] 그

---

1. 본기(本紀) : 「단군본기」를 말한다. 『세종실록』 권154, 지리지 평안도조를 보면, 「단군고기」라고 하였으며, 『제왕운기』의 기록을 답습하고 있음을 볼 때, 동일 자료였을 것으로 보인다.

2. 『삼국유사』는 1500년 혹은 1908년을 다스렸다 하고, 『세종실록』 지리지에는 1038년, 『응제시주』에는 1048년이라고 하였다.

변화는 어찌 환인이 전한 것이 아니겠는가? 그 뒤 164년에 어진 사람이 다시 군신 관계를 열었도다<혹은 '이후 164년, 비록 부자가 있으나 군신은 없다'라고 하였다.>【제왕운기[3]】

단군은 우(虞) 하(夏)를 지나 상(商) 무정 8년 을미 때까지 살다가 아사달산에 들어가 신이 되었다. 지금 황해도 문화현 구월산이다. 사당은 지금까지도 있다. 향년 1,048세이고, 그후 164년 뒤 기묘에 기자가 봉해졌다.

> 전설을 듣자니 아득한 옛날, 단군님이 나무 밑에 내리었다네.
> 임금 되어 동쪽 나라 다스렸는데 저 중국 요임금과 때가 같다오.
> 전한 세대 얼마인지 모르지만, 해로 따져 천년이 넘었네.
> 뒷날 기자의 대에 와서도 똑같은 조선이라 이름하였네.
> 【양촌집[4]】

> 단군께서 우리 청구 백성을 낳으시고,
> 패수(浿水) 가에서 인륜을 가르쳤네.
> 아사달에 약 캐러 간 지 만세인데,
> 지금까지 사람들은 무진년을 기억하네.
> 【추강집[5]】

---

3. 『제왕운기』 : 이승휴(1224~1300)가 지은 상·하 2권의 책이다. 상권은 중국 역사(7언시), 하권은 단군조선부터 고려 충렬왕 때까지 우리나라의 역사를 1·2부로 나누어 7언시·5언시로 기술하였다. 『제왕운기』(1287년 간행)에서는 '조선'을 삼조선으로 나누어, 전조선(단군조선)·후조선(기자조선)·위만조선이라 하였다. 반면 『삼국유사』(1285년 혹은 1300년대초 간행)에서는 고조선(단군조선, 기자조선을 포괄), 위만조선으로 나누어 이해하였다.

4. 신호열 역, 『양촌집』, 한국고전번역원, 1979 참조. 이 시는 권근(1352~1409)이 지은 「應制詩」 24편 중의 하나이며, 손자 권람이 응제시에 주석을 단 「응제시주」가 전한다.

5. 남효온(1454~1492), 『추강집』 제3권, 시 「단군의 묘정을 배알하고」.

2. 조선 장군 성기와 공무도하가

위만조선의 장군 성기

위만조선은 위만으로부터 우거(右渠)까지 무릇 3세, 86년 만에 망하였다. 허목(許穆, 1595~1682)은 이르기를, "위만이 인(仁)과 덕(德)은 쌓고 베푼 것이 없이 한갓 망명한 사람들을 속여 준왕(準王)을 쫓아내고 나라를 빼앗아 아울렀으니 매우 의롭지 못하다. 2세를 지내고서 멸망하였으니 갑자기 얻은 자는 갑자기 망하는 것이다."라고 하였다.

나라가 파멸하고 임금이 사망하고 대신들이 다 안으로부터 배반하였으나, 성기(成己)는 홀로 몸을 아끼지 않고 분연히 굳게 지켰다. 그러므로 노인(路人)의 무리[6]가 나라를 팔아 살기를 탐낸 것에 비하면 충절이 위대하여, 후세의 신하에게 권장이 될 만하다.

『한서(漢書)』에 이르기를, "성기가 배반하여 다시 관리를 공격하였다."라 하고, 또 "성기에게 죄를 물어 죽였다."라고 하였다. 그러나 이것은 적국(敵國 ; 조선)에 대한 말이므로 표현[筆法]이 그렇다 하더라도 『동국통감』에 이것을 그대로 써서, 참으로 죄가 있는 사람인 것처럼 한 것은 어찌 된 일인가? 【동사강목[7]】

---

6. 노인배(路人輩) : 조선의 재상 노인·한음, 이계의 재상 삼(參), 장군 왕협 등은 한(漢)과의 싸움에 불리하게 되자, 한에 항복하였는데 노인은 가는 도중에 죽었다. 삼이 사람을 시켜서 우거를 죽이고, 한의 장수 순체는 우거의 아들 장(長)과 노인의 아들 최(最)를 시켜서 백성에게 성기를 죽이게 하였다.

7. 동사강목 : 조선후기 실학자 순암 안정복(1712~1791)의 저서. 20세기 초 민족주의 사학자들에게 많은 영향을 미친 역사서이다.

조선의 가요 공무도하가

최표(崔豹)의 『고금주』[8]에 다음과 같은 이야기가 전한다.

공후인(箜篌引)은 조선진(朝鮮津)의 졸병 곽리자고(霍里子高)의 아내 여옥(麗玉)이 지은 것이다.

자고가 새벽에 일어나 배의 노를 젓는데, 백발의 미친 사내 하나가 머리카락을 풀어 헤치고 술병을 들고서 어지럽게 흐르는 물속에 뛰어들어 건너려 하였다. 그의 아내가 그를 멈추게 하려고 뒤따라가면서 불렀으나 거리가 미치지 못하여 그만 강물에 빠져 죽었다. 그러자 미친 사내의 아내는 공후(箜篌)를 끌어안고 치면서 '님[公]이 강물을 건너지 말라'는 노래를 만들어 부르는데, 그 곡조가 매우 슬펐다. 연주를 마치자 물에 몸을 던져 죽었다.

곽리자고가 집에 돌아와서 그 곡조를 아내 여옥에게 이야기하였다. 여옥이 애처롭게 여기고 곧 공후를 치면서 그 가락을 묘사해 놓으니, 듣는 사람들 모두 흐느껴 울지 않는 자가 없었다. 여옥이 그 곡조를 이웃집 여자인 여용(麗容)에게 전해주고 곡의 이름을 '공후인'이라 하였다.【오산설림초고[9]】

---

8. 고금주(古今注) : 서진 혜제(惠帝) 때(290~306) 최표가 지은 총 3권의 책. 우리 문헌 중 『해동역사』에 이 책의 기록이 수록되어 있으며, 이 밖에 공후인은 『열하일기』·『대동시선』·『청구영언』에도 전한다.

9. 오산설림초고 : 차천로(1556~1615)의 수필집.

공무도하가[10]

님이시여!, 그 강물을 건너지 마소.
막무가내 뿌리치고 건너더니만,
강물에 휩쓸려서 돌아가시니
아! 우리 님을 어이할거나.

【고시기[11]】

---

10. 공무도하가(公無渡河歌) : 현전하는 우리나라 최고의 시가(詩歌). 이 시가와 유래는 후한 말(133~192) 채옹(蔡邕)이 엮은『금조(琴操)』에 전하며, 유래만을 기술한 책은『고금주』이다. 이후 송 태조(宋太祖) 때 이방(李昉) 등이 엮은『태평어람』에도 수록되어 있다. 이 노래의 제작 시기는 ① 위만조선시대, ② 한사군 설치 이후~서기 2세기경 등으로 견해가 나뉘어 있으며, 작자의 출신에 대해서도 ① 중국인설, ② 조선인설 등 두 가지 설이 있다.

11. 고시기(古詩紀) : 명나라 풍유눌(馮惟訥)이 지은 총 156권의 책. 시가는『해동역사』에서 인용하였다.

3. 마한의 소도

마한의 강역

마한은 열수(洌水, 지금의 한강) 이남의 땅으로 지금의 경기·호서·호남의 지역이고, 진한은 지금의 경상좌도의 지역이고, 변진은 지금의 경상우도의 지역이다. 최치원이 삼한의 강역 경계를 논한 것은 하나같이 잘못된 점이 많다.[12]【다산시문집】

소도

마한의 풍속은 법도와 질서가 없다. 나라의 읍락[國邑]에 비록 우두머리[主帥]가 있지만, 읍락에 섞여 살아서 통제하고 지배할 수 없었으며, 꿇어앉아 엎드려 절하는 예의도 없다.

그들이 사는 곳은 흙으로 만든 집에 풀로 지붕을 이었는데, 모양이 무덤과 같다. 문은 위로 내고, 가족 모두 그곳에서 지내며, 어른·아이와 남녀의 구별이 없다. 장례에는 관(棺) 없이 덧널[槨]을 사용한다.

소와 말 타는 것을 알지 못하고, 소나 말은 장례를 치를 때 쓰인다. 옥돌과 진주는 보배로 여겨 옷에 꿰매어 장식하고, 혹은 목에 매달거나 귀에 달기도 하지만 금·은·비단은 보배로 여기지 않는다.

사람들의 성질은 강하고 용감하며, 상투를 튼다. 옷은 베로 만든 두

---

12. 최치원(崔致遠, 857~?)은 마한은 고구려, 진한은 신라, 변한은 백제라고 생각하였다.

루마기[布袍]를 입고, 가죽신을 신는다. 나라에 일이 있거나 관가에서 성곽을 쌓을 때, 나이 어린 자나 용감하고 건장한 이들은 모두 등가죽을 뚫어 큰 밧줄로서 꿰거나, 또는 한 장(약 3m) 정도의 나무를 꽂아 넣고, 종일 떠들썩하게 소리를 지르며 힘을 쓰지만 아파하지 않는다. 그러는 동안에 힘쓰는 것과 건강함을 권하는 것이다.

마한의 소도 신앙에서 유래한 솟대와 장승(광주시 하번천리 양짓말 ©윤성철 2009)

항상 5월에 씨 뿌리기를 마치면, 귀신에게 제사 지내고, 무리를 지어 노래하고 춤추며 술을 마시는데, 밤낮없이 쉴 줄 모른다. 춤은 수십 명이 일어나 함께 따라가면서 땅을 밟는데, 손과 발을 올렸다 내렸다 하는 것이 서로 맞았다. 10월 농사가 끝나면 다시 이같이 하는데 귀신을 믿는 것이다.

국읍에는 각각 한 사람을 뽑아 천신(天神) 제사를 주관토록 하였는데, '천군(天君)'이라고 한다. 또한 여러 나라에는 각각 특별한 읍락[別

邑]이 있는데, 이를 '소도(蘇塗)'[13]라고 한다. 큰 나무를 세우고 방울과 북을 매달며, 귀신을 섬긴다. 도망자들이 그 안에 이르게 되더라도 모두 송환하지 못하니 도둑질하기를 좋아한다. '소도'를 세운 뜻은 탑[浮屠]과 비슷한데 선악을 행하는 것에는 차이가 있다.【삼국지[14]】

마한의 멸망

마한이 망할 때 오직 주근(周勤)[15]이 우곡성(牛谷城)[16]을 차지하고 옛 업을 회복하려다가 백제 온조왕에게 살해되었는데 우리 역사서에는 반역이라 기재하였으니 역사가의 공정성을 상실한 것이다.【성호사설[17]】

---

13. 소도 : 삼한시대 천신에 대한 제사를 모셨던 신앙의 성지. 방울과 북을 매달던 솟대에서 유래.

14. 삼국지 : 진(晉)나라 때 진수(陳壽, 233~297)가 편찬한 위·촉·오 3국의 역사서.

15. 주근 : 마한의 장군(?~16)으로 온조왕 26년(8)에 마한을 부흥시키고자 우곡성에서 의병을 일으켰으나, 온조왕의 5천 군사에게 패하고 자결하였다.

16. 안정복은 "다루왕 때 동부에 명하여 우곡성을 쌓아 말갈을 방비하였으니, 그 땅이 마땅히 백제 동북방에 있을 것이다"라고 하였다(『동사강목』 제1하, 병자년).

17. 『성호사설』 제25권, 경사문(經史門) 전대 군신사(前代君臣祠).

4. 한사군과 2부

한사군과 조선 풍속

한나라가 조선을 갈라서 낙랑·임둔·현도·진번의 네 군으로 만들었다. 낙랑은 조선현<지금의 평양부>에, 임둔은 동시현(東暆縣)<지금의 강릉부>에, 현도는 옥저성(沃沮城)<지금의 함경남도>에, 진번은 삽현(霅縣)<호(胡) 땅에 있으나, 지금은 미상>에 치소를 두었다.

삼(參, 조선 재상)을 '획청후(澅淸侯)'<땅은 제(齊)에 있다>로, 한음(韓陰, 조선 재상)을 '적저후(狄苴侯)'<땅은 한(漢)의 발해군에 있다>로, 왕협(王唊, 조선 장군)을 '평주후(平州侯)'<태산(泰山) 양보현(梁父縣)에 있다>로, 장(長, 우거의 아들)을 '기후(幾侯)'<땅은 하동(河東)에 있다>로, 최(最, 조선 재상 노인의 아들)는 아버지가 죽었고 자못 공도 있으므로 '날양후(涅陽侯)'<남양군에 있다>로 봉하였다.

4군이 한나라에 복속된 뒤로 요동에서 관리를 뽑아 이곳에 보냈다. 그 관리들은 백성이 문을 닫거나 물건을 감추지 않는 것을 보았는데, 중국의 장사꾼이 와서 밤이면 도둑이 되자 풍속이 점점 박해져서, 법률이 많아져 60여 조목에 이르니, 인현(仁賢)의 교화가 변하였다.

한의 반고(班固)는 이르기를, "동이(東夷)는 천성이 유순하여 남·서·북의 세 지방의 오랑캐와 다르다. 그러므로 공자(孔子)가 도가 행하지 않는 것을 슬퍼하여 떼를 만들어 바다를 건너서 구이(九夷)에 살고자 하였으니, 까닭이 있던 것이다."라고 하였다. <한서에서 보충>【동사강목】

2부

『한서』소제(昭帝) 시원 5년(B.C. 82)에 진번을 혁파하라고만 하고, 현도에 합병하라고는 말하지 않았는데, 『후한서』에는 임둔과 진번을 혁파하여 낙랑과 현도에 합치라 하였다. 상고하건대 『한서』에는 2부를 둔 일이 없는데, 『후한서』에는, "시원 5년에 단대령(單大嶺, 지금의 철령) 동쪽의 옥저·예맥은 다 낙랑에 붙였더니, 경계 구역이 넓으므로 다시 영동(嶺東) 7현(縣)을 갈라서 낙랑의 동부도위(東部都尉)를 두었다."라고 하였으니, 이를 근거하면 낙랑을 둘로 나누기는 하였으나 2부를 세우지는 않았다.

오직 『삼국유사』에는, "시원 5년 기해에 두 외부(外府)를 둔 것은, 조선의 옛 땅인 평나(平那)와 현도군을 평주도독부(平州都督府)로 삼고, 임둔·낙랑 등 두 군에 동부도위부(東府都尉府)를 둔 것을 가리킨 것이다."라고 하였는데, 이는 무엇을 근거한 것인지 알 수 없다.[18] 또 도독(都督)의 명칭이 후세에 나왔으니 그 말은 대개 『한서』를 인용하여 근거없이 판단한 것이다. 『동국통감』에 『삼국유사』를 인용하면서 고증하여 밝히지 않고, 또 동부도위를 고쳐 '동부도독'이라 하였으니 더욱 잘못된 것이다. 【동사강목】

---

18. 허목, 『기언(記言)』권32, 외편, 동사(東事) 1, 4군 2부에서도, "효소제 때 진번군을 혁파하고 요동성과 현도성을 쌓았다. 후에 다시 이부를 두어 조선의 옛 지역인 평나와 현도를 평주로 삼고, 임둔과 낙랑을 동부로 삼아 모두 도독부를 두었다."라고 하였다.

5. 삼한과 목지국

삼국이 일어나기 전에 한수(漢水) 이남은 삼한의 78개국이 있었고, 북방 역시 낙랑군·부여·옥저·예맥·비류국·황룡국·행인국·개마국·구다국 등의 나라가 있었다.【동사강목】

한(韓)은 세 종족이 있으니, 첫째는 마한, 둘째는 진한, 셋째는 변진(弁辰)이다. 마한은 서쪽에 있는데, 54개의 나라가 있으며, 그 북쪽은 낙랑(樂浪), 남쪽은 왜(倭)와 접해 있다. 진한은 동쪽에 있고, 12개국이 있으며, 그 북쪽은 예맥(濊貊)과 붙어있다. 변진은 진한의 남쪽에 있고, 역시 12국이 있으며, 그 남쪽은 왜와 붙어있다. 모두 78개국이다. 백제(伯濟)는 그중 한 나라이다.

큰 나라는 1만여 호(戶), 작은 나라는 수천 가(家)이다. 각각 산과 바다 사이에 자리하고 있으며, 나라 전체의 넓이가 사방 4천여 리고, 동쪽과 서쪽은 바다를 경계로 한다. 모두 옛 진국(辰國)의 땅이다.

마한이 (한족 중에서) 가장 강성해 그 종족들이 함께 왕을 세워 진왕(辰王)으로 삼으며, 목지국(目支國)[19]에 도읍하여 삼한 모든 지역의 왕으로 군림하였다. (삼한의) 여러 국왕의 선대는 모두 마한 종족 사람이다.【후한서[20]】

---

19. 목지국(目支國) : 마한의 54국 중 세력이 컸던 나라. 목지국의 위치에 대해서는 여러 설이 있다.

20. 후한서 : 남조 송(宋)의 범엽(范曄)이 광무제부터 헌제까지 후한의 13대 196년 역사를 기록한 책.

염사치

『위략』에 다음과 같은 이야기가 전한다.

왕망 지황 연간(20~22)에 염사치(廉斯鑡)가 진한의 '우거수'가 되었다. 그는 낙랑 땅이 아름답고 백성들이 부유하게 산다는 말을 듣고, 그곳에 가고자 하였다.

마을에서 나오는데, 밭에서 참새를 쫓는 남자 한 사람을 보았다. 그의 말이 한인(韓人)의 말이 아니라서 그 까닭을 묻자, 그 남자가 말하기를, "저희는 한(漢)나라 사람인데 내 이름은 '호래'요, 저희 1,500명이 나무를 베려고 나왔다가 한(韓)나라 사람들에게 붙들려서 모두 머리를 깎고 종이 되어 지낸 지 3년이 되었습니다."라고 하였다.

염사치가 묻기를, "나는 지금 한나라 낙랑에 투항하러 가는 길인데 같이 가겠는가?"라고 하니, 호래가 말하기를, "좋습니다."라고 하였다.

염사치는 호래를 데리고 나와 함자현에 찾아갔다. 현에서 낙랑군에 보고하니, 군에서 즉시 염사치를 통역으로 삼아 잠중(芩中)에서 큰 배를 타고 진한으로 들어갔다. 호래와 함께 항복한 자들을 무력으로 빼앗아 1천 명을 얻었으나, 500명은 이미 죽었다.

염사치가 때에 맞추어 진한에게 타이르며 말하기를, "너희들이 500명을 돌려보내야 하는데, 만약 그렇게 하지 않으면, 낙랑군은 틀림없이 1만 명의 병사를 보내 배를 타고 와서 공격할 것이다."라고 하였다.

이에 진한이 말하기를, "500명은 이미 죽었으니 우리가 마땅히 그에 상당한 가격으로 지불[贖價]할 것이다."라고 하며, 진한 사람 15,000명과 변한 포 15,000필을 내어주었다. 염사치가 거두어서 가지고 바로 돌아왔다.

낙랑군에서 염사치의 공과 뜻을 기려 벼슬과 땅과 집을 주었다. 자손들이 여러 세대를 내려오다가 후한 안제(安帝)의 연광 4년(122)에 이르러 원래대로 부역이나 세금 등을 면제하였다."라고 하였다.【삼국지】

6. 낙랑왕 최리와
고구려

　고구려 왕자 호동(好童)이 옥저(沃沮)로 놀러 갔다. 그때 낙랑왕(樂浪王)[21] 최리(崔理)가 궁궐에서 나와 다니다가 그를 보고 묻기를, "그대의 얼굴을 보니 보통 사람이 아니구나. 어찌 북국(고구려) 신왕(神王)의 아들이 아니냐?"라고 하였다. 그리고 함께 돌아와 자기 딸을 (호동의) 아내로 삼게 하였다.

　후에 호동이 고구려로 돌아와 몰래 사람을 보내 최씨 딸에게 말을 전하도록 하였다. "만일 그대 나라의 무기고에 들어가 북을 찢고, 뿔피리를 부수면 내가 혼례를 갖춰 아내로서 맞이할 것이고, 그렇지 않으면 맞이하지 않을 것이다."라고 하였다.

　일찍이 낙랑에는 북과 뿔피리가 있었는데 적병이 침입하면 저절로 울었다. 그런 까닭에 이것들을 부수게 한 것이다. 이에 최씨의 딸이 날카로운 칼을 가지고 창고에 들어가 북의 면(面)과 뿔피리의 주둥이를 쪼개고 호동에게 알렸다.

　호동이 부왕(대무신왕)에게 권하여 낙랑을 공격하였다. 최리는 북과 뿔피리가 울리지 않아 침략에 대비하지 못하였다. 고구려군이 갑자기 성 밑에 도달한 다음에야 북과 뿔피리가 부서진 것을 알았다. 마침내 딸을 죽이고 나와 항복하였다. <혹은 말하기를 "낙랑을 멸하려고 청혼

---

21. 낙랑에 대해서는 ① 한 군현의 하나인 '낙랑군', ② 평양을 중심으로 한 독립 세력인 '낙랑국' 등의 설이 있다.

을 해서 그 딸을 데려다 며느리로 삼고, 후에 본국으로 돌아가서 병기와 기물을 부수게 하였다."라고 한다>.【삼국사기】

『삼국사기』 고구려 본기에, "대무신왕 15년 광무 건무 8년(32) 낙랑을 습격하여 그 왕 최리(崔理)를 항복시켰다."라고 하였다. 그런데 낙랑이 중국의 군(郡)이었다면 어찌 왕이라고 칭할 리가 있겠는가? 아마 삼국 사이에 섞여 살아서 그 형세가 마치 하나의 나라와 같았으므로 우리나라 사람들이 그를 왕이라고 칭했으리라.[22]【동사강목[23]】

호동왕자의 자살

고구려 대무신왕의 원비(元妃)가 아들 해우(解憂)를 낳으니, 그는 성품이 모질고 사나웠다. 처음 왕이 갈사왕(曷思王)의 손녀를 맞아들여 차비(次妃)로 삼아서 호동을 낳았다. 얼굴이 미려하므로 왕이 사랑하여 호동이라 이름하였다.

원비는 아들의 태자 자리를 (호동에게) 빼앗길까 두려워하여 왕에게 참소하기를, "호동이 첩에게 무례한 일을 하고자 합니다."라고 하였으나, 왕이 믿지 않았다. 원비는 장차 화가 미칠까 두려워하여 울며 고하기를, "대왕께서는 자세히 살펴보소서. 만약 사실이 아니면 첩이 마땅히 벌을 받겠습니다."라고 하니, 이에 왕이 의심하여 장차 호동을 죄주려 하였다.

어떤 사람이 호동에게 이르기를, "어찌하여 스스로 해명하지 않는가?"라고 하였다. 호동이 말하기를, "이는 어머니의 잘못을 드러나게 하여 아버지에게 근심을 끼치는 것이니, 어찌 효도라고 할 수 있는가?"라 하고, 마침내 땅에 칼을 박아 놓고 그 위에 엎어져 죽었다.

김부식은 이르기를, "왕이 참소를 믿고 인자하지 못했던 것은 말할

---

22. 낙랑을 한 군현의 하나인 낙랑군으로 보지 않고, 춘천 지역의 세력으로 비정하거나(정약용), 평양을 중심으로 한 독립 세력의 낙랑국으로 간주하는 견해도 있다(신채호).

23. 부록 하권 사군고, 낙랑고(樂浪考).

것도 없고, 호동 또한 죄가 없을 수 없다. 순(舜)은 작은 매질은 받고 큰 매질에는 달아나 아버지를 불의에 빠뜨리지 않게 하였다. 그런데 호동은 이렇게 하지 않고 죽지 않을 자리에서 죽었다. 그러므로 작게 삼갈 것을 고집하여 큰 의리에 어두웠던 것이라 할 만하다."라고 하였다.【동사강목[24]】

아비가 어미 말을 들어 어미가 아들을 참소하니,
전에는 어찌 사랑했으며, 뒤에는 어찌 의심하게 되었나.
죽어도 속마음을 밝히는 일은 어려우니,
가엾은 저 호동, 백기(伯奇)[25]와 같구나.【무명자집[26]】

---

24. 김동주·장순범·이정섭 역,『동사강목』, 한국고전번역원, 1979 참조.

25. 중국 주나라 때에 윤길보(尹吉甫)의 후실이 본처 아들 백기를 모함하기 위해 거짓으로 치마 안으로 벌이 들어갔다면서 털어달라고 하였다. 백기는 의심하지 않고 치마를 들어 벌을 터는 시늉을 했는데, 이를 본 왕이 백기가 희롱하는 것으로 여겨 그를 죽였다(『명신보감』). 한편 김부식은 호동을 춘추시대 진 헌공(晉獻公)의 태자 신생(申生)에 비유하였다. 헌공이 여희(驪姬)를 총애하여 그의 아들 해제(奚齊)를 세우고자 신생을 곡옥(曲沃)으로 추방하였는데, 여희의 참소로 자살하였다(『좌전』).

26. 윤기(尹愭, 1741~1826),『무명자집』시고책6, 영동사(詠東史).

기이1 17

7. 옥저

동옥저

동옥저는 고구려 개마대산(蓋馬大山)의 동쪽에 있으며, 큰 바닷가에 접해 산다. 북쪽은 읍루·부여, 남쪽은 예맥과 붙어있다.

호수는 5천 호이며, 큰 군왕(大君王)은 없고, 읍락(邑落)마다 우두머리(長帥)가 있을 뿐이다. 그들의 말은 고구려와 대체로 같지만 다른 부분도 조금 있다.

옥저[27]의 여러 읍락의 우두머리는 스스로 삼노(三老)라 불렀는데, 그것은 한나라의 속현(屬縣)이었을 때의 옛 풍습이다. 나라가 작고 큰 나라의 틈에서 핍박을 받다가 결국 고구려에 복속되었다.

고구려는 그 지역 출신 인물들 가운데 대인(大人)을 사자(使者)로 임명해 토착 거수와 함께 다스리게 하였다. 또 대가(大加)에게 조세를 통괄해 거두어들이게 하고, 담비 가죽·생선·소금·해초 등을 1천 리에서 져 나르게 하였다. 또 미인을 보내게 하여 종이나 첩으로 삼으며, 그들을 노예처럼 부렸다.

동옥저의 땅은 비옥하며, 산을 등지고 바다를 향해 있어 오곡(五穀)

27.『삼국지』·『동사강목』에서는 옥저를 동옥저·북옥저·남옥저 등 세 옥저로 나누고 있으나,『삼국유사』에서는 남옥저·북옥저(=동옥저) 두 개로 이해하고 있다. 현 학계에서는 남옥저(=동옥저)·북옥저 등 두 개의 옥저를 상정하고 있다. 3세기 중엽 관구검의 침입과 고구려의 간섭으로 옥저가 분리되어 두만강 유역에 북옥저가 생겨났고, 남쪽(함흥 일대)의 원래 옥저를 동옥저(혹은 남옥저)라고 불렀다는 것이다.

이 잘 자라며 농사짓기에 적합하다. 주민들은 소박하고 정직하며 굳세고 용감하다. 소와 말이 적고, 창을 잘 다루며 보병전(步兵戰)을 잘한다. 음식·집·옷·예절은 고구려와 비슷하다.

<『위략(魏略)』에 이르기를, "그 나라의 혼례 풍속은 여자가 10세가 되기 전에 혼인을 약속하고, 신랑 집에서 그 여자를 맞이하여 기른 후 아내(혹은 며느리)로 삼는다. 여자가 성인이 되면 다시 친정으로 돌아가는데, 여자의 친정에서 돈을 요구하며, 신랑 집에서 돈을 지급해야 다시 신랑 집으로 돌아온다."라고 하였다>.

그들은 장사를 지낼 때 큰 나무 덧널[槨]을 만드는데, 길이가 10여 장(丈)이나 되며, 한쪽 면을 열어 놓아 문을 만든다. 사람이 죽으면 시체는 모두 임시로 묻어두는데, 겨우 몸을 덮을 만큼 묻었다가 살이 모두 썩은 다음에 뼈만 추려 덧널 속에 넣는다. 집식구를 모두 하나의 덧널 속에 넣어 두는데, 죽은 사람의 숫자대로 살아 있을 때와 같은 모습을 나무에 새기고, 또 질흙으로 만든 솥에 쌀을 담아서 덧널 문 곁에 매단다.【삼국지】

북옥저

관구검(?~255)[28]이 고구려를 토벌할 때, 고구려왕 궁(宮, 동천왕)이 옥저로 달아나자, 군대를 보내 그를 쫓게 하였다. 이때 옥저의 읍락들도 모조리 파괴되고, 3천여 명이 죽거나 포로로 사로잡혔다. 궁은 다시 북옥저로 달아났다.

북옥저[29]는 일명 치구루(置溝婁)[30]라고도 하는데 남옥저(동옥저)[31]와 8백여 리 정도 떨어져 있다. 그들의 풍속은 남·북이 서로 같다. 읍루

---

28. 관구검(毌丘儉) : 중국 위나라의 장군. 244년 고구려를 침입하였다.
29. 북옥저 : 『삼국사기』에는 B.C.28년 고구려에 복속되었다고 한다. 일반적으로 광개토대왕비에 나오는 동부여가 세워진 곳으로 이해되고 있으나 이론도 없지 않다.
30. 치구루 : 구루는 성(城)을 뜻하며, '책구루(幘溝漊)'라고도 한다.
31. 남옥저 : 동옥저를 말한다. A.D.40년 고구려 태조왕 때 복속되었다.

(挹婁)와 접해 있다. 읍루는 배를 타고 다니며 노략질하였는데, 북옥저는 그들을 두려워하여 여름철에는 늘 깊은 산골짜기의 바위굴에서 살고, 겨울철에 얼음이 얼어 뱃길이 통하지 않게 되면 산에서 내려와 촌락에서 산다.【삼국지】

부여·옥저·동예·삼한 지도

8. 동예

　단단대산령(單單大山嶺)의 서쪽은 낙랑군에 소속되었고, 고개 동쪽의 7개 현은 (요동군) 동부도위가 다스리는데 그 백성은 모두 예인(濊人)이다. 그 뒤 동부도위를 폐지하고(A.D 30년경), 예인의 거수(渠帥)를 뽑아 후(侯)로 삼았다. 지금의 불내예(不耐濊)는 모두 그 종족이다. 한나라 말에 고구려에 복속되었다.[32]

　풍속은 산천을 중시하여 산과 내마다 각기 구분이 있어 함부로 들어가지 못한다. 같은 성씨는 결혼하지 않으며, 꺼리는 것이 많다. 가족 중에 병을 앓거나 죽으면 옛집을 버리고 새집을 지어 옮겨 산다. 삼베[麻布]가 생산되며 누에를 쳐서 옷감을 만든다. 새벽에 별의 움직임을 관찰하여 그 해의 풍흉을 점친다. 구슬[珠玉]은 보물로 여기지 않는다.

　해마다 10월이면 하늘에 제사를 지낸다. 이때 밤낮으로 술 마시고 노래 부르며 춤추는데, 이를 '무천(舞天)'이라 한다. 또 호랑이를 신으로 여겨 제사를 지낸다. 읍락을 함부로 침범하면 벌로 노비와 소·말을 물게 하는데, 이를 '책화(責禍)'라 한다. 살인자는 죽음으로 그 죄를 갚게 한다. 도둑질하는 사람이 적다.

　창을 만들어 쓰는데 길이가 3장이나 된다. 가끔 여러 사람이 함께 잡

---

32. 예(濊) : 옥저의 남쪽에 있다. 영동 7현 중에는 화려(華麗)·야두미(邪頭味)·동시(東暆)·불이(不而) 등의 현이 있으며, 후한 말기에 고구려에 복속되었다. 예의 남쪽 경계를 강원도 남단, 또는 평강·회양(춘천 이북) 부근으로 보고 있다.

고서 사용하기도 하며, 보전(步戰)을 잘한다. 낙랑의 단궁(檀弓)은 동예에서 나온 것이다. 바다에서 바다표범[班魚]의 가죽이 나오고, 땅은 기름지고 무늬 있는 표범이 많다. 또 과하마(果下馬)가 나는데, 후한의 환제(桓帝) 때 바쳤다.

정시 6년(245)에 낙랑태수 유무(劉茂)와 대방태수 궁준(弓遵)은 단단대령 동쪽의 예가 고구려에 복속하자, 군대를 일으켜 정벌하였다. 그때 불내후 등이 고을을 들어 항복하였다. 8년(247, 고구려 동천왕 21)에는 위나라의 조정에 와 조공하므로, '불내예왕'으로 봉하였다. 불내예왕은 백성들 사이에 섞여 살면서 계절마다 군에 와서 알현하였다. 2군에 전역(戰役)이 있어 조세를 거둘 일이 있으면, 예의 백성에게도 수세하고, 동원하였는데, 마치 군의 백성처럼 취급하였다.【삼국지】

집안 무용총 수렵도에 보이는 과하마

9. 발해 말갈의 후손 이다조

　이다조(李多祚, ?~707)의 선대는 말갈 추장으로 황두도독(黃頭都督)이라고 불렸다. 뒤에 중국에 들어왔고, 당나라 때까지 계보가 내려와 이다조에 이르렀다.

　이다조는 민첩하고 용감하며 활을 잘 쏘았다. 여러 차례 전쟁에서 세운 공으로 '우응양대장군(右鷹揚大將軍)'이 되었다. 흑수말갈을 토벌할 때, 그 추장을 유인해 술자리를 마련하고 취하게 한 뒤 베고 그 무리를 물리쳤다.

　실위(室韋 ; 몽골계 부족)와 손만영(孫萬榮)이 배반하자,[33] 다조는 여러 장수와 함께 토벌하였는데, 그 공로로 '우우림위 대장군(右羽林衛大將軍)'이 되었다. 당 중종(705~710 재위)이 복위하자, 다조를 요양군왕(遼陽郡王)에 봉하고, 식실호(食實戶) 800을 주고, 아들 이승훈(李承訓)을 위위소경(衛尉少卿)에 삼았다.【신당서】

　예종(662~716)이 즉위하고 조서를 내려 이르기를, "고(故) 우림위 대장군 상주국 요양군왕 이다조는 삼한(三韓)의 귀족이자 백전(百戰)의 맹장이었다. 금위영(禁衛營)에 있으면서 총애를 받아 황실을 보위하는 데 마음을 두었고, 정성과 신의를 바쳐서 적도들을 평정하였다. 그의 몸과 목숨(身命)에 힘입어 간특한 자를 다시 치워 없앴으니, 길이

---

33. 696년 거란의 이진충(李盡忠)과 손만영이 영주(지금의 요녕성 조양)를 점령하자 이를 물리치는 데 큰 공을 세웠다.

남을 그의 말과 아름다운 공적에 대해 포상하는 것이 매우 합당하다. 그러므로 추모의 은전을 내려 살았을 때의 직위를 회복시키는 것이 마땅하다.[34] 그의 옛 관직을 회복시켜 주고, 그 처자식들을 모두 용서해 주라.”라고 하였다.【구당서】

남북국시기 지도

10. 탐라국의 건국 신화

　탐라현(耽羅縣)은 전라도 남쪽 바다 가운데 있다. 고기(古記)에 이르기를, 태곳적 이곳에 사람도 생물도 없었는데 3명의 신인(神人)이 땅으로부터 솟아 나왔다<이 현의 주산(主山)인 한라산 북쪽 기슭에 모흥혈(毛興穴)이라는 굴이 있는데, 이곳이 바로 그때의 것이라고 한다>. 맏이는 양을나(良乙那), 둘째는 고을나(高乙那), 셋째는 부을나(夫乙那)라고 하였다.[35] 이 세 사람은 먼 황무지에서 사냥해 가죽은 입고 고기는 먹고 살았다.

　하루는 자색 진흙으로 봉인된 나무상자 하나가 물에 떠와서 동쪽 바닷가에 닿았다. 이에 가서 나무상자를 열어 보니 돌함과 자색 옷에 붉은 띠를 한 남자가 있었다. 돌함을 여니 그 안에서 푸른 옷을 입은 세 처녀와 여러 종의 망아지·송아지, 또 오곡 종자가 나왔다.

　남자가 말하기를, "저는 일본국[36]의 사신인데 우리 왕께서 세 딸을 낳고 말하기를, '서쪽 바다에 있는 큰 산에 하느님의 아들 3명이 내려와서 장차 나라를 세우고자 하나 배필이 없다'라고 하시면서 저에게 명하여 이 세 분의 딸을 모시고 가게 하였기에 이곳에 왔습니다. 당신들은 마땅히 이 세 분을 배필로 삼아 나라를 세우시길 바랍니다." 하였다. 말을 마치자 사신은 구름을 타고 훌쩍 가 버렸다.

---

35. 고려 말 조선 초에 지은 것으로 보이는 『영주지(瀛洲誌)』에는, "우두머리는 고을나요, 다음은 양을나요, 그다음은 부을나"라고 하였다.

36. 『영주지』에는 동해 벽랑국이라고 하였다.

탐라국의 시조 삼신이 솟아올랐다는 삼성혈

　세 신인은 나이에 따라서 세 처녀에게 장가들고, 샘물 맛이 좋고 땅이 마른 곳을 택하여 활을 쏘아 살 곳을 정했다. 양을나가 사는 곳을 첫째 서울[第一都], 고을나가 사는 곳을 둘째 서울[第二都], 부을나가 사는 곳을 셋째 서울[第三都]이라고 하였다. 이때 처음으로 오곡을 심어 농사를 짓고 망아지·송아지를 목축하여 날로 부유해지고 인구가 늘어갔다.

　그들의 15대 후손인 고후(高厚)·고청(高淸) 형제 3명[37]이 배를 타고 바다를 건너 탐진(耽津, 강진)에 이르니 이때는 바로 신라가 한창 융성하는 시기였다.【신라 문무왕 2년(662)】신라에서는 혜성[客星]이 남쪽에 나타난 것을 보고 태사(太史)가 왕에게 말하기를, "이는 외국인이 조공을 바치러 올 징조입니다."라고 하였다.

　그들이 신라에 오자, 문무왕은 가상히 여겨 맏이는 성주(星主)<그가

━━━━━━━━━━

37. 『영주지』에는 고후·고청·고계(高系)라고 하였다.

신라에 도착했을 때 별자리[星座]를 움직여 혜성이 나타났으므로 성주라고 하였다>, 둘째는 왕자(王子)<왕이 고청을 자기 사타구니 밑으로 지나가게 하고, 친자식처럼 사랑하였으므로 왕자라고 불렀다>, 막내는 도내(都內)라고 불렀다.

고을 이름을 탐라(耽羅)[38]라고 불렀는데, 그들이 처음에 탐진에 도착해 신라로 왔기 때문이었다. 3명에게 각각 일산[寶蓋] 및 옷과 띠를 주어 돌려보냈다. 이때부터 그들의 자손이 퍼져서 신라를 중심으로 받들었다. 신라에서는 고(高)를 성주로, 양(良)을 왕자로, 부(夫)를 도상(徒上)으로 삼았으며, 후에 다시 양(良)을 양(梁)으로 고쳤다.【고려사】

당 고종 용삭(龍朔, 661~663) 초기에 담라(儋羅)의 왕 유리도라(儒李都羅)가 사신을 보내어 조정에 들어왔는데, 그 나라는 신라 무주(武州, 광주)의 남도(南島) 위에 위치한다.

풍속이 소박하여 큰 돼지의 가죽을 옷으로 만들어 입고, 여름에는 띳집에서, 겨울에는 토굴에서 산다. 땅에서는 오곡이 생산되고 밭갈이에 소를 사용할 줄 몰라서 쇠스랑으로 땅을 고른다. 또한 그들은 맨 처음에 백제에 붙었다가 인덕(麟德, 664~665) 연간에 추장(酋長)이 입조하여 황제를 따라 태산(太山)까지 갔던 적이 있었고, 뒤에는 다시 신라에 붙었다.【신당서[39]】

탐라에는 서낭당이 없고, 다섯 마을이 있는데 집은 둥근 담을 두르고 풀로써 지붕을 덮었다. 호구는 8천 명이다. 활·칼·방패·창이 있고, 문서와 기록[文記]이 없으며, 오로지 귀신을 섬긴다. 늘 백제에 복속되어 섬겼다.【당회요】

『북사(北史)』 백제전에 의하면, "그 남쪽 바다에 탐모라국(耽牟羅國)이 있는데 백제의 부용국이다."라고 하였고, 왜전(倭傳)에는, "수나라가 배세청(裴世淸)을 왜에 사신으로 보냈는데, 백제를 지나 남쪽으

---

38. 탐라는 탐모라·섭라·담모라·담라·탁라 등으로도 불렸다.

39.『신당서』권220, 열전 제145, 동이.

로 탐라국을 바라보았다."라고 하였다. 그러므로 그 이름이 있은 지는 이미 오랜데 신라가 지은 이름이라는 말은 잘못이다. 탐진의 이름이 탐라로 해서 얻게 되었다면 옳겠지만 탐라의 이름이 탐진에 정박함으로 해서 얻게 되었다는 것은 옳지 않다. 【동사강목[40]】

『책부원귀(冊府元龜)』에는 임읍(林邑)[41] 남쪽 해변의 소국이라 하고, 『위서(魏書)』에는 섭라(涉羅)라 불렀으며, 『수서(隋書)』에는 담모라(聃牟羅) 또는 담라(儋羅), 탁라(乇羅)라고 하였다. 【임하필기】

제주성지. 삼국시대 탐라국의 수도 부근 성곽으로 축조됐던 성 터

---

40. 부록 상권 상, 탐라국
41. 2세기 말 지금의 베트남 남부에 참족이 세운 나라.

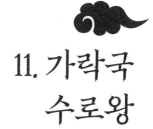

11. 가락국 수로왕

수로왕릉비

왕의 성은 김씨이고, 한나라 광무제 건무 18년(A.D. 42)에 태어나 처음 나라를 세워 가락이라 하였다. 헌제(獻帝) 건안 4년(199)에 158세로 죽으니 납릉(納陵)에 장사지냈다.

김해 수로왕릉(납릉)

수로(首露)라는 역사상 호칭은 왕명을 왕호로 삼았기 때문이다. 양나라 대통 4년(530)[42]에 나라가 망하니 대대로 전한 것이 9대 491년이다. 왕은 10명의 아들이 있었는데 황후의 말에 감동하여 황후의 성을 하사한 아들이 둘이다. 동방의 허씨[김해 허씨]는 여기에서 나온 것이다.

왕이 세상을 다스리는데 매우 순박하고 넉넉해서 나라 사람들이 왕을 추모하여 그 덕에 보답하고자 지금에 이르도록 동지(冬至) 이래 소를 통째[大牢]로 제사를 지내고 황후의 신주도 함께 모셨다.【가락국수로왕릉비[43]】

허황후의 인도 출신설을 말해준다는 납릉정문 처마 밑에 있는 쌍어문양

왜의 가라 공격

<백제기(百濟記)>에 다음과 같이 말하였다.

임오년(262, 신공황후 62) 신라가 왜(倭)를 받들지 않자, 왜가 사지비궤(沙至比跪)를 보내어 토벌하게 하였다. 이때 신라인은 미녀 두 사람을 곱게 꾸며 나루로 보내 그를 유혹하게 하였다. 사지비궤는 그 미녀를 받아들이고, 오히려 가라국(加羅國)[44]을 쳤다. 가라국왕 기본 한기(己本旱岐)와 그의 아들 백구지(百久至)·아수지(阿首至)·국사리

---

42. 『삼국사기』에는 532년에 망했다고 하였다.

43. 1647(인조 25) 경남 김해시 수로왕릉 안에 건립된 비. 찬자 미상.

44. 가라국(加羅國) : ① 낙동강 하류에 있던 금관가야(본가야)설, ② 가야의 총칭이라는 설이 있다.

(國沙利)·이라마주(伊羅麻酒)·이문지(爾汶至) 등이 백성을 데리고 백제로 도망가자,[45] 백제는 후대하였다.

가라국왕의 누이 기전지(旣殿至)가 왜로 가서 "천황이 사지비궤를 보내어 신라를 토벌하게 했는데, 신라 미녀를 받아들이고 (왕명을) 저버리고 토벌하지 않았으며, 오히려 우리나라를 멸망시켜 형제와 백성들이 모두 흩어지게 되어 걱정하는 마음을 이길 수 없으므로 와서 아룁니다."라고 하였다. 천황이 몹시 화를 내며, 목라근자(木羅斤資)[46]에게 군대를 주어 보내니, 가라에 모여 그 사직(社稷)을 복구시켰다. 【일본서기】

---

45. 가야국왕이 백제로 도망하였다는 기록은 찾아볼 수 없다. 이는 근초고왕대 백제가 가야 서부지역에 세력을 뻗치고 있던 상황을 말해주고 있는 것으로 이해할 수도 있다.
46. 목라근자(木羅斤資) : 목라는 목협(木劦)이라고도 쓰는데, 백제의 8성 대족의 하나이다.

12. 북부여왕 부루

『고기』에 이르기를, "단군이 비서갑 하백(非西岬河伯)의 딸에게 장가들어 아들을 낳았으니 이가 부루(夫婁)이다. 우(禹) 임금이 도산(塗山)에서 회합할 때 부루를 보내 뵙도록 하였다.

부루가 뒤에 북부여왕이 되었는데, 늙도록 아들이 없으므로 하루는 대를 이을 아들을 빌고서 곤연(鯤淵)에 이르렀다가 작은 아이를 얻어 길렀으니 그가 금와(金蛙)이다.

금와가 아들 대소(帶素)에게 왕위를 전하였는데, 고구려 대무신왕에게 멸망되었다."라고 하였다.【동사강목】

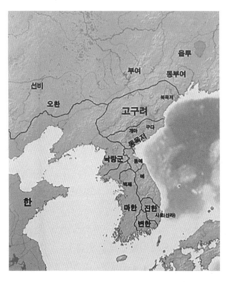

(북)부여와 동부여 지도

13. 동부여

동부여의 멸망

부루가 죽고 금와가 뒤를 이어 도읍을 가섭원[47]으로 옮기고 동부여를 세웠다. 금와(金蛙) 말년에 진(秦)나라가 천하를 통일하자, 진나라에서 망명한 사람들이 동쪽 땅으로 들어와 진한(秦韓)을 세웠다.

한 고후[48] 때 위만이 조선을 점거하자, 조선후(朝鮮侯) 기준(箕準)이 남쪽으로 달아나 금마(전북 익산)에 이르러 마한을 세웠다.

한 효무제 때 예맥(薉貊)을 공략하여 예맥의 군왕 남려(南閭)가 항복하자, 처음에 창해군(滄海郡)을 설치하였다가 승상 공손홍(公孫弘, B.C.200~B.C.121)의 건의[49]를 받아들여 없앴다.

금와가 대소에게 왕위를 물려주었다. 대소가 자신의 강대함을 믿고 고구려 정벌에 나섰다가 죽자, 동생 갈사(曷思)가 대신 즉위하였다. 손자 도두(都頭)에 이르러 고구려에 항복하니, 동부여가 망하였다.<갈사는 왕의 이름이 아니다. 갈사에 도읍을 정하였기 때문에 호를 갈사라고 하였다.>

---

47. 가섭원(迦葉原) : 정약용은 "가섭은 하서(河西)의 소리가 전이된 것이니, 지금의 강릉이다." 하였다(『여유당전서』제5집, 경세유표 권3).

48. 한 고후(漢高后) : 한고조의 비 여씨(呂氏)로 혜제(惠帝)를 낳았다.

49. 공손홍의 계책 : 어사대부(御史大夫) 공손홍이 "중국을 피폐하게 하여 쓸모없는 땅을 받든다."라는 이유로 창해군을 혁파한 것을 말한다(『한서』권58, 공손홍전).

이때의 연대를 살펴보면 한나라 왕망(王莽; B.C. 45~A.D. 25)의 시대에 해당한다. 환인과 신시의 시대는 고찰할 데가 없고, 단군의 치세는 도당씨(요임금) 25년부터 우나라 순임금과 하나라 우임금을 거쳐 상나라 무정 8년에 이르기까지 1048년이고, 해부루 이후부터 갈사가 망한 왕망의 시대에 이르기까지 또 1,000년이다. 그러고도 후손이 있어 진(晉)나라와 통하였다.【기언】

광개토왕의 동부여 정벌

영락 20년(410) 경술, 동부여[50]는 옛적에 추모왕(鄒牟王)에게 복속되었으나, 중간에 배반하여 조공하지 않자, 이때 (광개토)왕이 친히 군대를 이끌고 가서 토벌하였다.

고구려군이 동부여의 왕성(여성)[51]에 이르자, 동부여의 온 나라가 놀라 두려워하여 투항하였고, 왕의 은덕이 동부여의 모든 곳에 두루 미치게 되었다. 이에 돌아올 때 왕의 교화를 사모하여 군대를 따라 함께 온 자는 미구루 압로[52], 비사마 압로, 타사루 압로, 숙사사 압로였다.【광개토왕릉비】

---

50. 동부여의 위치에 대해서는 ① 강릉 부근, ② 영흥만 일대, ③ 두만강 하류 지역 등의 설이 있다. 동부여의 실체에 대해서는, ① 동예설, ② 285년 모용씨의 공격 때 부여의 일부 세력이 두만강 유역에 피난을 가서 정착하다가 점차 독자적 세력을 구축한 것이라는 설이 있다.

51. 여성(餘城) : 동부여의 수도인 부여성. 고구려에 병합된 뒤에 책성(柵城)으로 불렸다. 책성의 위치에 대해서는 중국 연변조선족자치주 훈춘시 외곽의 ① 팔련성, ② 온특혁부성 등의 설이 있다.

52. 압로(鴨盧) : 동부여를 대표하는 귀족 또는 마을을 일컫는다.

14. 고구려 시조 추모왕

시조 추모왕 신화

옛적에 시조 추모왕[53]이 나라를 세웠다. 왕은 북부여[54]에서 태어났으며, 천제(天帝)의 아들이었고 어머니는 하백(河伯)의 따님이었다. 알에서 나왔는데, 태어나면서부터 성스러운 모습이 있었다.

길을 떠나 남쪽으로 내려가는데, 부여의 엄리대수(奄利大水)[55]를 건너가게 되었다. 왕이 나룻가에서 "나는 천제의 아들이며 하백의 따님을 어머니로 한 추모왕이다. 나를 위하여 갈대를 연결하고 거북이 무리를 모이게 하여라."라고 하였다. 말이 끝나자마자 곧 갈대가 연결되고 거북들이 물 위로 떠 올랐다. 그리하여 강을 건너가서, 비류곡 홀본(忽本) 서쪽[56] 산 위에 성[57]을 쌓고 도읍을 세웠다.

왕이 왕위에 싫증을 내니, (하느님이) 황룡(黃龍)을 내려보내 왕을 맞이하였다. (이에) 왕은 홀본 동쪽 언덕에서 용의 머리를 딛고 서서

---

53. 추모왕(鄒牟王) : 주몽(朱蒙), 중모(中牟), 도모(都慕)라고도 한다.

54. 북부여(北夫餘) : 4세기 이후 부여 세력이 두만강 유역에서 자립하자, 고구려는 이를 동부여라 하고 원부여를 북부여라고 지칭하였다.

55. 엄리대수 : 엄호수(奄淲水)·시엄수(施掩水)·엄사수(淹㴲水)·엄체수(淹滯水) 등 여러 이름으로 기록되어 있다. 위치는 미상.

56. 비류곡 홀본(忽本) : 홀본은 고구려의 초기 도읍지로서 ① 비류수(지금의 혼강) 유역의 졸본(卒本)설, ② 혼강 지류인 부이하 유역의 환인현 일대설이 있다.

57. 『위서』와 『삼국사기』에선 흘승골성(紇升骨城)이라 하였다. 현재 환인현 오녀산성으로 추정하고 있다.

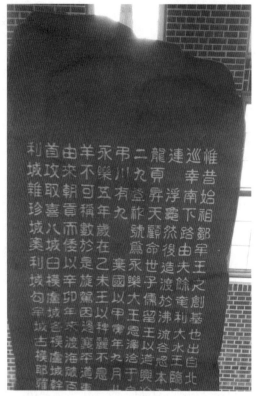
광개토왕릉비(부산 동아대박물관, 모형)

하늘로 올라갔다.[58] 유언을 이어받은 세자 유류왕(儒留王, 유리명왕)은 바른 덕으로써 나라를 잘 다스렸고, (제3대) 대주류왕(大朱留王, 대무신왕)은 왕업을 계승하여 발전시켰다.【광개토왕릉비】

안시성주 양만춘

목은 이색(李穡)이 지은 「정관음(貞觀吟)」은 호탕하고 장쾌한 글이다. 그 글에, "(고구려를) 주머니 속에 든 하나의 물건으로 보았는데, 어찌 화살이 눈에 떨어질 줄 알았으랴?"라는 내용이 있다.

세상에 전해지기를 당태종이 고구려를 치기 위하여 안시성까지 왔다가 눈에 화살을 맞고 돌아갔다 하는데[59], 『당서』·『통감』에는 모두 실려 있지 않다. 이 일이 비록 사실이라도 당시 역사가가 반드시 자신의 중국을 위하여 숨긴 것으로 괴이하게 여길 것이 없다. 다만 김부식의 『삼국사기』에도 실려 있지 않은데, 목은 이색은 어디서 이 말을 들

---

58. 이규보의 「동명왕편」에 인용된 『구삼국사』에는, "왕이 승천한 후 다시 내려오지 않자, 태자가 왕이 남긴 옥으로 된 채찍을 용산(龍山)에 장사지냈다."라고 하였다.

59. 당태종은 645년(보장왕 4) 10만 4천여 명으로 고구려를 공격해 개모성·비사성·요동성·백암성을 빼앗고, 안시성을 여러 달에 걸쳐 공격하였으나 함락시키지 못하고 철수하였다. 당태종은 안시성주가 적이기는 하나 훌륭하다고 하여 비단 1백 필을 선물로 주고 자기의 경솔한 원정을 후회하였다고 한다.

었는지 모르겠다.【동인시화】

안시성주가 당태종의 정예군에 맞서 끝내 성을 지켰으니, 업적이 위대하다. 그런데 성명은 전하지 않는다. 우리나라의 서적이 드물어서 그런 것인가? 아니면 고구려 때의 역사책이 없어서 그런 것인가?

임진왜란 뒤에 중국의 장관(將官)으로 우리나라에 온 오종도(吳宗道)가 내게(윤근수) 말하기를, "안시성주의 성명은 양만춘(梁萬春, 楊萬春)이다. 당태종의 『동정기(東征記)』에 보인다."라고 하였다. 얼마 전 감사 이시발(李時發, 1569~1626)을 만났더니 말하기를, "일찍이 『당서연의』[60]를 보니 안시성주는 과연 양만춘이었으며, 그 외에도 안시성을 지킨 장수가 무릇 두 사람이었다."라고 하였다.【월정만필[61]】

안시성주는 작고 외로운 성에서 천자(당태종)의 군대를 막아냈으니, 세상에 드문 책략가이다. 더욱이 성에 올라가 천자에게 절하고 하직하는데, 말이 조용하여 예의의 바름을 얻었으니, 진실로 도(道)를 아는 군자이다. 아깝게도 역사에서 그의 이름을 잃었는데, 명나라 때에 와서 『당서연의』에 이름을 드러내어 양만춘이라고 하였다. 어떤 책에서 찾아냈는지는 알 수 없으나 안시성의 공적이 책에서 찬란히 빛나고 있다. 진실로 그의 이름이 잊히지 않고 전하였다면 『통감강목』과 『동국사기』에 모두 유실되지는 않았을 것이다. 어찌 수백 년을 기다린 연후에 『당서연의』에 나오겠는가? 모두 믿을 수 없다.【부계기문[62]】

고구려의 보물, 자금대와 홍옥지

당태종이 고구려를 격파한 뒤 두 가지 보물을 얻었는데, 하나는 붉은 구리로 만든 허리띠[紫金帶]이고, 또 하나는 붉은 옥가락지[紅玉

---

60. 당서연의(唐書衍義) : 현재 전하지 않는다. 명(明) 하맹춘의 『여동서록』에도 그의 이름이 적혀있다고 이익이 밝히고 있다.

61. 월정만필(月汀漫筆) : 조선 윤근수(尹根壽, 1537~1616)가 지은 수필 형식의 글.

62. 부계기문(涪溪記聞) : 김시양(金時讓, 1581~1643)이 함북 부계(종성)에서 귀양살이할 때 쓴 견문집(1612). 『대동야승』 수록.

支]이다. 그 후 현종(685~762)이 자금대를 (아우) 기왕[岐王, 李範]에게 하사하고, 홍옥지를 황후에게 내려주었다.

그 뒤에 고려가 이 보물이 우리 중국으로 있음을 알고, 글을 올려 말하기를, "본국에서 이 보물을 잃어버림으로써 비바람이 때맞추어 내리지 않고, 백성들은 흩어지고 군사들은 약해졌습니다."라고 하니, 황제가 이것은 귀중한 보물을 얻은 것이 아니라고 여겨, 자금대는 돌려주게 하고, 오직 홍옥지만은 돌려주지 않았다. <태진외전(太眞外傳)에 나온다>.【해동역사[63]】

중국 지린성 지안현의 고구려 제19대 광개토대왕비(1913)

---

63. 한치윤, 『해동역사』 권27, 물산지 2, 완호류, 자금대 홍옥지.

15. 대가야의 건국과 멸망

대가야의 건국 신화

최치원이 쓴 이정(利貞) 스님의 전기를 살펴보면, "가야산신 정견모주(正見母主)[64]는 천신 이비가(夷毗訶)와 정을 통해서 대가야의 왕 뇌질주일(惱窒朱日)과 금관국의 왕 뇌질청예(惱窒靑裔) 두 사람을 낳았다. 뇌질주일은 이진아시왕의 별칭이고, 청예는 수로왕의 별칭이다."라고 하였다. 그러나 가락국의 옛 기록인 '여섯 알[六卵]의 전설'과 더불어 모두 허황한 것으로써 믿을 수 없다.

또 스님 순응(順應)의 전기에 이르기를, "대가야국의 월광태자[65]는 정견(正見)의 10대손이요, 그의 아버지는 이뇌왕(異腦王)이다. 신라의 이찬(夷粲) 비지배(比枝輩)의 딸을 맞이하여 (월광)태자를 낳았으니, 이뇌왕은 뇌질주일의 8대손이다."라고 하였다. 그러나 그것도 참고할 만한 것이 못 된다.【신증동국여지승람】

---

64. 정견모주(正見母主) : 속설에는 대가야국 왕후 정견이 죽어서 산신이 되었다고 한다(『신증동국여지승람』 제30권, 경상도, 합천군, 사묘조)

65. 월광태자(月光太子) : 대가야의 마지막 왕은 도설지인데, 월광태자(月光太子)와 동일 인물로 보고 있다. 한편 『풍계집』에는 후백제의 세자라고 하였다(본서 110. 혜남악 랑북악 참조).

고령 대가야 지산동고분군

대가야는 이진아치(伊珍阿致)로부터 9세에 이뇌(異腦)가 있고, 이뇌의 7세 도설지(道設智) 때에 와서 신라에게 망하니, 모두 16세 527년을 전하였다. 이진아치의 세대가 5백 년간을 부강하게 지냈다. 어떤 사람이 전하기를, 가실왕(嘉悉王) 때 악공 우륵(于勒)이 진(秦) 나라 쟁(箏)을 본떠서 12현금(十二絃琴)을 만들었다고도 한다.【기언】

대가야 멸망

일본 흠명천황 23년(562) 봄 정월, 신라가 임나 관가(任那官家)를 공격하여 멸망시켰다.[66]<어떤 책에서는 21년(560)에 임나가 멸망하였다고 한다. 가야국들을 통틀어 말하면 임나이고, 개별적으로 말하면 가라국·안라국·사이기국·다라국·졸마국·고차국(혹은 구차국, 경남 고성으로 비정), 자타국(혹은 자탄국, 경남 진주 혹은 거창으로 비정)·산반하국(혹은 산반해국)·걸찬국(창원시 혹은 산청군 단성면에 비정)·임례국 등 모두 열 나라이다>.

66.『삼국사기』에는 진흥왕 23년(562) 9월이라고 하였다.

여름 6월 조서를 내렸다.

"신라는 서쪽 오랑캐로서 작고 보잘것없는 나라이다. 그런데 하늘을 거스르고 예의 없어 우리의 두터운 은혜를 저버리고, 나의 관가(官家)를 깨뜨려 나의 백성을 해치고 나의 군현을 멸망시켰다. 우리 기장족희존(氣長足姬尊 ; 신공황후)은 거룩하고 총명하여 천하의 뭇 인민을 힘써 보살피시고 온 백성을 먹이고 길렀다. 신라가 곤궁해져 가는 것을 가엾이 여기시어 신라왕의 목을 베는 것이 마땅하나 온전히 두었다. 나아가 신라에게 요충의 땅을 주었고 남달리 번영케 해주시었다. 우리 기장족희존께서 신라에 대하여 무엇을 가볍게 대우했으며 우리 백성이 신라에 무슨 원한이 있었는가?

그러나 신라는 긴 창과 강한 활로 임나를 업신여겨 멸망시켰고, 강한 이빨과 갈고리 같은 손톱으로 잔인하게 백성을 죽였다. 임나의 귀족과 백성 모두는 죽임을 당하고 육회처럼 잘렸으니 어찌 온 천하가 왕의 신하라 말할 수 있겠는가? 또 사람의 곡식과 물을 마시는 어느 누가 차마 이것을 들을 수 있겠으며, 누가 슬퍼하지 않겠는가?

선대의 음덕을 받아 후대의 지위를 맡았으니 쓸개를 마시고 창자를 꺼내어 함께 간악한 역적을 죽여 천지의 아픔을 씻고, 임금·아비의 원수를 갚을 것이다. 그렇지 못한다면 죽어서도 신하와 아들의 도리를 이루지 못하는 한(恨)이 있을 것이다."라고 하였다.[67]【일본서기】

일본은 『일본서기』를 근거로 일본의 야마토왜[大和倭]가 4세기 후반에 한반도 남부지역에 진출하여 백제·신라·가야를 지배하고, 특히 가야에는 일본부(日本府)라는 기관을 두어 6세기 중엽까지 직접 지배하였다는 '임나일본부설'을 주장하고 있다.

---

67. 양나라 왕승변과 진패선이 후경(侯景)을 토벌할 때, 백모주에서 맹세한 내용(552)과 거의 일치한다(『양서』 권45, 열전39, 왕승변전).

16. 신라 여인의
북쪽과 경주개

여자는 쪽을 진다

표암(瓢巖)은 경주부 동북쪽 5리에 있다. 이알평[68]이 하늘에서 내려온 곳이다. 전설에 따르면, 신라시대에 이 바위가 수도에 해를 끼친다고 하여 박[표(瓢)] 씨를 심어 (바위를) 덮었으므로 그와 같은 이름이 생긴 것이다.

신라시대에 경주 북쪽의 기운이 허하고 약했으므로 여자들이 뒷머리에 쪽을 쪘다. 그로 인해 '북쪽[北髻]'이라 부르는데, 지금도 그러하다. 그중에 꼬리가 짧은 것을 세칭 '동경(경주)의 개'라고 하는 것 역시 북쪽 기운이 허했기 때문이다.【동경잡기[69]】

이 이야기가 어떤 기록에서 나온 것인지 모르겠지만, 『수서(隋書)』의 열전을 살펴보니, 신라 풍속에 부인은 변발하여 머리 위로 감아올린다고 하였는데, 매우 부당하다. 대개 본국의 풍속은 집안의 여인은 모두 쪽머리를 하며, 출가하면 좌우 쌍갈래로 땋아 정수리에 올리는데, 민가에서는 달의(達義)라고 한다. 온 나라가 모두 그러하니 동경의 풍속에 과연 이 쪽머리란 것이 있었는지 잘 모르겠다.【낙하생집[70]】

---

68. 이알평(李謁平) : 신라 6부의 하나인 급량부 이씨(李氏) 시조 지금의 경주 이씨시조.

69.『동경잡기』: 작자 미상으로 전해오던『동경지』를 1669년(현종 10)에 경주부사 민주면이 이채·김건준 등과 함께 재편집하여 간행한 책. 신라의 전설·역사·풍속·문물 등이 풍부하게 전하므로 신라와 경주 일대를 연구하는 데 많은 도움을 준다.

70. 낙하생집(洛下生集) : 이학규(1770~1835)의 문집.「영남악부」에 수록.

경주 표암(문화재청)

경주개(동경견, 경주시청)

경주개

『지리지』에 이르기를, "동경의 지형은 머리는 있고 꼬리는 없는 형상으로서, 이곳에서 나는 개들은 대부분 꼬리가 없다. 그러므로 항간에서 꼬리가 없는 개들을 속칭 '동경견'[71]이라고 부른다."라고 하였다.

충청도 연풍현(괴산군 연풍면 일대) 길가 산기슭에 무덤이 두 개 있는데, 종종 길 이정표 역할을 한다. 지방 사람들이 전해오기를, "옛날 경주에 사는 아전이 기르던 개만 데리고 봇짐을 지고 걸어서 한양으로 과거를 보기 위해 오는 길에 병들어 이곳에 이르러 죽었다. 개가 집으로 돌아가서는 나갔다 들어왔다 하면서 울부짖는데, 마치 슬픔을 호소하는 듯하였다. 그 아들이 이상히 여겨 개를 따라갔는데, 개는 빨리 달려 먼저 주인이 죽은 장소에 이르러 크게 헐떡거리더니 기진맥진하여 죽었다. 아들이 아비의 시신을 거두어 산기슭에 장례하고, 아울러 개를 그 옆에 묻어주었다."라고 하였다. 【증보문헌비고】

---

71. 동경견 : 일제강점기에 일본 황실의 개와 비슷하다 하여 일제에 의해 말살되는 수난을 겪었다. 지금은 '동경이', '댕댕이'라고 불리며, 천연기념물 제540호로 보호받고 있다.

17. 신라의
탈춤과 놀이

신라 (최치원이 지은) <향악잡영>에 금환, 월전, 대면, 속독, 산예 등 다섯 가지 놀이가 있다.

최치원의 금환(금방울)[72]을 읊은 시는 이렇다. "몸을 돌리고 팔뚝을 흔들며 방울로 노니, 달이 구르고 별이 떠다니듯 눈에 가득 보이네. 초나라의 의료(공돌이의 달인)인들 어찌 이보다 더 나을까? 동해의 거친 물결 반드시 잠잠해짐을 알겠노라."

월전(다리꼭지춤)[73]을 읊은 시는 이렇다. "어깨 으쓱, 목은 움칠, 머리칼은 오뚝, 구경나온 한량들 팔뚝 뽐내며 술잔 다투네. 노랫소리 듣자 사람들 모두 웃어 젖히고, 초저녁에 올린 깃발 새벽을 재촉하네."

대면(탈춤)[74]을 읊은 시는 이렇다. "황금 탈을 쓴 바로 그 사람, 구슬 채찍 손에 들고 귀신을 부리네. 빠른 걸음 느린 가락 한바탕 춤을 춘, 너울너울 봉황새 봄 춤을 추는 듯하여라."

속독(꼭두각시춤)[75]을 읊은 시는 이렇다. "쑥대머리에 남색 탈을 쓰고,

---

72. 금환(金丸) : 한나라에 유행했던 놀이. 여러 개의 둥근 고리 또는 방울을 던져 올리면서 받는 곡예.
73. 월전(月顚) : 탈춤의 하나로 노래와 결부된 희극.
74. 대면(大面) : 중국 북제의 악무(樂舞)에서 유래. 황금빛 탈을 쓰고 구슬 달린 채찍을 손에 잡고 귀신을 부리는 시늉을 하면서 어깨를 으쓱거리며 추는 춤.
75. 속독(束毒) : 서역의 탈춤으로 쑥대머리에 남색 탈을 쓰고 떼를 지어서 북소리에 맞추어 이리 뛰고 저리 뛰면서 추는 춤.

떼를 지어 뜰에 나와 원앙춤 추네. 북소리 동동거리고 바람 살랑거리는데, 이리 뛰고 저리 뛰고 정신이 없구나.”

산예(사자춤)[76]를 읊은 시는 이렇다. “사막을 건너 만 리 먼 곳으로 와서, 옷의 털은 다 빠지고 먼지만 묻었구나. 머리와 꼬리 흔들며 어진 마음과 덕망에 길들어, 웅장한 기운 뭇짐승의 재주와 같으랴.”【여지도서】

쇠고리 던져 옷소매 휘저으며 너울너울 추는 탈춤,
목은 움칠 어깬 으쓱 술 다투는 신선,
가면을 쓰고서 이리 뛰고 저리 뛰며,
사자춤과 속독춤으로 귀신을 쫓는다.【임하필기】

1449년 일본의 신사고악도에 나오는 신라 사자

주사위 놀이
스스로 노래 부르고 마시기(自唱自飮),
술 석 잔을 한 번에 마시기(三盞一去),
여러 사람에게 코 맞기(衆人打鼻),

---

76. 산예(狻猊) : 사자탈을 쓰고 춤을 추는 가면극. 이들 향악오기는 『삼국사기』에도 수록되었다.

스스로 '괴래만'[77]을 부르기(自唱怪來晚),

사람이 덤벼들어도 참고 가만 있기(有犯空過)[78],

술잔 비우고 크게 웃기(飮盡大唉),

더러운 것 버리지 않기(醜物莫放)[79],

노래(반주 혹은 소리) 없이 춤추기(禁聲作舞),

시 한 수 읊기(空詠詩過)[80],

'월경' 한 곡 부르기(月鏡一曲)[81],

마음대로 노래 시키기(任意請歌),

얼굴을 간지럽게 해도 참기(弄面孔過)[82],

팔을 구부려 다 마시기(曲臂則盡)[83],

두 잔 즉시 비우기(兩盞則放)[84].【안압지 출토 주사위】

안압지 출토 14면 주사위

---

77. '괴래만'은 노래 곡명으로 풀이하여 대단히 우화적이거나 속된 노래였을 것으로 추정되고 있다. 혹은 "노래하며 도깨비 밤걸음 흉내 내기", "혼자 노래하고 고래고래 소리 지르기"라고도 한다.

78. 혹은 "죄를 범했지만 통과하기"라고도 풀이한다.

79. 혹은 "추물을 내치지 않기", "남은 술 버리지 않기"라고도 한다.

80. 혹은 "하늘을 보고 시 읊기"라고도 한다.

81. '월경 한 곡 부르기'는 당시 월성에 이 노래가 유행한 것으로 보인다고 한다. 혹은 "달 보고 한 곡 부르기"라고도 한다.

82. 혹은 "탈을 쓰고 구멍을 통과하기"라고도 한다.

83. 혹은 "팔을 굽혀서 옆사람에게 마시게 하기"라고도 한다.

84. 혹은 "술 두 잔을 양옆 사람에게 먹이기", "두 잔 내어놓기"라고도 한다.

18. 신라 시조 박혁거세의 금자

박혁거세와 관련된 오릉

금척원(金尺院)은 경주부 서쪽 25리에 있다. 민간에서 이르기를, "신라왕이 금으로 만든 자 하나를 얻었는데, 사람이 죽고 병들어도 이 자를 사용하면 죽은 자가 살고, 병든 자가 나았다. 나라를 위해 보물로 삼았다. 중국에서 이를 듣고 사신을 보내 구하였으나 신라왕이 내어줄 수 없어 이곳에 30여 개의 산을 만들어 감추었다.[85] 그리고 그 위에 건물을 세운 까닭에 금척원이라는 이름을 얻게 되었다. 혹은 신라 시조가 왕이 되기 전, 꿈에 신인이 하늘에서 내려와 금자를 주면서 말하기를,[86] '당신은 성신(聖神)으로서 문무를 겸비하였고, 백성의 바람이 오래되었으니 이 금자를 가지고 나랏일을 바르게 하라'고 하였다. 꿈을 깨니 금자가 손에 있었다."라고 한다. 【동경잡기】

---

85. 경북 경주시 건천읍 금척리에 있으며, 금척릉(사적 제43호)으로 불리고 있다. 30여 개의 무덤은 박혁거세의 무덤인 오릉(五陵)과 매우 유사하다.

86. 조선 태조 이성계도 신인으로부터 몽금척(夢金尺)을 얻었다는 이야기가 전한다(『태조실록』).

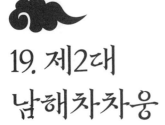

19. 제2대
남해차차웅

계림의 차차웅 남해

신라는 국호를 처음에는 '서야벌'이라 일컬었으며, 서나벌·서라벌이라고도 하였다. 남해왕 을축년(5년)에 계림(鷄林)이라 고쳤고, 기림왕 정묘년(307)에 신라로 고쳤다. 그 사이에 혹 사라(斯羅) 또는 사로(斯盧)라 일컫기도 했으며, 지증왕 계미년(503)에 처음으로 신라(新羅)로 정하였다.

왕호를 처음에는 거서간이라 일컬었고, 남해왕은 차차웅이라 했으며, 유리왕은 이사금, 눌지왕은 마립간이라 일컬었다. 지증왕 계미년에 처음으로 '왕'이라고 하였다.【연려실기술】

조선 정조의 신라 왕릉 제사

그윽한 안암(晏巖)이 오릉[87]의 언덕에 있는데 금부와 옥어[88]가 묻힌 스물일곱 왕의 능이 있네. 처음 차차웅(次次雄)이 여기에 유택을 정했는데 이사금(尼斯今)에 이르러 또한 같은 기슭에 자리를 잡았네. 황남에 대나무가 푸르고 절의 북쪽에 잎이 황색이니 구름과 물처럼 모두

---

87. 오릉(五陵) : 혁거세릉, 사릉(蛇陵)이라고도 한다. 혁거세왕이 하늘에 올라간 지 7일 뒤에 오체(五體)가 흩어져 떨어졌는데, 합쳐서 장사지내려고 하였으나 뱀의 방해로 각각 장사지내고, 오릉이라 하였다고 한다.

88. 금부(金鳧)는 금으로 만든 오리, 옥어(玉魚)는 옥을 만든 물고기. 모두 제왕의 부장품을 말한다.

부질없어 초동목부들이 슬피 상심하네.

아, (중국에서) 두우풍과 전임안[89]에게도 오히려 제를 드려 뒷사람이 보도록 했네. 더구나 이 현인·성인과 달 뜨는 곳[月城]이 없어지도록 내버려 두기를 곧 이와 같게 할 수 있으리오. 급히 관리[李晩秀]를 보내 동도(경주) 부윤에게 조칙을 내려서 보고 살피도록 하니 술은 청결하고 안주는 풍성하네.

영령이 어둡지 않으니 여기에 내려 임하시어 우리에게 장수와 복을 주어 억만년을 누리게 하소서.[90]【홍재전서】

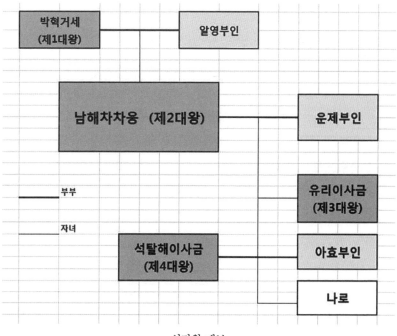

신라왕 계보

89. 두우풍(竇右風) : 하서(河西)의 세력가, 후한 때 우부풍(右扶風)을 지낸 두융(竇融). 왕망이 망하자, 그가 유수(광무제)에게 귀의하자, 광무제가 그의 조상 무덤에 소 한 마리[太牢]를 제물로 쓰게 하였다.

전임안(錢臨安) : 오대의 오월국을 세운 전류(錢鏐)가 임안에 머물러 있었으므로 그렇게 쓴 것이다. 송 태조 때 귀의하고, 손자 충헌왕[錢仁佐]과 충의왕[錢俶]에 이르러 송나라에 복종했다. 송나라에서 그 보답으로 전씨의 무덤을 수리하여 제사 지내게 하였다.

90. 1792년 월성의 시조왕·남해왕·유리왕·파사왕의 능에 제사 지낸 글.

20. 제3
노례이사금대의 가배

가배회와 회소곡

추석절은 곧 8월 15일을 말한다. 신라사(삼국사기)에, "7월 보름에 유리왕(노례, 유례라고도 함)이 딸에게 6부의 여자들을 거느리고 넓은 뜰에 모여 길쌈을 하도록 했다. 8월 대보름이 되면 그 성적을 따져서 지는 편이 술을 마련하여 서로 노래 부르고 춤추게 하는데, 이를 가배회(嘉俳會)라 한다. 진 쪽의 한 여자가 일어나 춤추면서 회소곡(會蘇曲)을 불렀으므로 이를 가회(嘉會) 놀이라 한다."라고 하였다.

추석날에 산소를 찾는 풍속에 대하여는 동사(東史)에, "신라 유리왕 19년(42)에 가락국의 수로왕이 즉위하였고, 수로왕에서 10대 구형왕(仇衡王)까지 모두 491년이 되는데, 신라 법흥왕 19년(532)에 구형왕이 신라에 항복하였다. 가락국에서는 시조 수로왕의 사당을 수릉(首陵) 옆에 세우고, 정월 3일·7일, 5월 5일, 8월 15일에 제사 지냈다. 구형왕이 왕위를 잃은 뒤에는 그 신하였던 영규(英規)가 사당을 빼앗아 제사를 계속해 왔는데, 어느 해 단오절에 사당에서 강신례(降神禮)를 진행하다가 대들보에 깔려 죽었다. 그 뒤 규림(圭林)이 계승하다가 나이 88에 죽자, 그 아들 간원(間元)이 계승하여 단오절에 드리는 사당 제사를 착실히 받들었다."라고 하였다.

따라서 단오절과 8월 15일에 산소를 찾던 풍속은 가락국에서 시작된 것인데, 그중에 단오절을 더 중하게 여겼다고 할 수 있다. 지금 풍속에는 서울·시골, 양반·상민을 막론하고 상원절을 가장 중하게 여겨 '대보름'이라 하고, 추석날을 '한가위[漢嘉會]'라 하여, 술·고기와 기타 음식을 많이 장만하여 서로 주고받는다. 그리고 추석날에 산소를 찾는 행사는 한식절(寒食節)에도 마찬가지이다. 【오주연문장전산고】

도솔가

인자한 마음으로 이웃 나라 감화시키니, 타국 백성이 이고 지고 몰려오네.

백성들 안녕 속에 이 가곡 노래하니, 소리마다 음률 맞아 신명 통하도다.

유리왕이 국내를 순행하며 백성들을 보살피니 이웃 나라 백성들이 소식 듣고 몰려들었네.

이때 백성들이 안녕을 누리며 이 노래를 지었으니 이것이 가악(歌樂)의 시초라네. 【임하필기[91]】

신라 법화원의 추석

중국 적산 법화원에서 떡·과자 등을 마련하여 8월 보름 명절을 지냈다. 늙은 승려 등이 말하기를 "신라가 발해국[92]과 싸웠을 때 이날 승리를 거두었기 때문에 이날을 명절로 삼아 음악과 춤을 추며 즐겼고, 이 행사는 오래도록 이어져 그치지 않았다."라고 한다.

갖가지 음식을 마련하고, 노래와 춤, 음악이 밤낮으로 이어져 3일 만에 끝난다. 지금 이 절에서도 고향을 그리며 오늘 명절을 지냈다. 발해는 신라에 토벌되어 겨우 1천 명이 북쪽으로 도망갔다가 후에 되돌아와 옛날대로 나라를 세웠다. 지금 발해국이라 부르는 나라가 바로 그것이다. 【입당구법순례행기】

---

91. 『임하필기』 권38, 「해동악부」에 수록. 『삼국사기』(유리왕 5년)와 『삼국유사』(노례왕)에 제목과 유래만이 전하고 있다. 경덕왕 때 월명사(月明師)가 지은 도솔가와는 다른 것이다.
92. 발해는 실제로 고구려를 가리키는 것으로 생각된다.

6부 회정

(황초령비에) 임금을 모시고 따라간[隨駕] 조목에 훼부(喙部)라 칭한 것이 여섯이고 사훼부(沙喙部)라 칭한 것이 셋이니, 서로 뒤섞어 칭한 까닭을 자세히 알 수 없다. 나(김정희)는 생각건대, 신라의 육부 가운데 양부(梁部)·사량부(沙梁部)가 있으니, 아마 이것이 훼부·사훼부의 변칭인 듯하다.

최치원이 말하기를 "진한은 본디 연(燕) 나라 사람이 피난한 곳이기 때문에 '승수(涐水)'의 이름을 취하여 거주하는 읍리(邑里)를 '사승(沙涐)' '점승(漸涐)'이라 칭한다."라고 하였고, 『문헌비고』에는 이르기를 "신라 사람의 방언에 '涐'의 음을 '도(道)'로 읽기 때문에 지금 혹 '沙梁'의 '梁' 또한 '도(道)'로 칭한다."라고 하였다.

상고하건대, '涐'자는 자서(字書)에도 보이지 않고, 연나라에 탁수(涿水)가 있었으니 '涐'은 아마 '涿'의 와전인 듯하다. 또 『양서』 신라전에 이르기를, "그곳 풍속은 성(城)을 건모라(健牟羅)라 부르고, 그 안에 있는 읍(邑)을 탁평(啄評)이라 하고, 밖에 있는 읍을 읍륵(邑勒)이라 하여 마치 중국에서 군현을 말하듯이 한다. 그 나라에는 여섯 탁평이 있고 52개의 읍륵이 있다."라고 하였으니, 곧 여섯 탁평이 아마 육부일 듯한데 그것은 평(評)자와 부(部)자가 서로 비슷하기 때문이다. 『당서』 신라전에는 탁평(啄評)을 훼평(喙評)으로 기록하였으니, 대체로 '훼(喙)'자와 '탁(啄)'자가 서로 비슷하고, '탁(啄)'자와 '탁(涿)'자가 서로 비슷하고 '탁(涿)'자와 '승(涐)'자가 서로 비슷하며, '승(涐)'은 또 '양(梁)'으로 변하여 방언이 서로 전습하는 가운데 점차로 잘못된 것이니, 훼부(喙部)가 바로 양부(梁部)라는 것이 근거가 있는 듯하다.【완당선생전집[93]】

---

93. 『완당선생전집』 권1, 진흥이비고(眞興二碑攷).

21. 제4대
탈해이사금

『수이전』에 나온다. 용성국(龍城國)의 왕비가 큰 알을 낳으니 괴상하게 여겨 그 알을 작은 궤 속에 담고, 노비·칠보·편지와 함께 배에 실어 바다에 띄웠다. 그 배가 아진포(阿珍浦)에 이르렀는데, 촌장 아진(阿珍) 등이 궤를 열고 알을 꺼냈다. 홀연히 까치가 와서 알을 쪼니 알이 열리고 아이가 나와서 스스로 '탈해'라 일컬었다. 이에 마을 노파를 어머니로 섬기면서 경전과 역사를 배웠고, 아울러 지리도 통달하였다.

체격과 용모가 크고 늠름하였다. 토함산에 올라 서울(경주)의 지세를 살펴보니 신월성(新月城) 터에 살만한 곳이 있었는데 이미 호공(瓠公)이란 자가 거주하고 있었다. 호공은 표주박을 타고 바다를 건너와 살았는데 어떠한 사람인지 알려지지 않았다. 탈해가 그 집을 빼앗으려고 밤에 남몰래 호공의 집 뜰에 들어가서 쇠를 단련할 때 쓰는 공구를 묻어 둔 뒤 조정에 알리기를, '나는 여러 대를 두고 대장간을 해오던 집 후손인데, 잠깐 이웃 고을에 나간 사이에 호공이 우리 집을 빼앗아 살고 있으니, 청컨대 땅을 파서 그 증거를 봐주십시오.'라고 하였다. 이에 땅을 파보니 과연 쇠를 단련하는 기구가 나왔다.

남해왕이 탈해가 본래 계림 사람이 아님을 알면서도 그 비범함을 기특히 여겨 그 집을 주었고 맏공주를 주어 아내로 삼게 하였다. 용성국은 왜국의 동북쪽 2천 리 되는 곳에 있다고 하였다.【삼국사절요】

22. 김씨의 시조 김알지

김씨가 귀족이 된 것은 대개 신라 초기부터이다. 세상에 전하기를, 금궤(金樻)가 하늘에서 내려왔기 때문에 그것을 취하여 성으로 삼았다고도 하고, 스스로 '소호금천씨[중국 황제(黃帝)의 맏아들]'의 후예라 하여 이로써 씨(氏)를 삼았다고도 한다.【졸고천백】

김씨 선대는 신라 김알지(金閼智)에게서 나왔다. 처음에 알지가 금궤에 들어 있다가 밤에 계림에서 태어나니, 신라왕[탈해]이 그를 거두어 기르면서 그가 금궤에서 태어났다 하여 마침내 김(金)이라는 성씨를 내려주었다. 혹은 스스로 금천씨(金天氏)의 후예라 하여 김을 성으로 삼았다고도 한다. 알지의 7대손 말추(末鄒, 제13대 미추왕)가 외손(外孫)으로서 들어가 대통(大統)을 이어 왕이 되었다. 신라는 박씨·석씨·김씨가 서로 갈음하여 왕이 되었는데, 그중 김씨가 더욱 창성하였다.【점필재집】

김유신은 수로왕의 후손이다. 신라 박사(博士) 설인선(薛因宣)이 그의 비문을 지으면서 '황제헌원씨 소호금천씨[94]의 후손이다'라고 하였고, 신라의 왕실 또한 '소호금천씨의 자손'이라고 자칭하였다. 그러므로 박거물(朴居勿)[95]이 삼랑사비문을 지으면서 또한 그렇게 말하였다.【성호사설】

---

94. 황제헌원씨, 소호금천씨는 중국 상고시대의 제왕.

95. 박거물 : 「신라황룡사찰주본기」를 지음.

김알지의 사실은 무열왕비(武烈王碑)에 '소호금천씨로 세계(世系)를 삼는다.'라고 하여 종잡을 수 없는 것이 이와 같으니, 어찌 잘못을 답습하고 그릇된 일을 전할 것인가? 의심되는 것은 전하여도 되지만, 그릇된 사실은 전하지 말아야 한다.[96]【동사강목】

신라의 역사가 없는 것은 역사가 없어서가 아니라 세상 사람들이 읽지 않기 때문이다. 신라는 박씨, 석씨, 김씨 세 성씨로 전해졌으며, 나라를 세운 지는 천년이 되었다. 계림은 바로 김알지가 탄생한 곳으로서 지금은 영남의 경주부에 속한다. 세상의 김씨는 모두 김알지를 시조로 한다. 동쪽 사람들은 지금까지 그 땅을 전해왔으나 역사에 실려 있는 계보와 연혁은 자세하지 않다.【계림김씨시조 탄강 적허비명[97]】

김알지 탄생 신화, 금궤도(경주박물관)

---

96. 최근 흉노 휴도왕의 태자 김일제(金日磾)의 후손설이 제기되고 있다.
97. 남공철 찬, 이기영 역, 「계림김씨시조탄강적허비명」, 1803(국립문화재연구소 한국금석문 종합영상정보시스템 참조).

23. 신라 왕자
천일창

영오와 세오

일본국 대내전(大內殿)은 그 선조가 우리나라에서 건너갔다 하여 사모하는 정성이 보통과는 달랐는데, 내가(서거정) 옛날 일찍이 역사를 두루 상고해 보았으나 출처를 알 수 없었다.

다만 『신라수이전』에, "동해안에 사람이 있으니, 그 남편은 영오(迎烏)라 하고, 그 아내는 세오(細烏)라 하였다. 하루는 영오가 바닷가에서 해조(海藻)를 캐다가 갑자기 표류하여 일본국 작은 섬에 이르러 임금이 되었다. 세오가 그 남편을 찾아 나섰다가 또 표류하여 그 나라로 이르니, 그를 세워 왕비로 삼았다. 그때 신라에 해와 달이 광채가 없으므로 일관(日官)이 아뢰기를, '영오와 세오는 해와 달의 정령인데, 지금 일본으로 갔기 때문에 이런 괴이한 일이 있게 되었습니다.'라고 하였다. 왕이 사신을 보내어 두 사람을 데리고 오도록 하였다. 영오가 말하기를, '내가 이곳에 온 것은 하늘이 시킨 것이다.'라 하고, 세오가 짠 비단을 사신에게 주면서, '이것을 가지고 가서 하늘에 제사 지내면 좋을 것이다.'라고 하였다. 그리하여 드디어 하늘에 제사 지낸 곳을 '영일(迎日)'이라고 이름을 짓고 이내 현(縣)을 설치하였으니, 이는 신라 아달왕(阿達王) 4년(157)이다."라고 하였다.

우리나라 사람이 일본에서 왕이 된 자는 이뿐이다. 다만 그 이야기의 시비(是非)를 모르겠다. 대내(大內)⁹⁸의 조상은 아마 혹 여기서 나온 듯하다.【필원잡기⁹⁹】

가라 왕자 도노아아라사등

왜 어간성천황(숭신천황) 때 이마에 뿔이 난 사람이 배를 타고 사반포(越國 笥飯浦 ; 지금의 후쿠이(福井)현)에 왔으므로 그곳을 각록(角鹿)이라 불렀다.

그에게 "어느 나라 사람인가"라고 물으니, "의부가라(意富加羅)¹⁰⁰ 국왕의 아들로, 이름은 도노아아라사등(都怒我阿羅斯等)인데 우사기아리질지 간기(于斯岐阿利叱智干岐)¹⁰¹라고도 합니다. 왜에 훌륭한 임금이 있다고 말을 전해 듣고 왔습니다. 혈문(지금의 야마구치현)에 도착했을 때, 이도도비고(伊都都比古)라는 사람이 저에게 말하기를, '나는 이 나라의 왕이고, 나 외에 다른 왕이 없으니 다른 곳으로 가지 말라'고 하였습니다. 그런데 그 사람됨을 보니 왕이 아님을 알 수 있었습니다. 그리하여 그곳을 떠났으나 길을 몰라 오랫동안 헤매다가 북해(北海)로부터 돌아 출운국(出雲國)을 거쳐 이곳에 왔습니다."라고 하였다.

그때 숭신천황이 죽고, 활목[活目(垂仁)] 천황에게 벼슬하여 3년을 지냈다. 천황이 아라사등에게 묻기를, "너희 나라에 돌아가고 싶은가?"라고 하자, "매우 바랍니다."라고 답하였다. 천황이 말하기를, "네가 길을 잃지 않고 빨리 왔다면 선황을 뵙고 모셨을 것이다. 그러므로 어간성(御間城)¹⁰² 천황의 이름을 따서 너희 나라 이름으로 하라."고

98. 대내전(大內殿) : 『연려실기술』(별집 제18권, 변어전고 서변, 왜국조)에서는 『신씨기분』을 인용하여 대내전은 백제 멸망 후 일본으로 건너간 임정태자부터 비롯되었다고 하였다.

99. 서거정, 『필원잡기』권2, 22나(국립중앙도서관 古2150-6, p.106). 이 내용은 위의 책, p.774에도 인용되어 있다.

100. 의부가라(意富加羅) : 대가야로 보기도 한다.

101. 간기(干岐) : 간기는 干(khan), 汗(han)으로, 삼한 사회에서는 수장을 칭하였으며 한기(旱岐)라고도 칭했다.

102. 어간성(御間城) : 일본음으로 '미마끼(みまき)'라 한다. 任那(nima-na)를 mima-na로 발음한 것으로, 고대 우리말에서 n과 m이 서로 넘나드는 음운법칙에 따른 것이다.

하였다. 그리고 붉은 명주[赤織絹]를 주어 돌아가게 하였다. 그러므로 그 나라 이름을 미마나국(彌摩那國)이라 부르는 것은 이러한 인연 때문이다. 이에 아라사등은 붉은 명주를 관사[郡府]에 간직하였는데, 신라인들이 듣고 군대를 일으켜 와서 그 붉은 명주를 모두 빼앗았다. 이것이 두 나라가 서로 원한을 맺은 시작이다. 일설은 다음과 같다.

처음에 나라에 있을 때, 도노아아라사등이 황소에 농기구를 싣고 시골에 갔었다. 황소가 갑자기 없어져 발자국을 따라 찾아가니 관청 안으로 이어졌다. 그때 한 노인이 말하기를, "네가 찾는 소는 이 관청 안으로 들어갔다. 그런데 군공(郡公)들이 말하기를, '소에게 짐을 지운 것으로 보아 필시 잡아먹으려고 했던 것 같다. 만약 주인이 찾아오면 물건으로 보상을 해주자.'라고 하고는 잡아먹었다. 만약 그들이 '소의 값으로 어떤 물건을 원하느냐?'고 묻거든 '이곳에서 제사 지내는 신(神)을 얻고 싶다.'고 해야 한다."라고 하였다.
오래지 않아 군공들이 도착하여 말하기를, "소의 값으로 무엇을 원하느냐?"해서 노인이 알려준 대로 대답하였다.
그들이 제사 지내는 신은 흰 돌[白石]이었다. 소의 값으로 그것을 가지고 와 침상 가운데 두었다. 그 돌이 아름다운 처녀로 변하였다. 매우 기뻐하며 함께 지냈는데, 다른 곳에 간 사이에 처녀가 갑자기 없어졌다. 아라사등이 놀라 부인에게 "처녀가 어디 갔느냐?"고 물었더니 "동쪽으로 향하여 갔다."라고 했다. 곧 뒤쫓아 바다를 건너 일본으로 들어왔다. 찾던 처녀는 나니와[難波]에 와서 비매어증사(比賣語曾社)의 신이 되었고, 또다시 풍국 국전군[豊後國 國前郡 ; 국기군(國埼郡)]에 와서 비매어증사의 신이 되었다. 두 곳에서 모두 제사를 지낸다.

신라 왕자 천일창

수인 천황 3년(B.C29) 춘 3월, 신라 왕자 천일창[103]이 왔다. 가지고 온 물건은 우태옥(羽太玉) 1개, 족고옥(足高玉) 1개, 재록록의 적석옥(鵜鹿鹿赤石玉) 1개, 출석의 작은 칼(出石小刀) 1구, 출석의 창(出石桙) 1기, 일경(日鏡) 1면, 웅의 신리(熊神籬)[104] 1구, 모두 일곱 가지였다. 그것을 단마국[但馬國 ; 지금의 효고현(兵庫縣) 북부지방]에 두고 항상 신물로 여겼다.[105]

> <다른 책에서 말하였다. 처음에 천일창이 배를 타고 파마국(播磨國)에 정박하여 육속읍[宍粟邑 : 지금의 효고현 파속군(播粟郡)]에 있었다. 그때 천황이 삼륜군(三輪君)의 선조 대우주(大友主)와 왜직(倭直)의 선조 장미시(長尾市)를 파마에 보내, 천일창에게, "그대는 누구인가, 또 어느 나라 사람인가"라고 묻게 하였다. 천일창은 대답하여, "저는 신라국의 왕자입니다. 그러나 '성황(聖皇)이 일본국에 계시다'는 것을 듣고, 나라를 아우 지고(知古)에 주고, 귀화하게 되었습니다."라고 말하였다. 그리고 바친 물건은 엽세주(葉細珠)·족고주·제록록 적석주, 출석 칼, 출석 창, 일경, 웅신리, 담협천(膽狹淺)의 큰 칼 등 모두 여덟 가지였다.
> 천황은 천일창에게 명하여, "파마국 육속읍과 담로도 출천읍(淡路島出淺邑)의 두 읍을 주니, 네 마음대로 살라."고 하였다. 천일창이 말하기를, "만일 천은을 내리셔 신이 원하는 곳을 들어주신다면, 신이 살 곳은 신이 몸소 여러 나라를 다녀 보고 신의 마음에 드는 곳을 주셨으면 합니다."라고 하자, 허락하였다.
> 그리하여 천일창은 토도하[菟道河 : 지금의 우치천(宇治川)]를 거

---

103. 천일창은 대화 왕조 초대왕 응신(應神)이라고 보기도 한다.

104. 신리(神籬) : 신이 강림하는 장소에 까는 돗자리로 추정된다.

105. 『화한삼재도회(和漢三才圖會)』(1712)에는, 갑오년(B.C27)에 신라 왕자 천일창이 가지고 온 방물 7개를 신물(神物)이라 하여 단마국에 보관하였고, 천일창과 함께 온 도인(陶人) 행기보살(行基菩薩)이 왜인에게 질그릇과 도가니를 만드는 법을 가르쳤다고 하였다.

슬러 올라가 북쪽인 근강국 오명읍[近江國吾名邑 ; 지금의 시가
현(滋賀縣)]에 들어가 잠시 살았다. 다시 근강에서 약협국(若狹
國 ; 근강국의 북부지역)을 거쳐 서쪽 단마국에 가서 거주지로 정
하였다. 근강국 경촌 골짜기[鏡村谷 : 지금의 시가현 포생군(蒲生
郡)]의 그릇 만드는 장인[陶人]은 천일창에 따라온 자들이다.
천일창은 단마국의 출도(出嶋, 미상) 사람 태이(太耳, 혹은 '前津
耳', '前津見'이라고도 함)의 딸 마다오(麻多烏)를 아내로 맞아,
단마 제조(但馬諸助)를 낳았다. 제조는 단마 일추저(但馬日楢
杵)를, 일추저는 청언(淸彦)을, 청언은 전도간수(田道間守)[106]를
낳았다 한다>.【일본서기[107]】

천지일모

옛날 신라 국왕의 아들이 있었다. 이름은 '천지일모(天之日矛)'라고
하는데 바다를 건너왔다. 건너온 이유는 다음과 같다.

신라국에 '아구누마[阿具奴摩]'라는 이름의 연못이 있었다. 이 못 가
에서 한 여자가 낮잠을 자고 있는데, 무지개 같은 빛이 그녀의 음부 위
에 비쳤다. 한 사내가 이상스럽게 생각하여 늘 그녀의 행동을 지켜보
았다. 그녀는 낮잠을 잔 때부터 임신하여 붉은 구슬[赤玉]을 낳았다.
이를 지켜보던 사내가 그 옥을 뺏어 허리춤에 차고 다녔다.

산골짜기에 밭을 일구고 있던 사내는 밭 가는 사람들의 음식을 소
에 지워 그곳에 들어갔다. 그때 국왕의 아들 천지일모와 마주쳤다. 사
내에게 묻기를, "왜 음식을 소에 지워 산으로 들어가느냐? 소를 잡아

106.『청장관전서』권60, 앙엽기7, 상세국(常世國)조에, "『일본서기』에, 수인 천황 90년(61) 봄
에 전도간(田道間) 태수를 상세국에 보내어 향과(香果)를 구해 오도록 하였으니, 귤이 바로 그
것이다. 이에 그는 동 99년 봄에 향과 8간(竿) 8만(縵)을 구해 돌아왔다고 하였고, 어떤 책에는
이때 천황이 죽었으므로 전도간 태수가 황릉(皇陵)을 향하여 통곡하다가 죽자, 그의 충성에
감동되어 향과를 '전도간'이라 불렀다."라고 한다. 상세국은 신라국을 말하고 전도간 태수는
본시 신라 왕자 천일창의 현손(玄孫)이기 때문에 신라국으로 보낸 것이다.

107.『일본서기』권6, 수인천황 3년 시세조.

먹으려 하는 것 같다."라고 하면서 사내를 잡아 옥에 가두었다. 그러자 사내는 말하기를, "소를 잡아먹으려 한 것이 아니고 밭일하는 사람의 음식을 가져가고 있었습니다."라고 하였다. 그러나 용서해 주지 않자 허리에 차고 있던 구슬을 왕자에게 바치니 그제야 풀어 주었다.

왕자는 구슬을 가져다 침상 옆에 놓았는데, 곧 아름다운 처녀로 변하였다. 그리하여 혼인하고 아내로 삼았다. 아내는 언제나 맛있는 음식을 마련하여 남편에게 대접했다. 그러나 왕자가 교만한 마음이 생겨 아내를 꾸짖었다. 그녀가 말하기를, "내가 항상 당신의 아내 노릇만 할 사람이 아니다. 내 나라로 가겠다."라고 하면서 곧 작은 배를 타고 나니와(難波, 지금의 오사카 지방)에 머물러 살았다.

이에 왕자가 아내를 뒤쫓아가서 나니와에 이르렀다. 그때 그곳의 나루 신[渡神]이 막고 들어오지 못하게 하자, 타지마(多遲摩)국에 머물렀다. 그리고 그곳의 마타오(俣尾)의 딸 사키츠미(前津見)를 아내로 맞아 모로스쿠(多遲摩母呂須玖)를 낳고, 그의 자식이 배니(多遲摩斐泥)이다. 배니의 자식은 히나라키(多遲摩比那良岐)이며, 그의 자식은 모리(多遲摩毛理)·히타카(多遲摩比多訶)·스가히코(多遲摩淸日子)이다. 스가히코는 타기마(當摩)의 메히(咩斐)를 아내로 맞아 아들 스가노모로오(酢鹿之諸男), 딸 스가가마 유라도미(菅竈由良度美)를 낳았다. 히타카는 조카인 유라도미를 아내로 맞아 타카누가히메(高額比賣)를 낳았다<이 사람이 바로 신공황후(息長帶比賣)의 어머니이다>.

천지일모가 건너올 때 가지고 온 물건은 옥진보(玉津寶)라고 하며, 구슬 2관과 진랑비례(振浪比禮)·절랑비례(切浪比禮)·진풍비례(振風比禮), 또 오진경(奧津鏡)·변진경(邊津鏡)과 함께 8종이다<이것이 이두지(伊豆志)의 8전대신(八前大神)이다>.【고사기】

24. 제14 유례왕대
인관과 서조

　신라에 인관(印觀)·서조(署調) 두 사람이 있었다. 인관은 저자에서 솜을 팔았다. 서조가 곡식을 주고 그것을 사서 돌아오는 도중에 갑자기 솔개가 나타나 그 솜을 낚아채서 인관의 집에 떨어뜨렸다.

　이에 인관이 솜을 가지고 저자에 가서 서조에게 말하기를, "솔개가 너의 솜을 우리 집에 떨어뜨렸기에 너에게 돌려준다."라고 하니, 서조가 말하기를, "솔개가 솜을 낚아채 너에게 준 것은 하늘에서 한 일이니 내가 어찌 받겠는가?"라고 하였다.

　인관이 말하기를, "그렇다면 너에게 곡식을 돌려주겠다."라고 하니, 서조가 말하기를, "내가 저자에서 너에게 곡식을 준 지 이미 이틀이나 지났으니 곡식은 너의 것이다."라 하고, 굳이 사양하며 받지 않았다.

　두 사람이 서로 사양하다가 그 물건을 저자에 놔두고 돌아갔다. 저자의 관리가 이 사실을 위에 보고하니 유례왕이 두 사람 모두에게 벼슬을 내렸다.[108]【삼국사절요】

---

108. 이 이야기는 동화 '의좋은 형제'의 소재로 알려져 있다.

유례왕대는 주나라의 융성한 때와 비교하기 어렵지만,
우(虞)·예(芮) 나라의 노는 밭[109]에 옛 풍속이 있듯이,
인관과 서조는 솜과 곡식을 버리니,
이 세상에 상제(上帝)의 마음을 능히 보전케 했네.【무명자집[110]】

신라의 일본 정벌과 백마총

일본은 아득한 하늘 동쪽에 있고, 사방이 바다이므로 외국군이 들어가지 못했다. 다만 그들의 <연대기>를 보니, "응신천황 22년(유례왕 8, 291)에 신라[新國] 군사가 왔다."라고 하였고, 다른 책에도, "신라 군사가 명석포(明石浦)에 들어 왔다."라고 하였다. 명석포는 오사카[大阪]까지 1백여 리다. 적간관(赤間關) 동쪽에 무덤 하나가 있다. 왜인들이 말하기를, "이것이 백마분(白馬墳)인데, 신라군이 일본에 들어왔을 때, 일본 사람이 화친하기를 청하여 백마를 잡아 맹세하고 말을 여기에다 묻었기 때문이다."라고 하였다.【부상록[111]】

응신 22년은 신라 유례왕 8년에 해당하고, 중국 진(晉) 혜제 원강 원년이 되는 해인데, 그 사실이 우리 역사서에는 실려 있지 않다. 신숙주(1417~1475)의 『해동제국기』에 의하면, 달민천황(達敏天皇, 민달의 착오) 계묘년에 신라가 서쪽 변방을 쳐들어왔다고 되어 있는데, 그 해는 신라 진평왕 5년(583)에 해당하고, 또 원정천황(元正天皇) 경신년에도 신라가 서쪽 변방을 쳐들어왔다고 했는데, 그때는 신라 성덕왕 19

---

109. 우예한전(虞芮閒田)의 고사를 말한다. 우와 예의 임금이 서로 토지로 다투어 오래도록 화평치 못하였다. 이에 주나라 왕에게서 해결책을 구하고자 하였다. 그 경계에 들어가자, 밭을 가는 자는 밭두둑을, 행인은 길을 양보하였다. 또 마을에는 남녀가 길을 달리하고, 짐을 진 노인이 없었다. 조정에는 사(士)는 대부 자리를 양보하고, 대부는 경(卿) 자리를 양보하였다. 두 임금이 감동하여 말하기를, "우리는 소인이니 군자의 경계를 밟을 수 없다."라 하고, 서로 양보하여 분쟁지를 노는 땅[閒田]으로 삼았다고 한다(『시경』 대아, 제1 문왕지십).

110. 무명자집 : 조선 후기의 문신 윤기(1741~1826)의 시문집.

111. 부상록(扶桑錄) : 이경직(李景稷, 1577~1640)이 2대 조선통신사(1617년)의 종사관으로 일본에 다녀와 지은 기행문. 김세렴(金世濂, 1593~1646)의 『해사록』(1636)과 『화한삼재도회』에도 전한다.

년(720)이지만 그 사실이 역사서에는 다 빠지고 없다.

　지금 동래 바다 앞 절영도(絶影島)에 옛 진지가 있는데, 세상에 전해 오기를, '신라 태종(太宗)이 외국을 정벌할 때 쌓은 것'이라 하며, 이에 태종대(太宗臺)라고 불린다.【순암집】

부산 태종대(부산관광공사)

25. 제17대
내물왕과 고구려

영락(永樂) 9년(399) 기해년에 백제[百殘]가 맹세를 어기고 왜와 화통하였다. 광개토태왕이 평양으로 행차하여 내려갔다. 그때 신라에서 사신을 보내어 아뢰기를, "왜인이 국경에 가득 차 성과 못을 부수고 당신의 노객(奴客)인 신라왕(내물왕)을 왜의 백성으로 삼으려 하니 이에 왕께 귀의하여 구원을 요청합니다."라고 하였다. 태왕이 은혜롭고 자애로워 신라왕의 충성을 갸륵히 여겨, 신라 사신을 보내면서 계책을 알려주어 돌아가서 (왕에게) 고하게 하였다.

10년(400) 경자년에 태왕이 보병·기병을 합쳐 5만 명을 보내어 신라를 구원하게 하였다. 고구려군이 남거성(男居城)을 거쳐 경주[國都]에 이르러보니 왜군이 가득하였다. 관군이 막 도착하자 왜적이 퇴각하였다.

이전에는 신라 매금[112]이 몸소 고구려에 와서 보고하고 청명(聽命)을 한 일이 없었는데, 국강상광개토경호태왕(國岡上廣開土境好太王)대에 이르러 신라 매금이 조공하였다.【광개토왕릉비】

---

112. 매금(寐錦) : 이사금 또는 마립간의 다른 표기라는 설이 있다.

26. 제18대 실성왕과 대마도

실성왕 7년(408) 2월, 왜가 대마도에 군영(軍營)을 설치하였다. 섬은 옛날의 대해국(對海國)인데 신라의 동남쪽 바다 가운데에 있다. 그 땅이 험하고 막혀있으며, 숲이 우거져 길은 새나 사슴이 다니는 길 같다. 토지가 메말라 좋은 밭이 없어서 주민들은 해산물을 먹고 살며, 배를 타고 남북으로 다니면서 곡식을 사들였다.

옛날에는 신라에 속했으나, 바다로 멀리 떨어져 지키기 어려우므로 왜인들이 살게 되었다. 왜인이 신라로 오기 위해서는 반드시 이 길을 경유하게 되니, 두 나라의 요충 지대이다. <『통고(通考)』에서 보충한다>

이때 왜인이 군영을 설치하고 무기와 군량을 저장하여, 신라를 기습할 계획을 세웠다. 신라인이 이를 염탐하고 그들이 출발하기 전에 먼저 공격하려 하였다. 이때 서불한[113] 미사품(未斯品)이 말하기를, "신이 듣건대, 전쟁이란 위험한 것이라 합니다. 더구나 큰 바다를 건너가서 남을 치는 것이겠습니까? 만일 불리하다면 후회한들 어찌할 수 없으니 험준한 데에 관문(關門)을 설치하였다가 저들이 오면 방어하면서 형편을 보아 나가 치는 것만 같지 못할 듯합니다. 이것이 이른바 '남을 이르게 하는 것이요, 남에게 부름을 당하지 않는다'라는 것이니, 계책의 최상입니다."라고 하니, 왕이 그 말을 좇았다.[114]【동사강목】

---

113. 서불한 : 신라 경위 17관등 중 1위 이벌찬의 별칭. 서발한·이벌간·우벌찬·각간·각찬이라고도 하였다.

114. 『삼국사기』권3, 신라본기3, 실성이사금 7년 춘2월조 참조.

신라 땅이었던 대마도

대마도는 옛날부터 계림(鷄林)에 소속되어 있었는데, 언제 왜인에게 점거되었는지는 알 수 없다. 섬을 8개의 군으로 나누었는데, 땅이 메마르고 백성이 가난해서 물고기와 소금을 파는 것으로 생업을 삼고 있다.

종씨(宗氏)가 대대로 도주(島主)인데, 그 선조 종경(宗慶)이 죽자 아들 영감(靈鑑)이 이었고, 영감이 죽은 뒤에는 그 아들 정무(貞茂)가, 정무가 죽은 뒤에는 그 아들 정성(貞盛)이, 정성이 죽은 뒤에는 아들 성직(盛職)이, 성직이 죽은 뒤에는 그의 아들이 없어 섬사람들이 정성의 조카 정국(貞國)을 도주로 세웠다. 정국이 죽은 뒤에는 아들 익성(杙盛)이 뒤를 이었다.

남쪽과 북쪽에 높은 산이 있으며 모두 천신산(天神山)이라고 부르는데, 남쪽 산은 자신산(子神山), 북쪽 산은 모신산(母神山)이라 한다. 집마다 채소로 만든 소박한 음식으로 산에 제사를 지내고, 산의 풀과 나무, 새와 짐승 등에 감히 손대는 자가 없다. 죄인이 신당(神堂)으로 들어가면 감히 따라가 잡지를 못한다.

동래 부산포에서 섬까지 물길로 670리, 섬에서 일기도(一岐島)까지 48리, 일기도에서 적간관(赤間關)까지 68리인데, 적간관은 곧 일본의 서쪽 끝이다.【패관잡기[115]】

박제상

천계 갑자년(1624) 10월 28일(기유), 큰바람이 불었다. 일본 남도(藍島)에서 머물렀다. 귤지정(橘智正)이 술과 감귤을 보내왔다. 정오에 현방(玄方)[116]이 찾아와 담화를 나누었다. 현방이 말하기를, "남도에서 마주 바라보이는 곳에 하카타 냉천진(博多冷泉津)이 있는데, 바로 신

---

115. 패관잡기 : 조선 중기에 어숙권(魚叔權)이 지은 수필집.
116. 현방(玄方) : 대마도 이정암(以酊菴)의 승려로서 섬의 문서를 관리하고, 조선 사신을 접대하였다.

라 충신 박제상[117]의 시체를 묻은 곳으로 일본의 옛날 서도(西都)입니다. 포은 정몽주, 문충공 신숙주가 수신사로 왔을 때 모두 이곳에 왕래하였습니다."라고 하였다.

현방이 묻기를, "박제상의 부인이 치술령에서 남편이 돌아오기를 기다리다가 언덕에 떨어져 죽었다고 하는데, 이른바 치술령은 지금 어디에 있습니까? 이 같은 남편에 이 같은 부인이 있으니, 천년 후에도 사람들에게 감탄을 일으키게 합니다."라고 하였다. 충렬이 늠름하여 섬기는 바에 목숨을 바쳤으므로 오랑캐들도 또한 흠모할 줄 알았다.

현방의 본관을 물으니, 대답하기를, "저는 대내전(大內殿)의 후예이므로 자칭 '반 조선인'이라 합니다."라고 하였다. 대개 대내전은 곧 하카타의 서도(西都)인데, 백제 온조의 후예다. 현방이 하카타에서 태어나고 자랐으므로 온조의 후예라고 이르고, 온조의 후예이므로 '반 조선인'이라고 칭한 것이다. 【동사록[118]】

경남 양산에 세워진 박제상 동상

---

117. 박제상(朴堤上) : 신라 때의 충신. 눌지왕의 부탁을 받고 일본에 가서 볼모로 잡혀 있는 왕제 미사흔(未斯欣)을 신라로 탈출케 하고 왜왕에게 체포되어 살해당하였다.
118. 『東槎錄』: 통신 부사 강홍중(姜弘重, 1577~1642)의 일본 기행문(정지상 역, 민족문화추진회, 『海行摠載』, 1975, pp.226~227).

27. 제21 비처왕대 고구려승

비처왕(소지왕) 때 아도(阿道) 화상이 시중드는 세 사람과 함께 모례의 집으로 와서 머물렀다. 그 모습이 묵호자와 비슷하였고, 수년을 머물다가 병도 없이 죽었다. 시중드는 세 사람이 경전과 계율을 독송하니 이따금 그들의 가르침을 믿고 행하는 자가 있었다. 고기(古記)에 이런 이야기가 있다.

양나라 대통 원년(527) 3월 11일에 아도가 일선군(一善郡)에 들어오니 천지가 진동하였다. 그는 왼손에 금고리가 달린 지팡이를 짚고, 오른손에는 옥으로 만든 발우를 들었다. 몸에는 누빈 옷을 입고, 입으로 불경을 외우면서, 처음으로 거사 모례의 집에 왔다.

모례는 깜짝 놀라며 말하기를, "지난날에 고구려의 승려 정방(正方)이 우리나라에 들어왔을 때 임금과 신하들이 괴상히 여기고 불길하다 하여 그를 죽였습니다. 또 멸구비(滅垢玭)라는 승려가 그의 뒤를 따라왔을 때도 먼저와 같이 죽여 버렸는데, 당신은 무엇을 구하러 여기에 왔습니까? 빨리 문안으로 들어와 이웃 사람의 눈에 띄지 않게 하십시오."라고 하면서 그를 데리고 들어가 밀실에 두고 부지런히 공양하였다.

마침 중국 오나라 사신이 다섯 가지의 향을 가지고 와서 원종왕(23대 법흥왕)에게 바쳤다. 왕은 그것의 용도를 알지 못해 사람을 시켜 온 나라를 돌아다니며 물어보게 하였다. 사자가 아도에게 이르러 물었더니, 아도는 '그것은 불에 태워 부처님께 공양하는 것입니다'라고 하였다. 사자가 아도와 함께 서울(경주)로 돌아오니, 왕은 아도를 오나라 사신과 만나게 하였다.

사신은 예배하고 이르기를, "고승께서 이런 변방의 나라를 멀다고 하지 않고 어찌 찾아오셨습니까?"라고 하였다. 왕은 그로 인해 부처님과 승려는 존경해야 하는 것임을 알고 칙령으로 널리 일반에게 포교하는 것을 허가하였다.【해동고승전】

아도화상 진영

28. 제22대 지증왕의 시호법

　신라왕의 시호는 중엽부터 시작되었고, 처음에는 모두 방언으로 호칭하였다. 그러므로 거서간(居西干)이라 칭한 것이 하나이고, 차차웅(次次雄)이라 칭한 것이 하나이고, 이사금(尼師今)이라 칭한 것이 열여섯이고, 마립간(麻立干)이라 칭한 것이 넷이다.

　『삼국사기』에 의거하면 지증마립간 15년(514)에 "왕이 훙(薨)하였다. 시호를 '지증'이라 하였으니, 신라의 시호법이 여기에서 시작되었다."라고 하였다.

　이로부터 왕이 훙한 뒤에는 반드시 시호를 썼다. 그러므로 진흥왕본기에도 37년(576)에 "왕이 훙하였다. 시호를 진흥이라 하였다."라고 했다. 그러나 황초령비는 진흥왕이 스스로 만들어 세운 것인데도 엄연히 '진흥대왕'이라 칭하였고, 북한산의 비문에도 '진흥'이란 두 글자가 있다. 이것을 보면 '법흥'이니 '진흥'이니 하는 칭호는 장사지낸 뒤에 칭한 시호가 아니요, 바로 생존 당시에 부른 것이다.

　그러므로 『북제서』 무성제(武成帝) 하청 4년(565)의 조서에는 "신라 국왕 김진흥을 사지절 동이교위(使持節 東夷校尉)로 삼는다."라고 하였고, 『수서』 개황 14년(594)에는 "신라왕 김진평이 사신을 보내와서 하례하였다."라고 하였으며, 『당서』 정관 6년(632)에는 "진평이 졸하고 그의 딸 선덕을 왕으로 삼았다."라고 하였다.

이상의 사실을 근거해 보면 '진흥', '진평' 등의 칭호는 분명히 시호가 아니다. 태종무열왕으로부터 처음으로 시호법이 있었다. 그러므로 『당서』의 기록에서 김무열(金武烈)이라 칭하지 않고 김춘추라 칭하였으니, 여기에서 알 수가 있다.【완당집】

북한산 진흥왕순수비와 탁본(국사편찬위원회)

황초령비 (일제강점기에 촬영)

29. 제24대 진흥왕 순수정계비

순수정계비

우리나라 지리서에 '함흥 황초령과 단천에 순수비[119]가 있다.'라고 하였으니, 옥저 또한 어느 한때 신라에 빼앗긴 일이 있던 것이다.

진흥왕의 순수정계비가 함흥부 북쪽 초방원에 있는데 그 비문의 대략에, "짐이 태조(太祖)의 기반을 이어받아 왕통을 이어서 몸가짐을 항상 삼간다." 하고, 또, "사방으로 땅[民土]을 획득하고 이웃 나라와 신의를 맺어 사이좋게 사신이 왕래하였다."하고, 또, "무자년(568) 8월에 관할지역을 순수하고 민심을 살폈다."라고 하였다. <초방원은 함흥부 북쪽 100여 리 황초령 밑에 있다>.

『해동집고록』을 보면, 비문이 모두 12행이고, 1행당 35자로서 전문이 420자가 된다. 그러나 판독할 수 있는 것은 겨우 278자에 불과하다. 이를 근거하면 신라가 지금의 안변과 덕원을 경계선으로 삼았으나, 그 순수비를 세운 곳이 함흥·단천에 이르렀으니 단천 이남은 일찍이 신라의 판도에 들어갔던 것이다. 그러나 국사에 전해지지 않고 유독 먼 곳의 비석이 천고의 고사를 지니고 있으니 기이한 일이다.【동사강목】

---

119. 함남 이원군 마운령비를 말함.

진흥왕 북순대렵도

김생(金生, 711~?)은 글씨, 솔거(率居, 미상)[120]는 그림에서 모두 신선이다. 신라 때부터 명인으로 추대되었는데 후인들은 그에 미칠 수가 없었다.

이 그림은 솔거의 작품으로 '진흥왕 북순대렵도(眞興王北巡大獵圖)'이다. 6~7백 년이 지나 고려 충혜왕 때 재상 유청신(柳淸臣, ?~1329)의 손에 들어갔다. 유청신은 옛날 그림을 좋아하여 명화를 많이 소장하였는데, 특히 이 그림을 좋아하고 아껴 가보로 삼았다. 또 7~8백 년이 지나 그의 후손 유희(柳熙)에게 전해졌다. 나의(김윤식) 벗 안정원(安鼎遠)이 유씨의 사위가 되어 이 그림을 소장하였다. 지금 안종원은 죽었는데, 그의 조카 안종화(安鍾和, 1860~1924)로부터 이 그림을 얻어 볼 수 있었다.

그림은 모두 8폭으로 표구를 해서 병풍으로 만들었는데, 세월이 오래되어 때가 묻고 낡아 손만 닿으면 찢어지고 부서졌다. 그러나 색채는 변하지 않았고 정신이 살아있어 산천과 수목과 인물의 형상은 생기 있고 움직이는 듯하니 거의 신의 솜씨였다.

진흥왕은 여러 대의 공업(功業)을 계승하여 풍형예대[121]의 업적을 차지하였다. '육군(六軍)을 크게 펼쳐서' 사냥하는 예를 시행하였는데, 기치가 바르고 엄숙하였고 의관은 모두 바르고, 군사와 말은 정예롭고 강하며 투구와 갑옷이 선명하여, 사해(四海)를 평정하고 삼킬 만한 기개가 있었다.

임금과 신하가 서로 즐거워하며, 먹고 마시며 잔치를 즐기는데, 휘장과 장막, 술통과 쟁반 등의 물건은 정교하고 촘촘하면서도 예스럽고

---

120. 솔거 : 황룡사 노송도(老松圖), 분황사 관음보살도, 진주 단속사 유마상(維摩像)을 그렸다고 한다(『삼국사기』).

121. 풍형예대 : 풍형(豐亨)은 재물이 풍부하여 모든 일이 형통한다는 뜻이고(『주역』 풍괘), 예대(豫大)는 예(豫)의 시의(時義)가 크다는 뜻이다(『주역』 예괘). 재정이 풍부하여 모든 일이 막힘없이 통하고 천하가 안락함을 말한다.

아름답지 않은 것이 없었다. 알려지고 유명하지 않거나 큰 주방이 가득 차지 않음이 없었으니 문물(文物)의 번성함이 찬란하고 대국의 기풍이 넘쳐흘러, 예나 지금이나 이 그림을 살펴보면 감격스러워 눈물이 흐르는 것을 막을 수가 없다.

이 그림이 비록 당시의 범상한 손에서 나왔다 해도, 2천 년 된 옛 물건이면 세상에 드문 보물인데, 하물며 솔거의 작품이며

진흥왕 당시 신라 영토

몇 번의 변란을 거쳐서 지금까지 보존되었다니, 어찌 신명이 보호한 것이 아니겠는가?【운양집[122]】

백운과 제후

진흥왕이 백운(白雲)·제후(際厚)·김천(金闡) 등 세 사람에게 벼슬 3급을 하사하였다.

처음에 두 관리가 한 동네에서 살았는데 같은 때에 아들과 딸을 낳았다. 남자 이름은 '백운'이고 여자는 '제후'라 불렀다. 두 집 사이에 서로 혼인할 것을 약속하였다. 백운은 14세에 국선(國仙)이 되었으나 15세에 눈이 멀고 말았다. 제후의 부모는 다시 딸을 무진(茂榛, 미상) 태수 이교평(李佼平)에게 시집보내기로 정하고, 딸과 백운의 옛 약속을 저버

---

122. 김윤식, 『운양집』 권12, 제신라진흥왕북수대렵도(1910).

리려 하였다.

제후가 무진 태수에게 시집가게 되자, 백운에게 말하기를, "저와 당신은 같은 시간에 태어나 부부가 되기를 약속한 지 이미 오래되었습니다. 그러나 지금 부모가 옛 약속을 저버리고 새 일을 꾸미고 있으니 부모의 명을 어기면 불효자가 될 것이나 무진 태수에게는 죽어도 갈 생각이 없습니다. 낭군께서 아직 신의(信義)가 있으시다면 무진에 와서 저를 찾아주세요. 그리하시면 태수를 만나 파혼할 것을 맹세하겠습니다."라고 하였다.

그리고 제후는 무진 태수 이교평을 찾아가서 말하기를, "혼인은 사람이 지켜야 할 도리의 출발이니 길일을 택해 예식을 올려야 하겠습니다."라고 하니, 교평은 그 말을 따랐다.

백운이 무진에 이르자, 제후는 그를 따라나섰다. 두 사람은 함께 산속으로 숨어들었다가 갑자기 도적을 만나게 되었다. 도적은 백운을 협박하여 제후를 훔쳐 도망쳤다. 그때 백운의 낭도였던 김천은 용력이 남보다 뛰어나고, 말 타고 활쏘기에 능한 사람이었다. 그는 도적을 쫓아가서 죽이고 제후를 빼앗아 백운에게 돌려보냈다.

이 같은 사실을 왕이 듣고 말하기를, "세 사람의 신의가 가상하도다."라 하고 이러한 명을 내린 것이다.【삼국사절요】

30. 제25 진지왕대 운집 스님

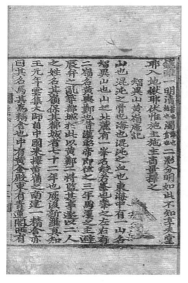

지리산 황령암기(청허집)

동해 중에 산이 있으니 이름을 지리산이라고 한다. 산의 북쪽 기슭에 봉우리 하나가 있으니 이름을 반야봉이라 한다. 반야봉 좌우에 2개의 고개가 있으니 이름을 황령(黃嶺)과 정령(鄭嶺)[123]이라고 한다.

옛날 한나라 소제 즉위 3년(223) 마한왕이 변진의 난을 피하여 이곳에 도성을 쌓고 황씨·정씨 두 장군으로 그 일을 감독하게 하였으므로 두 장군의 성씨로서 고개 이름을 지었다.

도성을 지킨 지 72년이었다. 그 후 신라 진지왕 원년(576) 운집(雲集) 대사가 중국에서 와서 황령 남쪽에 정사(精舍) 하나를 지었는데, 또한 고개 이름으로서 정사 이름[黃嶺寺]을 지었다. 중앙에 황금전이 있고, 동쪽에 청련각이 있으며, 서쪽에 백옥교가 있다. 꽃과 대나무가 서로 덮어 그 그림자가 황금 연못에 드리

---

123. 남원 운성(운봉현의 옛 이름)의 역사를 기록한 『운성지(雲城誌)』(1758년 발간)에, "황령은 곧 남원 황령사로서 황장군이 지킨 곳이며, 정령은 운봉 정령궁으로서 정장군이 지킨 곳이다."라고 하였다.

워 마치 극락세계를 방불케 하였다.

대사가 부처님의 심인을 전한 것은 지극한 가르침을 꼭 잡아 사람과 문물을 계속하여 밝게 빛나게 함이요, 도를 온전히 하고 몸을 잊는 것이다. 승랍 50세에 이르러 입적하였다.

사람들이 전하기를, "대사의 응신(應身)이 표연히 서쪽으로 가니 달마의 유적과 같다."라고 하였다. 대사가 손수 흰 목단 2그루를 심었는데, 지금까지도 남아있다. 【청허집¹²⁴】

지리산 정령치 횡단도로 (남원시청)

---

124. 휴정(休靜, 1520~1604), 「지리산 황령암기」, 『청허집』 2.

31. 제26대
진평왕과 법광사

법광사 석탑

법광사지 3층석탑

태화 2년(828) 무신 7월에 향조(香照) 스님과 원적(圓寂) 비구니가 재물을 희사하여 탑을 세웠다. 절의 단월은 성덕대왕(成德大王)[125]이며, 탑의 건립 책임자[塔典]는 향순(香純)이다.

회창 6년(846 ; 문성왕 8) 병인 9월에 (탑을) 옮겨 세우고 수리하였다. 기원컨대 단월은 대대로 정토에 태어나시고, 금상(문성왕)께서는 행복과 수명이 길이 뻗치소서! 안에 사리 22매를 넣었다. 상좌 도흥(道興).

건륭 12년(1747) 정묘 2월 13일에 중수하였다. 책임자는 명옥(明玉)·담학(談學)이다. 강희 37년(1698) 무인 7월에도 절에서 탑을 중수한 바 있다. 대언(大言)이 새기다. 【법광사 석탑기[126]】

---

125. 성덕대왕 : 김균정(金均貞, ?~836)의 시호. 그는 원성왕의 손자, 예영의 아들, 신무왕·헌안왕의 아버지, 문성왕의 할아버지이다.

126. 법광사 석탑기 : 1968년 8월 탑 도굴꾼들이 붙잡히면서 납석제·청동제 사리호 2개와 탑지석 2매(회창명, 건륭명)의 존재가 알려졌다.

진평왕의 원찰 법광사

비학산(현재 포항시 소재)은 경주부의 북쪽 80리에 있고 그 산에 법광사가 있다. 법광사(法廣寺)[127]는 불국사 등과 함께 신라에서 가장 큰 가람으로 불렸다.

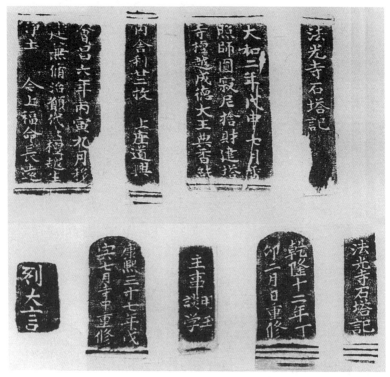

법광사 석탑지(한국금석문대계)

신라왕은 대대로 나라를 버리고 부처님을 숭상하여 이 사찰의 칠보(七寶) 보시는 왕궁보다 사치스러웠다. 그러나 지금은 모두 벗겨져 없어지고 다만 대웅전 5칸과 2층 금당(金堂)과 5층 석탑[128]만 남아있

---

127. 법광사(法廣寺) : 법광사(法光寺)라고도 한다. 진평왕 때 원효가 왕명을 받아 창건한 사찰. 당시에는 525칸에 이르는 대찰이었으나 임진왜란 때 대부분 훼손됐다. 현재 절터(사적 제493호)에는 삼층석탑, 사리탑 중수비 등이 남아있다.

128. 오층석탑 : 현재 법광사에는 오층석탑은 없고, 뒷편 담장 안에 2중 기단의 삼층석탑이 있으며, 그 앞에 <석가불사리탑중수비>가 세워져 있다. 탑지석·사리장엄·옥패 등은 지금 국립경주박물관에 있으며 사리 22매(사리탑중수비에는 20매라고 함)는 삼층석탑과 새로 조성된 삼층석탑에, 일부는 박물관에 보존되어 있다.

다. 병인년(1746) 겨울부터 부서진 탑을 철거하고 새로 만들고자 하였으나, 명옥(明玉)과 효헌(曉軒) 등 2~3명의 비구만이 실제 유나(維那)[129]로 있을 뿐이었다.

10월 16일 대중을 모아놓고 맨 아래층을 철거하자 돌로 봉해놓은 것 안에 둥글고 깨끗한 옥함(玉函) 하나가 나왔다. 안에는 순은(純銀)으로 된 그릇[盒]이 있는데 매우 오묘하였다. 그릇 안에 수놓은 비단으로 싼 함이 하나 있고, 그 옆에 길이 4촌, 넓이 1촌쯤 되는 옥패(玉牌)가 있는데, 한쪽 면에 '석가불사리(釋迦佛舍利)'라는 글자가 새겨있었다. 또 두 개의 종이가 겹쳐 있는데, 하나에 절을 창건한 승려의 이름과 연호가 적혀있었고, 하나에는 사리를 분포한 기록이 적혀있는데, 종이는 썩어서 겨우 남아있었다. 비단으로 싼 것을 열고 보니 사리 20개가 있었다. 둥근 모양이 녹두 같았고 색깔은 옅은 노란색으로 영롱하게 사방을 비추었다. 그 모습을 본 사람들은 그제야 석가모니의 사리가 소장되어 있었다는 것을 알고, 놀라며 두려워하지 않은 이가 없었다. 모두 목욕 후 분향하고, 법회를 연 뒤 대웅전으로 옮겨 봉안하였다.

그날 밤부터 5일 동안 서광이 하늘에 닿아 나무와 골짜기가 대낮처럼 빛났다. 사람들이 정신없이 급히 돌을 다듬어 탑을 수리한 뒤, 구리함을 만들어 옥함을 담고, 사리 20개를 수놓은 비단으로 싸서 은합에 종전대로 봉하였다가 이달 24일 두 번째 탑 안에 다시 봉안하였다. 또 옥패를 만들어 건륭 몇 년 몇 월에 고쳐 수리했다는 글을 새겨 옛 옥패와 함께 구리함의 좌우에 넣었다. 이듬해 정묘년(영조 23, 1747) 2월 13일에 탑을 준공하여 다시 법회를 열고 완공을 알렸으며, 같은 해 7월, 탑 앞에 법당을 세워 금강계단(金剛戒壇)이라는 액자를 달았다.

이 절은 진평왕의 원당으로서 원효(元曉)와 의상(義相)이 머물며 일을 주관하던 흔적이 있다. 그러나 525칸의 찬란한 흔적이 점차 없어져 이제는 백겁토록 영원한 신향(信香)[130]이 있음을 표시할 수 없게 되었

---

129. 유나(維那) : 재(齋)를 올릴 때 의식 절차를 지휘하는 사람.

130. 신향(信香) : 스님이 다른 곳에 갈 때 스승의 이름이 적힌 상자에 든 향을 받아 간다고 한다. 여기서는 스님들이 계속 이어지지 못함을 아쉬워 한 말이다.

으니 어찌 부처님의 은혜에 보답하는 도리이겠는가?【법광사 석가불
사리탑중수비[131]】

금동구세관음보살상을 일본에 보내다

추고천황 24년<무자년(616)이다> 가을 7월, 신라 국왕이 사신[132]편
에 금동으로 만든 구세관음보살상(金銅救世觀音像)[133]을 보냈다. 이
불상은 빛을 발하고, 때때로 괴이한 일이 있었다.

성덕태자(聖德太子)가 진천승조(秦川勝造)에게 명하기를, "부처님
의 영험함이 있으니 더러운 곳에 둘 수 없고 마땅히 청정한 곳에 모셔
야 한다. 방자한 마음으로 배례할 수 없고, 세속의 어리석은 이가 만약
만지거나 한다면 불상은 반드시 화를 줄 것이며, 호법의 신인 비사문
천왕(毘娑門天王)은 선을 행하는데 응하지 않을 것이다."라고 하였다.

천승(川勝)이 명을 받들어 봉강사(蜂岡寺)에 모셔두고 비단 장막을
드리워 받들어 모셨다. 이후 부처를 받드는 좋은 모범을 보였다. 비단
장막을 드리우는 것은 이때가 처음이다.【광륭사내유기[134]】

추고천황 31년(623, 진평왕 45) 가을 7월 신라가 대사 내말 지세이
(智洗爾, 혹은 智世遲)를, 임나가 달솔 내말지(奈末智, 혹은 奈末遲)
를 보내어 함께 조정에 왔다. 불상 1구 및 금탑과 사리, 또한 큰 관정번
(觀頂幡) 1구와 작은 번 12조를 바쳤다. 이에 불상은 갈야(葛野)의 진
사(秦寺)에 두고, 그 나머지 사리와 금탑, 관정번 등은 모두 사천왕사
(四天王寺)에 들였다.【일본서기[135]】

---

131. 1750년 1월 신유한(申維翰)이 지었다.
132. 『일본서기』권22, 추고천황 24년 가을 7월, "신라에서 내말 죽세사(竹世士)를 보내 불상
을 바쳤다."라고 하였다. 추고천황 18년 7월조에도 일본에 사신으로 온 것이 보인다.
133. 좌상으로 높이 2척 2촌, 벽여의륜(辟如意輪) 관음보살이라고 한다.
134. 광륭사내유기(廣隆寺來由起) : 『일본불교전서』 119책, p.79下.
135. 『일본서기』권22, 추고천황 31년 가을 7월.

32. 제27대 선덕왕과 영묘사

영묘사 3층 불전

영묘사(靈妙寺)는 당나라 정관 6년(632)에 신라의 선덕왕이 창건하였다. 불전(佛殿)은 3층으로서 구조가 특이하다. 신라의 불전이 한둘이 아니었으나 다른 것은 다 무너지고 헐었는데, 오직 이 불전만은 어제 지은 듯 완연한 모습으로 있다.

속설이 전하기를, "이 절터는 본래 큰 못이었는데, 두두리(豆豆里)에 사는 여러 사람이 하룻밤 사이에 메우고 드디어 이 불전을 세웠다."라고 한다. 【신증동국여지승람】

지귀의 심화가 탑을 태우다

지귀(志鬼)는 신라 활리역(活里驛, 미상) 사람이다. 선덕왕의 아름다움을 사모했는데, 이루지 못할 사랑에 슬피 우느라고 모습이 야위었다. 지귀의 소문을 들은 왕이 절[영묘사]에 가서 향을 사를 때 그를 불렀다. 지귀는 절에 가 탑 아래에서 행차를 기다리다가 깜박 잠이 들었

영묘사지에서 발굴된 '신라의 미소'
수막새

다. 왕은 팔찌를 빼서 그의 가슴에 얹어놓고 궁으로 돌아갔다.

잠이 깬 지귀는 한참 동안 속을 태우며 괴로워하더니 끝내 절망하였다. 그때 마음의 불이 일어나 그 탑을 에워쌌고, 그는 바로 불귀신으로 변했다. 왕은 술사(術士)에게 명해 주문을 짓게 했는데, "지귀는 마음에서 불이 일어 몸을 태우고 화신이 되었네. 푸른 바다 밖 멀리 흘러갔으니, 보지도 말고 친하지도 말지어다."라고 하였다.

그때 풍속에 이 글을 문의 벽에다 붙여 화재를 막았다고 한다. <수이전에 나온다>【대동운부군옥】

대야성 죽죽

『신라충의전(新羅忠義傳)』을 읽어 보니, "선덕왕 때 백제가 군사를 일으키자 대야성주 품석(品釋)이 궁지에 몰려 항복하려 하였다. 그러자 죽죽(竹竹)이 '백제는 신의가 없는 나라이니 힘껏 싸우다 죽는 게 낫다.'라고 하였으나, 품석이 듣지 않고 먼저 군사를 내보냈는데, 과연 매복군이 있어 기습 공격해오자 품석은 스스로 목을 찌르고 죽었다.

합천 대야성 전경(문화재청)

죽죽은 '아버지가 내 이름을 죽죽이라 하였으니, 이는 나를 가르치신 것이다. 차라리 죽을지언정 욕된 일이 없게 하겠다.'라고 하고, 굳게 성을 막아 지키다가 성이 함락되어 죽으니, 나라 사람들이 그를 어질게 여겼고, 지금까지 그 마을 이름을 죽죽이라 한다."라고 하였다.【기언별집¹³⁶】

을미년(1595, 선조 28)에 영남지방을 좌도와 우도로 나눈 다음, 서성(徐渻, 1558~1631)을 경상우도 감사로 삼고 형세를 살피고 지세를 따져 성을 쌓아 지키게 하였다. 이에 공은 삼가현(三嘉縣)에 있는 악견산성(岳堅山城)으로 나아가 옛터에 다시 성을 쌓았다. 그리고 신라 때 나라를 위해 죽은 죽죽과 용석(龍石)을 기리는 쌍충묘(雙忠廟)를 세워 제사 지내고, 군사와 백성들의 마음을 격려하였다. 그러자 사람들이 믿고 복종하여 먼 곳과 가까운 곳의 사람들이 처자식을 이끌고 앞다투어 몰려들었다. 이에 번거롭게 불러 모집하지 않고서도 군사 수천 명을 얻을 수 있었다.【청음집¹³⁷】

---

136. 허목,『기언별집』권22, 증찬성이공묘표.

137. 김상헌(金尚憲, 1570~1652),『청음집』권37, 판중추부사서공행장.

33. 제28대
진덕왕의 태평시

태평시

영휘 원년(650) 신라왕 김진덕(金眞德)이 백제를 물리치고, 사신 김법민(金法敏)을 보내 조회토록 하고, 아울러 비단을 짜서 오언 태평시(太平詩)를 지어 바쳤다. 황제(당고종)가 기뻐하여 김법민에게 대부경(大府卿)을 제수하였다.

영휘 5년(654) 진덕이 죽자, 고종이 영광문(永光門)에서 애도하고, 태상시경 장문수(張文收)를 지절사로 임명해 조문케 하고, (진덕왕에게) '개부의동삼사'를 추증하고, 아울러 비단 200단을 내려 주었다. 그리고 아들 김춘추[138]에게 왕위를 잇도록 하였다.【당회요[139]】

진덕여왕이 연호를 버리다

신라 법흥왕 23년(536)에 처음으로 건원(建元)이라는 연호를 썼고, 진흥왕 12년(551)에 개국(開國)이라 하였으며, 뒤에 또 대창(大昌)이라고 고쳤고, 진흥왕 33년(572)에 홍제(鴻濟)라 고쳤다. 그리고 진평왕 6년(584)에 연호를 고쳐 건복(建福)이라 하였고, 선덕여주(善德女主) 3년(634)에 인평(仁平)이라 하였으며, 진덕여주(眞德女主) 원년(647)에

138. 김춘추가 진덕왕의 아들이라는 표현은 잘못된 것이다. 태평시의 내용은『삼국사기』에 전한다.
139.『당회요』권95, 신라조.

연호를 고쳐 태화(太和)라 하였는데, 진덕여주 4년(650)에 그제야 연호를 버렸다.【청장관전서[140]】

경주 진덕여왕릉(사적 제24호)

140. 이덕무, 「나려연호」(『한죽당섭필』상, 『청장관전서』권68 ; 한국문집총간 259책, p.243b).

34. 김유신과
노옹

대나무 통의 두 미녀

김유신이 서주(西州, 미상)에서 서울(경주)로 돌아오는 길이었다. 이상한 나그네가 앞서가고 있었는데, 머리 위에 비상한 기운이 있었다. 나그네가 나무 아래에서 쉬자 유신 또한 쉬면서 자는 척했다. 나그네는 행인이 끊어진 것을 보고 품속에서 대나무 통 하나를 꺼내더니 그것을 털었다. 그러자 두 미녀가 대나무 통에서 나와 나그네와 함께 앉아 말을 나누다가 다시 통 안으로 들어갔다. 나그네는 통을 품속에 감추고 다시 길을 떠났다.

유신이 뒤따라가서 그에게 물으니 말이 온화하고 우아했다. 함께 서울로 들어와 남산의 소나무 아래에서 잔치를 베풀었는데 두 미녀 또한 나와서 참석했다. 나그네가 말하기를, "나는 서해에 사는데 동해에서 아내를 맞이하여 이제 아내와 함께 부모님께 안부를 물으러 갑니다."라고 하였다. 얼마 뒤에 바람이 불고 구름이 끼어 어둑해지더니 갑자기 사라져 보이지 않았다. <수이전에 나온다>

노인이 김유신 집 문밖에 이르렀다. 유신이 손을 잡고 집안으로 데리고 들어와 음식을 대접하였다. 유신이 노인에게 말하기를, "변하는 것이 전과 같습니까?"라고 하였다. 늙은이는 호랑이로도 변하고, 닭으로도 변하고, 매로도 변했는데 끝내는 개로 변하여 밖으로 나갔다. <수이전에 나온다>【대동운부군옥[141]】

---

141. 권문해, 『대동운부군옥』 권9, 죽통미녀 및 권12, 노옹화구.

당나라 사신

당나라 사신이 왔는데, 왕이 포석정(鮑石亭)에서 연회를 열게 하였다. 당나라 사신은 성격이 본래 거만하여 신라 신하들을 보자 예의를 갖추지 않았다. 이때 각간 선생(김유신)은 취선사(鷲仙寺)[142]에 있었다.

왕이 선생에게 잔치에 참석하기를 명하여 선생이 기병(騎兵) 여러 명을 거느리고 그곳에 가니 당나라 사신이 급히 의자에서 내려와 맞았다. 선생에게 절을 하고 말하기를, "남쪽(南維)의 진성(鎭星, 토성)을 오래도록 보지 못했는데 지금 여기에 계시니 개국공(開國公)이 아니십니까?"라고 하며, 칭찬이 끊이지 않았다.【각간선생실기[143]】

조선명현초상화 사진첩에
실린 김유신의 초상화(흥무왕 영정)

---

142. 취선사(鷲仙寺) : 김유신이 백제와 고구려 두 나라를 평정하고 지은 것이며, 혜공왕 때 이곳에 밭 30결을 바쳐 명복을 빌도록 하였다고 한다(『삼국사기』 권43, 열전3, 김유신전 부록 현손 김암전).

143. 『각간선생실기』 권3(박두포 역, 을유문고, 1972).

35. 제29대 태종
무열왕과 당 태종

당 태종과의 만남

옛날 무열대왕이 을찬(乙粲)[144]이었을 때, 예맥[백제와 고구려]을 무찌를 군사를 청하기 위하여 진덕여왕의 명을 받고 당태종[昭陵皇帝]을 찾아보았다. 황제에게 (신라에서) 중국 역법(曆法)을 시행하고, 의복제도를 중국식으로 바꾸기를 직접 청하자, 황제가 허락하고 중국 의복을 내려주고, 특진(特進)의 직위를 하사하였다.

하루는 황제가 여러 나라의 왕자들을 불러 술자리를 크게 베풀며, 온갖 보화를 쌓아놓고 마음대로 가지라고 하였다. 무열대왕은 술을 마실 때 예의를 지켜 어지러운 행동을 하지 않았고, 화려한 비단은 지혜를 써서 많이 얻었다.

하직 인사를 할 때, 황제가 멀리 갈 때까지 바라보며, "나라의 인재로다."라고 감탄하였다. 중국을' 떠나올 때, 황제가 직접 짓고 쓴 「온탕(溫湯)」과 「진사(晉祠)」의 두 비문과 직접 편찬한 『진서(晉書)』한 질을 내려 주었다. 그때 비서감(秘書監 : 蓬閣)에서 이 책을 베껴 두 질을 올렸는데 한 질은 황태자에게, 다른 한 질을 우리에게 준 것이었다.

또한 높고 귀한 관리들에게 장안성(長安城) 동문 밖에 나가 전송하라고 명하였다.

---

144. 을찬 : 신라 17관등 중 둘째 등급인 이찬(伊飡, 夷粲)을 말함.

이러한 각별한 은총과 두터운 예우는 지혜에 어두운 사람일지라도 보고 들으면 놀랄 정도였다. 이때부터 우리나라가 (중국의 문물을 받아들여) 미개에서 문명국으로 되었다.【성주사낭혜화상백월보광탑비】

월악산을 표창하다

자인선사(慈忍禪師)[145]가 대통 선사에게 편지를 보내 이르기를, "월광사(月光寺)[146]는 신승(神僧) 도증(道證)[147]이 세운 곳으로 과거에 우리 태종대왕께서 백성들이 도탄에 빠진 것을 불쌍히 여기시고, <사해(四海)가 괴로워하는 것을 안타깝게 여기셔서[148]> 삼한(三韓)에서 전쟁을 그치게 하고 통일을 달성하신 때에 재앙을 영원히 없앴다고 하여 특별히 이 월악산을 표창하여 으뜸되는 공이 있음을 드러내었다. 그리하여 일찍부터 금강(金剛)에 기록되어 있고, 선기(仙記)에 이름이 전해 왔다. 시냇물은 맑고 차가우며 안개는 뭉게뭉게 피어오르는 속에 빼어난 기운을 간직하고 있고 ▨전(▨傳)을 두루 갖추고 있다."라고 하였다.【월광사 원랑선사 대보선광탑비[149]】

---

145. 자인선사(慈忍禪師) : 대통(大通, 816~883)의 사형(師兄).

146. 월광사(月光寺) : 충청북도 제천군 한수면 송계리 월악산에 있던 절. 월악산을 표창했다라는 사실은 누군가가 무열왕에게 도움을 주었기 때문인데, 혹 월악산신이 아닐까 추정해 본다.

147. 도증(道證) : 원측의 제자로서 효소왕 때에 당나라에서 돌아와 천문도(天文圖)를 바쳤다.

148. 추정되는 내용(최연식 역주 참조).

149. 김영 찬, 「월광사원랑선사(대통)대보선광탑비」.

36. 황창랑

이첨(李詹, 1345~1405)이 고증하였다. 을축년(1385) 겨울에 내가 계림(鷄林)에 손님으로 가니 경주 부윤 배공[裵天慶]이 향악(鄕樂)을 연주하여 나를 위로하는데, 탈을 쓰고 뜰에서 칼춤을 추는 동자가 있었다.

물어보았더니, 말하기를, "신라 때 나이 15~6세 정도의 황창(黃昌)이 칼춤을 잘 추었는데, 왕을 뵙고 아뢰기를, '신이 임금을 위하여 백제 왕을 쳐서 임금의 원수를 갚고자 합니다.'라고 하였다. 왕이 허락하자 곧 백제로 갔다.

저잣거리에서 춤을 추니, 백제인들이 담처럼 빙 둘러서서 구경하였다. 백제왕이 듣고, 궁중에 불러들여 춤추게 하고 구경하였다. 황창이 백제왕을 그 자리에서 찔러 죽이고, 드디어 신하들에게 살해되었다.

그의 어머니가 (그 소식을) 듣고 울부짖다가 눈이 멀게 되었다. 사람들은 어머니의 눈을 다시 밝게 하려고 꾀를 내어 사람을 시켜서 뜰에서 칼춤을 추게 하고, 속여 말하기를, '황창이 와서 춤춘다. 황창이 죽었다는 말은 거짓이다.'라고 하니, 어머니가 기쁨의 눈물을 흘리며 눈이 밝아졌다. 황창이 어려서 나랏일에 죽었으므로 향악(鄕樂)에 실려 전해 내려온다."라고 하였다.

내가 『삼국사기』를 보니, 모든 관직의 임명과 이웃 나라의 침략은 거의 모두 썼고, 해와 별, 우레와 비의 이변(異變)과 초목·짐승의 이상스러움도 기록하지 않은 것이 없었다. 국왕이 적국의 아이에게 살해되었다거나 어린아이가 적국의 왕에게 원수갚았다는 것은 모두 작은 일이 아니다. 그런데 두 나라의 역사에 실려 있지 않으니, 진실로 의심스럽다. 다만 열전에 관창[150]사건의 처음과 끝을 기재하였는데, 그의 충성과 절의가 철철 넘치니 그것을 읽으면 사람들의 마음을 아프게 한다.

이 아이는 확실히 관창이며, 잘못 전해진 것일 것이다. 대체로 적국(敵國)에 대하여 변란을 계획하는 자는 혹은 행상(行商)으로 가장하거나, 혹은 (본국에) 죄를 지은 것처럼 꾸미고서 감언이설과 아첨하는 말로 속여도 더러는 뜻이 드러나고 일이 새어나가 이루지 못하는 자가 많다. 백제는 이미 고구려·신라를 적국으로 여겼으니, 황창이 공공연하게 무기를 가지고 (백제의) 사방으로 통하는 큰길 가운데로 가는 것은 불가능했을 것이다. 만약 과연 그렇게 하였다면 백제인들이 황창을 잡아 장차 형틀을 갖추어 고문하였을 것이다. 어찌 내버려 두어 국왕의 뜰에서 간악한 짓을 하게 하였겠는가? 이것은 인정이나 사리로 볼 때 맞지 않는 것이다.

관창과 견줄만한 옛사람을 찾아보았는데, 『춘추』를 거론할 수 있다. 애공 11년(B.C.484)에 왕기(汪錡)[151]가 애공을 위하여 수레에 탔다가 함께 국서(國書)의 난에 죽었다. 공자가 말하기를, "능히 창과 방패를 잡고서 사직을 지켰으니, 20세 이하의 나이에 죽은 이[152]로 대우하지 않음이 옳다."라고 하였다. 의(義)에 죽고 인(仁)을 이루는 것은 진실로

150. 관창 : 관장(官狀)이라고도 한다. 신라 무열왕 때의 화랑으로 좌장군 품일(品日)의 아들. 어린 나이로 황산전에 출전하여 계백 장군이 이끄는 백제군과 싸우다가 전사하였다.

151. 왕기(汪錡) : 중국 춘추시대 노나라 애공이 총애하는 소년이다. 13세에 제(齊)가 노(魯)를 침입할 때 전차를 타고 싸우다 죽자, 노나라 사람들이 성인(成人)의 예로 장사를 지냈다. 공자는 그것을 잘한 일이라고 칭찬하였다.

152. 상복(殤服) : 8~19세에 죽은 사녀가 죽있을 때 입던 복제. 16~19세를 장상(長殤)이라 하여 대공복(大功服)을 입고, 12~15세를 중상(中殤)이라 하여 소공복(小功服)을 입고, 8~11세를 하상(下殤)이라 하여 시마복(緦麻服)을 입었으며, 7세 이하는 입지 않았다.

어려운 일인데, 어린아이로서 용감하게 이런 일을 한 자는 오직 왕기와 관창에게서만 볼 수 있다. 이야기에 오류가 있기에 변론하지 않을 수 없다. 황창의 춤을 보는 자를 위하여 변론하고, 또 따로 역사를 읽는 사람을 위하여 고증한다.【신증동국여지승람】

신윤복의 '쌍검대무' 풍속화(간송미술문화재단)

신라 문무왕 이후 왕의 기록과
백제·후백제·발해의 유사
기이 2

37. 제30대 문무왕

문무왕의 릉

괘릉(掛陵)은 혹 문무왕릉이라고 한다. 그러나 역사서를 보니 문무왕은 죽음을 앞두고 유언하기를 화장하여 동해상에 뿌리라고 하였다. 과연 그렇다면 어찌 지금같이 의위(儀衛)[153]한 큰 무덤이 있을 수 있겠는가? 지금 말한 바와 같지 않다면, 이미 화장하고 이곳에 뼈를 묻었으므로 능이 생긴 것인가?

능의 제도를 자세히 살피면 큰 공덕이 있지 않으면 이를 만들기 부족한 것이다. 그리고 신라 여러 왕의 공덕은 성하나, 무열왕과 문무왕 부자(父子)만한 왕이 없다. 무열왕은 대개 큰 거북 능[154]이 있은즉, 이것을 일러 문무왕릉이라 하니, 진실로 또한 상전(相傳)은 가히 믿을 수 있다고 하겠다.【암서집[155]】

신라 문무왕의 묘는 계림(경주) 기우단[雩壇]의 곁에 있다. 처음에 문무왕이 왜에게 시달렸는데, 임종 때 유언하기를, "나를 바닷속에 장사하도록 하라. 용이 되어 왜를 막으리라."라고 하였다. 바닷속에 작은 섬만 한 큰 바위가 있어서 그 바위에 장사하였다. 얼마 안 가서 바람과

---

153. 의위는 의식을 호위한다는 뜻으로, 여기서는 아랍인 모습의 석상을 말한 듯하다. 현재 괘릉은 원성왕릉으로 보고 있다.

154. 무열왕비를 받치는 귀부를 말한다. 귀부는 지금도 전하고 있다.

155. 암서집 : 조긍섭(曺兢燮, 1873~1933)의 문집.

문무대왕의 해중릉

우레가 크게 일더니 황룡(黃龍)이 돌 위에 나타났는데, 그 바위를 '이견대(利見臺)'라 하고 드디어 기우소(祈雨所)로 삼았다. 그 사실이『삼국사기』에 실려 있다.

뒤에 밭을 갈다가 옛 비를 발견하였다. 즉 문무왕의 비였는데, 대사(大舍) 한눌유(韓訥儒)가 쓴 것이다. 그 글은 떨어져 나가서 차례가 없으나, "붉은 까마귀[적오(赤烏)]가 재앙을 드러내고 누런 곰[황웅(黃熊)]이 이변을 나타내자, 조금 뒤에 풍촉(風燭)을 따랐다.[156] 도를 귀하게 여기고 몸을 천하게 여기니, 섶을 쌓아 장사 지낸 뒤 뼈를 부수어 고래 나루[경진(鯨津)]에 뿌렸다."라는 등의 글귀가 있었다. 이는 분명 불에 태워서 물에 장사 지냈다는 말이니, 국사가 잘못된 것이라고 할 수 없다.【임하필기】

백제 왕자 임정

백제가 망하자 임정(臨政)[157]<혹은 임성(琳聖)이라 한다> 태자 형

---

156. 풍촉은 '바람 앞의 등불'이라는 뜻으로 임종을 말한다.
157. 임정(臨政) : 백제 성왕(혹은 무왕)의 셋째 아들이라고 한다.『연려실기술』(별집 권19, 역

제 세 사람이 신미년(671, 문무왕 11)에 배를 타고 왜에 들어와 일곱 주(州)의 태수가 되어<혹은 대내 좌경대부(大內左京大夫)가 되었다고 한다.> 주방주(周防州, 규슈 후쿠오카현)에 도읍하였다. 그에 대한 찬사(讚辭)에 이르기를, "부상국[158]에 배를 대고 주방주에 수레를 머물렀네. 족보는 삼한의 계통이요, 핏줄은 백제를 이어받았네"라고 하였다.

자손이 47대를 이으면서 대대로 왜왕에게 벼슬하고 토지를 이어받다가, 오우치 요시히로(大內義弘)[159]에게 멸망되었다. 모리 데루모토(毛利輝元)[160]의 선조는 바로 그를 따르던 사람이었다.[161] 임정의 후예가 끊어지자, 휘원이 그 땅을 대신 이어받고 안예(安藝)의 광도(廣島)에 도읍하니, 인물과 재력의 풍부함이 왜의 서울(京都)에 견줄만하고, 풍속이 왜인보다 약간 순박하며, 성질이 원만하여 우리 국민의 기상이 있다고 한다.【해상록】

강물 따라 말달려서 나라 도성 세울 때[躍馬循江建國城],
동명성왕 아드님[온조왕]이 이곳에다 경영했지[東明聖胤此經營].
1천 년 이어온 사직[王氣]이 하루아침에 다하니[千年王氣一朝盡],
3백 명[162]의 후궁들이 모두 목숨 잃었구나[三百後宮齊喪生].【추강집】

대전고 백제조)에서는, "용삭 3년(663)에 당나라 손인사의 군사가 주류성을 함락시키자, 부여 풍은 고구려로 달아났다. 그때 왜병의 배 4백 척이 와서 백제를 구원하였으나, 당군과 신라군이 협공하여 격파하였다. 백제 왕자는 왜병을 따라 일본으로 달아났으니, 바로 임정 태자이다."라고 하였다.

158. 부상국(扶桑國) : '부상'은 동해의 신목(神木)으로, 중국에서 일본을 가리켜 부르는 말.

159. 대내의홍(大內義弘) : 조선 초기 일본 규슈의 유력자.

160. 모리휘원(毛利輝元) : 토요토미 히테요시의 다이묘 중 최대의 영지를 소유하고 있었다. 강항(姜沆, 1567~1618)의 『간양록』(1668)에, "왜장 휘원(輝元)의 선조는 임정 태자의 종자(從者)이니, 대강씨(大江氏)라 하였다가 뒤에 모리씨(毛利氏)로 고쳤다."라고 하였다.

161. 신숙주(1417~1475)의 『해동제국기』(1471)에는, "온조의 후예가 일본으로 들어가 처음 주방주의 양포(良浦)에 정박하고 그 지명에 따라 '다다량(多多良)'을 성씨로 삼아 8백여 년을 대대로 대내전(大內殿)이라 호칭하였는데, 그 세계가 백제에서 나왔다 하여 우리나라와 가장 친하였다."라고 하였다.

162. 낙화암과 3천 궁녀 이야기가 유명한데, 추강 남효온은 3백 궁녀라고 하였다.

38. 제31대
신문왕과 화왕계

화왕을 풍자한 글

옛날 화왕(花王, 모란)이 처음 이곳에 왔을 때, 향기로운 동산에 심고 푸른 장막을 둘러 보호하였습니다. 늦은 봄[三春]에 곱게 피자, 온갖 꽃을 깔보고 홀로 빼어났습니다. 이에 가까운 곳에서 먼 곳에 이르기까지 곱디고운 정령과 젊디젊은 꽃들이 바쁘게 뛰어다니면서 뒤처질 것만을 걱정하였습니다.

홀연히 한 미인[佳人]이 붉은 얼굴과 옥(玉)같이 하얀 이에 곱게 화장하고 맵시 있게 차려입고는 사뿐사뿐 걸어와 얌전하게 앞으로 나와서 말하기를, "저는 눈처럼 흰 모래를 밟고, 거울처럼 맑은 바다를 마주 보며, 봄비에 목욕하여 때를 씻고, 맑은 바람을 맞으며 노닐었사옵니다. 이름은 장미(薔薇)라 하옵니다. 대왕의 아름다운 덕을 듣고, 저 향내 나는 휘장 속에서 잠자리를 모시고자 하오니, 대왕께서는 저를 받아주시겠사옵니까?"라고 하였습니다.

또 어떤 사내가 베옷에 가죽띠를 매고 흰 머리에 지팡이를 짚고 절름거리는 걸음으로 고불고불 걸어오더니 말하기를, "저는 서울 밖 큰 길가에 사는데, 아래로는 아득한 들판의 경치를 굽어보고, 위로는 높이 솟은 산빛에 의지하고 있사옵니다. 이름은 백두옹(白頭翁)이라 하옵니다. 가만히 생각해보건대, 대왕께서는 좌우의 공급이 비록 넉넉하여 쌀과 고기로 배를 채우고, 차와 술로써 정신을 맑게 하고, 의복이 상자 속에 쌓여있다 하더라도, 모름지기 좋은 약으로써 기운을 도울 것이요, 영사[163]로써 독을 제거하여야 할 것이옵니다. 그러므로 옛말에, '비록 실[絲]과 삼[麻] (같은 귀한 것)이 있더라도, 꼴[菅]이나 띠[蒯] (같은 하찮은 것)도 버리지 말라. 모든 군자는 모자랄 때를 대비하지 않음이 없는 것이다.'라고 하였습니다. 대왕께서도 이런 생각이 있으신지 잘 모르겠습니다."라고 하였습니다.

어떤 자가 아뢰기를, "이 둘이 왔으니, 어떤 것을 취하고 어떤 것을 버린단 말씀입니까?"라고 하였더니, 화왕은 말하기를, "저 사내의 말도 일리는 있지만, 그렇게 되면 아름다운 여인을 놓치게 되니, 장차 어찌하면 좋단 말인가?"라고 하였습니다.

사내가 앞으로 나아가 아뢰기를, "저는 대왕을 총명하고 의리를 아시는 분인 줄 알고 왔더니, 이제 보니까 그렇지 않습니다. 대개 왕이 된 사람치고 간사하고 아첨하는 자를 가까이하고, 바르고 곧은 자를 멀리하지 않은 이가 드뭅니다. 이 때문에, 맹자(孟軻; 孟子)는 일생을 불우하게 마쳤고, 풍당랑(馮唐郎)[164]은 말단 벼슬로 늙어 머리가 하얗게 되었습니다. 예로부터 이러하니, 전들 어찌하겠습니까?"라고 하였더니, 화왕은 곧 "내가 잘못했다. 내가 잘못했다."라고 하였습니다.[165]【동문선】

일본에 보낸 아미타 삼존상

일본 지통천황 원년(687, 신문왕 7) 9월 23일(갑신), 신라가 왕자 김상림(金霜林), 급찬 김살모(金薩慕)·김인술(金仁述), 대사 소양신(蘇陽信) 등을 보내 국정을 아뢰고, 또 공물[調賦]을 바쳤다. 신라 유학승[학문승] 지륭(智隆)이 따라왔다. 축자(筑紫)의 대재부(大宰府)가 바로 (천무)천황의 죽음을 상림 등에게 알리니, 그날로 상림 등이 모두

---

163. 영사(靈砂) : 수은에 유황을 넣고 만든 약.

164. 풍당랑 : 풍공(馮公). 한문제 때 거기 도위(車騎都尉)를 지냈고, 경제 때 초상(楚相)이 되었다가 면직되었다. 무제가 즉위하고 현량(賢良)으로 선발하였으나, 나이 90이 넘어 백발로는 벼슬에 나가지 못함을 탄식하였다 한다(『한서』 장·풍·급·정전).

165. 화왕계는 『삼국사기』, 『도동연원록』, 교과서에도 실려 있다.

상복을 입고 동쪽을 향해 세 번 절하고 세 번 곡을 하였다.[166]

3년(689) 4월 20일(임인), 신라가 급찬 김도나(金道那) 등을 보내 영진인 천황[天武天皇]의 죽음에 조문하고 아울러 학문승 명총(明聰)·관지(觀智) 등을 보냈다. 따로 금동아미타상·금동관세음보살상·대세지보살상[167] 각 1구와 무늬 비단[彩帛] 등을 바쳤다. 4년(690) 2월 11일, 신라 사문 전길(詮吉), 급찬 북조지(北助知) 등 50명이 귀화하였다.【일본서기】

신문왕릉(사적 제181호)

---

166. 이때 불상을 바쳤다고도 하며, 일본에 보낸 서신에 왕자가 귀중하게 여긴 것이라고 하였다(『원형석서』권20, 자치표1, 지통황제조).

167. 같은 해 6월 하이(蝦夷) 사문 자득(自得)이 이 삼존상을 원하여 주었다고 한다(『원형석서』권20, 자치표1, 지통황제조.)

39. 제32
효소왕대 설요

설씨의 내력

설총 영정(경산 삼성현 역사문화관)

계림 설씨의 내력은『신라유사(삼국유사)』에 보인다. 신라 유리왕 9년(32)에 6부의 이름을 고치고, 성(姓)을 내려줄 때, 명활촌(明活村)을 습비부(習比部)로 삼고 설씨의 성을 하사하였다. 이에 경주 설씨는 설지덕(薛支德)을 시조로 삼는데, 곧 신라 유리왕 때의 사람이다.

그의 후손 설곡(薛罍)은 습비후(習比侯)에, 곡의 아들 설교(薛喬)는 대아찬에 이르렀고, 설이금(薛伊琴)[168]의 아들 설사례(薛思禮)는 출가하여 중이 되어 이름을 원효라 하였는데, 뒤에 환속하여 스스로 '소성거사(少性居士)'라 하였다.

사례의 아들 설총(薛聰)은 자(字)가 총지(聰智)이다. 학문이 해박하

168.『삼국유사』에서는 담날(談捺)이 원효의 아버지로 나온다.

고 문장이 뛰어나 방언으로 구경(九經)을 풀이하여 후학을 가르치고, 또 속어로 이두를 만들어 관청에서 사용하게 하였다. 벼슬은 한림에 이르렀고, 화왕백두옹설(花王白頭翁說)을 지어 국왕에게 바른 정치를 하도록 말했으며, 고려 현종 13년(1022)에 홍유후(弘儒侯)로 추증, 문묘에 배향되었다. 이것이 그 계보이다. 【오주연문장전산고】

설요 묘지명[169]

희인(姬人, 첩)의 성은 설씨로, 본래 동명국왕[170] 김씨 후손이다. 옛날에 김씨 왕의 사랑하는 아들이 설(薛, 미상) 땅에서 봉록(封祿)을 누렸는데, 이로 인하여 성씨로 삼았다. 대대로 김씨와 통혼하지 않았다.

그녀의 고조부와 증조부는 모두 김씨 왕의 귀한 신하[貴臣]이고, 대인(大人)이었다. 아버지 설영충[171]은 당 고종 때 김인문[172]과 함께 당나라로 들어왔는데, 황제가 그 공로에 보답하여 좌무위 대장군에 제수하였다.

부인은 어려서 피부가 옥빛이어서 아름답게 피어나 마치 채색 구름이 아침에 오르고 희미한 달빛이 밤중에 비치는 것과 같았다. 그러므로 집안사람들이 아름답게 여겨 어려서 신선의 자식[仙子]이라고 불렀다.

설요는 영대[173]에 공작과 봉황이 날아왔다는 전설을 듣고는 마음속으로 기뻐하였다. 15세 때 대장군이 죽자, 드디어 머리를 깎고 출가하

---

169. 설요는 설영충의 딸이다. 15세 때 머리를 깎고 출가하였다가 20세 때 환속하여 곽원진(郭元振)의 아내가 되었다.

170. 동명국왕(東明國王) : 동명은 부여의 시조인데, 잘못하여 신라로 되었다(『해동역사』 권70, 인물고4, 설요조).

171. 설영충(薛永沖) : 『전당시』에는 설승충(薛承沖)이라고 하였다.

172. 김인문(金仁問, 629~694) : 무열왕의 둘째 아들. 23세 때 당나라에 들어갔다가 고종 때 당나라 군사와 함께 백제를 정벌하였다. 당나라에서 죽었다.

173. 영대(嬴臺) : 진 목공(秦穆公)이 음악을 좋아한 딸 농옥(弄玉)을 위하여 만들어 준 누각. 봉루(鳳樓)라고도 한다. 목공은 딸을 통소를 잘 불던 소사(蕭史)에게 시집보냈다. 두 사람이 통소를 불면 봉황이 모였으며, 그 뒤에 봉황을 타고 날아갔다고 한다(『열선전』).

여 부처[金仙]의 도를 배우려고 하였다. 보수보살(寶手菩薩)을 보고
는 고요히 관심(觀心)하면서 6년을 보냈으나, 청련(青蓮)[174]이 이르지
않았다. 이에 노래를 지었다.

구름 같은 마음으로 정숙하길 생각하고[化雲心兮思淑眞],
산골짜기 적막하여 사람은 아니 뵈네[洞寂滅兮不見人].
아름다운 풀들은 꽃 피우길 생각하는데[瑤草芳兮思芬薀],
어이할 거나 이내 젊은 청춘을![將奈何兮青春].[175]

드디어 환속하여 우리 곽공(郭公 ; 곽원진)[176]에게 시집갔다. 곽공은
호탕하면서도 기이한 사람이었다. 여러 가지 패옥(佩玉)을 보내 맞이
하고 비파를 타면서 어울렸는데, 서로 마음이 맞는 것이 청조(青鳥)·
비취(翡翠)[177]가 연모(戀慕)하는 것과 같았다. 그러나 화사함이 활짝
피면 아름다움이 적어지고, 즐거움이 극에 달하면 슬픔이 오는 법이라
서 장수 2년(693, 효소왕 2) 계사년 2월 17일에 병에 걸려 통천현(通泉
縣)의 관사에서 죽었으니, 아! 슬프다.
　곽공은 황망하여 마치 죽지 않은 듯이 여겼으며, 보배로운 구슬을 입
에다가 물려주고 비단 이불로 감쌌다. 고국 땅이 멀어 고국에 보내 장
례를 치를 수 없었으므로 통천현 혜보사(惠普寺)의 남쪽 언덕에 장사
를 지내고서 묘지(墓誌)를 묻었다.
　그 명(銘)에 이르기를, "저편 높은 언덕에 흰 구름은 나는데, 한번 보

174. 청련 : 푸른 연꽃, 모든 법의 참모습을 보는 눈[佛眼]에 비유한다.
175. 이 시의 제목을 반속요(返俗謠)라고 하며, 『전당시』에도 수록되었다. 이 시의 번역은 『해동
역사』의 번역본(정선용 역, 한국고전번역원, 2000)을 참조하였다.
176. 곽원진(656~713) : 양주(凉州) 도독, 삭방군 대총관, 병부 상서 등을 지냈고, 대국공(代國
公)에 봉해졌다.
177. 청조와 비취는 모두 아름다운 새의 이름이다.

길 원하나 그 어찌 기약하리. 슬프구나! 아름다운 그대 영영 떠나가, 사찰[紺園]에 봄 돌아오자 마음이 느껍네. 파랑새 되어 길이길이 날개를 펼쳐 날아, 혼백이나마 고국 땅에서 노닐기를 바랐노라."라고 하였다. 【관도곽공희설씨묘지명[178]】

설승충은 설계두

설승충은 설계두(薛罽頭)로, 621년(진평왕 43) 당나라로 들어갔으며, 당 태종 때 좌무위 과의(左武衛果毅)에 제수되었다. 그 뒤 당나라가 고구려를 정벌할 때, 힘껏 싸우다가 주필산[179] 아래에서 죽었다. 태종이 옷을 벗어서 그의 시신을 덮어 주었으며, 대장군의 직을 제수하였다. 그렇다면 당 고종 때 좌무위대장군에 제수되었다고 하는 것은 잘못된 것이다. 이미 "김인문과 함께 당나라로 들어왔다."라고 하였는데, 김인문이 당나라에 들어간 것은 아마도 태종 때에 들어간 듯하다. 그리고 또 말하기를, "황제가 그 공로에 보답하였다."라고 하였으니, 설계두가 정벌에 따라가서 공을 세웠기 때문에 황제가 가상스럽게 여긴 것이다. 여기서 이른바 황제는 태종이다.

상고해 보건대, 정관 19년(645) 을사년에 설 장군이 죽었는데, 그때 부인(설요)의 나이가 15세였다. 그렇다면 부인은 신묘생(631년)인바, 바로 설 장군이 당나라에 들어온 지 10년이 되는 해에 이 딸을 낳은 것이다.【해동역사】

---

178. 이 묘지명은 진자앙의 문집 『진습유집(陳拾遺集)』에서 인용한 것이다. 이 밖에 『진백옥집』, 『문원영화』, 『전당문』, 한치윤의 『해동역사』 등에 수록되어 있다.
179. 주필산(駐驛山) : 또는 수산(首山), 지금의 요녕성 요양현 서남쪽에 있다. 645년 고구려의 별장 고연수(高延壽) 등이 이곳에서 항복하자, 당태종이 주필산이라 고치고 돌에다가 공을 새겨 기록하였다

40. 제33대 성덕왕과 황복사

성덕왕의 효도와 우애

무릇 성인은 가만히 있으면서 혼탁한 세상의 백성을 기르고, 지극한 덕을 쓰지 않으면서 현세의 무리를 제도한다.

신문대왕은 5계(五戒)로써 세상에 맞서고, 10선(十善)으로써 백성을 다스리니 정치가 바로잡히고 공덕이 이루어졌다. 천수 3년 임진년(692) 7월 2일, 하늘로 올라가자, 신목태후·효조대왕(효소왕)이 종묘의 성스러운 혼령을 위해서 선원가람[황복사]에 3층 석탑을 세웠다.

성력 3년 경자년(700) 6월 1일, 신목태후가 드디어 세상을 떠나 높이 정토에 오르고, 대족 2년 임인년(702) 7월 27일에 효조대왕도 승하하였다.

신룡 2년 경오년(706, 성덕왕 5) 5월 30일, 지금의 임금인 대왕이 불사리 4과, 금으로 만든 6치 크기의 미타상 1구[180], 『무구정광대다라니경』1권을 석탑의 2층에 안치하였다. 이 복전(福田)으로 위로는 신문대왕·신목태후·효조대왕 등의 대왕과 태후가 열반산을 베고 보리수에 앉는데, 보탬이 되기를 바란다.

융기대왕(隆基大王 ; 성덕왕)은 수명이 산하(山河)와 같이 오래되고, 지위는 알천(軼川)과 같이 크며, 많은 자손이 아무 탈 없이 칠보의

---

180. 1구라고 하였으나, 현재 좌상과 입상 2구가 발견되었다. 대체로 좌상을 이때 넣은 것으로 추정하고 있다.

상서로움을 드러내기를 바란다. 왕후는 몸이 달의 정령에 비견되고, 수명이 겁수(劫數)와 같기를 바란다.

황복사지 삼층석탑(국보 제37호)

내외의 친속은 옥나무[181]처럼 장대하고, 보배로운 가지처럼 많은 열매를 맺기를 바란다. 또한 범왕·제석·사천왕은 위엄과 덕망[威德]이 더욱 밝아지고, 기력이 걸림 없이 마음대로 되어 천하가 태평하고, 항상 법륜을 굴려서 삼도(三塗)[182]의 중생이 어려움을 면하고 육취(六趣)[183]의 중생이 즐거움을 받으며, 법계(法界) 속의 영령들이 모두 불도를 이루기를 바란다.【황복사석탑 금동사리함명[184]】

당나라가 땅을 하사함을 사례하는 글

엎드려 은혜로운 조칙(詔勅)을 받드니, 패강(浿江) 이남의 땅을 하

---

181. 옥나무[玉樹] : 서방 극락세계의 7개 보배 나무 중 하나.

182. 삼도 : 화도(火塗, 지옥)·도도(刀塗, 아귀)·혈도(血塗, 축생).

183. 육취 : 6도(六道), 즉 지옥·아귀·축생·아수라·인간·천상도.

184. 황복사 석탑 금동사리함명 : 1942년에 석탑을 해체·복원할 때 2층 탑신의 윗면에서 사리함(현 국립중앙박물관 소장)을 발견하였다.

사한다고 하였나이다. 신이 바다 끝에 살면서 성조(聖朝)의 은혜에 목욕하여, 비록 한 조각 마음은 붉으나 이렇다 할 공을 세운 것이 없고, 충성을 본분으로 삼으나 아무런 갚을 만한 수고가 없었습니다. 그런데도 폐하께서 우로(雨露)의 은전(恩典)을 내리시고 일월의 조서를 내리시어, 신에게 땅을 주시고 신의 고을살이를 넓혀 주셔서, 드디어 농지를 개간할 형태를 가지게 하시고 농사지을 곳을 장만하게 하시니, 신이 윤음의 뜻을 받들어 은총이 깊음을 못내 감사하게 여기며, 분골쇄신하여도 이 성은을 상답할 길이 없나이다.【동문선】

황복사지 삼층석탑에서 나온 금제 아미타불입상(국보 80호◀)과
금제 아미타불좌상(국보 79호▶)

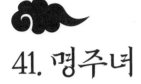

41. 명주녀

명주 처녀와 서생

세간에 전해지는 이야기이다. 한 서생이 공부하러 다니다가 명주(강릉)에 이르러 한 양가(良家)의 처녀를 보았다. 그녀는 얼굴이 곱고 자못 글도 알았다. 서생이 늘 시(詩)를 써서 집적대니 처녀가 말하기를, "부인(婦人)은 함부로 남자를 따르지 않습니다. 당신이 과거에 급제하고 부모의 허락이 있을 때 일이 이루어질 것입니다."라고 하였다. 서생은 즉시 서울로 가서 과거 공부를 하였다.

한편 처녀의 집에서는 사위를 맞이하려고 하였다. 처녀는 평소에 못의 물고기에게 밥을 주곤 하였는데, 물고기도 그녀의 기침 소리만 나면 와서 밥을 받아먹었다. 처녀가 물고기에게 밥을 주면서 이르기를, "내가 너희를 기른 지도 오랬으니 응당 나의 뜻도 알 것이다."라고 하면서 비단에 쓴 편지를 물에 던지니 큰 물고기 한 마리가 펄떡 뛰면서 편지를 받아 물고 유유히 헤엄쳐갔다.

서생은 서울에 있었는데, 하루는 부모님의 반찬을 마련하기 위해 저자에서 물고기를 샀다. 집으로 돌아와 물고기의 배를 가르다가 비단에 쓴 편지를 보고 깜짝 놀랐다. 즉시 그 편지와 아버지의 글을 가지고 지름길로 처녀의 집으로 달려갔으나, 사위가 벌써 그 집 앞에 와있었다. 서생이 그 편지들을 처녀의 집사람들에게 보이고 드디어 명주가(溟州歌)를 불렀다. 처녀의 부모들도 기이하게 여기고 말하기를, "이것은 정

성에 감동된 일이지 인력(人力)으로는 능히 하지 못할 것이다."라고
하면서 그 사위를 돌려보내고 서생을 사위로 맞았다. 【고려사】

연화녀와 무월랑

「평창군고기(平昌郡古記)」에 전한다. 신라 진평왕 때, 무월랑(無月
郎)[185]이 강릉 사신[186]이 되어 부임하였다. 그때 연화(蓮花)[187]라는 처녀
를 보았는데 서로 마음이 끌렸으나 곧 임기를 마치고 서울로 돌아가게
되었다. 그녀에게 말하기를, "만약 과거의 인연이 있다면 마땅히 부부
가 될 것이다."라고 하였다.

그녀의 집은 대천(大川) 남쪽에 있었고, 집 북쪽에 깊은 못이 있었
다. 그녀는 늘 물고기에게 밥을 주었는데, 그중 신령한 물고기 한 쌍이
물 위에서 놀았다. 그녀의 부모가 시집을 보내려 하자, 그녀는 물고기
에게 말하기를, "나의 편지를 무월랑에게 전해주면 좋겠구나?"라고 하
였다. 물고기도 그 말에 대꾸하듯 소리를 냈다. 드디어 3일을 보이지
않았는데, 물속으로 들어가 동해로 해서 무월랑의 어장[捕魚所]에 이
르렀다. 무월랑이 물고기를 잡으니 편지를 토해냈다. 무월랑은 곧 편
지를 써서 물고기에게 주고 드디어 그녀를 맞아 부부가 되었다.

또 이르기를, "그녀의 본집은 지금 대천 남쪽인데 별연사(別淵寺)가 이
것이다. 신라 명주 때 연화사(蓮花寺)를 세웠다. 김주원(金周元)이 왕위
에 오르지 못하고 말하기를, '명주는 나의 어머니의 본향(本鄕)이다.'라고
하며, 대천 북쪽 마을 사람을 거느리고 함께 돌아가 절을 세웠다. 이로써
명주가 공의 어머니의 본향임을 알겠다."라고 하였다. 【증수임영지[188]】

---

185. 강릉김씨파보」·「강릉김씨세계」에 김무월을 강릉김씨의 시조 김주원의 아버지인 김유
정(金惟靖, 혹 爲靖·惟正·惟端)이라고 하였다.

186. 사신(仕臣) : 지방의 특수 행정구역인 소경(小京)의 장관.

187. 『증수임영지』 월화정(月花亭) 조에 "강릉읍 남대천가의 월화봉 옛 자리에 있었다. 신라 때
연화부인 박씨가 고기를 길렀는데, 기르던 고기가 김무월에게 편지를 전해주었다는 옛 자취가
있으므로, 이에 그 후손들이 양어지 바위 위에 이를 기념하기 위해 새로 지었다."라고 하였다.

188. 롱택성(瀧澤誠) 편, 『증수임영지』, 고적보존회, 1933(국립중앙도서관 BC古朝58-117).

42. 제34대
효성왕

당 현종의 조문사

개원 25년(737)에 (성덕왕이) 죽으니, 당 현종은 매우 슬퍼하며, 태자 태보(太子太保)를 추증하였다. 형숙(邢璹)을 홍려시 소경(鴻臚寺少卿)에 임명하여 신라에 가서 조문하고, 아들 승경(承慶 ; 효성왕)이 왕위를 잇도록 하였다.

형숙에게 명을 내리기를, "신라는 군자의 나라로 불리며, 『시경』·『서경』을 안다. 경은 신실한 선비이기에 부절(符節)을 주어 보내는 것이니, 마땅히 경의 뜻을 잘 펴서 대국의 융성함을 알려 주도록 하라."라고 하였다. 또 그 나라 사람들이 바둑을 잘 둔다고 하여 조서를 내려 솔부병조참군 양계응(楊季鷹)을 부사로 삼아 보냈다. 그 나라의 바둑고수도 양계응보다 아래였음으로 사신에게 많은 금과 보물을 주어 보냈다.[189]

얼마 안 있어 그의 아내 박씨(朴氏)를 책봉하여 왕비로 삼았다. 승경이 죽으니, 조서를 내려 사신을 보내어 조문하고, 그의 아우 헌영(憲英 ; 경덕왕)을 왕으로 삼았다. (이때) 현종은 촉(蜀)에 가 있었는데, 양자강을 건너 성도(成都)에 사신을 보내 하정례(賀正禮)에 참가하였다.
【신당서】

---

189. 『삼국사기』에도 같은 내용이 전한다.

일본 천황의 조서

효겸천황 천평승보 4년(752) 6월 기축(14일) 신라 왕자 김태렴(金泰廉) 등이 조정에 들어와 절하고, 아울러 특산물을 바쳤다. 임진(17일) 조정에서 신라 사신에게 잔치를 베풀었다. 조칙을 내려 이르기를, "신라국이 와서 우리 조정을 받든 것은 기장족원 황태후(신공황후)가 그 나라를 평정하고부터인데 지금까지 우리의 번병(蕃屛)이 되어왔다. 그러나 전왕 승경(효성왕)과 대부 사공(思恭) 등은 언행이 오만하고, 지켜야 할 예를 잃었다. 그리하여 사신을 보내어 죄를 물으려는 차에 지금 그 나라의 왕 헌영(경덕왕)이 지난 잘못을 뉘우치고 몸소 조정에 오고자 하였으나 국정을 돌보아야 하므로 왕자 태렴(泰廉) 등을 대신 입조케 하고 아울러 특산물을 바쳤다. 짐은 그 정성을 매우 기쁘게 생각하는바 벼슬을 올려주고 물건을 내린다."라고 하였다.

또 조칙을 내려 "지금 이후로는 국왕이 직접 와서 아뢰도록 하고 만약 다른 사람을 보내어 조회에 참석할 때는 반드시 표문(表文)을 가지고 오도록 하라."라고 하였다. 【속일본기】

경주 낭산 일원에서 발견된 통일신라 가릉 유적지(효성왕릉으로 추정)

43. 제35 경덕왕대 연기 법사

천보 13년(754) 갑오년 8월 초하루에 시작하여 을미년(755) 2월 14일에 (화엄경 사경) 1부를 두루 마치어 이루었다. 서원(誓願)의 취지는 황룡사 (皇龍寺)의 연기법사(緣起法師)가 하시었다. 첫째는 은혜를 주신 아버님을 위함이며, 둘째는 법계의 일체중생 모두 성불케 하고자 함이다.

사경의 법도는 닥나무 뿌리에 향수를 뿌려 키우며, 그런 다음에 닥나무 껍질을 벗기는 사람, 벗긴 껍질을 연마하는 사람, 종이를 만드는 사람, 경전을 베껴 쓰는 사람, 경심(經心)을 만드는 사람, 불보살을 그리는 사람 등과 시중드는 사람 모두 보살계를 받게 하며, 공양법[齋法]에 따라 먹도록 하였다. 만약 대소변을 보거나, 누워 자거나, 또는 밥을 먹은 뒤에는 향수를 써서 목욕해야만 만드는 곳에 나갈 수 있도록 하였다.

경전을 베낄 때 모두 깨끗한 신정의(新淨衣)·선수의(蒝水衣)·비의 (臂衣)·관(冠)·천관(天冠)들로 장식한 두 명의 청의동자가 관정침(灌頂針)을 받들었다. 또 네 명의 기악인(伎樂人)이 청의동자에 붙어 연주하고, 또 한 사람이 향수를 길에 뿌리며, 다른 한 사람이 가는 길에 꽃을 뿌렸다. 또 한 법사가 향로를 받들어 이끌고, 다른 한 법사가 범패를 불러 이끈다. 그러면 여러 필경사가 각자 향화(香花)를 받들고, 염불하며 걸어간다.

만드는 곳에 이르면, 삼귀의(三歸依) 예에 따라 세 번씩 절하고, 부처·보살·『화엄경』을 공양한 이후에 자리에 올라 경전을 베끼어 쓰도록 했다. 경심을 만들고 부처·보살상을 그릴 때는 청의동자·기악인들을 물리치는데, 그 외에 몸과 마음을 깨끗하게 하는 법[淳淨法]은 위와 같고, 경심 안에 사리 1매를 넣는다.

내 이제 서원하노니, 이루어진 이 경전은 미래가 다하도록 썩어 부서지지 말지어다. 비록 삼재(三灾)가 대천(大千)세계를 파괴할지라도 이 경전은 하늘과 더불어 흩어져 없어지지 말지어다. 만약 중생이 이 경전을 대하면 부처님을 뵙고 경전을 듣고 사리를 공경하며, 보리심을 발하여 뒤로 물러서지 말고, 보현보살의 인연을 닦아 속히 성불할지어다.【화엄경 사경 조성기[190]】

기신론·화엄경 등 두루 다 통달하고, <연기조사가 평소에 늘 기신론과 화엄경을 강설하였다>

한평생 불법을 보호하여 깊은 공이 있으셨네.

3천 제자 교학을 깊이 배워 불타의 등불 나누어 준 뒤,

원교의 종풍(화엄종)이 뿌리내려 해동에 퍼졌네. <본전(本傳)에 가르침을 받은 학인이 3천여 명이라 했다>.【대각국사문집】

---

190. 연기가 발원하여 754년 8월부터 160여 일에 걸쳐 만든 80권본 화엄경 사경이다(국보 제196호). 현재 경문 2축(1~10권과 44~50권)과 변상도가 전한다. 본 내용은 50권 다음에 쓴 발문이다. 남풍현, 「신라 화엄경 사경 조성기의 해독」『고문서연구』2, 1992 참조.

연기 법사가 어머니에게 차 공양하는 모습을 담았다는 효대
(화엄사 사사자삼층석탑, 국보 제35호)

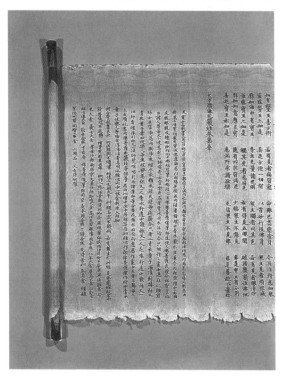

신라 백지묵자 대방광불화
엄경 사경발문.

44. 제36 혜공왕대 봉덕사종

　무릇 지극한 도는 모습 바깥까지 포함하므로 보려 해도 그 근원을 볼 수가 없으며, 큰 소리는 천지 사이에 진동하기 때문에 들으려 해도 그 울림을 들을 수 없다. 이런 까닭에 비유를 들어서 삼승(三乘)의 오묘한 수레[191]를 보게 하고, 신종(神鐘)을 내걸어서 일승(一乘, 佛乘)의 원만한 소리를 깨닫게 한다.

　무릇 종이라는 것은 상고해 보면 카니슈카[罽膩] 왕에게서 증험할 수 있고, 중국[帝鄕]에서 찾으면 고연(鼓延)이 처음 만들었다.[192] 비어서 능히 울어도 그 울림에 다함이 없고, 무거워서 굴리기 어려워도 그 몸체가 주름지지 않는 까닭에, 왕의 으뜸가는 공적을 그 위에 새기는 것이며, 중생들이 괴로움을 떠나는 것 역시 그 가운데에 있는 것이다.

　삼가 생각건대 성덕대왕께서는 덕업(德業)이 산하(山河)까지 아울러서 함께 높고, 명성은 일월(日月)처럼 가지런하고 높이 달렸다. 충성스럽고 어진 사람을 등용하여 풍속을 어루만지고, 예악을 받들어 풍속을 살피셨다. 들에서는 (생활의) 근본인 농사에 힘썼고, 시장에서는 함부로 하는 물건이 없었다. 당시에는 금옥(金玉)을 싫어하고 글재주[文才]를 숭상하였다. 아들(중경)의 죽음에 얽매지 않고, 원로들의 훈계에

---

191. 『법화경』 비유품의 화택삼거(火宅三車), 즉 양 수레(성문승)·사슴 수레(연각승)·소 수레(보살승)를 말한다.

192. 『산해경』에 "염제의 손자 고연이 처음 종을 만들었다."라고 하였다.

마음을 두었다.

40여 년 나라를 맡아 정사에 힘썼으며, 한 번도 전쟁으로 백성을 근심 케 한 적이 없었다. 그런 까닭에 사방의 이웃 나라와 1만 리의 귀한 손님들이 오로지 왕의 교화를 흠모하는 마음만 있었지 일찍이 전쟁을 엿보는 일은 없었다. (전국시대) 연(燕)과 진(秦)에서 사람을 잘 쓰고, (춘추시대) 제(齊)와 진(晉)이 교대로 패권을 잡았다고 하나, 어찌 바큇살과 두 고삐처럼 같다고 말할 수 있겠는가? 그러나 돌아가실 날은 예측하기 어려웠고, 천추(千秋)의 밤은 쉬이 길어져 승하하신 지 34년을 지났다.

근래 효성스러운 후계자 경덕대왕(景德大王)께서 세상에 계실 때 왕업을 이어 정사를 잘 보살폈다. 그러나 일찍이 어머니(소덕왕후)를 여의어 세월이 흐를수록 그리움이 일어났으며, 다시 아버지를 잃자 궁궐·전각을 볼 때마다 슬픔이 더 하였다. 부모를 생각하는 정은 점점 슬퍼지고, 명복을 빌려는 마음은 더욱 간절해졌다. 그리하여 구리 12만 근을 공손하게 희사하여 크기 1장(丈)의 종 1구를 만들려고 했다.[193] 그러나 이루어지기도 전에 문득 세상을 떠나셨다.

지금 우리 성군(혜공왕)께서는 행실이 선대[祖宗]와 일치하고, 의식은 지극한 이치에 부합되어 빼어난 상서로움은 옛날보다 기이하며, 아름다운 덕은 늘 으뜸이었다. 사방[六街]의 용 구름은 대궐의 섬돌을 덮어 음덕의 비를 뿌리고, 구천(九天)의 천둥은 궁궐에 울리고 퍼졌다. 그리하여 과일·쌀의 숲이 변방까지 축축 늘어지고, 색색의 기운이 서울에 환히 빛났다. 이것은 바로 이 땅에 태어나신 날에 대한 보답이고, 정사에 임할 때의 대답하였다.

우러러 생각건대 (만월) 태후(혜공왕의 어머니)께서는 은혜가 땅처럼 평평하여 인교(仁敎)로서 백성을 교화하시고, 마음은 하늘처럼 맑아서 부자(경덕왕과 혜공왕)의 효성을 장려하셨다. 아침에는 왕의 외숙[元舅]의 어짊과 저녁에는 충신의 보필을 받아 말을 가려 하지 않음

---

193. 황룡사종은 길이 13촌, 두께 9촌, 무게 497,581근이라고 한다.

이 없으니 어찌 행실에 허물이 있겠는가? 이에 (선왕의) 유언을 돌아 보고 드디어 옛 뜻을 이루고자 하였다. 유사(有司)에서 일을 주관하고, 공장(工匠)은 밑그림을 그렸다. 때는 신해년(771) 12월이었다.

일월이 교대로 빛나고, 음양은 기운을 조절하며, 바람은 온화하고 하늘은 안정되었다, 그때 신성한 그릇[종]이 완성되었다. 모습은 솟은 산과 같고, 소리는 용의 소리 같았다. 위로는 유정천(有頂天)[194]의 꼭대기까지 통하고, 아래로는 무한히 깊은 밑바닥까지 통하였다. 보는 자는 기이하다고 칭송하고, 듣는 자는 복을 받았다.

바라건대 이 묘한 인연이 존엄한 영령을 받들고 도와서 부처님 교화[보문(普聞)]의 맑은 울림을 듣고, 말을 초월한 법석에 올라 삼명(三明)[195]의 뛰어난 마음에 화합하고, 일승(一乘)의 참된 경계에 머물게 하소서. 나아가 국왕의 자손들이 금지(金枝)처럼 영원히 번성하고, 나라의 왕업이 철위산(鐵圍山)처럼 번창하며, 모든 중생이 지혜의 바다에서 함께 휩싸이다가 같이 세속을 벗어나 깨달음의 길에 오르도록 하소서. 【성덕대왕신종명[196]】

성덕대왕신종. 명문은 비천상 오른쪽에 있다
(국보 제29호. 국립경주박물관, ⓒ 김아연, 2014)

---

194. 유정천(有頂天) : 무색계 중 최상의 하늘.
195. 삼명(三明) : 전생을 기억하는 숙명명(宿命明), 다음 생을 아는 천안명(天眼明), 현생의 고통을 알아 번뇌를 끊는 지혜를 누진명(漏盡明)이라 한다.
196. 명문은 한림랑 김필오가 짓고, 한림대 서생 김부환이 썼다.

봉덕사종

신라 혜공왕이 주조한 종으로 구리 12만 근이 들었다. 종을 치면 소리가 1백여 리까지 들린다. 훗날 봉덕사가 산중(山中)[197]에 침몰하자, 천순 4년(1460)에 영묘사(靈妙寺)에 옮겨 달았다. 뒤에 경주 부윤 예춘년(芮椿年)이 남문 밖에 옮겨두었다가 건물을 지어 달아두고, 군사를 부를 때 종을 쳤다.【난실담총[198]】

봉황대 고분 옆 종각에 보관된 성덕대왕신종(일제강점기)

197. 『신증동국여지승람』권21(경상도 경주부 고적)에서는 북천(北川)이라고 하였다. 산사태 때문인지, 아니면 북천에 휩쓸려 간 것인지 알 수 없고, 이때 봉덕사는 폐사가 되었다.

198. 성해응(成海應, 1760~1839), 「고려비」(『난실담총(蘭室譚叢)』;『연경재전집외집』).『동경잡기』를 보면 1506년(중종 원년)에 부윤 예춘년은 경주 남문 밖 봉황대 밑에 종각을 짓고 종을 옮겨와 성문을 여닫을 때, 정오를 알릴 때 이 종을 쳤다고 한다.

45. 제38대
원성대왕릉과 곡사

명주군왕 김주원

김주원(金周元)은 태종왕의 손자이다. 선덕왕(宣德王)이 자식 없이 죽자, 신하들이 정의 태후(貞懿太后 ; 선덕왕의 비)의 명을 받들어 김주원을 왕으로 삼으려 하였다.

상대등 김경신(金敬信 ; 원성왕)이 무리를 위협하고 자립하여 먼저 대궐에 들어가 왕이라 일컬었다. 김주원은 화가 미칠까 두려워 명주(강릉)로 물러가 조정의 부름에 응하지 않았다. 2년 뒤 김주원을 봉하여 명주군왕(溟州郡王)으로 삼고, 명주 속현인 삼척·근을어(斤乙於 ; 평해, 현 울진군)·울진 등 고을을 떼어서 식읍으로 삼게 하였다. 그리하여 자손이 강릉부를 관향(貫鄉)으로 하였다.【신증동국여지승람】

원성대왕 곡사

경주 금성 남쪽의 해돋이를 볼 수 있는 산기슭에 숭복사(崇福寺)가 있다. 곧 선대왕(경문왕)께서 왕위를 이어받으신 첫해에 큰 업적을 남긴 원성대왕의 능을 모시고 명복을 빌기 위해 세운 것이다.

옛날 파진찬(17관등의 제4위) 김원량(金元良)은 소문 왕후(炤文王后)의 외숙이요, 숙정 왕후(肅貞王后)[199]의 외조부였다. 몸은 귀공자였

---

199. 소문왕후는 원성왕의 어머니이며, 조문황태후라고도 한다. 숙정왕후는 각간 김신술(金神述)의 딸로서 원성왕의 비이다.

원성대왕릉과 아랍인 무인석

으나 마음은 참다운 사람이었다.

처음에 노래하고 춤추는 곳을 짓더니 나중에는 그것들을 희사하여 절로 삼았다. 절의 의지처는 고니 모양의 바위인데 그로 인해 절 이름 [鵠寺]으로 삼았다. 좌우 회랑으로 길이 값지게 하고, 불전으로 길이 빛나게 하였다. 다만 지세가 취두산(鷲頭山 ; 영취산)보다 낮고, 지덕 (地德)이 용이(龍耳)보다 높았다.[200] 그러므로 절을 짓기보다는 마땅히 왕릉을 마련해야 할 곳이었다.

정원 무인년(원성왕 14, 798) 겨울, (대왕께서) 장례에 대해 유언하셨 는데 땅을 고르기가 어려워 청정한 절을 지목하여 왕릉을 모시고자 하였다. 이때 의심을 가진 사람이 말하기를, "옛날 자유의 사당[201]과 공자 의 집[202]도 모두 차마 헐지 못하여 사람들이 지금껏 칭송하였다. 그런

---

200. 용이(龍耳) : 풍수에서 산세를 용에 비유하여 설명하는 명당.

201. 자유(子游)의 사당 : 춘추시대 정나라 간공(簡公)의 장례를 치를 때, 장삿길에 자유의 사 당이 있어 사람들이 헐어야 한다고 하였으나 당시 재상이던 자산(子産)이 만류하여 돌아가도 록 하였다고 한다(『춘추좌전』소공 12년).

202. 공자(孔子)의 집 : 전한 경제(景帝)의 아들인 노공왕(魯恭王)이 공자의 옛집을 헐어 자신 의 정원을 넓히려고 하자, 여러 악기 소리가 들려 공사를 그쳤다고 한다(『한서』노공왕전).

데 절을 빼앗는 것은 곧 수달다 장자[203]가 희사한 마음을 저버리는 것이 아니겠는가? 왕릉을 높이 쌓으면 땅으로서는 그 두터움을 더하므로 도움을 받는 것이지만, 하늘로서는 그만큼 공간을 잃으므로 허물하는 바이니 서로 도움이 되지 못할 것이다."라고 하였다.

그러나 담당자가 비난하여 말하기를, "절이란 자리하는 곳마다 반드시 교화되며, 어디를 가든지 어울리지 않음이 없다. 그리하여 재앙의 터를 능히 복(福)된 마당으로 만들어 한없는 세월 동안 위태로운 세속을 구제하는 것이다. 무덤이란 아래로는 지맥(地脈)을 가리고, 위로는 천심(天心)을 헤아려 반드시 풍수의 사상혈(四象穴)[204]을 포괄한다. 그럼으로써 후손에 미칠 경사를 보전하는 것이니 이는 자연의 이치이다. 불법은 머무르는 모양이 없고, 예법은 이루는 때가 있으니 땅을 바꾸어 자리함이 하늘의 이치에 따르는 것이다. 다만 청오자(靑烏子)[205]와 같이 땅을 잘 고를 수만 있다면 어찌 절이 헐리는 것을 슬퍼하겠는가? 또 이 절은 본래 왕의 인척이 지은 것이니, 낮음을 버리고 높은 데로 나아가며, 옛것을 버리고 새것을 꾀하여야 할 것이다. 그리하여 왕릉은 웅장하고 화려한 곳에 자리하고, 절은 아름다운 경치가 있는 곳에 있게 하면 왕실의 복이 산처럼 높이 솟을 것이요, 저 김원량[侯門]의 덕이 바다같이 순탄하게 흐를 것이다. 이는 '알고는 하지 않음이 없고, 각각 그 자리를 얻었다.'라고 할 수 있을 것이니, 어찌 자산(子産)의 작은 은혜와 노공왕(魯恭王)이 도중에 그만둔 것과 견주어 옳고 그름을 따지겠는가? 마땅히 점괘에 들어맞는 말을 듣게 된다면 용신(龍神)이 기뻐함을 보게 되리라."라고 하였다. 드디어 절을 옮기고, 왕릉을 지으니 두 공사에 사람이 모였고, 여러 장인이 일을 마쳤다.【유당신라국초

---

203. 수달다(須達陁) : 인도 사위성의 장자로 기타(祇陀) 태자의 동산을 구해서 기원정사를 지어 석가모니에게 바쳤다.

204. 사상(四象) : 풍수에서 말하는 와(窩)·겸(鉗)·유(乳)·돌(突)을 말한다.

205. 청오자(靑烏子) : 한나라의 유명한 풍수가. 곽박(郭璞)의 스승이며, 장례의 책인 『청오경』을 지었다고 한다.

월산대숭복사비명[206]】

갈항사 석탑

갈항사(葛項寺)의 두 탑은 천보 17년 무술년(758)에 세워졌다. 오빠와 자매 모두 셋이 선업(善業)으로 이루었다. 오빠는 영묘사(零妙寺)[207] 언적(言寂) 법사(원성왕의 외삼촌)이며, 큰누이는 조문황태후(照文皇太后)[208]이며, 작은누이는 경신태왕(敬信太王)[209]이시다.【갈항사 석탑기[210]】

김천 갈항사지 삼층석탑(국보 제99호)

---

206. 최치원이 지었다.

207. 영묘사(零妙寺) : 경주에 있었던 영묘사(靈廟寺, 靈妙寺, 令妙寺).

208. 조문황태후 : 원성왕이 즉위하고 4대조를 추봉할 때, 어머니 박씨를 조문태후(照文太后)로 하였다(『삼국사기』 권10, 원성왕 원년 2월).

209. 경신태왕 : 경신은 원성왕의 이름. 글의 내용을 보아서는 원성왕의 이모가 맞다.

210. 갈항사는 상주시 개령군 금오산에 있던 절. 8세기 승전(勝詮)이 『화엄경』을 강의하였다. 동서 석탑 2기(국보 제99호)는 1916년 7월, 경복궁으로 이전, 현재는 국립중앙박물관에 있다. 석탑기는 동탑 상층 기단의 면석에 새겨져 있다.

46. 제40대
애장왕과 해인사

해인사의 조사

순응 대덕(順應大德)은 성간(成覸)을 본받아 신림 석덕(神琳碩德)에게 노자를 묻고, 대력(大曆, 766~779) 초년에 조각배에 의탁하였다. 몸을 잊은 채, (선지식이) 머무는 산을 찾아 정수[髓]를 얻었다. 교종의 바다를 끝까지 탐색하고, 선종의 물길을 거슬러 오른 뒤에 마침내 돌아와서는 대덕에 선발되어 빛나는 자리에 올랐다.

이에 탄식하며 말하기를, "사람은 옥을 갈듯 자신을 닦아야 하는데, 세상에서는 황금을 소장하는 것을 귀하게 여긴다. (가야산은) 이미 천지의 영기를 머금었을 뿐만 아니라 산천도 수려하기 그지없다. 새도 나무를 가려서 앉을 줄 아는데, 내가 어찌 이곳에 띠를 깎아 집을 짓지 않을까 보냐?"라고 하였다.

그리하여 정원 18년(802, 애장왕 3)[211] 10월 16일에 동지를 이끌고 이곳에 와서 터를 잡아 건축하였다. 산의 영기는 문수보살[妙德]의 이름에 부합되고, 땅의 형체는 (문수보살이 머무는) 청량산의 형세와 일치하였다. 오계(五髻)를 나누어 장식함에 터럭 하나[一毛]씩을 다투어 뽑으려 하였다.[212]

---

211. 애장왕 3년(802) 8월에 가야산 해인사를 창건하였다(『삼국사기』 권10, 신라본기10).

212. 가야산에 문수 도량을 꾸미려 하자, 사람들이 다투어 희사하며 공사를 도왔다는 말이다. 오계는 다섯 개의 상투라는 뜻으로, 문수보살[五髻文殊]을 가리킨다. 신라의 문수보살주처신

해인사 대적광전(ⓒ 문준식)

　이때 성목왕태후(聖穆王太后 ; 애장왕의 할머니)가 사이(四夷)에
국모의 의표(儀表)를 보이며, 삼학(三學)²¹³으로 자제들을 양육하다가
(대덕의) 풍문을 듣고 존경심과 기쁨에 넘쳐 귀의할 것을 태양에 두고
맹세하고, 맛있는 나물[嘉蔬]를 희사하고, 따로 비단 묶음[束帛]도 보
냈다. 이는 바로 하늘의 보우(保佑)를 얻어서 그렇게 된 것이라고 하겠
지만, 실제로 땅이 그런 인연을 맺게 해준 결과이기도 하였다.

　그런데 문하 생도들이 바야흐로 안개처럼 산문(山門)에 모여드는 때
를 당하여, 순응[眘德]이 느닷없이 아침 이슬이 마르듯 산사에서 열반
에 들었으므로, 이정 선백(利貞禪伯)이 그 뒤를 이어서 공사를 진행하
였다.【신라 가야산 해인사 선안주원벽기】

순응과 이정의 해인사 건립

앙처는 오대산이었는데, 당시 가야산 역시 문수보살 상주처라는 신앙이 있었음을 보여준다.
213. 삼학(三學) : 불교 승려가 닦아야 할 이른바 계(戒)·정(定)·혜(慧)의 공부를 말한다.

해인사 창건연기설화의 내용을 보여주는 그림(서울 수락산 학림사 약사전 벽화)

　보지(寶誌)[214] 도인은 소연(蕭衍)이 세운 양나라의 스님인데 부처에 아첨하던 그 당시에 고승으로 이름났었다.

　그가 죽게 되자 「답산가(踏山歌)」 1편을 지어 제자에게 주면서 이르기를, "내가 입적한 뒤에 신라의 명승이 올 것이니 이 답산가를 전하여 주라."고 하였다. 과연 수년 후에 신라의 순응(順應)과 이정(利貞) 두 대사가 지공(誌公)의 풍문을 듣고 뵈려고 중국에 갔다. 그러나 지공은 이미 입적한 뒤라 그 제자가 「답산가」를 주고 지공의 말도 전하였다.

　두 대사는 지공의 무덤 앞에 합장하고 서서 3일 밤낮으로 다라니와 염불을 부지런히 외었다. 그때 무덤이 열리며 지공이 나타나 이르기를, "신라 우두산(牛頭山)은 신선이 사는 곳이니, 사찰을 세우면 기이한 감응이 많을 것이다."라고 하였다. 두 대사는 두렵기도 하고, 존경하는 마음으로 신라로 돌아왔다.

　우두산은 합주(지금의 합천)의 가야산[215]이다. 골짜기 입구에서 나무

---

214. 보지(425~514) : 지공(誌空), 보지(保誌)라고도 한다.
215. 가야산은 조선 10승지 중의 하나로 치는 명산이다. 우두산(牛頭山), 상왕산(象王山), 상향산(象向山), 지달산(只怛山), 설산(雪山)이라고도 한다. 해인사는 가야산 우두봉 아래에 있는

하는 노인을 만나 절을 세울 만한 곳을 물었더니 노인은 웃으면서 이르기를, "저쪽으로 두어 언덕을 돌아가면 물이 모여드는 곳이 있고, 그 위에 기왓장 수만 개가 있는데 왜 그리로 가서 절터를 보지 않는가?"라고 하였다.

두 대사가 사례하고 나아가서 보니 과연 지대가 평평하고 넓으며 단단한 기와가 겹겹이 쌓여있었다. 서로 말하기를, "장소가 있고 기와도 있지만, 사람이 없으니 어떻게 하겠는가? 이 공사를 도울 사람은 누구인가?"하고는 공경히 주문을 외었다. 그랬더니 상서로운 기운이 나와 곧장 허공 밖에까지 뻗쳐나갔다.

이때 애장왕(재위 800~809)의 왕후가 등에 종기가 났는데 모든 의약을 써보았지만, 낫지 않았다. 이에 관리들을 온 나라에 보내 시골이나 바위굴에 숨어 있는 기인과 기술을 통달한 성인을 찾게 하였다. 이때 관원 한 사람이 가야산 정상에 뻗쳐 있는 상서로운 기운을 보고 찾아가 두 대사를 만났다. 두 대사에게 머리를 조아려 왕명을 전하고, 함께 왕궁으로 가기를 청하였다. 대사는 감히 사양하지 못하고 전대[橐] 속에서 핏빛의 고운 분홍실을 주면서 이르기를, "이 실의 한쪽 끝을 정원의 배나무에 잡아매고, 다른 한 끝은 환부에 붙여놓으면 종기가 바로 나을 것입니다."라고 하였다. 관원이 돌아와서 그대로 시험하였더니 배나무는 말라 죽고 종기는 즉시 완치되었다.

애장왕은 (두 대사의) 은혜에 보답하기 위해 관원을 보내 사례하고, 소원을 물으니, 대사는 사찰을 건립하는 일로써 대답하였다. 왕은 대목(大木)에게 명하고, 나라의 지원으로 사찰을 세우도록 하였다. 【해인사팔만대장경사적기[216]】

데, 남도 제일의 명찰이다(이기영, 「해인사 기행」『삼천리』제12권 제6호, 1940년 6월). 이 글에는 순응을 의상의 4대 법손(의상-상원-신림-순응)이라고 하였다.

216. 이덕무(1741~1793), 『청장관전서』권3에 수록되어 있다. 이 글은 그의 조카 이서구(1754~1825)가 쓴 것이다(1809년). 최치원이 쓴 「해인사선안주원벽기」의 내용과 차이가 있고, 명찰(明詧, 1640~1708)이 지은 「가야산해인사대장경인출문」(『풍계집』)의 내용과 유사하다.

47. 제42대
흥덕왕

제41 헌덕왕대 신라 노비

장경 원년(821) 3월, (당나라) 평로군 절도사 설평(薛苹)이 아뢰기를, "해적이 신라 백성을 속여 빼앗아 평로군의 관할인 등주·내주 및 변두리 바다의 여러 길로 데리고 와서 노비로 팔고 있어 마땅히 아룁니다. 신라국이 비록 외이(外夷)이지만 늘 새해[正朔]를 알리고 조공이 끊이지 않으니 국내 지역과 다르지 않습니다. 오늘 이후 전국의 바다 변두리에서 해적들이 신라국의 양민들을 파는 것을 일절 금지하는 조칙을 특별히 내려주시기를 간절히 빕니다. 그리고 소재지의 관찰사에게 범법행위가 있을 때는 엄격하게 붙잡아 법에 따라 가차 없이 단죄하기를 청합니다."라고 하였다. 조칙으로 마땅히 그리하도록 하였다.

장경 3년(823) 정월, 신라 사신 김주필[217]이 글[狀文]을 올리기를, "앞서 양민의 매매를 금하는 조칙에 깊은 은혜를 입었습니다만, 모두 바닷가 마을 곁에 붙여 살며, 돌아가기를 원하나 갈 길이 없습니다. 엎드려 빌건대 여러 바닷가 부근의 주현(州縣)에 첩지를 내려 배편이 있으면 편히 자기 마음대로 돌아갈 수 있도록 주현에서 막지 말도록 해주십시오. 돌아가기를 원하는 본국 백성을 책임지고 살펴 돌아올 수 있기를 바랍니다."라고 하였다.【당회요】

---

217. 『당회요』 권95, 신라가 장경 2년 12월에 사신 김주필(金柱弼)을 보내 조공을 바쳤다고 하였다.

남지[南池]의 새

신라 헌덕왕 13년(821)에 김헌창(金憲昌)이 청주(菁州 ; 진주) 도독이었다가 웅천(熊川 ; 진해)의 진장(鎭將)으로 옮겨 가서 배반하였다.

이보다 앞서 청주 관아의 남쪽 못[南池]에 기이한 새가 있었다. 몸길이는 5척, 빛이 검고, 머리는 5세 정도 되는 아이 같았으며, 부리 길이는 15치, 눈은 사람 눈과 비슷하며, 목구멍은 5되들이 그릇만 했는데 3일 만에 죽었다. 그때 사람들이, "김헌창이 패망할 조짐이다."라고 하였는데, 과연 그러하였다.【신증동국여지승람】

흥덕왕대 혜소

태화 4년(830) 혜소(慧昭, 774~850)가 귀국하여 대각(大覺)의 상승(上乘) 도리로 우리나라의 어진 강토를 비추었다. 흥덕대왕이 칙서를 급히 보내 맞이하고, 위로하기를, "도의(道義) 선사가 지난번에 돌아오더니 상인(上人)이 잇달아 이르러 두 보살이 되었도다. 옛날에 검은 옷[黑衣]을 입은 호걸이 있었다고 들었는데 지금은 누더기를 걸친 영웅을 보는구나. 하늘까지 가득한 자비의 위력에 온 나라가 기쁘게 의지하리니 과인은 장차 동방 계림의 땅을 길상(吉祥)의 집으로 만들리라."라고 하였다.【지리산 쌍계사 진감선사 비명】

48. 제46 문성왕대 적산 법화원

적산 법화원

적산은 온통 암석으로 된 높이 우뚝 솟은 곳으로, 곧 문등현 청녕향 적산촌(赤山村)이다. 산에 적산 법화원(法花院)[218]이라는 절이 있는데, 장보고가 처음으로 세운 것이다. 오랫동안 장전(莊田)을 소유하고 있어서 그것으로 절

적산 법화원 장보고 동상

의 식량을 충당한다. 장전은 1년에 500석의 쌀을 거두어들인다. 절에서는 겨울과 여름에 불경을 강설하는데, 겨울에는 『법화경』을, 여름에는 8권 『금광명경』을 강설한다.[219] 여러 해 동안 그것을 강설해왔다.

적산 법화원 장보고

(839년) 11월 16일, 이날부터 산원(山院)에서 『법화경』을 강설해 이듬해 정월 15일까지를 그 기간으로 삼는다. 여러 곳에서 많은 스님과

---

218. 법화원 : 산동성 영성시 석도진 적산 기슭에 있다.

219. 신라는 호국 경전으로 『법화경』, 『금광명경』, 『인왕경』 등 삼부경을 강조하였다.

인연 있는 단월이 모두 모인다. 그 가운데 성림(聖琳) 화상이 이 강경의 법주(法主)이다. 또 강경에 대하여 질문을 하는 두 사람이 있는데, 스님 돈증(頓證)과 상적(常寂)이 바로 그들이다. 남녀 도속(道俗) 모두 절에 모여 낮에는 강경을 듣고, 밤에는 예불 참회하고 차례차례로 이어간다. 승려가 40여 명이다.

강경과 예참법은 모두 신라 풍속에 따르지만, 오후 8시경과 새벽 4시경 두 차례의 예참은 당나라 풍속에 따른다. 그 밖의 것은 모두 신라 말로 진행하며, 집회에 참석한 출가 승려·재가 속인, 노인·젊은이, 귀한 사람·천한 사람 할 것 없이 모두 신라인이었다. 다만 승려 3명과 행자 1명만이 일본 사람이었다.【입당구법순례행기】

장보고의 죽음과 청해진

승화 9년(842) 봄 정월 병인 초하루 을사(10일)에 신라인 이소정(李少貞) 등 40명이 축자 대진(筑紫大津)에 왔다. 대재부(大宰府)에서 관원을 그곳에 보내서 오게 된 까닭을 묻게 하였다. 이소정이 말하기를, "장보고(張寶高)가 죽고,[220] 그의 부장 이창진(李昌珍) 등이 반란을 일으키려고 하자, 무진주(광주) 별가(別駕) 염장(閻丈)이 군사를 일으켜 토벌하여 평정하였으므로 지금은 아무 걱정이 없습니다. 다만 적의 무리가 빠져나가 이곳에 도착하여 백성들을 소란스럽게 할까 걱정입니다. 만약 도착한 배 중에 공식문서를 가지고 있지 않은 자가 있으면, 명을 내려 그들을 심문하고 붙잡아 들이십시오. 또 지난해 회역사(廻易使) 이충(李忠)·양원(揚圓) 등이 가지고 온 물건들은 곧 부하 관리와 죽은 장보고 자손들에게 남겨진 것이니 바라건대 빨리 보내주십시오. 그런 까닭에 염장이 축전국(筑前國)에 올리는 첩장(牒狀)을 가지고 찾아뵈러 왔습니다."라고 하였다.

---

220. 장보고의 사망년에 대해서는 두 가지 설이 있다. ① 846년(문성왕 8) 봄(『삼국사기』 권11), ② 841년 11월설(『속일본후기』) 등이 있다.

대재부의 관리들이 의논하기를, "소정은 일찍이 장보고의 신하였는데 지금은 염장의 사신이다. 그는 마음이 불손하고, 말이 일정치 않으니, 상인이 거짓으로 교통하고자 하여 교묘한 말로 수교(修交)를 일컫는 것임을 알겠다. 지금 다시 첩장을 보면 '이소정은 염장이 축전국에 올리는 첩장을 가지고 찾아뵈러 왔다.'라고 말하나, 그 첩장에는 대재부에 올린다는 말이 없으니, 전례에 맞지 않는다. 그 첩장을 조속히 진상하는 것이 마땅하나, 첩지가 무도한 것 같으므로 소정에게 돌려보내야 한다."라고 하였다.

어떤 사람은 말하기를, "소정은 지금 염장에게 의탁해 있으면서 먼저 온 이충·양원 등을 붙잡으려고 하는데, 지금 이충 등을 소정 등과 함께 가라고 하면 그것은 길을 잃고 헤매는 짐승을 굶주린 호랑이에게 던져주는 것이다. 이충 등에게 물어서, 만약 소정 등과 함께 돌아가기를 싫어하면 그가 바라는 대로 따르되 늦고 빠른 것은 명에 맡기자."라고 하였다.

또 말하기를, "이충 등은 무역의 일을 마치고 본국으로 돌아갔는데, 그 나라에서 난리를 만나 무사히 도착할 수가 없어 다시 축전에 온 것이다. 그 후 어려계(於呂系) 등이 귀화하여 '우리는 장보고가 다스리던 섬의 백성입니다. 장보고가 작년(841) 11월 중에 죽었으므로 평안하게 살 수 없어 당신 나라에 온 것입니다.'라고 하였다.

이날 전 축전국수(前筑前國守) 문실조신궁전마려(文室朝臣宮田麻呂)가 이충 등이 가지고 온 물건들을 빼앗았다. 그가 말하기를, '장보고가 살아있을 때 당나라 물건을 사기 위하여 비단을 주고 그 대가로 물건을 얻을 수 있었는데, 그 수가 적지 않았다. 그런데 지금 장보고가 죽어 물건을 얻을 수 없게 되었기 때문에 그의 사신이 가지고 온 물건을 빼앗은 것이다.'라고 하였다.

설령 외국인이 우리의 토산물을 좋아하여 우리나라에 오더라도, 모름지기 그 마음을 흔쾌히 여겨 그들이 갖고자 하는 것을 얻을 수 있도록 해야 한다. 그런데 회역사가 가지고 온 물건을 빼앗고, 장사하는 권리를 끊은 것은 부사(府司)에서 조사·감독을 하지 않았기 때문에 마음대로 하게 된 것이다. 상인이 재화를 잃지 않게 하는 것이 군주의 헌장(憲章)에 드러난 것이다."라고 하였다. 이에 대재부의 관리에게 명하여 빼앗은 물건들을 자세히 조사·기록하여 되돌려 주고 또 이유를 잘 말하고, 아울러 양식을 지급하여 본국으로 돌려보냈다.【속일본후기】

완도 청해진 유적지(완도군)

49. 제48대 경문왕과 개선사 석등

제47대 헌안왕과 무염

무염(無染)은 회창 5년(845)에 당나라에서 돌아왔다. 헌안대왕(憲安大王)이 즉위하기 전, 성주사의 단월인 동생 사발한(舒發韓) 위흔(魏昕)과 더불어 남·북(南北)의 재상(宰相)이 되어 멀리서 제자의 예를 행하며, 매달 향과 차를 예물로 보내어 빠뜨리지 않게 했다. 이렇게 대사의 명성이 나라에 퍼져 동국의 문사(文士)들은 대사의 선문(禪門)을 모르는 것을 수치로 여길 정도였다.

대사를 본 사람들은 감탄하며 말하기를, "직접 뵈니 귀로 듣던 것보다 백배나 낫다. 입으로 말씀하지 않아도 이미 마음에 와닿았다."라고 하였다. 또한 원숭이·호랑이 같은 성격의 관리라도 바로 조급함을 멈추고, 사나운 마음을 고쳐서 다투어 착한 길로 달려 나갔다.

헌안왕이 즉위하여 도움이 될 말을 청하자, 대사는 대답하기를, "주풍(周豊)이 노공(魯公)에게 대답한 말이 뜻이 깊습니다. 예경(禮經)에 적혀있으니 자리 옆에 새겨 두십시오."라고 하였다.[221]

경문왕 또한 대사를 공경하고 존중함이 헌안왕 때와 같아서 예우가 날로 두터워졌다. 일을 행할 때는 반드시 사람을 보내어 물어본 뒤에 시작하였다.

---

221. 『예기』 단궁(檀弓) 하편에, 왕에게 예의와 믿음, 진실한 마음이 있어야 백성들로부터 존경을 얻을 수 있다고 하였다.

건부 3년(876) 봄에 경문왕이 병환이 나자, 가까운 신하[近侍]에게 이르기를, "빨리 대의왕(大醫王 ; 무염)을 모셔 오라!"라고 하였다. 신하가 심묘사(深妙寺)에 이르니, 대사께서는 "산승(山僧)의 발이 왕궁에 닿는 것은 한 번이라도 심하다고 할 것이다. 나를 아는 사람은 '성주(聖住)가 무주(無住)가 되었다.'라고 말하고, 나를 알지 못하는 사람은 '무염(無染)이 물들었다[有染].'라고 말할 것이다. 하지만 우리 국왕과 서로 서약한 것을 생각해 볼 때, 도리천으로 돌아가실 날이 얼마 남지 않았으니 어찌 가서 작별 인사를 하지 않겠는가?"라고 하였다.

왕궁으로 가서 약이 되는 말을 하고, 깨달음의 지침[箴戒]을 전하였다. 대왕께서 깨닫는 가운데 병이 조금 나으니 온 나라 사람들이 신기하게 여겼다. 한 달이 지나 경문대왕이 돌아가셨다. 【성주사 낭혜화상 백월보광탑비】

경문왕이 세운 석탑과 석등

경문왕은 민애대왕을 위하여 복업(福業)을 쌓게 하려고 석탑을 조성하고 기록한다. 무릇 불교에서 설한 말은 이익됨이 매우 많다. 비록 팔만사천의 법문이 있지만, 그중에 업장(業障)을 달아 잠그고 널리 만물을 이롭게 하는 것은 탑을 높이 세우고, 참회의 도를 행하는 것보다 나은 것은 없다.

엎드려 생각건대 민애대왕은 이름이 명(明)으로 선강대왕(김충공)의 맏아들이자 지금 임금(경문왕)의 노구(老舅)[222]였다. 개성 기미년(839) 정월 23일 갑자기 백성들을 버리니 나이 23세였다. …(팔공산) 동화사[桐藪]의 원당(비로암) 앞에 석탑을 세웠다. 동자가 모래를 쌓아 탑을 만들고, (석가모니에게) 공양하던 뜻을 본받기를 바란다. 함통 4년(863, 경문왕 3) 계미년 9월 10일에 쓴다. 【민애왕석탑 사리합기】

---

222. 노구(老舅) : 아버지(계명)의 외삼촌, 즉 할머니의 남동생을 말한다. 민애왕은 희강왕의 처남이고, 계명의 외삼촌이다. 경문왕이 자신의 조부인 희강왕을 죽인 민애왕의 명복을 기리기 위해 석탑을 세웠는데, 상식적이지 않다.

대구 동화사 비로암 삼층석탑(보물 제247
호). 민애왕석탑. 사리호를 담았던 금동함
4매는 국립중앙박물관에서 소장

담양 개선사지 석등(보물 제111호)

경문대왕과 왕비 문의황후, 그리고 큰 공주(진성여왕으로 비정)께서
불을 밝힐 석등을 세우기를 바라셨다. 당나라 함통 9년 무자(868) 음
력 2월 저녁에 달빛을 잇게 하고자 전임 국자감경(國子監卿)인 사간
(沙干) 김중용(金中庸)을 통해 등을 밝힐 기름의 경비로 3백 석을 보
내니 승려 영판(靈判)이 석등을 건립하였다.[223]【개선사 석등기】

보림사의 두 석탑

(북탑) 탑을 만든 때가 함통 11년(870) 경인 5월 모일이다. 때는 응왕
(凝王)[224]이 즉위한 지 10년이었다. (건립) 이유는 헌안왕(경문왕의 장
인)의 왕생을 위하여 삼가 만든 탑이다. 서원부(西原部 ; 청주) 소윤 나
마 김수종(金遂宗)[225]이 임금에게 아뢰어 추진되었고, 칙명을 받들어
(탑을 건립한) 우두머리는 급간 진뉴(珎鈕)이다.

(남탑) 함통 11년 경인(870)에 탑을 세웠다. 대순 2년 신해(891) 11월 모
일에 기록한다. 내궁(內宮)에 사리 7매가 삼가 계시다.[226]【보림사 석탑지】

---

223. 개선사 석등(開仙寺 石燈) : 전남 담양군 남면 학선리 개선사지에 있는 화강암으로 만든
높이 약 3.5m의 석등이다.

224. 응왕(凝王) : 경문왕의 이름이 응렴(凝廉)이기 때문에 응왕이라고 불렀다.

225. 김수종(金遂宗) : 김수종(金邃宗)(보림사 비로자나불조상기).

226. 두 기의 삼층석탑은 대적광전 앞에 있으며, 탑 사이에 석등이 있다. 두 기의 석탑과 석등은
국보 44호로 지정되었다. 위의 기록은 두 기의 석탑에서 나온 탑지(塔誌)의 내용이다.

50. 제49대
헌강왕과 무염

헌강왕께서는 중국어를 잘하셨다. 그 소리가 금옥처럼 맑았고, 사람들이 떠들어도 개의치 않았으며, 입을 여시면 대구(對句)가 맞는 병려체(騈儷體)의 글이 되어 마치 오래전에 지어놓은 문장과 같았다.【성주사 낭혜화상 백월보광탑비】

헌강왕이 대낭혜 화상을 산으로 돌려보낼 때 여러 신하에게 명하여 전송의 시를 짓게 하였다. 재가 제자이고, 왕의 후손이신 소판(蘇判) 억영(嶷榮)이 먼저 시를 짓고, 시독한림랑 겸 숭문대·서서원 직학사 사찬 박옹[227]이 화상께 드리는 시첩[贈行詩]의 서문을 지었다.

(서문에) "인도[竺乾]에서 중국[震旦]에까지 깨달음의 내용[心印]을 고요히 잇고, 법등(法燈)을 서로 전한 자는 『육조전(六祖傳)』에 모두 자세히 기록되었다. 대사가 계림 변두리에 머물다가 작은 배를 타고, 중국의 북쪽 지방[三秦]을 두루 다녔고, 남쪽 지방[白粵]을 골고루 유람하였다. 그리고 마곡(麻谷)에서 마침내 불법을 깨치게 되었다.[228] 회창 연간(841~846)의 불교 탄압[229] 때 교분을 맺은 벗들과 함께 돌아왔다. 무성한 소나무 아래에 띠로 자리를 깔고, 세상을 피하여 숨어 살면

---

227. 박옹(朴邕) : 신라 헌강왕대의 문신.
228. 무염은 산서성 포주 마곡산의 보철(寶徹)로부터 심인을 받았다.
229. 당 무종(武宗) 회창 5년(845)에 일어난 불교 박해 사건. 사찰 4만 여 개소를 부수고, 승려 26만여 명을 환속시켰다.

서 찬 시냇물에 바리때를 씻고 바위벽에 지팡이[錫杖]를 기대어놓고 지낸 지 여러 해가 되었다. 그러므로 와서 배우는 자가 어찌 (공자의) 3천 제자에 그쳤겠으며, 깊이 맺어 왕래한 자들이 어찌 10철(十哲) 정도일 뿐이었겠는가?

경문왕은 자주 말씀[綸音]을 내리고, 특별히 사신을 보냈다. 그리하여 궁궐에 와서 선담(禪談)을 이야기하게 하니 스승이라 일컫고 공경하였다.

또한 금상(헌강왕)이 등극하신 지 6년에 조서를 내려 재촉해 부르자, 서울에 다시 오게 되었다. 대사가 서울에 오자 그대로 궁중에…(원문 2자 빠짐)…먹을 곳을 마련케 하고, 향적전(香積殿)을 곧 보광전(普光殿)이라 하였다. 나랏일까지 잊은 채 외로운 구름이 공중에 의지하듯이 …(원문 1자 빠짐)…대하였고, 마음을 차분히 하고 공(空)을 이야기하는데, 밝은 달이 잔잔한 물 위를 비추듯이 하였다. 오왕(吳王)이 강회(康會, 康僧會)를 맞이한 것과 진제(晉帝)가 불홍(佛洪, 道安)을 만난 것보다 훨씬 소중한 관계였다. 그리하여 호(號)를 더해 주고, 선림(禪林)을 열게 하니 조정의 관료들이 다투어 불공에 참여하여 사찰에 가득 찼다.

그러나 대사는 덧없는 부귀영화에 마음을 두지 않고, 늘 바위와 골짜기를 생각하였다. 임금이 비록 들판의 학(鶴) 같은 대사의 성품을 묶어두려 하였으나 진실로 티끌 세상을 싫어하므로 두터운 은혜의 조서를 내려 산으로 돌아갈 것을 허락하였다.

대사가 떠나는 날, 해 저문 산은 놀 빛에 붉은데 하늘에 애수에 찬 구름이 떠 있고, 소나무 샛길은 솔 빛에 푸른데 암자의 사립문은 눈에 덮였다. 임금의 뜻[恩旨]으로 유학자와 불교도들에게 특별히 명하여 각각 시를 지어 대사를 전송하라고 하시였으므로 옹(邕)도 쓸모없는 문장임을 헤아리지 않고 대범하게 이 짧막한 서문을 지어 여러 시편의 머리에 쓰노라."라고 하였다.【청장관전서】

51. 작제건

작제건 설화

작제건(고려 태조 왕건의 할아버지)은 당나라 귀인과 진의(辰義) 사이에서 태어났다. 16세에 아버지가 남긴 활과 화살을 어머니로부터 받았는데 백발백중하였다.

그는 아버지를 찾으러 상선을 타고 당나라로 떠났을 때, 안개가 자욱하여 3일 동안 배가 나가지 못했다. 이에 점을 쳐보니 고려인을 내려놓고 가야 한다는 점괘가 나와 작제건이 바다 가운데의 바위섬에 홀로 남게 되었다.

그때 서해 용왕인 노옹(老翁)

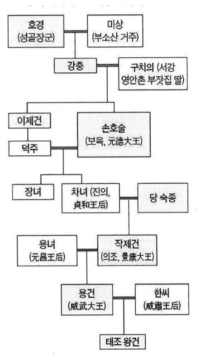

고려 왕실 세계도

이 나타나 말하기를, "매일 치성광여래(熾盛光如來)의 모습을 한 늙은 여우가 나타나 북과 악기를 두드리며 내 머리를 아프게 하니, 그것을 쏘아 달라."라고 하였다. 작제건은 그의 부탁을 수락하고 기다렸다. 과연 서북쪽에서 부처님의 모습을 한 자가 나타났는데, 차마 화살을 쏘지 못하였다. 노옹이 나타나 말하기를, "저것이 늙은 여우이다."라고 하니, 그제야 그것을 쏘았다. 그자는 화살에 맞고 떨어졌는데 늙은 여우였다.

노옹은 기뻐하며 그를 용궁으로 데려갔다. 작제건은 용왕 딸과 혼인하고, 보물과 신령한 돼지[神豚]를 받아서 집으로 돌아왔다. 【고려사】

임욱 설화

당나라 건중(780~783) 초, 낙안에 임욱(任頊)이란 자가 있었다. 그는 독서를 좋아해 산에서 살며, 생을 마치려고 하였다.

하루는 누런 옷을 입고 용모가 수려한 노인이 찾아왔다. 임욱이 노인에게 물기를, "어찌 안색이 좋지 않습니까? 무슨 근심도 있으신지요?"라고 하였다. 노인이 말하기를, "나는 서쪽에 있는 큰 못[大湫]에 사는 용일세. 지금 한 사람에게 고통을 당하고 있는데, 자네가 아니면 벗어날 수 없네."라고 하였다.

임욱이 말하기를, "저는 단지 유교[詩書禮樂]만을 알 뿐 다른 기술은 없습니다. 어찌 제가 그 재난을 벗게 할 수 있겠습니까?"라고 하였다. 노인이 말하기를, "다른 술수를 빌릴 필요는 없네, 단지 열 마디하면 된다네."라고 하면서 '천유명살황룡자사(天有命殺黃龍者死)'라는 주문을 알려주었다.

임욱이 이틀 뒤 못 가에 앉아 주위를 살폈다. 정오가 되자 한 도사가 구름 속에서 내려와 소매에서 묵으로 쓴 부적을 꺼내어 못 안에 던졌다. 못의 물이 마르더니 황룡 하나가 모래에 누워있었다. 이때 임욱이 "하늘이 황룡을 죽이는 자는 죽이라고 명하였다[天有命殺黃龍者死]"라고 외치자, 못의 물이 다시 올라 찼다. 도사가 다시 붉은 글자로 쓴 부적을 못에 던지자 다시 물이 마르고, 또 임욱이 전과 같이 외쳤다. 도사가 붉은 부적 10여 장을 하늘을 향해 던지니 모두 붉은 구름으로 변해 못으로 들어가며 못의 물이 다시 말랐다. 임욱이 다시 주문을 외자 물이 넘쳤다. 도사가 임욱을 보고 말하기를, "나는 10년 만에 처음으로 이 용을 잡아먹는데, 자네는 어찌 유학자로서 이물(異物)을 구하려 하는가?"라고 책망하더니 떠났다.

그날 밤 꿈에 노인이 나타나 말하기를, "군자가 나를 구하지 않았다면 도사의 손에 죽었을 것이다. 천만 마디 감사의 말로도 다 할 수 있겠는가? 지금 구슬 하나를 바칠 터이니 못에 방문해 주셨으면 하네."라고 하였다. 임욱이 그곳에 가서 용왕으로부터 광채가 영롱한 구슬을 얻었다.

후에 그것을 가지고 광릉시로 왔는데, 호인(胡人)이 그것을 보고 말하기를, "이것은 진짜 '검은 용'[驪龍]의 보물이다. 세상 사람이 구할 수 있는 것이 아니다."라고 하였다. 수 천만금의 값을 쳐서 거래하였다.[230] 【선실지[231]】

---

230. 이상의 작제건 설화와 중국의 임욱 설화는 거타지 설화와 닮아있다.
231. 당 장독(張讀) 편, 『선실지』. 『태평광기』 권421에도 수록되어 있다.

52. 제51대
진성여왕의 양위

　이전에 본국의 나랏일을 임시로 맡았던 탄(坦 : 진성여왕)은 저(효공왕)의 친고모입니다. 신의 망부(亡父) 증태부(贈太傅) 정(晸 : 헌강왕)과 숙부[次叔] 황(晃 : 정강왕)이 차례로 세상을 떠난 뒤 고모가 임시로 작은 나라[藩邦]의 직무를 맡았다가 질병과 사고가 서로 이어 건녕 4년(897, 진성왕 11) 6월 1일에 국왕의 임무를 신에게 주관하도록 하셨습니다.

　관료와 백성들이 여러 차례 왕위에 머무르기를 청하고, 신 또한 굳이 사양하였으나, 사람들의 바람을 막으시고 멀리 사제(私第)로 돌아가셨습니다. 신은 어리고 부덕한 몸으로 종묘사직을 이어받게 되오니, 얼음 골짜기[氷谷]를 굽어보듯 혼이 떨리고, 구름 하늘을 우러러보듯 몸이 움츠러듭니다.

　신은 듣건대, 어렵게 나아가고 쉽게 물러나는 것이 군자의 마음씨요, 공사(公事)에 순종하여 사사(私事)를 없앰은 실로 옛사람이 힘쓴 일이며, 입으로 자랑하는 자는 많아도 몸소 행하는 자는 드물다고 하였습니다. 그런데 신의 고모 탄(坦)은 사람을 세워 주려는 뜻이 간절하고, 자기를 꾸짖는 말이 깊어 말하기를, "불이 나무에서 생기나 불이 맹렬하면 나무가 타고, 물이 배를 띄우나 물이 거칠어지면 배가 엎어지는 법이다. 지금 큰 흉년이 들어 좀도둑이 사방에서 일어나 성곽을 파괴

하고 고을을 노략질하여 연기와 먼지가 국내에 자욱하다. 더구나 사신은 중국에 가다가 구렁에 빠지고, 중국 사신은 우리나라에 오다가 중도에 되돌아가곤 한다. 황제의 은혜와 영광을 욕되게 하고 정성을 바칠 도리가 없으니, 죄책이 중해질까 두렵다. 그리하여 '세 번의 임명에 공손하기[三命而恭]'[232]을 생각하여, '한 번 사양하고 물러가기[一辭而退]'[233]를 결심하였다."라고 하셨습니다.

백관과 왕족들이 모두 청하여 아뢰기를, "하늘의 재앙[天災]은 땅의 분수[地分]로도 면하기 어려운 것인데, 이를 자신의 허물로 여김은 옳지 않으니 황제의 명령을 받을 때까지 기다려 양위하여도 늦지 않을 것입니다."라고 하였습니다. 그러나 고모 탄이 울면서 신에게 이르기를, "생각건대 이 나라는 다른 세 곳[北狄, 南蠻, 西戎]과는 다르다. 왜냐하면 우리나라는 옷과 장식[服章]을 중국식으로 고치고, 정월 초하루[正朔]를 받들어, 황제의 명을 우러러 따르고, 제후의 나라들을 굽어 살펴 화평하게 했기 때문이다. 그러므로 현종[玉皇]께서 선조(先祖)에게 시를 내려 이르시기를, '예의는 너의 나라가 으뜸이요, 시서(詩書)를 집마다 마련해 두었다.'라고 하였다. 또 저번에 사신 원계방[234]이 와서 계림의 정치[政事]를 기록한 시에 말하기를, '다만 시서(詩書)의 가르침이 아름다울 뿐, 일찍 병화(兵火)의 시끄러움이 없으니, 옛 어진 제후들의 고요한 다스림을 여기서 보는구나.'라고 한 것이다. 지금은 군과 마을[郡邑]이 모두 도적의 소굴이 되었고, 산천이 모두 싸움터이

---

232. 삼명이공(三命而恭) : 『춘추좌씨전』 소공(昭公) 7년에 "정고보(공자의 선조)는 대부 때는 고개를 수그리고, 하경(下卿) 때는 등을 구부리고, 상경(上卿) 때는 몸을 굽혔다."라는 내용을 말한다.

233. 일사이퇴(一辭而退) : 『예기』 표기(表記)에, "임금을 섬길 때, 나아가기는 어렵게 하고 물러나기는 쉽게 한다면 자리에 질서가 잡힐 것이요, 반면에 나아가기는 쉽게 하고 물러나기는 어렵게 한다면 문란해질 것이다. 따라서 군자는 세 번 읍한 다음에야 나아가고 한 번 사양하고 곧바로 물러남으로써 문란해지는 것을 예방하는 것이다."라고 하였다.

234. 당 순종이 영정 원년(805)에 병부낭중 원계방(元季方)을 신라 사신으로 임명하여 중흥(重興 ; 애장왕)을 왕으로 책봉했다(『구당서』).

니, 어찌 하늘의 재앙이 우리 해동에만 흘러드는 것인가? 모두 내가 몽매한 탓으로 이 도적들을 부른 것이니, 죄목은 죽임을 당해야 마땅하니 이치상 사직해야 하겠다. 바라건대 '한 나라에 사양지심이 일어나게 함[一國興讓]'²³⁵은 오직 '두 사람이 마음을 같이함[二人同心]'²³⁶에 있으니 이 일을 추진하여 나갈 것이요, 사양하여 소수²³⁷을 본받지 말라."고 하였습니다.

신이 생각건대, 고모 탄(坦)은 사심이 없고 욕심이 적으며, 몸에 병(病)이 많아 한가함을 좋아하고, 적당한 때가 되어야 말을 하여 한번 마음을 먹으면 그 뜻을 빼앗을 수가 없습니다. 만약 끝내 '옹원의 간청'²³⁸을 거절한다면 마침내 신을 벗어버리고 물러가실 것입니다. 신이 왕실의 태자로 책봉됨도 그분의 공에 힘입었고, 문에 기대어 염려해 주시는 은혜를 받았습니다. 다만 송의 목공이 어질고 능력이 있는 자를 대신 천거한 것²³⁹과 지금의 상황은 존망에 있어 현격히 다르고, 사안(謝安)이 삼공(三公)에 임명되어 당했던 놀림²⁴⁰을 생각해서라도 시

---

235. 일국흥양(一國興讓) : 『대학장구』 전 9장에 "왕실이 인을 행하면 온 나라가 인한 마음을 일으키게 되고, 왕실이 사양하면 온 나라가 사양하는 마음을 일으키게 된다."라고 하였다.

236. 이인동심(二人同心) : 『주역』 계사전 상에 "두 사람이 마음을 같이 하면 쇠도 자를 수 있고, 그런 사람들의 말에서는 난초 향기가 풍겨 나온다."라는 말을 인용한 것이다.

237. 소수(疏受) : 한선제(漢宣帝) 때 태자태부 소광(疏廣)이 사직하고 고향에 돌아가자, 조카인 소수 또한 태자 소부의 벼슬을 그만두고 함께했다(『한서』 권71, 소광전).

238. 옹원(擁轅)의 간청 : '수레를 껴안고, 고삐를 잡는다.'라는 옹원집로(擁轅執轡)를 줄여 말한 것이다. 급히 떠나야 할 수레바퀴[擁轅]를 부여안고 멈춰 세운 채 자신의 요청을 들어줄 때까지 그 자리에 그대로 머물러 있겠다는 뜻으로, 절박한 심정에 쫓겨 한사코 요구하며 고집을 부리는 것을 말한다(『안자춘추』 권7, 외편).

239. 송목공(宋穆公) : 송의 선공은 왕위를 아들이 아닌 아우(목공)에게 전했고, 목공은 왕위를 아들에게 전하지 않고 선공의 아들인 조카(상공)에게 전했다는 고사를 인용한 것이다.

240. 사안(謝安, 320~385) : 중국 동진(東晉)의 재상. 자는 안석(安石). 조정에서 벼슬을 주고 불렀으나 응하지 않다가 40여 세에 벼슬하러 나갔다. 그때 중승(中丞) 고숭(高崧)이 그를 놀렸다. "경은 여러 차례 조정의 명에 응하지 않으면서 동산(東山)에서 고상하게 지내므로 사람들이 서로 말하기를 '안석이 조정에 나오려고 하지 않으니 장차 이 창생들을 어찌해야 좋을까.'라고 하였는데, 창생들이 지금은 경을 어찌해야 좋을지 모르고 있다.'라고 하니, 사안이 몹시 부끄러워하였다."라고 하였다(『진서』 권79, 사안전).

종일관 각별하게 조심하고 있습니다.

그런데 군대에 관한 일은 그나마 해 볼 수 있는 반면에, 도적을 토벌하는 일은 대부분 어그러지기 일쑤여서 무딘 칼을 갈면서 노력해 보지만 난국을 타개하지 못했습니다. 그 결과 도적들이 그물을 빠져나가서 흉악하게 구는 정도가 더욱 심해지고 있습니다. 관원을 파견하여 이렇게 절박한 사정을 아뢰지도 못한 채, 제횡도(齊橫島) 외곽에서 아직 풀리지 않은 분노의 바람결에 혼을 날리거나, 진제교(秦帝橋) 주변에서 조회하러 가는 물결에 쓸개를 씻어 충성을 맹세하고 돌아오게 할 수밖에 없었습니다.[241] 신이 삼가 번방의 직무를 임시로 맡게 된 처지라서 황제의 조정에 달려가 뵐 수 없기에 성은을 우러러 바라며, 겁나고 떨리는 마음을 가누지 못하겠습니다. 【고운집[242]】

---

241. 제횡도는 전국시대 제(齊)왕의 후손인 전횡(田橫)이 진(秦)의 공격을 피해 들어갔다는 섬. 진제교는 진시황이 동해를 건너가기 위해 세운 돌다리를 말한다. 신라가 당에 사신을 보냈으나, 장안에 이르지 못하고 도중에 돌아올 수밖에 없는 상황을 말한 것이다.

242. 이상현 역, 『고운집』, 한국고전번역원, 2009 참조.

53. 제54 경명왕대의 옛 거울

궁예와 왕창근의 거울

정명 4년(918)[243] 3월 중국 상인 왕창근(王昌瑾)이 저자에서 한 사람을 만났다. 얼굴이 이상하고 수염과 머리가 희며, 옛날 관을 쓰고 거사의 옷을 입었으며, 왼손에 도마 3개와 오른손에 오래된 거울 하나를 들었는데, 거울 크기는 사방 1척쯤 되었다.

그는 왕창근에게 거울을 사지 않겠느냐고 하였다. 창근은 쌀 두 말을 주고 그것을 샀는데, 거울 주인은 그 쌀을 거지들에게 나눠 주고 가 버렸다.

왕창근이 거울을 담벼락에 걸어 놓으니 햇빛이 옆으로 비쳐 거울 속의 가늘게 쓴 글이 은은히 보였다. 그 글에는,

삼수(三水) 가운데와 사유(四維)의 아래에[244][三水中四維下],
옥황상제가 '진마'에 아들을 내려보낸다[上帝降子於辰馬].
먼저 닭을 잡고 뒤에 오리를 칠 것이니[先操雞後搏鴨].
이를 운수가 삼한[三甲]에 찼다고 하는 것이다[此謂運滿一三甲].
어두워지면 하늘에 오르고 밝아지면 세상을 다스려[暗登天明

---

243. "정명 3년"(『전당시』), "정명 4년 무인"(『삼국사기』)이라고도 한다.
244. 삼수(三水)는 태(泰)의 파자(破字), 태봉(泰封)을 말함. 사유(四維)는 나(羅)의 파자(破字), 신라를 말함.

理地],

쥐해[子年]에 중흥 위업을 이룩하리[遇子年中興大事].

자취와 이름을 감추니[混蹤跡沌名姓]

혼돈 속에서 누가 '진'과 '성'을 알리요?[混沌誰知眞與聖].

부처님 뇌성이 진동하고 신령한 번개가 번쩍이며[振法雷揮神電],

뱀해[巳年]에 두 용이 나타나서[於巳年中二龍見],

하나는 '청목' 속에 몸을 감추고[一則藏身靑木中],

다른 하나는 '흑금' 동쪽에 모습을 드러내리[一則現形黑金東].

지혜로운 자는 보고 우매한 자는 보지 못하나[智者見愚者盲],

구름을 일으켜 비를 뿌리고 사람을 데리고 정벌한다[興雲注雨
與人征].

때로는 성함을 보고 때로는 쇠함을 보니[或見盛或視衰],

성쇠는 악독한 티끌과 찌꺼기를 없애기 위함이다[盛衰爲滅惡塵
滓].

이 용의 아들 서넛이[此一龍子三四],

대를 바꾸어 가면서 육갑자를 계승하리[遞代相承六甲子].

이 사유(동서남북)에서 기필코 '축(丑)'을 멸하리니[此四維定滅丑],

바다 건너오는 때는 '유(酉)'를 기다려라[越海來降須待酉].

만일 현명한 임금에게 이 글을 보이면[此文若見於明王],

나라와 백성이 편안하고 임금은 길이 행복하리[國泰人安帝永昌].

나의 기록은 전부가 147자이다.

라고 적혀있었다.

이상히 여긴 왕창근이 궁예에게 바쳤다. 궁예는 왕창근에게 거울 주인을 찾게 했으나 달이 차도록 찾지 못하였다. 오직 철원[東州] 발삽사(勃颯寺)의 치성광여래상 앞에 있는 토성[鎭星]을 맡은 신상(神像)이 거울 주인의 모습과 같고, 손에 도마와 거울을 들고 있었다. 왕창근이 그 사실을 자세히 써서 올리자, 궁예는 송사홍(宋舍弘)[245]·백탁(白卓)·허원(許原) 등에게 그 글을 풀이하게 하였다.

사홍 등이 말하기를, "'삼수중사유하(三水中四維下) 상제강자어진마(上帝降子於辰馬)'라는 것은 진한·마한이라는 뜻이요, '어사년중이룡현(於巳年中二龍見), 일칙장신청목중(一則藏身靑木中), 일칙현형흑금동(一則現形黑金東)'이라는 것은 '청목'은 소나무니 송악군 사람으로서 '용'으로 이름자를 쓰는 사람의 자손이 임금이 되리라는 말이다. 왕시중(왕건)은 왕이 될 기상이 있는데 아마 그를 두고 이른 말일 것이다. '흑금'이라는 것은 철인데 그것은 지금 국도 철원을 의미하는 것이다. 지금 궁예왕이 처음 여기서 일어났는데 결국 여기서 멸망한다는 말일 것이다. '먼저 닭을 잡고 뒤에 오리를 칠 것'이라는 것은 왕시중이 임금이 된 후에 먼저 계림(신라)을 점령하고 다음에 압록강까지 회복하리라는 뜻이다."라고 하였다.

세 사람은 의논하기를, "왕은 시기가 많아 사람 죽이기를 좋아하니 만일 이 글을 사실대로 고한다면 왕시중이 반드시 해를 입을 것이요, 우리도 역시 화를 면치 못할 것이다."라고 하며, 거짓말을 꾸며 궁예에게 보고하였다.【고려사】

발삽사의 진성

『전당시』에 이르기를, "후량 정명 3년(917)에 어떤 사람이 옛 거울을 팔았는데, 거기에 새겨진 글에 이르기를, '삼수(三水) 중 사유(四維) 아래의 진(辰)과 마(馬)에 상제가 아들을 내리니 먼저 계림을 잡고 뒤에 압록을 치도. 사년(巳年)에 두 용이 나타나리니 한 마리는 청목(靑木) 속에 몸을 감추고, 한 마리는 흑금(黑金)의 동쪽에 그림자를 나타내리라.'라고 하였다. 문인 송함홍(宋舍弘)이 풀이하기를, '진마(辰馬)는 진한과 마한이다. 사년중이룡현(巳年中二龍見)에서 청목(靑木)

---

245. 『삼국사기』 및 『임하필기』에는 송함홍(宋舍弘)이라고 하였다.

은 솔[松]이니 송악(松嶽)을 말한다. 그 도시 사람 중에 용(龍)으로 이름을 지은 자의 자손이 군왕이 될 것이다. 흑금(黑金)은 쇠[鐵]이니 철원(鐵圓)을 가리키는 것이다. 지금 왕이 처음 여기에서 융성하여 아마마지막도 여기에서 쓰러짐을 말한 것이리라. 선조계후박압(先操鷄後搏鴨)이라는 것은 왕의 시중(侍中)이 나라를 얻은 뒤에 먼저 계림을 차지하고 뒤에 압록(鴨綠)을 거둔다는 뜻이다.'라고 하였다. 궁예가 물색하여 찾게 하니, 동주의 발삽사에 진성의 소조상이 있어 그 모양과 같았다."라고 하였다.【임하필기】

명성산 궁예봉에 있는 궁예의 침전바위(포천군)

54. 제55대
경애왕과 포석정

포석정의 번화곡

경순왕은 늘 미인들과 더불어 포석정에서 노닐며 번화곡(繁華曲)[246]
을 연주하게 했다. 그 가사에 이르기를, "기원사와 실제사의 두 절 동
쪽, 소나무 두 그루가 등 넝쿨 속에 기대 있네. 머리 돌려 바라보니 꽃
은 못가 섬돌에 가득하고, 엷은 안개는 가벼운 구름과 한데 엉기어 몽
롱하도다."라고 하였다.【동사강목】

호석정(瓠石亭)[247] 아래에 충렬 사당[忠烈廟]을 세우고, 박제상·김
찬덕·김혜론·김흠운·설계두·김품석·황관창·김반굴·온군해·김의문·
죽죽·소항·용석·예파·부과 등에게 제사를 지내고, 그들을 칭찬하고
장려하기 위해 1등급을 올려주었다. 이에 신하들이 다투어 공덕을 기
리는 노래[歌頌]를 바쳐 성덕을 찬미하였다.

신라[東都]의 풍속은 충심을 숭상하고 어짊을 좋아하여 임금과 신
하 모두 각각 그 정실을 얻으니 얼마 있지 않아서 주나라 성왕(成王)·
강왕(康王)의 전성기를 맞았다.【각간선생실기[248]】

---

246. 번화곡(繁花曲):『임하필기』,『증보문헌비고』(권106 악고),『대동운부군옥』 권18에도 전
한다. 경애왕이 지었다는 견해도 있다. 경애왕이 포석정에 곡수연(曲水宴)을 차리고 아름다운
궁녀에게 이 노래를 부르게 했더니 그 곡조가 매우 구슬퍼서 이 노래를 진후주(陳後主)의 <옥
수후정화(玉樹後庭花)>와 비교했다고 한다.

247. 박창화의 필사본『화랑세기』에는 포석정을 포석사(鮑石祠) 또는 포사라고 하였다.

248. 김영근, 김치환 편,『각간선생실기』권3, 52쪽(국립중앙도서관 古2511-10-106).

경애왕이 겨울에 포석정에서 연회를 즐기다가 후백제군에 잡혀 죽임을 당했다는 이야기와 관련하여, 포석정이 연회 장소였는지, 아니면 신에게 제사 지내는 곳이었는지 이견이 있다.

경주 포석정

유상곡수의 난정기(蘭亭記)[249]

영화 9년(353) 계축 늦은 봄 초순, 회계산(會稽山) 북쪽 난정(蘭亭)에 모였는데 나쁜 기운을 없애기 위한 불사(祓事)를 위해서였다. 어진 재주꾼[賢才]과 젊은이, 늙은이들이 모였다.

이곳에 높은 산, 험준한 봉우리들이 있고, 무성한 숲과 길게 자란 대나무가 있다. 또 맑은 시냇물과 여울이 정자의 좌우를 띠처럼 서로 비치며 둘러싸고 있다. 시냇물을 끌어들여 술잔을 띄울 굽이쳐 흐르는 물줄기를 만들어 놓고, 차례로 줄지어 둘러앉았다. 비록 거문고와 피리를 연주하는 성대한 연회는 아닐지라도 술 한 잔 마시고 시 한 수 읊으니 이 또한 그윽한 감정을 펴기에 족하다.

하늘은 깨끗하고 공기는 맑았으며, 은혜로운 바람은 따스하고 부드러웠다. 우주의 광대함을 우러러보고, 고개 숙여 만물의 무성함을 살피면서 자유롭게 눈을 놀리며 마음 가는 대로 생각을 달려보니, 눈으로 보고 귀로 듣는 즐거움을 다할 수 있게 되었다. 참으로 즐거운 일이다.

무릇 사람이 세상에 태어나서 하늘을 우러르고 땅을 굽어보며 한평생을 살아가면서, 어떤 이는 회포를 끌어내어 벗들과 한방에 마주 앉아 이야기하고, 또 어떤 이는 자신의 사상을 근거로 육신 밖에서 마음대로 놀게 한다. 이처럼 사람들은 비록 취향이 만 가지로 다르고 고요

---

249. 353년 3월 3일, 왕희지(王羲之)가 손탁(孫綽)·사안(謝安) 등 친우 41명과 함께 산음(山陰, 절강성 소흥현) 난정에서 불계(祓禊)를 갖고, 「난정집서(蘭亭集序)」를 지었다.

함과 시끄러움이 같지 않으나, 자신의 처지가 기쁘게 느껴지는 때에는 잠시나마 스스로 만족[得意]하며 장차 노년이 다가오리라는 것조차 모르고 지낸다.

그리고 즐기는 일에 권태를 느끼고, 또 감정이 일에 따라 변하게 되면, 여러 가지 감회가 나온다. 이전의 즐거웠던 일이 짧은 순간에 낡은 과거의 자취가 되어버리기 때문에 감회가 일어나게 되는 것이다. 하물며 목숨이 길건 짧건 모두가 자연의 조화를 따라 마침내 모두가 끝에 이르게 되지 않던가! 옛사람이 말하기를 "죽고 사는 것은 매우 큰 일이다."라고 하였으니, 이 어찌 가슴 아픈 일이 아니겠는가?

나는 옛사람들의 감회가 왜 일어났는지 그 까닭을 알게 될 때마다 마치 두 개의 신표[符節]를 하나로 맞춘 듯 내 생각과 똑같다는 것을 깨닫는다. 그리하여 고인의 글을 대할 때마다 한스럽고 서러움이 생겨 마음을 달래려고 해도 그렇게 되지 않는다.

'죽고 사는 일이 같은 일'이라는 말은 허황한 것이고, '팽조(彭祖, 800년 장수)와 같이 오래 사는 것과 어려서 죽어 버리는 것이 같다.'라고 하는 말도 함부로 지어낸 것임을 잘 알고 있다. 훗날 사람들이 지금 사람들을 볼 때도 지금 우리가 옛사람들을 보는 것과 같은 터이니, 슬픈 일이다.

그래서 이곳에 모인 이들의 이름을 적고 그들의 시들을 기록하였다. 비록 세상이 달라지고 세태도 변하겠지만 감회를 일으키게 되는 이치는 같은 것이니, 후세에 이 글을 읽는 사람도 이 글에 대하여 감회가 없을 수 없을 것이다. 【고문진보후고】

고려 기홍수의 불계 연회

아름다운 경치와 좋은 계절에 유상곡수[250]하는 잔치를 베푸는데, 하

---

250. 유상곡수(流觴曲水) 잔치 : 3월 삼짇날 굽이굽이 흐르는 물에 술잔을 띄워 그 잔이 자기 앞에 오기 전에 시(詩)를 짓는 놀이.

관(下官 ; 이규보)이 외람되게 초청하는 편지를 받고서, 물러 나와 그 영광을 생각하니 너무도 부끄러웠습니다.

삼가 생각건대, 상국(相國) 각하[251]는 몸이 귀한 가문에서 나셨고, 관직은 관리 선발 감독관[銓衡]을 맡으셨으며, 장상(將相)의 자격까지 가져 가문의 번성이 끝없고, 풍류가 넘치어 자연[泉石]에 노니는 취미를 붙이셨습니다. 중국 형산(衡山)·곽산(霍山)의 기이한 봉우리를 깎아 세우고, 장강(長江)·회수(淮水)를 축소한 연못 두 곳을 파서, 여러 색깔의 오리들이 푸른 물결에 떴다 잠겼다 하고, 아로새긴 우리에는 파란 새 지저귀니, 이런 구경거리는 일찍이 듣고 보지 못한 것입니다.

9월 9일[重陽節]과 3월 3일[上巳節]이 되면, 정나라[鄭] 풍습을 따라 불계(祓禊)[252]를 닦되, 난정(蘭亭)의 모임을 사모하여 손님들을 초청하는데, 어찌 오두막에 사는 몸이 자리의 말석에 끼게 될 줄을 알았겠습니까? 저는 버릇없는 선비인데, 훌륭한 이웃과 가까이 있다는 인연으로 잔치에 참석하게 되었습니다.

푸른 숲 사이에 자리를 잡고 흐르는 물가에 둘러앉아 잔을 띄우는데, 옥 아쟁[瑤箏]과 비단 비파[錦瑟]의 가냘픈 곡조는 줄이 손 따라 말하는 듯하고, 구름머리[雲鬢], 반달눈썹[月眉]의 미인들은 눈짓이 마음과 통한 듯합니다. 바람은 춤추는 소매를 희롱하듯 가볍게 나부끼고, 날리는 버들개지는 노래하는 부채에 달라붙습니다. 저물도록 취하게 마시고, 거꾸로 말을 타고 집에 돌아와 취한 꿈을 바야흐로 깨어보니, 홀연히 신선 세계[仙府]에서 즐겁게 논 것 같습니다. 묵은 취기가 풀리지 않아 직접 찾아가 사례하지 못합니다만 마음속의 감정이 절절하니 더욱 축수(祝壽)하는 마음을 쏟게 됩니다.【동국이상국집】

---

251. 기홍수(奇洪壽, 1148~1209)를 말함.

252. 불계(祓禊) : 재액을 털어 버리기 위하여 지내는 제사.

55. 제56대
경순왕과 마의태자

경순왕

서거정이 말하기를, 신라가 고구려·백제와 전쟁을 벌인 이래로 그 풍속은 전장에 나가 죽는 것을 영예로 여기고, 물러나 사는 것을 치욕으로 여겼으니, 죽음으로 왕을 섬긴 자를 모두 다 열거할 수 없으나, 귀산(貴山)·추경(箒頃, 箒項의 오자), 찬덕 부자(讚德父子), 해론(奚論), 눌최(訥催), 동소(東所), 죽죽(竹竹), 비령자 부자(丕寧子父子), 김흠운(金欽運), 세파(歲破), 적득(狄得), 보용나(寶用那), 반굴(盤屈), 관창(官昌), 필부(匹夫), 아진금(阿珍金), 소나(素那), 김영윤(金令胤), 핍실(逼實), 취도(驟徒), 부과(夫果), 탈기(脫起), 선백(仙伯), 실모(悉毛) 등 이것이 그 분명한 증거이다. 그 외 죽음으로 절의를 지킨 자 또한 많다.

백제가 멸망할 때 다만 계백뿐이었고, 고구려가 멸망할 때는 사절(死節)한 자가 하나도 없었다. 절의가 쇠퇴하고 파괴되었는데, 어찌 능히 신라에 대적할 수 있겠는가? 그러나 신라는 중엽 이후 난신적자가 연이어 나와 적 견훤 이래 공경대부가 비(婢)의 얼굴과 노(奴)의 무릎처럼 남에게 비굴한 태도를 보이고, 두려워 내통하고 항복하였다. 뒤에 김부(金傅)가 항복할 때, 굴하지 않는 자는 오직 왕자 한 사람뿐이었으니

나라가 어찌 안정을 얻고 멸망하지 않겠는가? 하였다.【동사략[253]】

관동의 인제현(麟蹄縣)에 신라 경순왕이 살던 지역이 있어 이곳을 김부대왕동(金傅大王洞)이라 명명하였다. 경순은 그가 후백제의 시조 견훤의 난을 당하여 충주[國原小京]에 내왕하였기 때문에, 충주·청풍·제천·원주 등지에 유적이 많다.

관동 원주의 용화산(龍華山)에 학수암(鶴樹菴)이 있는데, 이것이 경순왕의 원당(願堂)이다. 경순왕이 처음 제천의 우경지(遇慶地)에 별궁[離宮]을 지었다. 그런데 하늘에서 석불(石佛)을 내려 용화산 꼭대기에 우뚝하게 세워 놓았으므로 경순왕이 제천으로부터 이곳에 이주하였다. 늘 백운산(白雲山)[254] 남쪽 고개에 올라 석불을 향하여 절을 하곤 하다가 이어 그 산 밑에 원당을 짓고는 황산사(黃山寺)라 호칭하였다. 또 이 산 위에 고자암(高自菴)을 지었는데, 일명 태고사(太古寺)라고도 한다.

고자암에는 경순왕 영정이 봉안되었고, 보덕 14년(1449) 가을 8월에 종손(從孫) 김신륜(金信倫)이 영정의 발문을 지었다. 정조대[正廟朝]에 법당 왼쪽[子坐]에 영당(影堂)을 고쳐서 짓고, '경천묘(敬天廟)'라는 이름을 내렸다.

호남 순천 송광사(松廣寺)에도 영정 1본이 있었는데, 일찍이 왜노(倭奴)들이 자기 나라로 들여가서 그 영정을 그대로 그리고 다시 가져와서 이곳에 봉안했다고 하였다. 문경 양산사(陽山寺)에도 영정 1본이 있고, 경주에는 황남전(黃南殿)이 있는데, 본주(本州)에서 수호참봉(守護參奉)을 정하여 수호하도록 하였다. 또 불곡사(佛谷寺)[255]에는 가죽신[唐鞋] 한 쌍, 수정(水晶), 옥패(玉珮), 갓끈[纓子], 금으로 만든 소라잔[金螺杯] 등이 있다.

경순왕이 송악산(松岳山) 아래서 노닐면서 따로 전각 하나를 지어

---

253. 이원익(李源益), 『기년동사약』 권3, 신라기. 최부(崔溥, 1454~1504), 『금남집』에도 수록되어 있다(동국통감론, 신라절의).
254. 강원도 영월과 정선의 경계에 있는 산.
255. 불곡사 : 창원 불곡사, 부산 불곡암, 경주 남산 불곡 등이 있는데, 어느 곳인지 자세하지 않다.

놓고 죽었는데, 경기도 장단 고랑동(高浪洞)에 김부대왕릉이 있다. 경순왕의 사적은 『삼국사기』와 『고려사』에 자세하게 나타나 있어서 상고할 만하나, 다른 데서는 언급되지 않았다. 【오주연문장전산고】

마의태자

신라 왕자가 고려에 항복하지 않은 것은 북지왕(北地王) 심(諶)[256]에 비교되는 일이라 하겠다. 마의태자(麻衣太子)[257]가 초식(草食)을 하며 자취를 끊고 산속에서 일생을 마친 것은 탁월한 행동이었다.

고려 태조는 신라왕을 지극히 대우하였다. 신라의 후예가 지금 1천여 년이 지나도록 단절되지 않고 있는데, 이것이 박혁거세의 복록(福祿)이 아직 끊어지지 않은 탓이라 하더라도, 역시 고려 태조가 보호해 준 덕분이라고 할 것이니, 고려 태조의 도량이야말로 컸다고 하겠다. 【상촌고】

신라말 경순왕의 태자가 있었는데, 부왕이 고려에 항복하자 그 뜻에 따르지 않고, 슬피 울며 부왕에게 하직하며 말하기를, "개골산(皆骨山 : 금강산의 별칭)은 천하의 명당이고 장안사는 선왕이 받든 곳이며, 담무갈보살의 도량입니다. 산문에 들어가 머리를 깎고 승복을 입겠습니다. 어찌 세상에서 구할 것이 있겠습니까?"라고 하였다.

그러나 망국의 분한 마음은 풀 수 없었다. 처음에 원대한 계략으로써 밤에 시종 몇 사람과 함께 정병 3천을 거느리고, 밤낮으로 길을 나서 장안사 남쪽에 이르러 병사를 삼억리(三億里)에 주둔케 하였다. 10여일이 지나도록 높은 뜻을 가진 사람을 구하고자 애쓰면서 태만하지 않았다.

---

256. 유심(劉諶) : 중국 삼국시대 촉나라 후주 유선의 아들, 유비(劉備)의 손자. 북지왕에 봉해졌으나, 나라가 망하자 자살하였다.
257. 마의태자의 이름은 김전(金佺), 또는 김일(金鎰)이라고도 한다.

충북 충주시 월악산 덕주사(悳柱寺) 대웅보전 마의태자의 누이 덕주(悳主) 공주는 월악산에 절을 세워서 신라 왕족들과 유민들의 명복을 빌면서 일생을 보냈다. 뒤에 사람들은 그 절을 '덕주사'라 하고, 공주를 기리는 제를 해마다 지낸다고 한다.

　그때 장안사의 대륜(大輪) 선사가 있었다. 왕자가 매우 기뻐하며 평인 행색을 하고 삼억리에서 걸어서 갔다. 선사가 있는 곳에 이르지도 않았는데, 선사가 이미 미리 알고, 다리 밖으로 나와서 맞이하였다.

　계속되는 밤마다 다함이 없는 법문[無盡法]을 들었다. 사흘 뒤 삼억리에 주둔하고 있던 병사들에게 흩어져 고향으로 돌아가도록 하고 장안사에 머물렀다. 1년 정도 지나 마을 사람들이 태자의 높은 뜻을 흠모하여 장안사의 꼭대기 기슭인 영원동(靈源洞) 어귀에 작은 궁궐 하나를 세워 주었다. 궁궐의 위아래 3리 정도에는 작은 성을 두 개 쌓았고, 왕자의 옥체를 보전토록 하였다. 왕자는 매일 궁궐의 뒤편 높은 봉우리에 올라 서쪽의 군왕을 바라보며, 하염없이 눈물을 흘렸다. 마침내 대륜 선사와 함께 종일 어울리며 혹 유상곡수를 즐기고, 혹은 풀에 앉아 도를 이야기하고, 혹은 바위에 의지해 선정에 들기도 하였다.

　궁궐터 앞 계곡의 돌에 '동경의열 북지영풍(東京義烈北地英風 : 동경의 굳은 의리, 북지의 뛰어난 기상)'[258]이란 여덟 자가 쓰였는데, 왕자의 친필이다. 다만 전하는 말에는 왕자가 개골산에 들어가 바위에 의지해 집으로 삼고 마의를 입고 초식하며 일생을 마쳤다고만 할 뿐이다.
【강원도 회양부 금강산장안사사적[259]】

---

258. 동경의열은 마의태자를 말하며, 북지는 북지왕 유심을 뜻한 것으로 보인다. 따라서 마의태자가 쓴 것이 아니라고 생각된다.
259. 금하(錦河)가 1884년 지음(김탄월 편, 『유점사본말사지』, 1942).

동경 노인

동경노인(東京老人)은 역사에 이름이 빠졌다. 신라 경순왕이 고려에 항복하자 숨어 살면서 고려로 따라가지 않았다.

고려 제6대 성종이 동경에 거둥하여[260] 유사(有司)에게 명을 내려 초야에 숨어 사는 어진 이를 찾고, 또 충신·효자의 정려문을 세우게 하자, 노인이 시 두 편을 지어 재상[內相] 왕융(王融)에게 바쳤다.

구천(九天)에 빛이 움직여 별들이 구르는데,
일패(日旆)·용기(龍旗)가 모두 바다를 따라 순행하네.
계림의 누런 잎은 일찍부터 쓸쓸하기도 하더니,[261]
흐릿한 꽃은 이제 다시 상원(上園)의 봄이로다.[262]

하고, 또,

충신·효자의 정려문으로 거리는 광채가 나고,
언덕과 구렁에는 숨은 선비 찾는다고 떠들썩하네.
내 비록 전날 주나라 늙은이[263]를 따라가지는 못했으나,
이제 다행히 한의(漢儀)[264]의 새로움을 친히 보노라.

라고 하였다. 【신증동국여지승람】

---

260. 성종이 997년 8월 경주에 갔다가 9월에 병이 나서 환궁하였다. 이때 숨은 인재를 찾게 하고, 의부(義夫)·절부(節婦)·효자·순손(順孫)에게 정려문을 세워 주고 물품을 하사하였다(『고려사절요』권2).

261. 이 구절은 신라가 망한 것을 말한다.

262. 이 구절은 고려가 일어난 것을 말한다.

263. 주로(周老) : 은나라가 망할 때 수양산에 숨은 백이(伯夷)를 말한다. 주문왕(周文王)이 서백(西伯)으로 있을 때 노인을 잘 봉양하므로, 백이·태공(太公)이 주나라로 달려갔다고 한다.

264. 한의(漢儀) : 한관위의(漢官威儀)의 준말. 고려의 문물제도를 가리킨다. 왕망(王莽)이 쇠퇴하고, 유수(劉秀, 훗날 光武帝)가 회양왕(淮陽王) 유현(劉玄)에 의해 사예교위(司隷校尉)에 발탁되자, 왕망에 의해 폐기된 한나라의 복식 등 옛 제도를 복구시켰다. 이때 관리들이 말하기를, "오늘에 다시 한관(漢官)의 위의(威儀)를 보게 될 줄은 생각지도 못하였다."라고 하였다(『후한서』권1上, 광무제기).

56. 백제
칠지도와 백제악

칠지도

신공황후 52년(252) 가을 9월 정묘 초하루 병자(10일) 구저(久氏) 등이 천웅장언(千熊長彦)을 따라와서 칠지도[265] 1자루, 칠자경(七子鏡) 1개, 그 밖에 여러 가지 보물을 바쳤다.

그리고 백제왕[266]의 계(啓)에 "우리나라 서쪽에 시내가 있는데 그 근원은 곡나철산(谷那鐵山)[267]에서 비롯되며, 7일 동안 가도 미치지 못할 정도로 멀다. 이곳의 물을 마시다가 문득 이 산의 철을 얻어서 성스러운 조정에 길이 바치겠다. 그리고 손자 침류왕에게 '지금 내가 통교하는 바다 동쪽의 귀한 나라는 하늘이 열어준

칠지도 사진

---

265. 칠지도(七枝刀) : 7개의 가지가 달린 칼. 여기에는 백제에서 바친 것으로 되어 있으나 백제 근초고왕이 왜왕에게 하사한 것으로 보고 있다. 일본 나라현 석상(石上) 신궁에 보관되어 있으며, 칼날 양쪽에 69자의 명문이 새겨져 있다.

266. 252년은 고이왕 19년인데, 침류왕의 할아버지는 근초고왕이다. 『일본서기』의 초기 연대를 믿을 수 없으며, 근초고왕설이 유력하다.

267. 곡나철산(谷那鐵山) : 황해도 곡산군 일대로 추정.

나라이다. 그래서 천은(天恩)을 내려 바다 서쪽을 나누어 우리에게 주었으므로 나라의 기틀이 길이 굳건하게 되었다. 너도 마땅히 우호를 잘 다져 토산물을 거두고, 공물 바치기를 끊이지 않게 한다면 (내가) 죽더라도 무슨 한이 있겠느냐?'라고 일러두었다."라고 하였다.【일본서기】

일본에 문화를 전하다

양직공도에 그려진 백제사신

무신년(588, 백제 위덕왕 35) 백제에서 사공(寺工) 태량말(太良末)·태문(太文)·가고자(賈古子) 3인과 화공(畵工) 백여(白如)를 일본에 보냈다. 백제 승려 등을 청하여 수계(受戒)의 법을 물으니 이것이 일본 승의 시초이다.

신유년(601, 백제 무왕 2) 백제 승 관륵(觀勒)이 천문·지리·역본·둔갑·방술서를 가지고 일본에 가서 왕진(王陣)에게 역법을, 대반촌주(大伴村主) 고총(高聰)에게 천문·둔갑을, 갑산배신(甲山背臣)에게 방술법(方術法)을 배우게 해 모두 학업을 이루도록 하였다.

임신년(612, 무왕 13) 백제의 미마지(味摩之)·기중방(己中芳)·가다의(加多意) 3인이 춤을 일본에 전하고 가르쳤다.【화한삼재도회】

백제승 일라

신라인 일라(日羅)[268]가 왜국에 들어오니 왕태자 이하 모두가 존숭하

---

268. 일라(日羅) : 백제에서 달솔(達率) 등의 벼슬을 하다가 일본으로 건너가 중용되었으나, 그의 정책이 백제에 불리한 것이었으므로 함께 갔던 백제인들에게 암살되었다고 한다. 『일본서기』·『본조고승전』에서 '신라 사람'이라고 한 것은 잘못된 것이다.

여 스승으로 삼아 태랑방(太郞房)이라 불렸다. 그가 죽자 애탕산(愛宕山)의 신(神)으로 높이 받들어 제사 지내고, 돈과 쌀을 바쳐 복을 비는데, 지금도 모여드는 사람이 신사(神社)의 문을 메워 저자와 같으며, 왜인들이 서로 약속할 때는 반드시 애탕산을 일컬어 맹세한다.【해상록[269]】

백제 가요

선운산가(禪雲山歌)는 장사(長沙, 전북 고창) 사람이 군역에 나갔는데 기한이 지나도록 돌아오지 않자, 그의 아내가 남편을 생각하며, 선운산에 올라가 부른 노래이다.

무등산가(無等山歌)가 있다. 무등산은 광주(光州)의 명산이요, 광주는 전라도의 큰 고을이다. 무등산에 성을 쌓으니 주민들이 이 성을 믿고 안락하게 살 수 있었으므로 이 노래를 불렀다.

방등산가(方等山歌)가 있다. 방등산은 나주(羅州)의 속현[屬縣]에 있는데 장성(長城) 접경에 있다. 신라 말년에 도적이 일어나 이 산을 근거지로 삼고 부녀자들을 납치, 약탈하였다. 피랍자 중에 장일현(長日縣)에 살던 여자도 있었는데, 이 노래를 지어 자기 남편이 즉시 와서 구조하지 않은 것을 풍자하였다고 한다.

정읍사(井邑詞)가 있다. 정읍은 전주의 속현이다. 정읍현의 한 행상(行商)이 오래도록 집으로 돌아오지 않았다. 아내가 산의 바위에 올라 바라보면서 남편이 밤에 다니다가 살해당하지 않을까 걱정하며, 몸이 진흙물에 더러워진다는 비유를 들어 노래를 지었다. 세간에 '등점망부석(登岾望夫石)'이 있다고 전한다.[270]

지리산가(智異山歌)가 있다. 구례현(求禮縣)에 사는 사람의 아내가 얼굴이 아름다웠다. 그녀는 지리산에 살았는데 집은 가난하였으나 아

---

269. 해상록(海上錄) : 정희득(鄭希得, 1575~1640)이 정유재란 때 왜군의 포로로서 3년의 억류 생활을 마치고 돌아와 1613년에 정리한 책.
270. 5곡의 백제 가요 중 유일하게 가사가 전한다. 고려 민사평(1295~1359)의 『급암시집』 권3에 한역된 소악부가 전하고, 조선 『악학궤범』 권5, 「시용향악정재」에 가사가 실려 있다.

내의 도리는 다하였다. 백제왕이 미인이란 소문을 듣고 데려가려고 하자, 이 노래를 짓고 죽어도 따르지 않을 것은 맹세하였다.【고려사】

> 창을 쥐고 구슬을 희롱하고 큰 소매를 펄럭이며,
> 어지럽게 지적과 쟁우 어울리네.
> 지리산가·선운산가·무등산가는,
> 설장군[薛仁貴]이 얻어서 본국[皇都]에 바쳤네.【임하필기[271]】

---

271. 이유원, 『임하필기』 권38, 「해동악부」 백제악.

57. 백제 제30대 무왕과 미륵사

백제 무광왕

백제 무광왕이 지모밀지(枳慕蜜地 ; 익산으로 비정)로 천도하고, 새롭게 사원을 지었다. 정관 13년 기해(무왕 40년, 639) 겨울 11월, 하늘에서 큰 벼락과 비가 내려 제석정사가 재앙을 입었다. 불당 7곳, 부도·회랑·승방 모두가 불에 탔다. <앞서 탑의 초석 안에 칠보와 불사리를 담은 수정병, 구리 위에 쓴『금강반야경』등을 옻칠한 나무함에 넣어두었다.>

초석을 들고 열어 보니 모두 다 불에 타 없어졌는데, 오직 불사리병과『금강반야경』을 넣은 칠함만이 그대로 있었다. 수정병 안팎을 둘러보니 대개 움직임 없고, 사리도 없는데, 나온 곳을 알 수 없었다. 병을 가지고 대왕에게 바치자, 대왕이 법사를 청하여 참회하고, 병을 열어 보니 불사리 6과가 온전히 병 안에 있었다. 밖에서 보아도 6과가 모두 보였다. 이에 대왕과 여러 궁인은 존경하는 마음이 배가 되어 발심 공양하고 다시 절을 세워 보관토록 하였다.

법화경 보문품에 이르기를, "불에도 능히 타지 않는 것은 무릇 성인의 신비한 자취이며, 교화에는 방편이 따로 없다, 만약 지성으로 받들고 믿으면 빛나고 다시 평온해지지 않음이 없다."라고 하였는데, 이 내용에 미루어 이 이야기를 넣은 것이다.【관세음응험기[272]】

272.『관세음응험기』백제무광(牧田諦亮,『六朝古逸觀世音應驗記の研究』;『불교학보』14, 1977, p.261).

미륵사 서탑 사리 봉안

삼가 생각건대, 부처님께서 세상에 나오시어 근기에 순응하여 나아가시고, 만물에 감응하여 몸을 드러내시니, 마치 물속의 달과 같으셨다. 이로써 왕궁을 빌려 태어나 쌍수에서 열반하시고, 사리를 80말 남기시어 삼천세계를 이익 되게 하셨다. 마침내 오색을 빛나게 하고 돌아가기를 일곱 번 하니 신통함과 변화는 불가사의한 것이었다.

우리 백제 왕후[273]는 좌평 사택적덕(沙乇積德)의 따님으로 오랜 세월 동안 좋은 인연을 심으셨기에 지금 생에 뛰어난 인과응보를 받아 태어나셨다. (왕후께서는) 만백성을 어루만져 기르시고, 삼보(三寶)의 동량으로서 깨끗한 재물을 희사하여 사찰을 세우시고, 기해년(639) 1월 29일에 사리를 받들어 안치하셨다.

바라옵건대 대대로 공양하고, 영겁 동안 이 좋은 근기를 자산으로 삼아, 대왕 폐하께옵서는 수명이 산악과 같이 견고하시고 치세가 천지와 같이 영구하시며, 위로는 바른 법을 넓히시고 아래로는 창생을 교화하시기 바랍니다. 또 바라옵건대 왕후께서는 물거울[水鏡]과 같은 마음이 법계를 비추어 항상 밝으시고 금강석과 같은 육신은 허공처럼 불멸하시고, 7세대동안 영원토록 함께 복리를 입으시고 무릇 이 중생들도 함께 불도를 이루도록 해주시길 바랍니다.[274] 【미륵사탑사리봉안기】

---

273. 『삼국유사』에서는 무왕의 비 선화부인은 신라 진평왕의 딸이라고 하였다.
274. 2009년 3월, 석탑의 해체 과정에서 금제 사리호와 금제 사리봉안기, 은제 관식 등 유물 500여 점이 발견되었다.

복원된 미륵사 서탑(국보 제11호)과 서탑 내 사리함

58. 후백제 견훤과 후고려 궁예

후백제 견훤

견훤은 본래 성이 이(李)이며, 상주 가은현 사람이다. 그 아버지 아자개(阿慈介)가 밭을 갈자 그 어머니는 들밥을 내어갔다. 이때 출생한 지 얼마 안 된 견훤을 수풀 속에 놓아두었는데, 범이 와서 젖을 먹였다. 견훤이 장성하자 성을 견(甄)으로 고쳤다.

신라 진성왕 임자년(892)에 정사가 문란한 것을 본 견훤은 군사를 일으켜 완산(完山)에 자리 잡고 후백제라 일컬었으며, 오나라와 월나라에 사신을 보내어 조공을 바쳤다.

경애왕 4년(927)에 경주에 들어가 경애왕을 붙잡아 죽이고 문성왕의 손자 김부(金傅, 경순왕)를 왕으로 세웠다. 고려 태조와 더불어 팔공산[公山]의 동화사에서 싸워 고려군 신숭겸(申崇謙)과 김낙(金樂)을 죽였다.

경순왕 9년 을미(935)에 아들 신검(神劍)이 자신을 금산불사(金山佛寺)에 가두고 스스로 왕이 되자, 고려로 도망하였다. 고려 태조 19년(936) 병신에 태조가 군사를 거느리고 신검을 정벌하니, 신검은 항복하고 견훤은 등창이 나서 죽었다.【임하필기】

당나라 이적(李勣)이 고구려를 평정하고 동방의 모든 서적을 평양에 모아놓고 우리나라의 문물이 중국에 뒤지지 않는 것을 시기하여 모두 불태워버렸다. 또 신라 말엽에 견훤이 완산을 점령하고 삼국의 모든 서적을 실어다 놓았는데, 그가 패망하게 되자 모두 불타 재가 되었으니, 이것이 3천 년 동안 두 번의 큰 액운이다.【기년아람서[275]】

후고려 궁예

『자치통감』에 이르기를, "당 소종 천우 초에 고려 석굴사(石窟寺)의 애꾸 중 궁예(躬乂)가 개주(開州)를 근거지로 왕이라 칭하고 국호를 태봉(太封)이라 하였으며 오 안왕(吳按王)에게 공물을 바쳤다."라고 하였다.

성은 김(金)이고 이름은 궁예(弓裔)이니, 신라 헌안왕의 서자(庶子)이다. 송악을 근거지로 나라를 열어 이름을 마진(摩震)이라고 하였다. 철원의 풍천(楓川)

후삼국 지도(국사편찬위원회)

으로 도읍을 옮기고 국호를 태봉(泰封)이라고 고쳤다. 사용한 연호는 무태·성책·수덕만세·정개이다.【임하필기】

---

275. 본 내용은 이만운(1736~?)이 『기년편람』을 찬술하고, 그 서문을 이덕무에게 부탁하면서 한 말이다. 이 책은 아동교육용으로 중국과 조선 제왕의 연대기를 모아 편찬한 역사책, 총 8권 4책이다.

59. 북국 발해의 정혜공주

발해말갈

『구당서』에 이르기를, "발해 말갈 대조영(大祚榮)이란 자는 본래 고려의 별종이다. 고려가 멸망하자 대조영이 영주(營州)로 이주하였다. 측천무후 때 이해고(李楷固)에게 명하여 토벌했다가 왕의 군대가 대패하였다. 대조영이 마침내 동모산(東牟山)에 웅거하여 자립해서 진국왕(震國王)이 되었다. <당 현종 개원 계축년(713)에 처음으로 발해라는 나라를 세웠다>. 아들 무예가 대토우(大土宇)를 물리치고 사사로이 연호를 인안(仁安)이라 고쳤다. 아들 흠무(欽茂)가 동경(東京)으로 옮겼다"라고 하였는데, 발해 용원부(龍原府)는 지금의 경성(鏡城)이다.

『송막기문(松漠記聞)』에 이르기를, "발해국왕은 대(大)를 성으로 하였으며, 세력이 있고 고귀한 가문으로는 고(高), 장(張), 양(楊), 두(竇), 오(烏), 이(李)가 있다. 부곡(部曲)의 노비로서 성씨가 없는 자는 모두 그 왕을 따른다. 부녀자들은 모두 질투심이 많고 사나워서 다른 성(姓)과 서로 결합하여 '십자매(十姊妹)'를 만들어 자기 남편을 감시하고, 첩을 용납하지 않는다. 남자들은 지혜와 꾀가 많고 용맹하여 '발해사람 세 사람이 있으면 호랑이 한 마리를 당한다.'라는 말이 있기도 하다. 거란의 야율아보기(耶律阿保機)가 발해왕 대인선(大諲譔)을 멸하고 1000여 호를 연(燕)으로 옮겼다"라고 하였다.【임하필기[276]】

---

276. 이유원, 「발해, 발해왕」『문헌지장편』(『임하필기』 권11).

북국 발해와 신라

건녕 4년(897, 진성여왕 11) 7월, 발해의 하정사(賀正使)인 왕자 대봉예(大封裔)가 당나라 숙위원(宿衛院)에 글을 올려, 발해 사신이 신라 사신보다 위에 자리하기를 청하였습니다. 그에 대한 황제(당의 19대 소종)의 답변을 보니, "나라 이름(國名)의 선후는 원래 강약을 보고 일컬은 것이 아니며, 조정 관제(朝制)의 등급과 위엄을 지금 어찌 성쇠로써 고치겠는가? 마땅히 옛 법대로 할 것이다."라고 하였습니다.

발해는 고구려가 망하기 전엔 본래 사마귀처럼 작은 마을을 이루었고, 말갈[靺鞨]의 족속이었습니다. 번성하여 무리가 이뤄지자, '속말소번(粟末小蕃)'이란 이름으로 항상 고구려를 좇아 가까이에서 서성이었습니다. 그러다가 그 수령 걸사우(乞四羽)와 대조영(大祚榮) 등이 측천무후 때에 영주(營州)로부터 죄를 짓고 도망하여 문득 거친 언덕을 차지하고, 진국(振國)이라 일컬었습니다. 그때 고구려의 유민으로 물길(勿吉)의 잡류인 효음(梟音)은 백산(白山)에 무리를 불러 모으고, 치의(鴟義)는 흑수(黑水)에 시끄럽게 자리를 잡았습니다. 처음은 거란과 함께 나쁜 짓을 하고, 이어 돌궐과 공모하여 만 리 벌판에 곡식을 경작하였습니다. 요수(遼水)를 건너는 수레를 여러 번 막았으며, 10년 동안 오디를 먹다가 늦게야 한나라에 항복하였습니다.

그들이 거처할 고을을 세운 뒤 이웃하여 살기를 청하였습니다. 그리하여 추장 대조영에게 우리나라의 제5품 벼슬인 대아찬을 주었습니다. 뒤에 선천 2년[277]에 이르러 당의 은총을 받아 '발해군왕'으로 봉해졌습니다. 근래에 황은을 입게 되자, 갑자기 우리나라와 대등한 예를 구한다는 소식이 들렸습니다. 그런데 주발과 관영의 서열을 같게 한다는 것[278]은 차마 입에 담을 수 없는 말이고, 염파와 인상여의 화합을 인

---

277. 당 현종의 연호인 선천(712.8~713)은 개원 2년(714)의 잘못이다.
278. 한나라의 강후(絳侯) 주발(周勃)은 무장인 관영(灌嬰)과 같은 서열이 되기를 부끄러워했다.

용하는 것[279]은 선대의 경계해야 할 교훈이 될 것입니다.

발해가 원래 자갈의 찌꺼기로서 본국과는 현격한 차이가 있습니다. 본분을 지킬 줄을 모르고 오직 윗자리만 도모하며, 소꼬리가 되기를 부끄럽게 여겨 앙큼하게도 용의 머리가 되고자 망령된 변론을 늘어놓고 있습니다. 이는 애초부터 두려워하고 꺼림이 없어서인데 어찌 자리를 나누는 데 대한 예의를 지키겠습니까? 실로 아래 품계가 지킬 예법에 몽매한 짓입니다.

폐하께서 높은 곳에 계시면서 찬찬히 살피시고, 멀리 보는 것이 사뭇 또렷하고 밝았습니다. 저의 인재[驥馬]는 혹 약해도 칭찬할 만하고, 소[牛]는 비록 여위었어도 겁내지 않는다고 생각하셨습니다. 그리고 저 오랑캐의 매[鷹]는 배가 부르면 높이 날아가고, 쥐[鼠]는 몸집은 있으나 방자히 탐욕만 낸다고 살피셨습니다. 그리하여 오래도록 함께 오르고 건넘만을 허락하시고, 관모와 신을 거꾸로 두지 않게 하셨습니다.

또한 이름과 지위는 같지 않으며, 등급과 성쇠는 엄연히 있습니다. 신의 나라는 진관(秦官)의 승상급[極品]을 받았고, 저 번국(발해)은 주례(周禮)의 상서급[夏卿]을 빌렸을 뿐인데, 최근에 이르러 갑자기 우대의 은총을 입게 된 것입니다. 오랑캐[戎狄]는 만족시킬 수 없기에 요·순(堯舜)도 오히려 이에 대해서는 골치가 아프셨던 것입니다.

그런데 끝내 등국(滕國)이 다투던 일[280]을 끄집어내어 갈왕(葛王)의 비웃음[281]을 자초하였습니다. 만일 황제 폐하께옵서 뛰어난 생각으로 판단하시고, 신필(神筆)로 비답을 내리지 않았더라면 신라[槿花鄕]의

---

279. 조(趙)의 노장 염파(廉頗)와 젊은 문신 인상여(藺相如)는 처음에 불화했으나, 훗날 친구가 되었다.

280. 등후(滕侯)와 설후(薛侯)가 서로 어른이라며 석차(席次)를 다투던 고사(『춘추좌씨전』은공 11년).

281. 진(晉)의 재상 왕도(王導)와 문신 제갈회(諸葛恢)가 족성(族姓)의 선후를 다투던 고사. 왕도가 "왕갈(王葛)이라고 말하지, 갈왕(葛王)이라고는 말하지 않는다."라고 하자, 회는 "사람들이 마려(馬驢)가 아닌 여마(驢馬)라고 하지만 어찌 나귀가 말보다 낫겠습니까?"라고 하였다(『진서』 권77, 제갈회전).

청렴·겸양이 맥없이 무너지고, 발해[楛矢國]의 독기가 더욱 성할 뻔하였습니다. 이제부터 시골뜨기가 조급히 구하는 희망을 끊어버리고, 만방에 경거망동하는 무리가 없어져서 확실히 규정을 지키며 조용히 분쟁을 녹일 것입니다. 신은 삼가 바다의 한 모퉁이를 다스리는데 묶여 있어 조정에 달려가 뵈지 못합니다.【고운집²⁸²】

정혜공주

정혜공주(737~777)는 '대흥보력효감 금륜성법대왕'(문왕)의 둘째 딸이다. 공주는 무악(巫岳 ; 武山)에서 신령한 기운을 이어받고, 낙수(洛水)에서 신선의 감응을 받았다.

궁궐에서 태어나 어려서부터 유순하다고 소문이 났다. 옥 같은 맵시는 보기 드물 정도였고, 그 빛남은 아름다운 나무[瓊樹]의 꽃들[叢花]과 비슷하였다. 상서로운 기질은 비할 데 없이 빼어나 그 온화함이 곤륜산(崑崙山)의 한 조각 구슬 같았다.

어려서 여자 스승[女師]에게 가르침을 받아 능히 쫓아서 같아지려고 하였고, 언제나 조가(曹家)²⁸³의 기풍을 사모하여 시서(詩書)에 힘쓰고, 예악을 즐겼다. 분별의 지혜는 독보적이었고, 우아한 품성은 타고난 것이었다.

훌륭한 신붓감으로서 군자에게 시집갔다. 함께 수레를 타면 친밀한 모습을 보였고, 집안사람[家人]으로서 영원한 정절을 지켰다. 부드럽고 공손하면서도 우아하였고, 신중하게 행동하고 겸손하였다. 소루(簫樓) 위에서 한 쌍의 봉황이 노래를 부르는 듯하고, 경대(鏡臺) 안에서 한 쌍의 난새(鸞鳥)가 춤을 추는 것 같았다. 움직이면 패옥(珮玉)이 울렸고, 머물면 끈을 짜듯 조심하였으며, 이치에 맞는 말을 아름답게 하

---

282. 최치원 지음, 이상현 역,『고운집』, 2009(한국고전번역원 고전번역총서 참조).
283. 조가(曹家) : 조대가(曹大家)의 준말, 후한의 여류 작가 반소(班昭)를 말한다. 14세에 조세숙(曹世叔)에게 시집갔다가 사별한 뒤, '조대가'라고 불렸다. 오빠 반고가『한서』를 편찬할 때, 도움을 주었다.

고 순결한 정절을 갈고 닦았다. 부부 사이는 거문고와 비파[琴瑟]처럼 잘 어울렸고, 창포와 난초와 같이 향기로웠다.

누가 알았으랴? 남편이 일찍 죽어 정사를 도우려는 뜻을 마치지 못했음을, 어린 아들 또한 요절해 소년의 나이까지 이르지 못했음을.

공주는 실 짜는 방을 나와 눈물을 흘리고, 텅 빈 방을 바라보며 수심에 잠겼다. 인생길이 절반도 되지 않았는데 세월은 빨리 달음질치고, 흐르는 물은 내를 이루어 (계곡에 깊이) 감추어둔 배를 쉽게 움직이는구나. 아! 공주는 보력 4년(777) 여름 4월 14일 을미일, 외제(外第)에서 사망하니, 나이 40세였다. 시호를 '정혜공주'라 하고, 보력 7년 겨울 11월 24일 갑신일, 진릉(珍陵)의 서쪽 언덕에 묻었다.

황상(皇上)은 조회를 파하고 슬퍼하며, 정침에 들어가 자지 않고 음악도 중지시켰다.【정혜공주 묘지】

무덤은 중국 길림성 돈화시 강동향 승리촌 육정산 고분군에 있다. 1949년과 1959년 두 차례에 걸쳐 연변대학교에서 발굴 조사하였다.
묘지(墓誌)는 정효공주(문왕의 4녀) 묘지와 더불어 발해 초기의 역사를 밝히는 데 귀중한 자료이다. 묘비가 무덤 앞에 세워지는 것이라면 묘지는 무덤 속에 묻힌 것을 말한다.
무덤 위에 탑을 세우는 풍습을 볼 수 있다.
정혜공주 묘지 모형석(길림성 돈화시)▶

발해 음악

발해 풍속에 설날이면 먼저 노래 부르고 춤추는 사람에게 명하여 앞서가게 하고 사녀(士女)들이 그 뒤를 따르게 하였는데, 이를 '답추'[284]라고 불렀다. 『금사(金史)』에는 공인(工人)들이 이를 익혔다고 되어 있다.

> 설날이면 모여서 풍악 놀이를 하였는데,
> 성안 가득 사녀들 빙빙 도는구나.
> 답추의 가무는 어느 때에 생겼는가,
> 공인에게 익힌 것이 금사에 전하네. 【임하필기[285]】

남북국사

고려가 발해사를 짓지 않았으니, 고려의 국력이 떨치지 못했음을 알 수 있다. 옛날에 고씨(高氏)가 북쪽에 거주하여 고구려라 하였고, 부여씨(扶餘氏)가 서남쪽에 거주하여 백제라 하였으며, 박·석·김씨가 동남쪽에 거주하여 신라라 하였다. 이것을 삼국이라 말하니 마땅히 『삼국사』가 있어야 했는데, 고려가 이를 편찬하였으니 옳은 일이다.

부여씨가 망하고 고씨가 망하자 김씨가 그 남쪽을 차지하였고, 대씨(大氏)가 그 북쪽을 자리하여 발해라고 하였다. 이것이 남북국(南北國)이라 부른 것으로 마땅히 『남북국사』가 있어야 했음에도 고려가 이를 편찬하지 않은 것은 잘못된 일이다.

아, 문헌이 흩어진 지 수백 년이 지난 뒤라 역사서를 지으려 해도 자료를 얻을 수 없구나. 【발해고[286]】

---

284. 답추(踏鎚) : 『요사(遼史)』에는 "사녀들이 서로 노래 부르는 것을 '답추'라 한다."라고 하였다.
285. 이유원, 「해동악부」『임하필기』 권38.
286. 유득공(柳得恭, 1749~?), 「발해고 서문」『영재집』 권7.

삼국 불교 전래의 유래 및
고승의 행적

흥법 3

60. 고구려 도인과 승랑

고구려 도인

이름이 전하지 않는다. 불도에 뜻을 두고 인자(仁慈)에 의지하고, 진리를 지키며 복덕에 근거하였다. 사람들이 알아주지 않아도 조금도 불평하는 기색이 없었고, 마음속에 담아두고 살폈다. 그러므로 나라 안에 있어서도 반드시 소문나고, 비가 쏟아져 넘쳐흐르듯 그 소문이 널리 퍼져나갔다.

진(晉)나라의 지둔(314~366) 법사[287]는 그에게 편지를 보내어 말하기를, "상좌 축법심[288]은 중주(中州) 유원진(劉元眞)의 제자로서 성품이 곧고 고상하여 출가자와 재가자를 모두 통솔하였습니다. 지난날 서울과 시골에 있을 때는 법률과 기강을 유지함으로써 나라 안팎의 사람들이 모두 우러러보았으니, 그는 도를 널리 떨친 거장이었습니다."라고 하였다. 지둔공은 중국에서 덕망이 높은 분으로, 그와 더불어 말을 전하고 친하게 지내는 사람들은 반드시 훌륭한 인재거나 뛰어난 학자였을 것이다. 하물며 외국의 선비로 뛰어난 사람이 아니고서야 어떻게 그와 같은 편지를 보내었겠는가?

---

287. 지둔(支遁) : 중국 동진(東晉)의 승려. 속성은 민(閔), 자는 도림(道林)이다. 25세 때 출가하여 섬(剡)의 앙산·석성산에서 수도하면서 승려들을 가르치고 『즉심유현론』·『성불변지론』 등의 저서를 지었다.

288. 축법심(竺法深) : 축잠(竺潛)이라고도 하며, 자는 법심(法深)이다. 진(晉)의 승상 무창군(武昌郡) 공돈(公敦)의 아우. 18세에 출가하여, 유원진을 스승으로 삼았다.

또 불교는 일찍이 진나라에서 우리나라로 들어와 유행했으니, 송(宋, 420~479)과 제(齊, 479~502)나라 시대에도 마땅히 호걸들이 있어서 때를 같이하여 떨쳐 일어났을 것인데, 기록해 놓은 서적이 없으니 슬프다. 그러나 저 송나라 사람 주영기(朱靈期)<혹은 허(虛)라 함>는 고구려에 사신으로 왔다가 돌아갈 때 배를 잃고 섬에 상륙하여 배도[289]의 바리때를 얻었고, 또한 제나라 때에는 고구려는 아직 부처 탄생의 일을 알지 못하여 고승 법상[290]에게 물었고, 법상은 주(周) 소왕 때의 상서로운 조짐으로 답하였다고 한다. 그런즉 뜻이 고결하고 절개가 높은 거사들이 서쪽으로 중국에 가서 불교의 강령과 개요[提要]를 물어 알게 된 자가 실로 적지 않았을 것이다. 그때 좋은 역사가가 그 실마리를 상세히 말하지 않음이 한스러울 뿐이다.【해동고승전】

삼론종의 종조 승랑

섭산(攝山)의 고구려 승랑(僧朗) 대사는 본래 요동성(遼東城) 사람이다. 북쪽 땅에서 나와 구마라습[291] 대사의 가르침을 익히고, 남쪽 땅으로 들어가 종산(鍾山) 초당사(草堂寺)에 머물며, 은일 거사 주옹(周顒)[292]을 만났다. 주옹은 이를 계기로 (그를) 스승으로 모시고 공부하였다.

그때 양무제[293]는 삼보를 존경하여 믿었는데, 대사가 왔다는 소식을 듣고 승정(僧正) 지적(智寂) 등 10명[294]을 종산에 보내어 가르침을 받도록 하였다. 양무제는 대사가 본성론(本成論)을 버리고자 하는 마음을 알고, 대승불교에 근거해서 글을 짓도록 하였다. 개선[295] 또한 그 가르침

---

289. 배도(杯渡, 380?~458) : 진(晉)의 기승(奇僧)이다. 언제나 나무로 만든 큰 잔을 타고 강을 건넜기 때문에 배도라고 하였다(『양고승전』권10, 배도전).

290. 법상(法上, 495~580) : 중국 남북조시대의 지론종의 승려.

291. 구마라습 : 구마라십, 구마라즙(鳩摩羅汁)이라고도 한다. 인도의 학승.

292. 주옹(周顒) : 승랑의 재가 제자. 도교와 불교에 밝았고 만년에 『삼종론』을 지었다.

293. 양무제(梁武帝) : 양나라 제1대 황제. 중국의 대표적인 호법 군주.

294. 승랑의 10여 명 제자 중 지적 외에 승전·승회·혜명 등이 확인된다.

295. 개선(開善) : 남북조시대의 승려 지장(智藏, 458~522)의 호(號).

을 들었는데, 말은 얻었으나 뜻을 얻지 못하였다.【대승현론²⁹⁶】

승 법도(法度)는 황룡(黃龍) 출신이다. 어려서 출가하여 북쪽 지방을 돌아다니며 공부했는데, 여러 경전을 섭렵했으며, 고난 속에서도 절개를 지키며 직분을 다하였다. 법도의 제자 승랑이 스승의 발꿈치를 이어서 다시 산사를 통솔하였다.

승랑은 본래 요동 출신으로 천성이 두루 배우고자 했으며, 사고력도 널리 미쳤다. 무릇 경전과 계율을 모두 강의할 수 있었으며, 화엄(華嚴)과 삼론(三論)²⁹⁷에 있어서는 최고라고 이름을 붙일 수 있는 사람이었다. 지금의 임금[양무제]이 그 그릇의 무거움을 보고 여러 뜻있는 선비들에게 산에 가서 배우도록 명을 내렸다.【양고승전】

송대(宋代) 이래로 삼론학을 계승한 스님이 한 사람은 아니지만, 모두가 구마라습에게 받은 것이다. 다만 시대가 오래 지나면서 글들이 없어지고 누락 되어 제(齊)나라 이후에는 중생을 인도하는 데 필요한 (삼론의) 가르침[玄綱]이 거의 끊어졌다.

강남에서는 성실론(成實論)²⁹⁸이 크게 유행하였고, 하북 지방은 편협되게 아비담론(阿毘曇論)만을 숭상하였다. 그때 고구려국 승랑공이 제나라 건무(494~498) 때 강남에 와서 성실론을 공부한 스님들을 힐난하였는데 혀를 묶어놓아 상대할 자가 없었다. 이로써 승랑공이 삼론을 널리 펼 수 있었다.

양무제는 지관사(止觀寺) 승전(僧詮)²⁹⁹ 등 10인에게 삼론을 배우도록 명하였다. 아홉 사람은 그저 어린아이 같을 뿐이었는데 오직 지관사 승전만이 익혀 배움을 성취하였다. 승전에게 학사 4인이 입실했는

296.『대승현론』: 수나라 길장(吉藏)이 삼론종의 공관(空觀) 중도(中道)의 입장에서 쓴 책

297. 삼론 : 중론·백론·십이문론을 말한다. 삼종론의 7대 고승은 구마라즙·승고·법도·승랑·승전·법랑·길장 등을 가리킨다. 승조·담영·승예 등 구마라즙의 제자들이 이룩한 삼론학을 '고삼론', 승랑 이후 전개된 삼론학을 '신삼론'이라고 부른다.

298.『성실론』: 인도승 하리발마가 지었고, 구마라습이 번역하였다. 성실종의 기본 논서이다. 당시 삼론과『성실론』을 함께 취급하였으니, 승랑이『성실론』을 삼론과 분리하고, 새로운 학적 체계를 수립하였다.

299. 승전(僧詮) : 승랑의 법을 이었고, 승전의 학통은 다시 흥황사의 법랑이 계승했다.

데, 당시 사람들이 말하기를, "범을 굴복시킨 흥황사의 법랑(法朗)[300], 뜻을 얻은 서하사의 혜포(慧布)[301], 말을 다스린 장간사(長干寺)의 지변(智辯), 문장에 능한 선중사(禪衆寺)의 혜용(惠勇, 515~583)"이라고 하였다. 이로 인해 남쪽 지방의 불교[南宗]는 처음 성실론이 성행하다가 뒤에 삼론을 숭상하였음을 알게 되었다.【법화현의석첨[302]】

일본 삼론종의 종조 혜관

승려 혜관(慧灌)[303]은 고구려 사람이다. 수나라에 들어가 가상사[304] 길장(吉藏)[305]에게 삼론의 요지를 받았다. (제33대)추고천황 33년(625, 영류왕 8년) 을유[306] 봄 정월, 본국에서 모셔와 원흥사(元興寺)에 머물도록 하였다. 그해 여름 온 나라가 크게 가물었는데, 비가 오도록 빌게 하자, 혜관이 푸른 옷을 입고 삼론을 강설하니 큰비가 곧 내렸다. 천황이 크게 기뻐하며 발탁하여 승정(僧正)으로 삼았다.【원형석서】

백봉 10년(682) 봄 2월, 화주(和州)에 선림사(禪林寺)가 완성되자, 혜관을 청하여 낙성식을 주관하는 스님으로 삼았다. 혜관은 또 하내(河內) 지기군(志紀郡)에 정상사(井上寺)를 세우고, 삼론종을 널리 떨쳤다. 90세에 입적하니 본조(일본) 삼론종의 시조가 되었다.[307]【본조고승전】

---

300. 흥황사(興皇寺) : 양주에 소재. 법랑(507~581)이 머물던 사찰.

301. 서하사(栖霞寺) : 건강의 섭산에 있으며, 승랑이 이곳에서 승전에게 가르침을 전하였다. 이후 승전의 제자 혜포(518~587)가 이곳에 머물며 삼론을 전하였다.

302. 『법화현의석첨』 : 중국 천태종 제6조 담연(711~782)이 지은 책.

303. 혜관 : 고구려 승려. 그의 법맥은 승랑-승전-법랑-길장-혜관으로 이어진다. 625년 일본에 삼론을 전하여 일본 삼론종의 시조가 되었다.

304. 가상사(嘉祥寺) : 절강성 회계의 진망산에 있던 절.

305. 길장(吉藏, 549~623) : 가상대사·호길장(胡吉藏)이라고도 한다. 흥황사에 출가하여 법랑에게 가르침을 받았고, 승랑의 학설과 사상을 이어 삼론학을 완성했다.

306. 을유 : 『화한삼재도회』에서는 갑신(624)라고 하였다.

307. 혜관 이후 길장에게 수학한 고구려승 도등(道登)이 628년 일본 견당사를 따라 일본으로 가서 원흥사에 머물며 삼론학을 강설하였다.

61. 백제 겸익

「미륵불광사사적」에 다음과 같은 내용이 전한다.

백제 성왕 4년(526) 병오에 사문 겸익(謙益)[308]은, 마음속으로 계율을 구하기로 맹세하고 바다를 건너 중인도 상가나 대율사(常伽那大律寺)에 이르렀다. 범문을 5년 동안 배워 인도어에 통달하고, 율부(律部)를 깊이 공부해 계율을 깨닫고 공덕을 쌓아 몸을 장엄하였다. 인도승 배달다(倍達多) 삼장과 함께 범본 아담장(阿曇藏) 5부 율문을 가지고 돌아왔다.

백제왕은 우보(羽葆)[309]를 갖추고 북 치고 나팔 불게 하며, 교외에 나가 맞이하여 흥륜사(興輪寺)[310]에 두었다. 국내의 이름 있는 승려 28인을 불러 겸익 법사와 함께 율부 72권을 번역하도록 하였다. 이것이 백제 율종의 시작이다.

이어서 담욱(曇旭)·혜인(惠仁) 두 법사가 이 율부에 주석을 달아 36권의 소(疏)를 지어 왕에게 바쳤다. 이에 왕은 머리글인 <비담신률서>를 짓고, 태요전(台耀殿)에 봉안하였다. 장차 인쇄하여 널리 펴고자 하였으나 그럴 겨를도 없이 세상을 떠났다.【조선불교통사】

---

308. 겸익(謙益) : 생몰년 미상. 백제 율종(律宗)의 시조.

309. 우보(羽葆) · 왕의 행차 때 사용했던 물건. 흰기러기 털로 만들었다.

310. 흥륜사(興輪寺) : 신라의 흥륜사가 아니라 백제의 흥륜사이다. 왕흥사는 600년(무왕 1)에 창건되므로 이 절로 보기도 어렵다.

62. 신라
각덕과 명관

승려 각덕(覺德)은 신라 사람이다. 총명하고 박식하였으며, 범인인지 성인인지 헤아릴 수 없었다. 신라는 이미 불교를 봉행하고 있었으므로 사람들은 다투어 귀의하고 믿었다.

스님은 통달한 지혜로 세상을 교화할 수 있음을 알고 말하기를, "높은 곳으로 옮기려면 반드시 골짜기에서 나와야 하고, 도를 배우려면 스승 구하기에 힘써야 한다. 만일 편안하게 살고 느리게 행한다면 부처님의 제자로서 부모의 은혜를 저버리고 출가한 본뜻이 아니다."라고 하며, 곧 배를 타고 양나라로 들어가 법을 구하는 데 선봉이 되었다. 다만 어느 해이었던가는 알 수 없지만, 이것이 신라 사람으로서의 유학은 처음이다.

드디어 고명한 스승들을 두루 찾아가 섬기면서 가르침을 받으니, 마치 눈자위를 덮은 막을 벗기고, 귓속의 귀지를 파내버린 것 같았다. 시작이 있고 마침이 있었으며, 거칠지도 게으르지도 않았으니, 덕은 높고 수행은 뛰어나 도덕과 인망은 갈수록 높아 갔다. 그러나 보배를 캐는 것은 단지 나 혼자만 쓸 것이 아니고 마땅히 고국으로 돌아가 가난한 사람들을 널리 구제해야 한다고 하면서 진흥왕 10년(549)에 불사리를 가지고 양나라 사신과 함께 본국으로 돌아왔다. 왕은 급히 담당 관리에게 명하여 백관들에게 예를 갖추어 흥륜사 앞길에 나가 맞이하게 하니, 이 또한 신라의 첫 사리였다.

옛날 강승회(康僧會)[311]는 오나라에 가서 기원한 지 7일 만에 신기한 영험을 얻었다고 한다. 스님은 마침 임금이 불교를 신봉하던 때에 중국 사신과 함께 돌아왔으므로 어려움이 없었다. 또 법수(法水)[312]를 가지고 신라 끝까지 두루 적시었다. 그리하여 게으른 사람들을 모두 똑바로 세워 불도에 귀의하고자 하는 뜻을 품게 하였으니, 그 공적과 이익을 어찌 다 말할 수 있겠는가?

그 뒤 진흥왕 26년(565)에 진나라에서 사신 유사(劉思)와 입학승 명관(明觀)을 보내면서 불교의 경론도 무려 2,700여 권[313]을 보내왔다. 신라가 불법의 교화를 처음으로 폈을 때는 경전과 불상이 빠진 것이 많았지만 이때 이르러 모든 것을 다 갖추게 되었다. 【해동고승전】

1963년 사적으로 지정된 경주흥륜사터(문화재청)

---

311. 강승회(康僧會) : 강회(康會, ?~280)라고도 한다. 강거국 출신으로 출가는 인도에서 하였다. 이후 중국으로 들어와 여러 스승에게 가르침을 받았고, 241년 오나라로 가서 불교를 전하였다.

312. 법수(法水) : 불법이 중생의 번뇌를 씻어 정결케 한다고 하여 물에 비유한 말.

313. 2,700여 권 : ① 1,700여 권(『삼국사기』, 『삼국유사』), ② 700여 권(『해동고승전』 권1, 석법운조) 등 두 개의 기록이 전한다. 『해동고승전』의 '700여 권' 혹은 '2,700여 권'(권2, 유통1-2, 석각덕, 명관)은 '1,700여 권'의 오자라고 생각된다.

63. 신라
선덕여왕과 대덕

선덕여왕은 완연한 길상천녀[314]의 화신으로서 동방의 임금으로 계시면서 서방의 불교를 크게 사모하였다. 이때 관광하다 온 비구 지영(智穎)과 승고(乘固)가 있었는데, 중국에서 불교를 배워 가지고 와 우리나라를 빛내었다. 그리하여 그들의 높은 도를 총애하여 뽑아 올려서 대덕(大德)[315]을 삼았다.

이때부터 중국으로 유학을 떠나려는 무리가 늘어나서 오악(五岳)의 수재들은 성공하려는 목표에 힘쓰고, 천하의 불교도들은 모두 바다에 들어갔다는 이름을 함께 하였다. 유가(법상종)·표하건나(화엄종)·비나야(계율종)·비바사(소승교)를 공부했다.

돌아와서는 무늬가 초나라의 새[楚禽]와 섞이듯 왕실과 어울렸고,[316] 이름은 주나라의 옥[周璞]처럼 저잣거리에서 흔하게 불렸다.[317]

이들은 예참·암송[懺誦]으로 추대되거나, 또는 비밀 주문[總持]을

---

314. 길상천녀(吉祥天女) : 사대천왕 하나인 비사문천의 누이로, 중생에게 큰 공덕을 베풀기 때문에 공덕천(功德天)이라고도 한다. 제석천 신앙과 관련이 깊다.

315. 대덕(大德) : 부처님을 일컫던 말인데, 지혜와 덕망이 높은 스님[사문]의 존칭으로 쓰였다. 중국에서는 대덕을 승려의 직명으로 쓴다.

316. 채혼초금(彩混楚禽) : 초금은 3년 동안 날지도 않고, 울지도 않는 초나라의 새를 말한다. 오거(伍擧)는 초금을 3년 동안 술판을 열고 나랏일은 하지 않았던 장왕(莊王)에 비유하였는데, 뒤에 재상에 임명되었다(사마천,『사기』).

317. 호제주박(號齊周璞) : 주나라의 박[周樸, 周朴]은 말리지 않은 쥐고기, 발음이 같은 정나라의 박[鄭璞]은 다듬지 않은 옥(玉)을 말한다. 상인들은 발음이 같아 혼란스러워했다(『전국책』권5).

잘해 채용되거나, 혹은 아름다운 동료[華儔]로서 천거하거나, 고생한 절조[苦節]에 보답하기 위한 것이다.

이들은 모두 임금에 의하여 선발되어서 무거운 금패(金牌)를 들었고, 임금의 그물에 걸려 들어온 것과 같아서 그 빛이 사찰[玉刹]에 드러났다. 이들을 드는 것은 부싯돌에서 불을 얻은 것과 같으며, 그들을 쓰는 것은 산에서 나무를 고르는 것과 같았다. 몸을 희생할 것을 바라고 끝까지 나이 규정을 어기는 일이 없었다. 마침내 위원(衛瑗)[318]이 잘못을 깨달았다는 해를 넘고, 공자가 『주역』을 배웠다는 나이[50세]가 된 사람이어야 비로소 이 자리에 앉히기를 허락하며, 마침내 7년으로 기한을 정하였다.

그 공부가 독실하고 민첩하며, 덕이 익은 사람, 즉 뛰어난 사람을 특별히 대우하고 기이한 변화를 권장한다는 뜻에서 칭호를 붙여주어 후배들에게 영광을 나타내었다. 그러므로 어려서 공부를 십분 성취하면 우담발라화가 나타난 것이라고 하였다.【신라 가야산 해인사 선안주원벽기[319]】

선덕여왕릉(사적 제182호, 경주시)

---

318. 위원(衛瑗) · 춘추시대 위의 대부 거백옥(蘧伯玉). 본명은 거원(蘧瑗)이다. 그는 나이 50에 49년 동안의 잘못을 깨달았다고 한다(『회남자』원도훈(原道訓)].

319. 최치원이 지음. 이상현 역, 『고운집』, 2009 ; 한국고전번역원 고전번역총서 참조.

64. 백제 명왕과 일본 불교

아직기와 왕인이 왜에 유교를 전하다

일본 응신천황 15년(284) 가을 8월 임술 초하루 정묘에 백제왕(久素王 : 근구수왕)이 아직기(阿直伎)³²⁰를 보내어 좋은 말 2필을 바쳤다. 곧 경(輕)³²¹의 산비탈 부근에 마구간이 있었는데, 아직기에게 사육을 맡게 하였다.

아직기는 또 경전을 잘 읽었으므로 천황은 태자 우치노와 키이로츠코(菟道稚郎子)³²²의 스승으로 삼았다. 천황은 아직기에게 말하기를, "혹 당신보다 뛰어난 박사가 또 있습니까?"라고 하니, "왕인(王仁)³²³이라는 분이 있는데 훌륭합니다."라고 하였다. 이에 상모야군(上毛野君)의 조상인 황전별(荒田別)과 무별(巫別)을 백제에 보내어 왕인을 불렀다. 아직기는 아직기사(阿直岐史)의 시조이다.【일본서기】

---

320. 아직기(阿直伎) : 일본 책『고사기』에서는 아지길사(阿知吉師)라고 하였는데, 길사(吉師)는 족장을 나타내는 존칭이다.

321. 경(輕) : 나라현(奈良縣) 강원시 대경정 부근이다.

322. 토도치랑자(菟道稚郎子) : 응신천황 14년에 태자가 되었다가 자살하였다. 토도아랑자(菟道雅郎子)로 표기되기도 한다(『해동역사』권67, 인물고 1, 왕인).

323. 왕인(王仁) :『古事記』에서는 화이길사(和邇吉師)라고 하였다.『일본서기』에는 그가 아화왕(阿花王) 말년 경에 일본으로 온 것처럼 기록되어 있으나,『고사기』에는 백제 근초고왕 때의 사람으로 되어 있어 전후 30~40년간의 차이가 있다.

이듬해 2월, 왕인이 『천자문』을 가지고 와서 왔다. 왕인이 황자 토도 아랑자(菟道雅郞子)에게 『효경』과 『논어』를 가르치니, 황자가 왕인을 스승으로 모시고 여러 전적을 익혀 통달하였다. 이에 유교가 비로소 본조(일본)에서 행해졌다.

왕인이 또 '난파진가(難波津歌)'를 읊고, 인덕천황의 수명을 간절히 축원하였으므로 그를 가보(歌父)라고 불렀다. 왕인이 죽자 우두천황과 함께 제사 지냈다. 왕인은 서수(書首)[324] 등의 시조이다.<화한삼재도회>【해동역사】

왕인의 선조는 한나라 사람[325]이니, 최표(崔豹)의 『고금주(古今注)』에 이른바 '천승(千乘)의 왕인(王仁)'이라 일컫은 자이다.

화천국(和泉國) 백설조 들판의 북릉(北陵) 동쪽 못가에 왕인사(王仁祠)가 있다. 응신천황의 아들 토도아랑자가 왕인을 스승으로 모시고 학문을 배웠다. 그 뒤 형인 대초료존(大鷦鷯尊)에게 양위하니 형제간에 백이(伯夷)·숙제(叔齊)와 같은 행실이 있었다.

토도아랑자가 죽고 대초료존이 몹시 슬퍼하자, 왕인이 화가(和歌)를 지어 바치면서 즉위하기를 권하였다. 이에 대초료존이 즉위하였다. 이는 왕인이 잘 가르치고 이끌어서 그렇게 하게 한 것이다. 이 또한 백제에 인물다운 인물이 있음을 알 수가 있다. 그런데 삼한(三韓) 사람들은 이러한 사실에 대해 전혀 모르고 있으니, 비록 아름다운 일이더라도 알지 못하는 것이 이와 같다.【이칭일본전[326]】

---

324. 서수(書首) : 문수(文首)라고도 하며, 문필 전문의 성씨로서, 하내(河內)에 거주하는 사성 제씨(史姓諸氏) 가운데 중심적 지위를 점하였다.

325. 『속일본기』에 "한고제(漢高帝)의 후손 난(鸞)이라 하는 사람의 후손 왕구(王狗)가 백제에 옮겨와 이르렀는데, 사신을 보내어 문인을 찾으니 백제 구소왕(久素王)이 곧 그의 손자인 왕인(王仁)을 바쳤습니다."라고 하였다.

326. 이칭일본전(異稱日本傳) : 마쓰시타 겐린(松下見林)이 1688년에 쓴 역사서. 상권 3책·중권 8책·하권 4책으로 되어 있다. 본 내용은 『해동역사』 권67(인물고1, 왕인)에서 인용하였다.

백제 명왕이 왜에 불법을 전하다

효덕천황 대화 원년(645) 8월 계묘(8일)에 사신을 대사(大寺)에 보내 승려들을 불러 모으고 조칙을 내려 말하였다.

"기성도궁 어우천황(흠명천황) 13년(552)에 백제의 명왕(明王 : 성왕)이 우리 왜에 불법을 전했다. 이때 신하들은 불교 전래를 원하지 않았으나 소아도목숙녜(蘇我稻目宿禰)가 홀로 그 법을 믿으니 천황이 이에 그에게 명하여 그 법을 받들게 했다. 역어전궁 어우천황(민달천황) 때 소아마자숙녜(蘇我馬子宿禰)가 아버지의 가르침을 따라 석가의 가르침을 존중하였으나, 다른 신하들은 믿지 않아 이 법도가 거의 없어지게 되었다. 그러자 천황이 그에게 명하여 그 법을 받들게 하였다. 소간전궁 어우천황(추고천황) 때 마자숙녜가 천황을 위해 수를 놓은 장륙상과 구리로 장륙상을 만들고 불교를 드날렸으며 승니(僧尼)를 공경하였다.

나는 다시 바른 가르침을 숭상하고 큰 도리를 널리 열 것을 생각하였다. 그리하여 사문 박대(狛大) 법사, 복량(福亮)·혜운(惠雲)·상안(常安)·영운(靈雲)·혜지(惠至)<寺主>·승민(僧旻)·도등(道登)³²⁷·혜린(惠隣)·혜묘(惠妙)를 10사(師)로 삼는다. 특별히 혜묘 법사를 백제사(百濟寺)의 주지로 삼는다. 이 10사들은 마땅히 뭇 승려들을 가르쳐 인도하고, 석가의 가르침을 수행하는 것을 법답게 해야 한다. 무릇 세워야 할 절을 세울 수 없는 경우에는 내가 모두 도와 짓겠다. 이제 사사(寺司)들과 사주(寺主)를 임명하니, 여러 절을 순행하여 승니·노비·토지에 대한 사실을 조사하여 모두 아뢰라."

라고 하였다. 곧 내목신(來目臣)·삼륜색부군(三輪色夫君)·액전부련생(額田部連甥)을 법두(法頭)로 삼았다.【일본서기】

---

327. 도등(道登) : 고구려 승려. 중국 길장(吉藏 ; 549~623)에게 삼론학을 수강했으며, 630년 초 일본에 건너가 원흥사에 머물며 공종(空宗)을 연구했다.『영이기』상, 제12화에 의하면 일본 승려로 고려에 유학하고 원흥사에 머물렀다고 한다.

65. 고구려
보덕과 명덕

고려 의천이 보덕 성사의 진영에 참배하다

『열반경』·『방등경』의 가르침을 전
해주심이 우리의 스승으로부터 하였
네.

두 성인이 책을 쥐고 뵐 때<원효·
의상은 일찍이 강단 아래에 참석하여
친히 열반경과 유마경 등을 배웠다>,
보덕성사는 그 당시에 돋보이셨네.

인연 따라 몸은 남북에 맡겼지만,
도에 있어서는 맞이하고 따라 줌이
관계없어라. 애석하다! 방장실을 날
리신 뒤 동명왕의 옛 나라가 위태로
웠네.

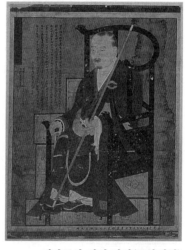

대각국사 의천 진영(문화재청)

<스님은 원래 고구려 반룡사 사문으로서 보장왕이 도교에 의혹되어
불법을 폐하자 스님은 방장실을 남쪽으로 날라 옮겨 백제 고태산(孤
太山)에 이르렀다. 그 뒤 한 신인(神人)이 마령에 나타나서 어떤 이에
게 고하기를, "너의 나라가 망할 날이 얼마 남지 않았다."라고 하였다.
모두『해동삼국사(삼국사기)』의 기록과 같다>.【대각국사문집】

보덕과 명덕

보덕 대사의 자(字)는 지법(智法)인데, 일찍이 고구려 반룡산 연복사(延福寺)에 거처하다가, 하루는 문득 제자에게 일러 말하기를, "고구려가 오직 도교를 높이고 불법을 숭상하지 않으니, 이 나라가 반드시 오래가지 않을 것이다. 몸을 안전히 하여 난을 피하고자 하는데, 어느 곳이 좋을까?"라고 하였다. 그러자 제자 명덕[328]이 말하기를, "전주 고달산은 편안히 머물 만한 안전한 땅입니다."라고 하였다.

건봉 2년(667) 정묘 3월 3일[329]에 제자가 문을 열고 나와 보니, 집이 벌써 고달산[330]으로 옮겨졌는데, 이곳은 반룡산에서 거리가 1천여 리나 떨어진 곳이었다. 명덕이 말하기를, "이 산이 비록 빼어나긴 하나 샘물이 말라 있다. 내가 스승이 이리로 옮겨 올 줄 알았다면 반드시 옛 산의 샘물까지를 옮겨 왔으리다."라고 하였다. 최치원(崔致遠)이 열전을 지어 자세히 기록하였기에, 여기서는 대충만 기록한다.【동국이상국집】

---

328. 명덕(明德) : 보덕의 제자. 연구사(燕口寺)를 세웠다. 명덕은 매사냥꾼이었는데, 보덕성사의 고제(高弟)가 되었다고 한다(『동국이상국집』).

329. 이주 시기 : 『삼국유사』에는 두 설을 전하고 있는데, ① 영휘 원년(650) 경술 6월설(『삼국사기』), ② 건봉 2년 정묘(丁卯) 3월 3일(667)설(<본전>)이 그것이다. 이규보는 ②설을 따르고 있는데, 아마 <본전>을 참고했던 것으로 보인다. 보덕의 전기는 최치원찬(동국이상국집)과 김부식찬(삼국유사) 외에 일연은 『승전』을 들고 있다. 여기에서 <본전>이라는 것은 최치원의 <보덕전>으로 추정된다.

330. 고달산(高達山) : 『대각국사문집』과 『삼국사기』에는 고대산(孤大山)이라고 하였다. 경복사는 18세기 말까지도 이어져 왔던 것 같은데, 현재 전북 완주군 구이면 광곡리 화원마을에 절터가 남아있다.

절의 사적과 탑·불상 등에 얽힌
유래에 관한 기록

탑상 4

66. 동도의
수수께끼 7개

동도(東都 ; 경주)의 옥피리는 문경새재만 넘으면 소리가 나지 않고, 안압지의 부초는 연못의 수위에 따라 오르내리면서 가라앉지 않는다. 백률사의 순송(筍松)은 가지를 잘라내도 움이 트며, 매월당(梅月堂, 경주 금오산)의 목련[北向花]은 해를 등지고 핀다.

기림사의 감천(甘泉)은 젖샘[乳泉]처럼 흰빛이 나지만 바가지로 떠 보면 그냥 물색이다.[331] 또 5색 작약[332]은 옮겨 심으면 제 빛깔이 나지 않는다. 불국사의 무영탑은 못에 그림자가 비치지 않으니, 이것이 동도의 괴이한 일곱 가지 일이다.[333]【청성잡기】

---

331. 감천(甘泉) : 원래 이 뒤에 글을 누락했는데, 보충하였다. 기림사에는 우담발화와 오종수가 유명했다고 한다. 광유(光有)화상이 마당에 우담화를 심고, 밖에 오종수를 팠다. 꽃과 대가 서로 비추고, 그림자가 금지(金池)에 드리우면 마치 안양 극락세계를 보는 듯하다. 또한 마당에 가지가 휘어진 오색의 꽃이 있는데, 이것이 '우담발화'이다. 흐드러지게 줄을 지어 피지만, 황홀함이 욕계의 그림과 같다. 또 5곳에 오종수가 있는데, 물맛이 다섯 가지가 나고, 이름 또한 다섯 개다(불혜 찬, 〈신라함월산기림사사적〉). 오종수는 감로수(甘露水), 화정수(華井水), 장군수(將軍水), 안명수(眼明水), 오탁수(烏啄水) 등을 말하는데, 감천은 감로수로 추정된다.
332. 오색 작약의 소재지가 기림사인지, 다른 지역인지 분명하지 않지만, 기림사에 있는 것이라면 위에서 말한 오색화 '우담발화'로 생각된다.
333. 경주 7괴 외에 문천도사(蚊川倒沙), 압지부평(鴨池浮萍), 백률송순(栢栗松筍), 금장낙안(金丈落雁), 불국영지(佛國影池), 선도효색(仙桃曉色), 금오만하(金鰲晚霞), 계림황엽(鷄林黃葉), 남산부석(南山浮石), 나원백탑(羅原白塔) 등 10개 중 사람에 따라 8괴를 이야기하기도 한다(『경주시사』).

옥피리

피리의 길이는 1자 9치이고, 위는 마르고 아래는 생생하며, 대나무 본연의 빛깔이다. 세상에서 전하기를, "이 옥피리는 조령을 넘으면 소리가 나지 않는다."라고 한다. 임진왜란 때 왜구가 부수자, 쇠로 보수하였다.[334] 『조선지(朝鮮誌)』에는, "이 옥피리는 동해의 용이 바친 것이다."라고 하였다. 【임하필기】

정약용의 옥피리에 대한 변론

경주에 옥피리 하나가 있는데 신라의 오래된 물건이다. 다른 사람은 소리를 낼 수 없고, 오직 경주의 공장(工匠)이 불어야 소리를 낼 수 있었다. 그러나 소리를 잘 내는 공장이 있으면 다른 공장들은 소리를 내지 못하였고, 그 사람이 죽은 뒤에야 그를 대신하여 소리를 낼 자가 나왔다고 한다.

나라에서 일찍이 이 옥피리를 서울로 올려보내도록 했는데, 잘 불 수 있는 사람에게 길에서 불게 하자, 그 소리가 크고 맑았다. 그러나 조령 북쪽에 이르러 갑자기 소리가 나지 않았

정약용

다. 서울에서 상금을 걸고 소리를 내게 하였으나, 끝내 소리가 나지 않았다. 그래서 다시 조령 남쪽으로 가서 불게 하니, 소리가 전과 같이 나왔다고 한다. 그리하여 이것이 이른바 신령하고 기이하여 따질 길이

---

334. 다른 기록에는 임진왜란 때 분실되었다가 1692년 김승학(金承鶴)이 객관의 담장에서 발견하였는데, 잘못하여 부러지고 말았는데, 경주 부윤 이인징(李麟徵)이 밀로 때우고 은판으로 수리하였다고 한다(김용제 등편, 『경주읍지』, 진진당, 1933).

없다는 것이다.

나는 이것을 거짓이라고 본다. 그 옥피리를 보니, 생김새가 통통하고 구멍이 좁게 뚫려 있었다. 그러니 소리를 내기 어려운 것은 괴이한 것이 아니다. 소리를 내기 어렵기 때문에 다른 사람이 갑자기 불어도 소리를 내지 못하는 것이다. 경주 사람은 아이 때부터 익혀 늙도록 불어 왔기 때문에 그 재주를 독차지할 수 있게 된 것이다. 바야흐로 한 사람이 재주를 독차지할 때는 다른 사람이 익히지 않다가, 재주꾼이 끊어질 무렵이 되면 그 재주를 계승했던 것이니, 그가 반드시 죽은 뒤에야 옥피리를 부는 자가 나온다는 것은 망령된 말이다.

게다가 조령 북쪽에 이르자 소리가 나지 않았다는 것은 더욱 거짓된 말이다. 귤이 회수(淮水)를 건너가면 탱자가 되고, 구욕(鸜鵒)이란 새가 면수(沔水 ; 漢水)를 넘어오지 않는다는 것은, 동식물의 성질은 지기의 차갑고 더움에 따라 변하여 달라지기 때문이지만, 옥피리는 느낌이 없는 돌덩이나 다름이 없는데 어찌 이와 같은 일이 있겠는가?

이것은 교활한 놈이 옥피리를 되돌려 주지 않고, 몸마저 억류당할까 염려하여 거짓으로 꾸민 말인데, 사람들은 무조건 믿기만 하고 그 이치를 연구해보지 않는다. 대체로 사람은 허망함을 좋아하여, 스스로 어리석음에 빠지지 않는 자가 없으므로 그들을 위하여 변증하는 것이다.【다산시문집】

무영탑

석가탑은 일명 무영탑이라고 한다. 민간에서 전하기를, "불국사를 창건할 때 당나라에서 온 장인이 있었는데, 그에게 아사녀(阿斯女)라는 누이동생이 있었다. 아사녀는 오라버니와의 만남을 기대하며 바로 바다를 건너와 여러 곳을 오가다가 불국사까지 오게 되었다. 만나기를 청했으나, 공사가 아직 완료되지 않았고, 초라한 몸을 들이는 것을 허락할 수 없고, 이튿날 아침 서쪽 10리쯤 된 곳에 가면 못이 있으니 그곳에 가면 볼 수 있을 것이라 말만 들었다. 아사녀는 이 말을 따라 그 곳에 가서 보니, 과연 절은 비춰 보이나 탑의 그림자는 없었다. 그래서 이 탑의 이름을 그렇게 부르게 된 것이다."라고 하였다.【불국사 고금 창기】

석가탑 ⓒ김아연 2005

다보탑 ⓒ김동현 2005

67. 비바시불이 세운 소리암

　합천의 명산이 가야산이다. 또 '우두산·설산·상왕산·중향산·지달산'이라고도 하니, 하나의 산이 여섯 개의 이름으로 불리는 것이다. 산의 훌륭한 경치는 동방에 소문이 났다.

　옛날에 소리암(蘇利菴)[335]라는 대가람이 있었다. 『신라수이전』에 기록된 바에 의하면, "제1 비바시불[336]이 처음으로 창건하여, 신라시대 아홉 성인이 머물러 거처한 곳이다."라고 하였다.

　절이 창건된 것이 이미 천 수백 년이 지났고, 허물어져 없어진 것이 언제였는지 알 수 없으나, 절터는 분명하게 아직도 남아 있다. 중앙에 돌로 만든 소 3마리가 엎드려 있다. 동쪽에 팔공덕수(八功德水)[337] 노대(爐臺)가 있고, 서쪽에 봉천대(奉天臺)와 석가불이 있고, 북쪽에 비로자나불과 그 외에 네 가지가 있다. 동쪽으로 20리쯤에는 3길 6자 되는 석불이 있고, 서쪽에는 수도사(修道寺)가 있으며, 북쪽에는 서졸사(栖卒寺)가 있는데, 모두 소리암에 딸린 것이다. 절에 있는 밀기(密記)에, "당초에 천신(天神)이 사흘 동안 내려와서 도왔다."라고 하였다.【사가문집[338]】

335. 소리암 : 소리란 극락·천당 등 이상향을 뜻하는 말.

336. 비바시불(毘婆尸佛) : 불교에서 말하는 과거칠불 가운데 첫째 부처.

337. 팔공덕수 : 서방 극락세계에 있는 8종의 공덕을 갖춘 샘물.

338. 서거정, 「가야산소리암중창기」(1455, 『사가문집』권2, 記)의 내용이다. 이 글은 인순부윤(仁順府尹) 권총(權聰)이 발원하여 1449년 3월부터 1450년 10월까지 중건한 소리암을 기록한 것이다. 역주는 한국고전번역원 고전번역총서를 참조하였다.

1625년 허돈(許燉, 1586~1632)의 「유가야산 기(遊伽倻山記)」에 소리 암이 무너지고 훼손되었 다고 한다(창주집 권3).

◀가야산 봉천대

만력 기묘년(1579, 선조 12) 9월 14일, 원명사(圓明寺)에 당도하였 다. 이 절은 산봉우리가 빙 둘러싼 위치에 자리 잡고 있으면서 단청을 새로 고쳐 아름다운 경관은 내원사(內院寺)와 견줄 정도가 아니었고, 워낙 좋아서 차마 자리를 뜰 수 없었다.

이 절 외에 또 중소리(中蘇利)와 총지(叢持) 등 사찰이 다 바위 모서 리에 자리 잡고 있었는데 어디든 거처하는 승려는 없었다. 상소리(上 蘇利)에 들어가 잠시 쉬었는데 이곳은 이른바 봉천대 라는 곳이었다. 이제까지 거쳐온 곳보다 더 높아 시야가 한층 더 시원하게 트였다. 수 많은 골짜기와 산봉우리가 마치 조그마한 둔덕처럼 빙 둘러 줄지어 있고 인간들이 사는 세계가 개미집이나 누에고치처럼 옹기종기 아스 라이 깔려 있는데, 곳곳의 마을을 하나하나 손으로 가리킬 수 있었다.

15일, 중소리에 있는 대(臺)에 올라가 보니 훤히 트인 경치는 봉천대 에 버금갈 만하였다. 내원사에서 처음 산으로 올라올 때는 산봉우리가 빙 둘러 에워싼 가운데 그윽하고 아름다운 경치가 올라올수록 한층 더 기이하여 신선한 기분이 끊임없이 들었는데, 봉천대에서 내려올 적에 는 주위의 경관이 자꾸 더 속되고 좁아진다는 느낌에 가슴이 조여드는 듯 갑갑하여 마치 높은 나무에서 내려와 깊은 골짜기로 들어가는 것만 같았다.【한강집[339]】

339. 정구(鄭逑 ; 1543~1620), 「유가야산록(遊伽倻山錄)」(『한강집(寒岡集)』 권9). 번역은 한 국고전번역원 고전번역총서를 참조하였다.

68. 우전국의 금함

미황사의 창건 설화

당나라 개원 13년 을축 신라 경덕왕 8년(749)[340] 8월 12일, 홀연히 돌배[石船] 한 척이 달마산 밑의 사자포구(獅子浦口)에 와서 닿았다. 배 안에서 범패 소리가 나기에 어부들이 정박시키려고 하였더니 배가 갑자기 멀어져 버렸다.

의조(義照) 화상이 이를 듣고 사미 장운(張雲)·장선(張善)과 함께 촌주 우감(于甘)을 찾아가 향도 1백 인과 같이 목욕재계하고 경건하게 빌었더니 돌배가 다시 해안에 이르렀다. 몸에 금칠을 한 사람이 노를 잡고 서 있고, 수놓은 돛이 날리고 있었다. 올라가서 보니 금으로 만든 함에 자물쇠가 채워져 있는데, 금으로 쓴 『80권 화엄경』, 『7권 법화경』과 비로자나불·문수보살·보현보살·40성중·53선지식·16나한 등의 그림이 있고, 또 금고리와 검은 돌이 있었다.

향도들이 경전들을 가지고 해안으로 내려와 봉안할 곳을 논의하였다. 그때 검은 돌이 갈라지며 검푸른 암소가 나오는데 금방 장대해졌다.

그날 밤 금인(金人)이 의조 화상의 꿈에 나타나 말하기를, "나는 본래 우전국[341]의 왕입니다. 여러 나라를 돌아다니며 경전과 불상을 안치할 곳을 찾았는데, 이 산꼭대기를 보니 1만 부처가 모습을 드러내는 곳

---

340. 개원 13년 을축은 725년(성덕왕 22)이며, 경덕왕 8년은 기축(749)이다. 749년이 옳은 것으로 보고 있다.

341. 우전국(于闐國): 중앙아시아 코탄 지역에 있었던 고대 서역의 왕국.

이 있었습니다. 그런 까닭에 이곳에 왔습니다. 경전을 소에 싣고 가다가 소가 멈춘 곳이 경전을 봉안할 곳입니다."라고 하였다.

화상이 경전을 소에 싣고 가는데 처음에 한곳에 누웠다가 다시 일어나 가더니 산골짜기에 이르러 다시 드러누우며 큰 소리로 '좋도다' 하고는 쓰러져 죽었다. 이에 처음 누웠던 곳에 절을 세우니 지금의 통교사(通敎寺)가 이것이고, 뒤에 누웠던 골짜기에 절을 세워 경전과 불화를 봉안하고 이름을 미황사(美黃寺)[342]라 하였다.

'미(美)'자는 소의 소리[좋도다]에서 따온 것이요 '황(黃)'자는 금인의 빛깔에서 따온 것이다.【달마산미황사사적비[343]】

해남 달마산 미황사

남미륵암 아육왕탑

남미륵암[344] 아육왕탑에 대해『죽미기』[345]에는 이전부터 확실히 지적

---

342. 미황사 : 전남 해남군 송지면에 위치, 대한불교조계종 제22교구 본사인 대흥사(大興寺)의 말사. 우리나라 내륙 최남단에 있는 절이다.

343. 비문은 1692년에 민암(閔黯, 1634~1692)이 짓고, 낭선군(朗善君) 이우(李俁)가 썼다.

344. 남미륵암(南彌勒庵) : 해남 두륜산 대흥사의 부속 암자. 『계림고기(雞林古記)』에 "천신이 동남동녀(童男童女) 두 사람을 이 산으로 보냈는데, 동녀는 북미륵이 되고, 동남은 남미륵이 되었다."라고 한다(운허,『불교사전』, 동국역경원).

345.『죽미기(竹迷記)』: 해안(海眼, 1567~?)이 1636년에 대흥사의 내력을 지은 책.

된 것은 아니라고 하였고, 『만일암지』에는 절의 마당 가운데 있는 것을 가리킨 것이라고 하였다. 다산(정약용)은 「만일암기」에서 '이것은 신라 아신왕(阿辛王)의 착오'라고 하였으나 뒤에 다시 말하기를, "내가 제대로 살펴보지 못한 것이 부끄럽다. 남미륵암 앞 진남대(鎭南臺) 아래 왼쪽에 미륵상이 있고, 오른쪽에 돌이 많이 있는데 생김새가 탑 모양과 같았다. 사람들이 모두 아육왕의 탑이라고 하며, 자암(慈庵)[346] 장로가 와서 보고는 예배하였다."라고 하였다.

『아육경』[347]에 이르기를, "아육왕이 8만4천 명과 궁인들을 죽이자, 야사(耶舍) 비구가 왕을 교화하였다. 왕은 곧 신심을 깨닫고 '어떻게 속죄하면 되겠는가?'라고 하니, 비구가 말하기를, '각각의 죽은 사람을 위하여 하나의 탑을 세우고 사리를 넣으면 마땅히 죄에서 벗어날 것입니다'라고 하였다. '탑을 어느 곳에 세웁니까?'라고 하니 비구가 신력으로써 왼손으로 햇빛을 가리고 8만4천의 길을 만들었다. 그리고 말하기를, '빛이 흩어져 염부제[348]에 비추는 곳 모든 곳에 탑을 세우시면 됩니다.'라고 하였다. 아육왕이 여러 귀신이 머무는 곳에 각각 1탑을 세우고, 하루에 8만4천 탑을 세웠다."라고 한다.

옛사람이 읊기를, "아육왕이 탑을 세우니 그 공덕이 적지 않다. 중생이 이를 받드니 복덕이 다함이 없네."라고 하였으니. 이 탑은 8만4천 개 중 하나일 것이며, 아육왕의 신탑(身塔)이 아니고, 아육왕이 세운 여래의 사리탑이다. 지금 만일암[349] 마당 가운데 있는 것이 아니라, 남미륵암 오른쪽에 있는 것이 이것이다.【범해선사문집[350]】

---

346. 자암(慈庵) : 자암전평(慈庵典平). 1799년 은봉(隱峰)대사와 함께 만일암을 중건하였다.

347. 『아육경(阿育經)』:『아육왕경』. 불법을 지켜 번성하게 했던 호법군주 아육왕의 전기.

348. 염부제(閻浮提) : 수미산의 남쪽에 있으며, 우리가 사는 이 세상을 말한다.

349. 만일암(挽日庵) : 대흥사의 부속 암자, 백제승 정관(淨觀)이 개창하였다.

350. 각안(覺岸, 1820~1896)의 문집.

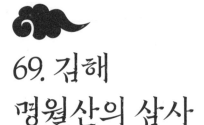

69. 김해
명월산의 삼사

명월산은 김해부 남쪽 40여 리에 있고, 명월사는 봉우리를 돌아 숲이 빽빽한 곳에 있다. 곧 수로왕이 세운 것이다.

한나라 건무 18년(42) 분성(盆城)에 도읍하고, 국호를 '가락(駕洛)'이라 하였다. 7년 후 왕과 허후(許后)가 이 산에서 만날 때, 높은 언덕 아래에 만전(幔殿)을 세워 왕후를 맞이했다. 다음날 가마를 함께 타고 궁으로 돌아오다가 왕후가 비단 바지를 벗어 산신에게 예물로 바쳤다. 왕도 그 기이함에 감응하여 산 이름을 '명월산'이라 하였다. 뒤에 세 절을 짓고, 흥(興)·진(鎭)·신(新) 3자로서 국(國) 앞에 붙여 절의 이름으로 삼았다.

영원히 나라의 융성을 비는 장소가 되었다. 신국사(新國寺)는 세자를 위하여 세웠으며, 산 서쪽 언덕에 있다. 진국사(鎭國寺)는 왕후를 위해 설립하였으며, 산 동쪽 골짜기에 있다. 흥국사(興國寺)는 왕 자신을 위한 것으로, 산 중앙에 있으니 곧 이 절이다. 지금은 '삼원당(三願堂)'이라 칭한다. 두 절은 터만 남았다.

본래 이 절은 높은 언덕 아래에 북서쪽을 등지고 있기에 골짜기는 수려하고 그윽하며, 냇물과 바위는 시원하고 밝다. 또 산꼭대기의 봉우리에 숲이 울창하므로 참으로 인간 세상이 아닌 별세계였다.

지난 임진왜란 때 병화(兵火)에 헐어졌는데, 만력 무오년(1618)에 한 노승이 다시 붙들어 세우고 선비들이 서로 이어서 여러 전각과 불상·불화를 갖췄다. 곧 연일(衍一)·원덕(元德)·장종(莊宗)·혜상(惠尙)·진응(眞應) 등 훌륭한 법사들이 이룬 것이다.

올해(1708)에 법당과 돌계단이 또 이루어졌다. 돌은 중국 곤륜산과 섬서성에서 캐낸 것이고, 배를 저어 멀리서 운반할 때, 또한 신의 도움을 얻었다 한다. 이 절을 다시 세울 때 기와 하나를 무너진 담 아래에서 얻었는데, 뒷면에 '건강원년 갑신(144) 3월 남색(建康元年甲申三月藍色)' 등의 글자가 있었다. 이로써 또 장유(長遊) 화상이 서역국에서 불법을 받들어 왔으니, 수로왕이 불교를 숭상했음을 증험할 수 있다. 아! 불운과 행운은 함께 일어나고, 국운의 성쇠는 서로 바뀌는 것이니, 후세의 인사들이 부지런히 수리하면 어찌 절이 영원하지 않을까 걱정하겠는가?【김해 명월사 사적비[351]】

장유사

산인 천옥(天玉)이 가락(김해)에서 와 말하기를, "빈도(貧道)가 가락의 장유사[352]를 고쳐 지었는데, 병신년(1536)에 공사를 시작하여 이듬해 정유년(1537)에 마쳤습니다. 건물 기둥만 60개이며, 불전은 순전히 황금을 사용하고, 붉은 단청으로 치장하였습니다. 사치하고 아름답기가 남방에 제일입니다"라고 하였다.

또 말하기를, "처음에 이 절을 지은 사람은 신라 애장왕이고, 수로왕 때 거듭 넓혔습니다. 이렇게 넓힌 것이 모두 8번인데, 그 8번째 화주가 소승입니다.[353] 처음은 월지국(月支國)[354] 신승 장유(長遊) 스님이 화주(化主)였는데, 그 나머지는 이름을 잊었습니다. 이 절에 오르면 아래로

---

351. 1708년 김해군 지사리(현 부산시 강서구 지사동)에 있는 명월사에 세워진 사적비. 승려 증원(證元)이 글을 짓고 수한(守閑)이 썼다.

352. 장유사(長遊寺) : 추월산 장유사(장유암), 장유산(태정산) 장유사 등 두 곳이 있다.

353. 수로왕이 애장왕보다 후대의 인물로 기록한 것은 사실이 아니다.

354. 월지국 : 월씨국(月氏國), 월지국(月氏國) 등으로도 쓴다.

마도(馬島)[355]가 임해 있어 좌우로 책상[几]과 같고, 절영도(絶榮島) 등 여러 섬이 선창(禪窓)에 다투어 드리워져 있어 기이합니다. 영취산의 감로(甘露 ; 법문)는 부족함이 많으나 한마디로 기록해주시기를 청합니다."라고 하였다.

내가(주세붕) 말하기를, "그렇습니다. 장유 스님이 애장왕을 만나 터를 잡고, 그 후 단월이 시주하여 8번 중수하니, 첫 번째가 수로왕이고, 나머지는 단월이 화주와 함께 베풀었는데 모두 없어져 징험할 수 없으니 한탄스러울 뿐입니다. 내가 『춘추』를 보니 '무릇 공사가 있을 때는 반드시 써둔다.'라고 했습니다. 주모(周某)가 태사(太史)가 되어 당신이 절을 중수한 것을 기록하는 것은 옳은 것입니다. '자신에게 아름다우나 자식에게 돌아간다.'라고 하니 군자는 그 작은 것이라도 소홀히 하지 않고 신중한 것입니다. 당신의 도가 흥하지 않겠습니까?"라고 하였다.【장유사 중창기[356]】

---

355. 마도 : 경남 사천시 마도동.

356. 주세붕(周世鵬, 1495~1554), 「장유사중창기」『무릉잡고』권6, 별집(한국문집총간 27책) 참조. 1544년 6월에 쓴 것이다.

70. 고구려의 절과 불상

마읍성의 절

낭장 오씨(吳氏)는 이름은 알려 있지 않다. 동쪽으로 고구려를 정벌할 때, 마읍성[357]을 격파하고 집을 불태우니 불이 사찰까지 번졌다. 성 밖 멀리서 보니 연기구름 위로 물건 하나가 있었다. 마치 흰 허리띠와 같은 것이 높이 날아 구름에 들어갔다가, 잠시 뒤 회오리바람이 불더니 성 동쪽 풀밭에 떨어졌다.

낭장 오군이 말을 타고 달려가 보니 누런 책이 땅 위에 펼쳐져 있었다. 집어서 살펴보니 『법화경』 제7권[358]이었다. 이에 군영으로 가지고 와 막사 위에 올려놓았다. 밤에 갑자기 폭우가 내렸는데, 이튿날 아침 그것을 거두어 보니 하나도 젖지 않았다. 뒤에 장안으로 돌아왔다.

정안방[359] 이익상(李益常) 장군의 옛집에서 재를 열고 개선을 축하할 때, 흥선사[360] 스님 만상(萬相)·현제(玄際)[361]가 그 경전을 직접 보고, 한 번씩 읽었다. 그리고 오군에게 대궐로 듦을 허락하였다.

---

357. 마읍성(馬邑城) : 위치는 평양 서쪽 대동강 하류 지역으로 추정된다.

358. 『법화경』은 총 7권 28품으로 이루어져 있다. 제7권에는 제24 묘음보살품, 제25 관세음보살보문품, 제26 다라니품, 제27 묘장엄왕 본사품, 제28 보현보살권발품 등이 있다.

359. 정안방(靜安坊) : 장안 주작문가(朱雀門街)의 110방의 하나.

360. 흥선사(興善寺) : 중국 섬서성 장안현에 있으며, 신라승 원광(圓光)이 머물던 곳이다.

361. 현제(640~706) : 11세 출가, 32세 흥선사 도유나에 임명되었다. 늘 『법화경』을 1만 2천번, 『반야경』을 1만번을 읽고, 사경을 하였다 한다(『홍찬법화전』 권10, 현제).

베껴 쓰는 것은 깨끗한 업을 이루는 것이므로 특히 이상한 조짐을 드러내 장차 중생을 깨닫게 하는 내용이라 하겠다. 【홍찬법화전[362]】

묘향산 이암

「신라고기」에 전한다. 당 정관(627~649) 초에 한 신승이 있었다. 백두산에서 묘향산의 대비로봉(大毗盧峰) 북쪽으로 들어와 부용봉(芙蓉峯)을 발견하였다. 봉우리에 네 대(臺)가 있는데, 그중 두 대에 암자를 세우고 살았다. 이곳에서 도를 깨닫고, 도를 즐겼다.

동암(東庵)은 법왕대(法王臺)라 하고, 석가 존상을 봉안하였으며, 서암(西庵)은 금선대(金仙臺)라 하고 아미타 존상을 봉안하였다. 동쪽을 향해서 석가 존상에 예배하고, 서쪽을 향해서 아미타 존상에게 예배하였다. 아침저녁으로 이같이 하였다.

법왕대 동쪽에 대(臺)가 하나 있는데 이름을 산화대(散花臺)라 하며, 석제환인[363]이 늘 꽃을 뿌린다. 금선대 서쪽에도 대가 하나 있는데, 이름을 극락대(極樂臺)라고 하며, 건달바왕[364]이 늘 악기를 연주한다. 산화대 북쪽에 샘이 하나 있는데, '감로수'라고 하며, 극락대 북쪽에 있는 샘은 '우동수(芋苘水)'라고 한다. 이를 마시면 반드시 타오르는 번뇌를 제거하고 청정한 마음을 얻는다. 암자는 근기가 뛰어난 대지자(大智者)가 아니면 머물 수 없는 곳이다. 【청허집[365]】

---

362. 『홍찬법화전』: 당나라 혜상(惠祥)이 『법화경』의 유통 및 전래에 관한 내용을 기록한 책, 『대정신수대장경』제51권에 수록되었다. 위의 내용은 권10, 서사(書寫) 8에 나오는 내용이다.

363. 석제환인(釋提桓因): 수미산 꼭대기에 있는 도리천의 주(主)인 제석천을 말한다.

364. 건달바왕(乾闥婆王): 제석천의 팔부신중 중 하나. 불법을 노래와 춤으로써 찬탄한다.

365. 휴정(休靜, 1520~1604)의 문집. 「묘향산 법왕대 금선대 이암기」(『청허집』 권2) 참조.

고구려의 불상

연가(延嘉) 7년 기미년[366]에 고려국 낙량동사(樂良東寺)[367]의 주지 경(敬)과 제자 승연(僧演)[368], 사도(師徒) 40인이 함께 현겁천불[369]을 만들어 세상에 유포하기로 하였다. 제29번째의 '인현의불'[370]은 비구 □□[371]이 공양한 것이다.【연가칠년명 금동여래입상[372]】

경(景) 4년 신묘년[373]에 비구 도□(道□)와 함께 여러 선지식인 나루(那婁)·천노(賤奴)·아왕(阿王)·아□(阿□) 등 5인이 함께 무량수불 1구를 만듭니다.

바라건대 돌아가신 스승·부모님은 다시 태어날 때마다 마음속에 늘 여러 부처님을 두게 하시고, 선지식 등은 미륵불을 만나게 하소서. 원하는 바가 이와 같으니, 바라건대 함께 한 곳에 태어나 부처님을 보고 법을 듣게 하소서.【신묘명 금동삼존불[374]】

---

366. 연가(延嘉) : 고구려의 연호인지 분명치 않으며, 기미년에 대해 ① 419년, ② 479년, ③ 539년, ④ 599년 등의 설이 있다.

367. 낙량(樂良) : 낙랑(樂浪)으로 보기도 한다.

368. 경(敬) : "낙량동사 부처님[主]을 공경하는 제자 승연"라고 해석하기도 한다.

369. 현겁천불(賢劫千佛) : 현재의 대겁(大劫)에 구류손불·구나함모니불·가섭불·석가모니불 등의 1천불이 출현하여 세상을 구제한다고 한다.

370. 인현의불(因現義佛) : 사람 수명이 1백 살 때 도어군왕이 다스리는 곳에서 태어나 성불하고, 첫 법회의 설법에서 62해(姟), 두 번째 법회에서는 70해, 세 번째 법회 때에는 80해의 중생들이 불도를 깨닫게 된다고 한다(『현겁경』). 해(姟)는 100조(兆)를 말한다.

371. 법영(法穎)으로 판독하기도 한다.

372. 1963년 경남 의령에서 발견, 국립중앙박물관 소장. 높이 16.2cm.

373. 신묘년은 ① 511년설, ② 571년(평원왕 13)설이 있다.

374. 1930년 황해도 곡산에서 출토, 리움미술관 소장. 높이 18cm.

연가칠년명 금동여래입상(국보 제119호) 및 발원문

갑인년[375] 3월 26일에 제자 왕연손(王延孫)이 현세의 부모님을 위하여 공손히 금동 석가상 1구를 만들어 바친다. 바라건대 부모님이 이 공덕에 힘입어 현신이 편안하고, 태어나는 세상마다 삼도(三途)를 거치지 않고 팔난(八難)[376]을 멀리 여의어 빨리 정토에 나서 부처님을 보고 법을 듣게 하소서. 【갑인년명 석가상[377]】

영강 7년명 미륵불상

영강(永康) 7년 ▨▨에 돌아가신 어머니를 위하여 미륵존상을 만들어 복을 비옵니다.

바라옵건대 돌아가신 분의 신령이 깨달음의 세계에 들어가 미륵님

---

375. 갑인년은 ① 594년설, ② 654년설이 있다.

376. 불법을 보고 듣는데 8종의 어려움.

377. 불상은 없으며, 발원문이 적힌 광배(높이 31cm)만 전하다. 백제 작품으로 보기도 한다. 일본 동경국립박물관 소장.

신묘명 금동삼존불(국보 제85호) 및 발원문

을 뵙고, 또 그의 3회 설법을 만나서, 첫 설법 때 무생(無生)의 진리[法理]를 깨닫고, 열반[究竟]을 생각하여 지혜[菩提]를 이루도록 해주소서. 만일 죄업이 있으면 이 발원으로 일시에 (모든 죄업을) 소멸케 하옵고, 함께 기꺼이 참여한[隨喜] 모든 이들도 이 소원을 같이하게 하옵소서.【영강칠년명 금동미륵불[378]】

---

378. 불상은 없으며, 발원문이 적힌 광배(높이 21㎝)만 전하다. 평양중앙역사박물관 소장.

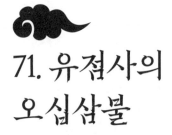

71. 유점사의
오십삼불

금강산의 동쪽 계곡에 절이 있는데, 유점사(楡岾寺)라고 하며, 53불
[379]의 존상이 있다. 「고기(古記)」를 살펴보니 다음과 같은 이야기가 전
한다.

석가모니불이 세상에 계실 때 사위성(舍衛城)의 9억의 집 중 3억은
부처님을 보고 법을 들었고, 3억은 들었으나 보지 못했으며, 3억은 듣
지도 보지도 못하였다. 석가모니불이 멸도(滅度)한 후 문수보살이 부
처님의 부촉을 받아 여러 대사(大士)와 함께 성에 나타났다. 그때 부처
님을 보지 못한 3억의 집들이 원통해 하고 몹시 슬퍼하였다.

문수보살이 그들을 가르쳐 말하기를, "너희들이 진실로 부처님을 생
각한다면 불상을 만들어 공양하는 것보다 좋은 것이 없다."라고 하면
서 3억의 집에 각각 1구의 불상을 만들도록 권하고 황금을 모았다. 금
이 불에 들어가 솟구쳐 뛰어오르는 것은 받고, 그렇지 않은 것은 돌려
주었다. 이렇게 모았기 때문에 불상을 만드는 금의 양은 서로 달랐고,
존상의 크기도 작거나 커서 혹은 1척이 넘고, 혹은 1척이 안 된 것도 있
었다.

불상 제작을 마치고, 다시 종 하나를 만들었다. 여러 불상 중 상호가
온전히 갖추어진 것을 고르니 53개였다. 모두 종 안에 넣고, 또 그 사

---

379. 53불 : 아미타불의 전신인 법장보살(法藏菩薩)의 스승 세자재왕불 이전에 출세한 정광불
이하 53불. 『무량수경』에 설명되어 있다.

실을 기록해 남기고, 뚜껑으로 종을 덮었다. 종을 바다에 띄우고 축원하기를, "석가 53존상은 인연 있는 불국토에 가서 말세 중생을 위해 설법하고, 해탈케 하소서."라고 하였다.

마침내 바다에 띄우자, 신룡(神龍)이 그것을 이고 월씨국(月氏國)에 이르렀다. 그 국왕의 이름은 혁치(赫熾)인데, 불상과 종을 얻고, 지문(誌文)을 살피더니 존경심이 일어나 전각 한 채를 짓고, 그것들을 봉안하였다. 그러나 갑자기 불이 나 재가 되었다. 왕이 또 전각을 만들고자 하였으나, 부처님이 왕의 꿈에 나타나 말하기를, "나는 이곳에 머물지 않을 것이니 왕은 나를 만류하지 말라."라고 하였다. 왕은 깜짝 놀라 깨어나서는 존상들을 다시 옛 종에 넣고 서원하기를, "우리 부처님과 종은 인연 있는 곳에 가라. 나와 권속 수천 인은 마땅히 호법선신이 되어 늘 따라다니며 옹호할 것이다."라고 하였다. 따로 백금으로 뚜껑을 만들어 그 서원을 기록해 종 안에 넣고, 다시 옛 뚜껑으로 덮어 바닷가에 띄워 보냈다.

종은 여러 나라를 지나쳐 안창현(강원도 간성) 포구에 도달하였다. 그때가 신라 제2대 남해왕(南解王) 원년(4년)이었다.[380] 마을 사람이 보고 고성 현관(高城縣官)에게 알리고, 그날 밤에 종을 끌어 육지에 대었다. 현관 노준(盧偆)이 듣고, 관청의 노비를 거느리고 그곳에 달려갔다. 단지 머문 흔적만 보였는데, 밀려간 자국이 완연하고, 또 초목의 잎과 가지를 보니 금강산 쪽으로 향하고 쏠려 있어 이상하게 여겼다.

금강산을 바라보고 30리쯤 가니 풀이 눌린 흔적이 있었다. 또 1천 보쯤 가니 문수보살이 비구의 몸으로 나타나 불상이 간 곳[佛歸處]을 가리켰다. 또 1천여 보를 가니 우뚝 솟은 고개가 있었고, 한 비구가 고개 초입의 돌에 걸터앉아 있었다. 그에게 부처님의 소재를 물으니 서맥량거(西驀良去)를 가리켰다. 이 또한 문수보살의 화신이었다. 또다시 만

---

380. 이 연대를 사실로 받아들일 수 없다. 다만 신라가 부처와의 인연이 깊은 나라라는 신라인들의 관념을 엿볼 수는 있을 듯하다.

인봉(萬仞峯) 길을 구불구불 돌아가니 문득 흰 개가 꼬리를 흔들며 앞에서 인도하였다. 또 600보쯤을 가니 개가 보이지 않고 노루가 나왔다. 또 400보쯤을 가니 노루 또한 보이지 않았다.

사람들이 피곤하여 둘러앉아 쉬고 있을 때, 문득 종소리가 들렸다. 종소리를 찾아 작은 고개를 넘고 계곡을 지나 동문(洞門)에 들어가니 소나무와 잣나무가 울창하고 큰 못이 있었다. 못 북쪽에 느릅나무 한그루가 있는데, 그 나뭇가지에 종이 걸려있고, 불상은 못가에 줄지어 서 있었다. 이때 이상한 향기가 진동하고 상서로운 구름이 피워 올랐다.

노준과 사람들은 기쁨을 이기지 못해 무수히 합장배례하고, 그 사실을 왕에게 알렸다. 왕 또한 이곳에 행차하여 귀의하고, 절을 세워 봉안케 하였다. 느릅나무로 인해 그 절의 이름이 되었다.【금강산유점사사적기[381]】

강원도 고성 금강산 유점사(일제강점기)

---

381. 민지(閔漬)가 1297년 11월에 지었다. 한국학중앙연구원 장서각 소장(古 제001939호).

72. 황룡사구층탑 찰주본기

황룡사구층탑은 선덕대왕 때 세운 것이다. 옛날 선종랑(善宗郎)이라는 진골 귀인이 있었다. 그는 어릴 때, 살생을 즐겨 매를 놓아 꿩을 잡았는데, 꿩이 눈물을 흘리며 울었다. 이에 감동·발심하고 출가하여 불도에 들어갈 것을 청하니, 법호를 자장(慈藏)이라 하였다. 대왕이 즉위한 지 7년, 당 정관 12년, 즉 우리나라 인평 5년 무술년(638)에, 우리 사신 신통(神通)을 따라 당나라에 들어갔다.[382]

선덕여왕 12년 계묘(643)에 본국에 돌아가고자, 종남산 원향(圓香) 선사에게 머리를 숙여 사직했다. 선사가 말하기를, "내가 관심(觀心)으로 공의 나라를 보니, 황룡사에 구층탑을 세우면, 해동의 여러 나라가 모두 공의 나라에 항복할 것이다."라고 하였다. 자장은 이 말을 새겨듣고 돌아와 나라에 알렸다.

(대왕은) 이간(伊干) 용수(龍樹)[383]를 감독관으로 삼으며, 대장(大匠)인 백제의 아비(阿非)[384]와 소장(小匠) 2백여 인을 데리고 탑을 만들도록 하였다. 선덕여왕 14년 을사(645)에 처음 짓기 시작하여 4월 8일에

---

382. 자장의 입당 시기에 대해서 636년설(『삼국사기』)과 638년설(『삼국유사』)을 놓고 학자들 간에 이견이 있다.

383. 용수 : 용춘(龍春)이라고도 한다. 진지왕의 아들이자, 무열왕의 부친. 태종무열왕의 즉위와 함께 문흥대왕(文興大王)으로 추봉되었다.

384. 아비 : 『삼국유사』에는 아비지(阿非知)라고 하였다.

찰주[385]를 세우고 이듬해에 공사를 마쳤다. (탑의) 철반(鐵盤) 이상은 높이가 7보이며, 그 이하는 30보 3척이다.[386] 과연 삼한이 통합되었고, 지금까지 임금과 신하가 안락한 것은 이 탑 때문이다.

190여 년이 지난 문성왕대(재위 839~857)에 이르러 탑이 이미 오래되어 동북쪽으로 기울었다. 나라에서 탑이 쓰러짐을 걱정하여 보수하려 했다. 재목들을 모은 지 30여 년이 되었지만 고쳐 짓지 못하였다.

지금 임금(경문왕)이 즉위한 지 11년인 함통 신묘년(871)에 탑이 기울어진 것을 애석하게 여겨 친동생인 상재상(上宰相) 이간 김위홍(金魏弘)을 책임자로 삼고, 절의 주지 혜흥(惠興)을 문승(聞僧)이자 수감전(脩監典)으로 임명했다. 그리고 전대통(前大統)이며 정법화상(政法和尙)[387]인 대덕 혜량(賢亮), 대통이자 정법화상인 대덕 보연(普緣), 그리고 강주보(康州輔)인 중아간(重阿干) 김견기(金堅其) 등 승려·관인들에게 8월 12일 옛것을 없애고 새것을 만들도록 하였다. 그 안에『무구정광대다라니경』에 따라 작은 석탑 99개를 만들고, 각 탑에 사리 1매를 넣었다. 또 4종의 다라니와 사리 1구를 안치한 경전 1권을 철반 위에 봉안하였다.

이듬해 7월, 9층을 모두 마쳤지만, 찰주가 움직이지 않았다. 임금께서 찰주에 봉안된 사리를 염려하여 임진년(872, 경문왕 12) 11월 6일에 이간 승지(承旨)에게 관료들을 이끌고 가보도록 하였다. 특명으로 기둥을 들고 살펴보게 하니 찰주의 주춧돌 홈 안에 금은(金銀)으로 만든 큰 좌대가 있고, 그 위에 사리가 봉안된 유리병이 놓여있었다. 그것이 사람이 만든 물건인지 불가사의했으나 날짜와 사유를 적은 것이 없었다. 25일에 예전에 두었던 대로 하고, 다시 사리 1백 개와 법사리 두 가

---

385. 찰주(刹柱) : 탑의 정상에 있는 장대로서 찰간(刹竿)이라고도 한다.

386. 칠보(七步) : 『삼국유사』에서는 철반(노반) 이상 42척, 이하 183척이라고 하였다. 시대에 따라 1보는 5척, 6척, 8척 등 달랐는데, 일연 생존 당시 고려시대에는 1보는 6척으로 계산한 것으로 보인다. 1척은 대략 약 30cm에 해당한다.

387. 정법화상(政法和尙) : 정법전에 소속된 승려.

지를 봉안했다.

특별히 명하여 글의 제목과 사유를 기록하게 하고, 창건의 근원과 고쳐 세운 연유를 간단히 기록하게 하였다. 그리하여 만겁 동안 볼 수 있게 하여 후세의 미혹을 밝히도록 하였다.【황룡사찰주본기[388]】

황룡사 구층목탑 금동찰주본기(▲)와 복제(▼)

388. 박거물(朴居勿)이 872년에 지음. 그는 삼랑사비문도 지었다.

73. 분황사구층탑과
신라의 종

분황사 9층탑

분황사 구층탑[389]은 신라의 세 가지 보물 가운데 하나다.[390] 임진년 (1592)의 난 때 왜적이 그 반을 무너뜨렸다. 후에 어리석은 승려가 고쳐 지으려다 또 그 반을 허물어뜨렸는데, (그때) 구슬 하나를 얻었다. 모양은 바둑돌 같고 빛깔은 수정과 비슷한데 비추어보면 밖까지 꿰뚫어 볼 수 있다. 햇빛이 비치는 곳에서 솜을 가까이 대면 불이 붙어 솜을 태운다. 지금은 백률사(栢栗寺)에 보관되어 있다. 【동경잡기】

분황사 삼층석탑

9층탑 복원도

분황사는 월성에서 동쪽으로 몇 리 정도 떨어져 있다. 절이 황폐해진 지 이미 오래되었다. 다만 불전 몇 칸이 있을 뿐인데, 그 안에 구리로

---

389. 분황사 9층탑 : 현재 석탑은 3층으로 되어 있으나, 그 층수는 원래 3층, 5층, 7층, 9층이었다는 견해가 있다.

390. 신라 삼보는 진평왕 천사옥대, 황룡사 장육상, 황룡사 구층탑 등을 말한다. 분황사구층탑은 신라 삼보가 아니며, 작자의 착오로 보인다.

만든 대불이 우뚝 홀로 서 있다. 이 또한 오래된 물건이다.

절 앞에 탑이 있는데, 지금은 훼손되어 다만 한 층만 남아있다. 둘레는 6~7칸 정도이며, 사방에 모두 돌문을 만들고, 문방석 위에 사람 모습을 조각해 놓았는데 제작 기술이 매우 뛰어나다. 돌은 전벽(甎甓)과 같은데 색깔은 흑청색이고, 두드리면 쇳소리가 났다. 승려들에게 물어보니, 이 돌은 평범한 돌이 아니고, 전단토(栴檀土)로서 경주부 동쪽 바닷가에 있으며, 이것으로 불상을 만들며, 다른 지방민들이 또한 신고 간다고 한다.

백률사 승려가 말하기를, '절에 분황사탑에서 얻은 사리가 볼만하다.'라고 하여 가지고 오라고 해서 보았다. 상자 안에 비단 보자기로 10겹을 싼 은합이 있고, 사리는 이 은합 안에 있었다.

사리는 청색·백색도 있는데 모두 3개였다. 크기는 누런 콩만 하며, 작은 구슬 4~5개도 함께 들어있었다. 또 수정 1개가 있는데, 동그란 모양이 메주[豉子]와 같다. 빛줄기가 사람을 비추고, 밝고 환해 가히 볼만하다. 또 금침·은침이 각 1개씩 있는데, 푸른 유리로 만든 작은 통에 담아있었다. 그것을 본다면 신기하게 생각할 것이다.【퇴우당집[391]】

상원사종[392]

개원 13년 을축(725, 성덕왕 24) 정월(혹은 3월) 8일에 종이 만들어져 기록한다. 도합 놋쇠가 3,300정(鋌)[393]이 들어갔다. □□ 보중(普衆)[394], 도유내 효□(孝□), 직세[395] 도직(道直)과 충칠(忠七)·충안(沖

---

391. 김수흥(金壽興, 1626~1690), 『퇴우당집』 권10, 「남정록」(1660).

392. 현존하는 신라 범종은 봉덕사종 외에 상원사종(국보 제36호)과 파편만 전하는 선림원지 출토 범종이 있다.

393. 정(鋌) : 신라시대 금속의 무게를 재는 단위. '鋌'(선림원종명, 규흥사종명), '斤'(성덕대왕 신종명)으로 표기하기도 하였음.

394. □□ 보중 : "원컨대 널리 모든 중생에게 들리게 하소서."라고 풀이하기도 한다.

395. 도유내(都唯乃)와 직세(直歲)는 사찰에 설치된 삼강(三綱)의 하나, 도유내는 스님들의 일을 맡고, 직세는 사찰의 한 해 살림살이를 맡음.

安)·정응(貞應) 등 여러 스님이 만들었다. 단월은 유후(有休) 대사댁(大舍乇) 부인 휴도리(休道里), 덕향(德香) 사, 상안(上安) 사지, 조남택(照南乇) 장인(匠人) 사□(仕□) 대사이다.[396]【상원사종명】

　문루[397]의 옛 종의 무게는 3,379근이며, 그것을 치면 소리가 우렁차서 멀리 1백 리 떨어진 곳에서도 들을 수 있다.

　강원도 상원사(上元寺)[398] 내원당(內願堂)에서 멀리서도 들을 수 있는 종을 팔도에서 구했다. 본부(안동부)의 종이 가장 뛰어나 성화 기축년(1469)에 나라의 명[國命]으로 옮기도록 하였다. 죽령을 넘어서자, 종이 은은하게 울고, 너무 무거워 (고개를) 넘을 수가 없었다. 이에 종의 유두[鐘乳]를 부러트려 본부로 보내자, 운반할 수 있었다. 지금 상원사에 있다.

상원사종(국보 제36호)

선림원종 잔편
(국립춘천박물관)

선림원종 복원 모형
(대전 국립중앙과학관)

396. 단월 이하의 해석은 다양하다. ① "단월은 유휴 대사택 부인 휴도리, 덕향, 사상 안사 조남택장 사□ 대사이다." ② "단월은 유휴 대사댁 부인 휴도리, 덕향사는 상안사 조남댁, 장인은 사□ 대사이다." ③ "단월은 유후 대사택 부인 휴도리덕이다. 향사(香舍)는 상안사조남택, 장인은 사□ 대사이다."

397. 문루 : 여러 글에서는 안동루라고 한다.

398. 상원사 : 상원사(上院寺)를 말함. 조선 세조의 원찰.

그 후 (본부에서) 군사들을 동원하거나 인경·파루 등의 일은 뿔피리를 불어서 하였다. 안동[主鎭]에 종이 없을 수 없다고 하여 임하현 동림사(東林寺)[399]의 작은 종을 임하사(臨河寺)의 종과 교환하여 매달았다. 그러나 이 종 역시 본부의 격에 맞지 않아 백련사(白蓮寺)[400]로 옮겨 설치하고, 인암사(仁巖寺)의 종을 얻어 걸어두니 지금 누각의 종이 이것이다.【영가지[401]】

선림원종

정원 20년(804) 갑신 3월 23일에 당사(當寺)[402]의 종을 이루어내다. 고시산군(古尸山郡 : 충북 옥천군)의 인근(仁近) 대내말(제10위 대나마)과 자초리(紫草里)가 내어주신 옛 종의 쇠 280정과 당사 옛 종의 쇠 220정을 바탕으로 삼아 시방의 단월들이 권하여 이루었다. 원하는 것은 법계의 유정(有情, 중생)이 모두 불도에 도달하기를 맹세함이다.

이때 절로부터 들으신 분은 신광부인(信廣夫人)이다. 상좌는 영묘사(令妙寺)의 일조(日照) 화상이다. 이때 사(司)는 원은(元恩) 스님, 종을 만든 백사(伯士)는 당사의 각지(覺智) 스님, 상화상 순응[403] 화상, 양혜(良惠)·평법(平法)·선각(善覺)·여어(如於)·□서(□誓) 스님이다. 선사(宣司)는 예각(禮覺) 스님, 이때 유내[(都)唯乃]는 동설(同說) 스님이다.【선림원종명[404]】

---

399. 동림사 : 임하현 동쪽 5리 떨어진 사위촌(思渭村) 뒤에 있었다(『영가지』권6, 불우, 동림사조). 임하사는 안동부의 치소 서쪽에 있다.

400. 백련사 : 승려 행정(行正)이 창건한 것인데, 홍제암(弘濟庵)이다(『영가지』권6, 불우, 백련암 참조).

401. 권기(權紀) 편, 『영가지』권6, 고적, 누문고종(1899) 참조.

402. 당사 : 선림원지에서 출토되었으므로 선림원이라고 하지만, 명문에서 나오는 고시산군의 위치 비정 등을 고려하면 단정할 수 없다.

403. 순응(順應) : 신림(神琳)의 제자로서 의상의 법손(혹은 4대손)이다. 766년(혜공왕 2)에 당나라에 유학, 802년에 해인사를 창건했다.

404. 6.25전쟁 때 소실되고 남은 일부만 국립춘천박물관에 소장되어 있다.

74. 이재의 호국성 팔각등루

천우 5년 무진년(908) 겨울 10월 호국성의 의영도장(義營都將)인 중알찬 이재(異才)가 남쪽 고개에 등을 단 팔각의 누각을 세웠는데, 나라의 경사를 기원하며 전쟁의 근심을 물리치기 위함이었다.

중알찬은 훌륭한 대부이고, 기회를 이용해 뜻을 펼쳤다. 일찍이 풍운(風雲) 속에서 뛰어난 재질을 시험하였고, 이제는 생각을 바꿔 몸을 수양하며 땅 위에서 은혜 갚을 생각을 가졌다. 범처럼 변해서 사람을 해치는 삼해(三害)를 모두 없애고, 뱀처럼 똬리를 틀고 앉아서 더욱 인격[구사(九思)]을 닦았다. 이미 악인들을 제거하였고, 시골로 다시 돌아가려고 하였다. 사는 곳마다 사람들을 감화할 것이니 어디로 간들 좋지 않겠는가?

마침내 높은 언덕을 골라 작은 성을 쌓았다. 강가에 붙어 우뚝 선 모습은 깎아 세운 언덕과 같고, 험한 산을 등지고 가지런히 이어진 모습은 긴 구름과 같았다. 그리하여 도성(경주)의 서쪽 지방을 조용히 지키며, 남쪽 밭에서 농사를 지었다. 사람들을 어루만져 위로하니 그 땅에 안주하고, 손님과 친구들을 맞아서 접대하니, 찾아오는 사람이 구름같이 모였다. 그들을 받아들이는 아량은 바다같이 넓어 귀찮은 부탁이라도 모든 힘을 다할 뿐 말이 없었다.

또한 불·법·승 삼보(三寶)에 귀의할 뜻을 두고, 몸소 6바라밀행을 닦았다. 단박에 깨달으면[돈오(頓悟)] 아침의 범인이 저녁에 성인이 되며, 꾸준히 수행[점수(漸修)]하면 조금씩 나아가 크게 발전한다. 자신을 원수처럼 책망하고, 스님을 공경함에는 부처님처럼 받들었다. 언제나 불사를 경영하였고 다른 인연에는 구애되지 않았다. 실로 불[火] 속에서 연꽃이 핀 것이요, 홀로 서리 속에서 계수[桂]가 솟아오른 것이라고 할 수 있다.

더구나 부인은 본디 화목한 가정에서 태어나 4덕[405]은 넘쳐 여유가 있고, 한마디 말도 실수가 없었다. 바람결에 떠도는 깨끗한 게송을 듣고, 오로지 마음을 거기에 의지하였으며, 날마다 불경을 암송하고, 손에서 떠난 적이 없었다. 이것은 화장품 대신 자비를 바르고, 거울 대신에 지혜를 열었다고 할 것이다. 아름다운 소문이 크게 드러나고, 많은 선행이 널리 전해졌다. 옛말에, "이 아내가 있지 않다면 어찌 이런 남편이 있겠는가?"라고 함과 같다.

알찬은 참으로 재가 대사(大士, 보살)이며, 위대한 나라를 받든 충신이다. 반야(般若, 지혜)를 방패와 창으로 삼고, 보리(菩提, 깨달음)를 갑옷과 투구[甲冑]로 삼아 한 경내를 편안케 한 지 이제 겨우 10년이 되었다. 기가 높은 자는 의지와 소망 또한 매우 높고, 마음이 바른 자는 신령과 사귀니 반드시 바르다.

용년(龍年 ; 巳年) 양월(羊越 ; 未月) 경신일 밤에 꿈을 꾸었다. 달불성(達佛城) 북쪽 마정계사(摩頂溪寺)에 아름답고 큰 불상 하나가 연화대좌에 앉아 하늘까지 매우 높게 올라가 있고, 왼편에 있는 보처보살도 높이가 그러하였다.

남쪽으로 가다가 시냇가에 이르러서 한 여자를 보고 불상이 저렇게 된 까닭을 물으니, 그 우바이가 대답하기를, "이곳은 거룩한 지역입니다."라고 하였다. 또 성 남쪽의 불산(佛山) 위를 보니 7기의 미륵상이 몸을 포개고 어깨를 밟으며 북으로 향해 섰는데, 그 높이가 하늘까지 닿았다.

---

405. 사덕(四德) : 여자의 네 가지 덕. 마음씨[婦德]·말씨[婦言]·맵씨[婦容]·솜씨[婦功].

며칠 밤이 지나 다시 꿈을 꾸었는데, 성 동쪽의 장산(獐山)에 나한 승(羅漢僧)이 털옷을 입고 검은 구름 위에 앉아있었다. 무릎을 안고 얼굴로 가기산(可其山)의 어구를 가리키며 말하기를, "이처도(伊處道)[406]<목숨을 희생하여 불법을 일으킨 열사이다>가 이곳을 말미암아 군사를 거느리고 올 때이다."라고 하였다.

꿈을 깨고 나서 생각해 말하기를, "하늘은 재난을 뉘우치지 않고, 땅은 오히려 간사함을 허용하는구나. 때가 위태하면 생명 모두 위태하고, 세상이 어지러우면 인심도 어지러운 법이다. 내가 우연히 먼저 깨닫게 되었으니, 힘써 뒷날의 계획을 이루어야 하겠다. 지금 꿈에 감응[혼교(魂交)]하여 신이한 징조를 얻고, 기이한 모습을 목격해 문득 산악을 돕고, 바다를 더하게 하는 것을 엿보게 되었으니, 오히려 땅을 취하고, 작은 시내를 통하게 한 것이 부끄럽구나. 군왕의 은혜에 보답함은 대개 불사(佛事)를 크게 하는 것이다. 원하는 것은 지옥에 태어나지 말며, 미혹된 무리를 두루 깨닫게 하려는 것이니, 오직 마땅히 법등(法燈)을 들어 올려 병화를 없애는 것이다."라고 하였다.

이에 경치 좋은 곳에 의지해 높이 누각을 세우고 등불을 화려하게 켰다. 밝은 등불[銀釭]로서 불사르고, 철옹성을 진압함으로써 영원히 촉룡(燭龍)[407]의 입을 벌리게 하여 불붙은 코끼리가 몸을 태우는 일이 없도록 하였다. 그 해 첫겨울에 등루를 세우고, 11월 4일 팔공산 동화사의 홍순(弘順) 대덕을 맞이하여 좌주(座主)로 삼고, 법회를 열어 드 높이 찬탄하였다. 대덕 태연(泰然), 선대덕(禪大德) 영달(靈達)·경적(景寂), 연선대덕(緣善大德) 지념(持念), 흥륜사의 융선 주사(融善呪師) 등의 고승들이 모두 모여들어 법회를 장엄하게 하였다.【신라 수창군 호국성 팔각등루기[408]】

---

406. 이처도 : 법흥왕 때 순교한 이차돈(異次頓)을 말한다.

407. 촉룡 : 촛불을 입에 물고 있는 용을 말한다. 하늘 서북쪽에 해가 없는 어두운 나라가 있는데 그곳은 용이 촛불을 입에 물고 사물을 비춰 준다고 한다(『초사(楚辭)』天問).

408. 최치원이 지었다.

75. 오색구유와 만불산

　황제(당 제8대 대종)는 불교를 숭상하여 용백품향(舂百品香)에 은가루를 섞어서 불전을 칠하게 했다.

　우연하게도 신라국에서 털로 짠 5색의 깔개[氍毹]를 바쳤는데, 제작 기술이 교묘하고 화려함 또한 당시 으뜸이라고 할 만큼 뛰어났다. 사방 1촌 안에 노래하고 춤추며, 악기를 연주하고, 여러 나라의 산천 모양이 있다. 간혹 실바람이 방으로 들어오면 그 위 다시 벌과 나비가 움직이며, 제비와 참새가 춤추듯 나는데, 내려다보면 진짜인지 가짜인지 구별하기 어렵다.

　또 만불산을 바쳤는데, 높이 1장(3m 남짓) 정도였다. 황제가 불전에 안치하고, 그 깔개로 그 땅을 덮게 하였다. 만불산은 침단목(沉檀木)과 구슬을 조각해 만들었다. 부처님의 형상은 큰 것은 1촌(3cm 남짓)이 넘고, 작은 것은 7~8푼이다. 부처의 머리는 기장과 쌀만 하거나 콩만 하였다. 눈썹·눈·입·귀·나발·육계·백호의 모습을 모두 갖추었다. 그리고 다시 금·구슬·수정을 실로 땋아서 번개(幡蓋)와 술409, 암라와 담복410 등 나무를 만들고, 100가지 보물로 누각, 대전(臺殿)을 꾸몄다. 그 모양이 비록 미세하나 힘차고 날아 움직이는 것 같다. 또한 앞에 수도승이

---

409. 유소(流蘇) : 색실이나 우모(羽毛) 등으로 수술 모양을 만들어서, 수레나 가마, 휘장 등을 장식하는 것을 말한다.
410. 암라담복(菴羅薝葍) : 암라는 망고나무, 담복은 치자나무 또는 그 꽃을 가리킨다.

있고, 그 수가 1천 정도이고, 아래로 붉은 구리로 만든 종이 있는데,[411] 3촌 정도이다. 위에는 거북이 주둥이[龜口[412]]로서 고정하였다. 늘 종을 치면 수도승이 땅에서 예배하는데, 그 가운데 은은하게 들리는 소리는 범어 소리라고 한다. 대개 그렇게 되는 원인은 종에 있는 것이다. 그 산은 비록 만불산이라고 불리지만 그 수는 셀 수 없을 정도이다.

황제가 바위와 봉우리 사이에 구광선[413]을 두었다. 4월 8일, 양가[414] 승려를 궁중의 내도량으로 불러들여 만불산을 예배토록 하였다. 그때 보는 사람마다 찬탄하며 사람의 기술이 아니라고 하였다. 불전 안에서 빛이 나오는데, 모두 이르기를 '부처님의 빛[佛光]'이라고 하였는데, 바로 구광선이었다. 이로 말미암아 황제가 삼장승 불공[415]에게 명하여 범어로 다라니 1천구(千句)를 염송케 하고 물러가게 하였다.[416]【두양잡편】

---

411. 『삼국유사』 만불산조에는 종은 모두 3개가 있었다고 한다.

412. 구구(龜口) : 『태평광기』에는 포뢰라고 고쳤다.

413. 구광선(九光扇) : 다양한 색깔, 즉 구광으로 이루어진 부채.

414. 양가(兩街) : 당 문종 때 설치한 승록사(僧錄司)의 좌가(左街)·우가(右街)를 말한다. 승록사는 불교 관련의 사무와 그 처리를 담당하였다.

415. 불공(不空) : 불공금강(不空金剛)이라고도 한다. 인도 사자국(스리랑카) 사람으로 스승 금강지(金剛智)를 따라 720년 중국에 들어와 역경(譯經)에 종사하였고 밀교를 전파하였다.

416. 당 소악(蘇鶚), 『두양잡편』 권상. 『태평광기』와 『해동역사』에도 거의 같은 내용이 전한다. 『삼국유사』는 두양잡편의 내용을 그대로 전재하지 않고 정리한 것 같다.

76. 칠불사 돌미륵

칠불사(七佛寺)⁴¹⁷는 북성 밖에 있다. 세상에 전하기를, "수나라 병사가 강가에 늘어서서 강을 건너려고 하였으나 배가 없었다. 그런데 문득 일곱 스님이 강가에 와서 여섯 스님이 옷을 걷어 올리고 건넜다. 수나라 병사가 보고 물이 얕은 줄 알고 군사를 지휘하여 다투어 건너다 물에 빠져 죽은 자가 내에 가득하여 흐르지 않았으므로 절을 짓고 칠불사라 하였으며 일곱 스님처럼 일곱 돌을 세워 놓았다."라고 한다. 【신증동국여지승람⁴¹⁸】

칠불사는 (안주성의) 북문[玄武門] 밖에 있다. 옛날 수나라 장수 우문술(宇文述)이 무리를 이끌고 동쪽을 정벌해 왔다. 그의 군대가 청천강에 도달하자, 마침 물이 불어날 때를 만나 강물에 다가가서 관망하고 있었다. 문득 일곱 명의 스님이 어디서 왔는지도 모르게 나타나서 옷을 걷어 올리고 어려움 없이 앞으로 건너가는 것이었다. 우문술의 군대는 물이 얕아 건너기 쉽다고 생각하고 차례로 다투어 건너갔는데 중간쯤에서 점점 빠져들어 가 나루터까지 가서는 물에 모조리 빠져 죽어 그 때문에 물이 흐르지 못했다.

---

417. 칠불사 : 평안북도 재령에 있던 절. 칠불사의 창건 설화는 살수대첩(612, 영양왕 23)의 내용을 전하며, 고구려의 미륵신앙을 알려준다. 당시 살아서 돌아간 수나라 병사는 2,700명이었다고 한다.

418. 『신증동국여지승람』 권52, 평안도 안주목 불우조.

안주 읍성지도(1872, 규장각. 원 안이 칠불사)

적군에게 칼날을 대 보지도 못하고 다 죽게 한 것은 곧 이 신승(神僧)의 남모를 도움이 있었기 때문이었다. 눈 깜짝할 사이에 스님들은 다 돌미륵으로 변해 청천강 위아래에 흩어져 섰다. 그래서 그 세 부처가 나란히 선 곳에 절 하나를 세웠다. 또 따로 미륵원(彌勒院)을 세웠고, 그곳의 누각인 삼불헌(三佛軒)에 큰 범종을 달았는데 종을 만든 사람이 그 사적을 기록하였다.[419]

동쪽으로 달려온 철기, 소리 없이 물 건너는데
강이 넓어 백만 군사 용납할 수 있었네.
일곱 부처 돌아와 함께 돌로 변하였고,
물구름에 남긴 자취에 범종이 울리누나.【계산기정[420]】

---

419. 1460년 한계희가 세조의 명으로 범종에 기록하였다.

420. 계산기정 : 계산(薊山)은 연경(燕京)의 별칭, 연행록이다.

77. 불국사의
석가불 당번

고(故) 전주 대도독 김공(金公)은 소호(小昊)의 후예요, 태상(太常)의 어진 손자이다.[421] 수레의 휘장을 걷고 풍속을 살피는 능력이 뛰어나 일찍이 구리로 만든 범 모양의 부절[銅虎符][422]을 나누어 가졌으며, 임금의 자리를 사양하고 어진 이를 구하는 절실한 때를 만나 금초관(金貂冠)[423]을 쓰게 될 것을 기다리고 있었다. 그런데 큰 내를 건너지 못하고, 좋은 재목이 먼저 꺾어질 것을 어찌 생각이나 했겠는가?

부인은 덕행이 난초와 혜초[蘭蕙]처럼 향기롭고, 예절은 마름과 쑥[蘋蘩][424]처럼 정결하였다. 그런데 느닷없이 하늘과 같은 부군을 잃게 되자, 땅속에 가라앉은 것과 같았다. 타고 남은 재같이 욕심 없는 마음을 품고서 정절을 지킬 것을 맹세하였다. 구름과 같은 머리카락을 잘라 (비구니로) 용모를 바꾸고, 깨끗한 재물을 희사하여 명복을 빌게 하였다.

중화 6년(886, 정강왕1) 5월 10일, 삼가 석가모니불을 수놓은 당번[425] 1정(幀)을 소판(蘇判)을 위해 받들어 장엄하고, 의식을 마쳤다. 이는 바

---

421. 조선 영조 때 승려 동은(東隱)이 지은 『불국사고금창기』(1740년)에 따르면, 김대성의 아들 김현헌(金顯憲)이라고 하였다.

422. 동호부 : 보통 지방관의 도장을 말한다.

423. 금초관 : 황금당(黃金璫)과 초미(貂尾)로 장식한 관, 높은 품계의 관원을 비유한다.

424. 빈번 : 귀하진 않으나 정성껏 올리는 제물(祭物)을 말한다.

425. 당번(幢幡) : 부처 앞에 세우는 깃발.

로 불법승 삼보에 귀의하는 뜻을 격려하고, 오색으로 문장을 이룬 것이다. 마름질하여 곱게 물들인 옷감 위에 바느질로 솜씨 있게 수놓았다. 노을빛이 상서로운 바탕 위에 펼쳐지고, 구름이 영취산(靈鷲山)의 부처님[金仙]을 옹위하고 있으니, 높이 허공에 걸어 놓으면 실로 그 공덕을 밝힌다. 이를 통해 우러러 하늘에 태어나는 즐거움을 돕고, 조금이나마 물처럼 세월이 흘러가는 슬픔을 달랠 수 있을 것이다.【고운집[426]】

보현보살 탱화

보현보살

혜소(慧炤) 국사[427]의 어머니 김씨(金氏)는 부덕(婦德)의 아름다움이 마치 (초나라) 노래자(老萊子)의 부인과 같으며, 공손하고 우아함은 (후한) 양홍(梁鴻)의 부인[孟光]과 비교되었다. 결혼해서는 백년해로의 징험을 보았다.

밝은 달이 방안에 들어오는 태몽으로 말미암아 곧 임신하였다. 그 후 훌륭한 아들을 낳기 위해 아버지는 자색(紫色) 가사 열 벌을 스님들에게 헌납하였고, 어머니는 보현보살 탱화 500정을 조성하고 발원하기를, '만약 아들을 낳으면 반드시 출가하여 스님이 되도록 하겠습니다.'라고 다짐하였다.【혜소국사비명】

---

426. 『고운집』 권3, 찬, 「화엄불국사 수석가여래상번 찬병서」(이상현 역, 『고운집』, 2009 ; 한국고전번역원 고전번역총서 참조).

427. 혜소국사(972~1054) : 출가하여 칠장사의 융철에게 배우고, 비둘기나 물고기를 사서 방생하기도 하였다. 문종 때 『금광명경』을 강의하여 비를 내리게 하였으며 왕사와 국사에 책봉되었다가 입적하였다.

78. 철조
비로자나불

경주의 3대 관음 도량

옛날 신라 제32대 신문왕 때 동해에서 나무가 개운포(開雲浦, 울산 울주군)로 들어오더니 동쪽으로 7일간을 떠다녔다. 그때 마침 당나라 사람 승리(僧理)[428]가 입국해 있었는데, 이름을 솔거(率居)라고 고쳤다. 사물을 그리는데, 생생하고 영묘하여 믿고 따르는 자가 많았다.

왕이 솔거에게 동해로 가서 나무를 보도록 명하니, 솔거가 보고 돌아와 아뢰기를, "전단향목(栴檀香木)은 부처님 땅에서 온 것인데 으뜸가는 값진 보물입니다."라고 하였다. 이에 대왕이 솔거에게 명하여 그 향나무로써 관음상을 세 개 만들게 하고, 세 절을 세우니, 그 첫째가 백률사, 둘째가 중생사, 셋째가 민장사였다. 세 개의 존상을 맞아 세 절에 봉안케 하고, 밭과 노비를 주어 존상을 공양하고 예를 표하도록 하니 신통함이 밝게 드러났다.【백률사중수기[429]】

석남암수 관음암 석조 비로자나불

영태 2년(766, 혜공왕 2) 병오 7월 2일에 석 법승(釋法勝)과 법연(法緣) 두 승려는 함께 받들어 돌아가신 두온애랑(豆溫哀郎)[430]의 서원을

---

428. 승리(僧理) : 중국 남조 양(梁)의 화가 장승요(張僧繇)를 말한다.

429. 윤사첨(尹思瞻),「백률사중수기」(1443) ; 조선총독부 편, 『조선사찰사료』, 1911.

430. 두온애랑 : 8행에서는 애랑(愛郎)으로 표현하고 있는데, 모두 망자에 대한 추모의 정을 나타낸 칭호이다.

위해 석조 비로자나불[431]을 이루어 무구정광다라니[432]와 함께 석남암수 (石南巖藪) 관음암(觀音巖)[433]에 둔다.

원하여 바라는 것은 두온애랑(豆溫愛郞)의 신령[靈神]과 두 승려, 그리고 이것을 본 이나, 불상을 향하여 머리 숙여 예를 올리는 이나, 멀리서 (불상에 대해) 들은 이나, 함께 기꺼워한 이나, 그림자 가운데를 지나간 이들이나, 불며 지나가는 바람이 스치고 간 모든 곳의 중생이나, 이들 모두 삼악도(三惡道)[434]의 업이 소멸하며 스스로 비로자나불인 것을 깨달아서 세속을 뜨도록 서원한다.【석남암수 비로자나불 조상기[435]】

> 신라의 비로자나불은 철로 만든 보림사 비로자나불(858), 도피안사 비로자나불(865), 증심사 비로자나불(8세기)이 있다. 이 밖에 석조로는 대구 동화사 비로자나불(863), 봉화 취서사 비로자나불(867), 김천 청암사 수도암 비로자나불(8세기), 창림사 비로자나불이 있고, 또 금동으로 제작된 경주 불국사 비로자나불(8세기) 등이 있다.

---

431. 삼신불의 하나, 비로차나불이라고도 한다. 삼신불은 법신불(비로자나불)·보신불(노사나불)·화신불(석가모니불)을 가리킨다.

432. 무구정광다라니 : 704년 미타산이 한역하였다. 이 다라니는 경주 황복사 3층석탑, 불국사 3층 석탑에서도 발견되었다. 수명을 늘리고, 죽은 후 극락세계에 태어나기 위해 탑을 보수하고 다라니를 써서 봉안하도록 권하고 있다.

433. 석남암수 : 발연사(鉢淵寺)를 발연수(鉢淵藪)라고 하듯이, 석남암사를 말한다. 현재 불상이 이전된 내원사와 산등성이를 사이에 둔 산청군 삼장면 석남리에 있었던 사찰로 추정된다. 관음암은 석남암수 내에 있던 관음을 신앙하던 수도처로 추정된다.

434. 삼악도 : 지옥·아귀·축생을 말함.

435. 현존하는 비로자나불 중 최고의 비로자나불이다. 불좌 속에 납석제 사리호를 봉안하고 다시 그 안에 청동제 사리용기를 넣었다. 사리호의 몸통에 15행 136자, 바닥에 4행 21자의 명문을 새겼다. 본 내용은 몸통의 명문이다.

석남암수(사) 비로자나불　　　불좌 중앙에서 나온 납석제 사리호
　　　　　　　　　　　　　　　　　　(부산시립박물관 소장)

보림사 비로자나불

불상을 만든 시기는 바로 석가여래 입멸 후 1808년[436] 되는 해로, 이
때는 정왕(情王, 헌안왕)[437]이 즉위한 지 3년 되는 해이다.

대중 12년(헌안왕 2, 858) 무인년 7월 17일에 무주(지금의 광주) 장
사현(長沙縣, 전북 고창군 지역)의 부관 김수종(金邃宗)이 (불상 조성
을) 임금에게 아뢰니 정왕은 8월 22일 (허락한다는) 칙령을 내렸다. 몸
소 지으시고도 피곤함을 알지 못하셨다.【보림사 비로자나불 조상기】

도피안사 비로자나불

무릇 석가불이 그림자를 감추고 진리[眞源]로 돌아가시자, 의례(儀
禮)를 바꿔 세상과 멀어지고, 끝내 세상에서 몸을 숨기시어 삼천대천

---

436. 858년부터 1808년을 역산하면 석가모니 입멸은 서기전 949년이 된다. 그런데 '염거화상
탑지'나 '도피안사 비로자나불상명'에 보이는 연대와 약간의 차이가 있다.

437. 정왕(情王) : 헌안왕의 이름 의정(誼靖)에서 정왕이라고 불렀다. 사후 헌왕(憲王)이라고도
불렀는데(보림사 북탑지), 생전과 사후의 칭호가 달랐던 것을 알 수 있다.

세계[438]에 빛을 비추지 않게 되었습니다. 돌아가신 지 1806년[439]이 되었으니, 이를 슬퍼하고 괴로워하여 이 금용(金容)을 새기고, … 후에 오는 현자를 기다리며, 인하여 서원(誓願)을 세웠습니다.

오직 바라건대 근기[姓室]가 낮더라도 끝내 창과 방망이로 스스로를 쳐서 … 긴 어둠을 깨쳐 게으르고 추한 뜻을 바꾸어 진리의 근원에 들어맞도록 하소서. (그러기 위해서는) 몸을 보도록 하는 것보다 소박한 것은 없습니다.

당 천자 함통 6년(865) 을유 정월 모일에 신라국 한주(漢州) 북쪽 경계인 철원군(鐵員郡)의 도피안사에서 불상을 이룰 때 거사들은 용악(龍岳)처럼 굳고 맑았습니다. 이때 찾은 거사로 인연을 맺은 1,500여 명은 쇠와 돌[金石]과 같이 뜻을 굳게 하여 힘쓰니 힘든 줄을 몰랐습니다.【도피안사 비로자나불 조상기】

삼화사 노사나불[440]

(6자 결) 국인들이 이르기를, "소륵(疎勒)[441] 또는 청구(靑丘)라고 한다."라고 하였다. 지금은 이르기를 "(5자 결)라고 한다. 석가불 말법(末法) 3백여 년[442]에 불상을 이루었다. 때에 (4자 결) 왕은 원하는 것으로 말미암아 결단하여 다하도록 하교하였고, 화엄업(華嚴業) 결언(決

---

438. 삼천대천세계(三千大千世界) : 수미산을 중심으로 사방에 4대주가 있고 그 주위를 철위산으로 둘러싼 것을 1사천하, 1천 사천하가 1소천세계, 소천세계 천개가 1중천세계, 중천세계 천개가 1대천세계이니 삼천대천세계는 곧 온 우주를 일컬음.

439. 불멸 1806년은 기원전 940년을 불멸년으로 삼은 것. <염거화상탑지>(844년)의 기원전 960년설과도 차이가 있고, <보림사 비로자나불 조상기>에 보이는 전통적인 기원전 949년설과도 다르다.

440. 1997년 9월 20일에 황수영이 강원도 동해시 삼화동 두타산 삼화사 철불(보물 제1292호)을 조사하면서 발견하였다.

441. 소륵(疎勒) : 중국 신강성의 서부 카슈카르 지방에 있던 나라.

442. 말법(末法) : 신라에 유포된 불멸 기원설은 대체로 기원전 949년이고, 신라에서는 1,500년의 말법설을 수용하였다. 자연 신라에서 말법시대는 기원후 552년부터 시작된 셈이고, 이 불상은 말법 300여 년에 이루어졌으므로, 적어도 860년경에 만들어졌을 것으로 보고 있다.

言)[443], 대태(大太)…□구(□臼)의 백사(伯士)[444]가 되었다. 승려 승거(乘炬)는 발심 단월이 되고, 승려 청묵(聽黙)·도초(道初) 등은 상수(上首)가 되어서[445] 시방의 단월이 한결같은 마음으로 발원하였다.

노사나불(盧舍那佛)[446]을 이루고자 하는 큰 뜻의 연유는 노사나불의 대원력에 말미암는 것이다. 그러므로 미래에 하생(下生)하는 미륵존(彌勒尊)이 이곳에서 『화엄경』을 설하는 것은 이러한 큰 인연으로 말미암는 것이며, 미래겁에 출현하는 부처님은 매번 이곳에서 『화엄대불식의경』을 □□□하여 이루는 것이다.

발심 단월의 아버지는 체허(體虛)이고 어머니는 염법(念法)이다. □□ 견륵(見勤)이 짓고, 사미 김해선(金解善)이 쓰다.【삼화사 노사나불 조상기】

장흥 보림사 비로자나불 ⓒ 노종진 2014

철원 도피안사 비로자나불 ⓒ 여인영 2008

동해 삼화사 노사나불

광주 증심사 비로자나불 ⓒ 임광훈 2006

443. 결언(決言) : 861년(경문왕 1) 숭복사에서 5일 동안 『화엄경』을 강론한 적이 있으며, 884년(헌강왕 10) 현준(賢俊)과 함께 해인사에 주석하면서 지엄(智儼)과 의상(義湘)을 추모하는 결사를 주관하였다.

444. 백사(伯士) : 백토(伯土)라고 판독하기도 한다[구백(臼伯)의 땅].

445. 승거·청묵·도초 중에 도초만 승려로 보기도 한다.

446. 노사나불(盧舍那佛) : 혹은 노자나불. 부처의 진신을 나타내는 비로자나불을 일컫기도 한다.

79. 가지산
보림사

　산은 '가지(迦智)'로써 이름하고, 절은 '보림'이라고 이름을 한 것이
천하에 세 곳 있다. 하나는 서역에 있고, 하나는 중국에 있으며, 하나는
동방에 있으니 동방에 있는 것이 곧 이 산 이 절이다.

　원표(元表) 대덕이 월지국(月氐國)에 있으면서 처음 창건한 것이 이
른바 가지산 보림사이다. 산과 계곡이 깊고, 물은 돌아 흐르며, 구름은
꽉 끼었고 지세는 넓고 평탄하였다. 전각·당우·요사를 갖추고, 승려들
이 무리를 이루니 그 모습이 상서롭고 빛을 밝혔다. 그리하여 불림(佛
林)의 별세계이며 금모래의 보배로운 땅이라 절을 보림(寶林)으로써
이름을 지은 것이 진실로 옳다.

　다시 중국에 유행(遊行)하여 월지국의 산과 같은 것을 얻어 사찰[梵
宇]을 지으니 규모와 모습의 정도가 하나같이 월지국의 생김새와 같았
다. 그리하여 산 이름을 이로써 하고 절 이름도 이로써 하였으며, 승려·
신자와 경전을 마련함도 월지국 보림사로 더불어 같지 않음이 없었다.

　문득 기이한 기운이 삼한(三韓)의 밖으로부터 와 은은히 이 산 중에
비추었다. 스님은 그 기운이 외롭게 오르는 것을 보고, 산을 뚫고 바다
를 넘었다. 진경(眞境)을 찾으며, 심오함을 엿보아 이 땅에 주석하였
다. 높은 산과 긴 시내, 깊은 골은 저 서역·중국과 비교해 보아 조금도
다름이 없으니, 조화의 미묘함 또한 기이하고 또 교묘하였다.

천지가 나누어지는 태초에 한 번 떼쳐 세 곳을 창건하니 하늘은 아끼고 땅은 숨겨서 패엽(貝葉)·천화(天花)의 별세계로 삼고자 한 것이었다. 만 리에 서로 부합되니 마땅히 총림 대가람을 설치하여 서역·중국·동방으로 더불어 하나로 셋이 되게 하며, 셋으로 하나가 되게 한 것이었다.

그런데 그 가운데 연못이 있고, 아홉 용이 머무는데, 때도 없이 구름·비·우레를 일으켰다. 연못은 차갑고 맑아서 그 깊이를 가히 헤아릴 수 없었다. 그리하여 사람이 그 앞에 가까이하지 못하고, 새도 날아 지나지 못하는 엄연히 한 용궁이었다.

이에 그 위에 두 마장쯤 되는 북쪽 골짜기 안에 절[蘭若]을 세우고, 법당 및 선방·별당·누각을 설치하여 약간의 승려들이 깃들어 살며, 부처님께 귀의케 하였다.

조석으로 용소(龍沼)를 왕래하였다. 두루 관람하여 맥을 살피고, 경관을 측정하며 눈을 감고 마음으로 살폈다. 진경(眞境)을 얻고자 지팡이를 짚고 천천히 걸으며, 방황하고 배회하던 그때 선아(仙娥)를 보게 되었다. 그녀는 안색이 얌전하고 늘어진 옷에 붉은 옥을 허리에 찼으며, 화관을 단정히 쓰고 노을빛의 홑옷[霞衫]을 끌며 연못 위에 나와 인사하였다.

"그대는 누구인가?"라고 물으니 대답하기를, "저는 방장산(方丈山) 제1봉 위에 있는 천왕의 딸입니다. 저 또한 성모천왕(聖母天王)으로서 이곳에 온 지 여러 해 되었습니다. 이곳은 용신(龍神)이 웅거한 지가 오래인지라 스님께서 한 곁에 거처하시는 것도 마음대로 하시기 어려울 것입니다. 원하옵건대 부처님의 가피를 입으셔서 길이 거처할 곳으로 삼으소서."라고 하였다. 또 동쪽으로 평평한 바위가 있는데, 그녀가 이르기를, "이 대(臺)는 아홉 용이 때때로 나와서 노니는 곳이옵니다."라고 하였다. 그 아래에도 작은 못이 있는데 거울을 담가놓은 것처럼 맑았다.

스님이 신고 있던 신을 벗어서 못가의 나무에 걸어두고 서역의 보림사에 가서 살펴보니 이곳 못가에 걸어 둔 신이 그곳 못 안에 비추었는데, 치수도 틀리지 않았다. 속으로 매우 기이하게 여기면서 진경(眞境)을 얻은 것을 기뻐하였다.

이에 동방으로 돌아와서 그 연못 위를 서성이면서 머뭇거리다가 이르기를, "천하의 땅이 여기와 같은 것이 세 곳에 있는데 서역과 중국에는 이미 불전(佛殿)을 세웠지만, 이 땅에는 용 때문에 중도에 폐하고 있으나, 신기한 증험이 있음은 가히 믿을 수 있겠다."라고 하였다.

그리고 '용은 신령한 동물이라 능히 변화하고, 능히 구부리고 폈다 하여 만물의 신령이 되며 삼백의 우두머리이다. 그러나 하늘이 덮어주고, 땅이 심어주며, 성인이 교화하는 한 생물일 뿐 사납고 미련하고 기이하고 악하고 어리석은 무리는 아닐 것이다. 화창한 바람과 따사로운 햇살, 자비로운 구름과 지혜로운 비를 주지 않을듯하니 원만한 방편의 가르침으로 대해야 할 것'이라고 조용히 생각하였다.

"용이 없다면 말거니와 용이 있다면 내가 어찌 근심하리오?"라고 하고는 범문(梵文)을 외우고, 신비로운 부적을 써서 연못에 던졌더니 여덟 용이 그날을 넘기지 않고 다른 곳으로 옮겨갔다. 다만 백룡(白龍) 한 마리가 움직이지 않고, 저항하려는 듯하였다. 이에 다시 신통의 가르침을 더하여 주문을 외우자, 백룡은 기세가 등등하게 공중으로 날아 회오리바람을 휘몰아쳤다. 산이 무너지고 바위는 부서졌고, 비가 병속의 물을 쏟는 것처럼 내려서 연일 그치지 않았다.

스님이 선아에게 명하여 이르기를, "그대는 천왕이요, 부처님의 공덕을 알고 있으니 만일 뜻이 있거든 나를 도우라!"라고 하였다. 선아가 꿇어앉아 말하기를, "오직 명하신 대로 따르겠습니다. 다만 바라는 것은 일이 이루어진 뒤에 뱁새의 한 가지를 빌려 스님 계신 땅의 곁에 깃들어 의지하는 공덕을 떠멜까 합니다."라고 하였다. 스님이 이르기를, "그리하거라."라고 하였다.

잠깐 사이에 천지가 열리며 비가 개고, 해와 별이 더욱 밝고 많아졌다. 이에 흙을 퍼오고 모래를 날라 깊은 연못을 막고 채웠다. 사람들이 이 소문을 듣고서 멀거나 가깝거나 할 것 없이 모두 와서 일에 참여하였다. 귀신이나 기이한 동물도 몰려와서 서로 도우니 여러 날이 걸리지 않아 푸른 파도가 변하여 평지가 되었다. 이에 성스러운 16나한을 조성하여 서쪽 물속에 안치하고 진압하는 증표로 삼았다.

그 도량을 살펴보니 동서남북이 넓어서 가히 1천 불을 안치할 만한 땅인지라 드디어 부지를 측량하여 동서 법당을 지어서 각기 부처님 자리를 그 윗면에 설치하였다. 이어서 천자각·불자각·용자각·운자각을 세웠는데, 너무 크지도 너무 질박하지도 않았으나 정교하고 화려하였다. 담으로 이어지고 행랑과 연접하였는데, 규모와 법도가 같았다. 두 법당과 좌우 요사, 행랑과 곁채, 누각과 문집이 하나같이 서역·중국의 것과 같았으므로 편액을 달아 가로되 '가지산 보림사'라고 하였다. 선아의 소원에 따라 따로 작은 집 한 채를 얽어매고, 그녀 모습을 그려 걸어놓고 가람을 옹호하는 신으로 삼으니 이 집을 괴화당(魁畵堂)이라 일컬었다.

선사가 동국의 한 모퉁이에서 태어나 서역과 중국에 출입해 지혜의 빛이 멀리 비추고, 도의 눈이 멀리 보게 되었다. 이로써 한 모양으로 이름을 지어 삼국에 두었으니 마음에 묘한 법[妙法]을 얻은 이가 아니면 능히 이럴 수 있겠는가?

들어와서는 조사(祖師)가 되고, 나가서는 국사(國師)가 되어 많은 법력으로써 정사를 행하였다. 그리하여 당 숙종 건원 2년(759, 경덕왕 18)에 특별히 교지를 내려 1천 칸의 불궁(佛宮)을 이야기하고, 장생표 기둥을 세워 오래도록 보호하도록 하였다.【신라국 무주 가지산 보림사사적[447]】

---

447. 미국 하버드대학 옌칭도서관 소장. 조선 세조 천순(1457~1464) 중에 지은 「보림사사적」은 원표의 보림사 창건과 함께 그 연원을 기록하고 있다.

80. 두타산
삼화사

　「고적(古蹟)」에 이르기를, "자장 조사가 처음 당나라를 다녀온 후 본
국의 오대산(五臺山)에 들어와 성인의 자취를 둘러보다가 두타산에
이르러 흑련대(黑蓮臺, 지금의 삼화사)를 창건했다. 이때가 신라 27대
선덕여왕 11년이고, 당나라 정관 16년(642)이었다. 절은 관음·지장·미
타·나한·보질도 각 24방이었다.[448] 훗날 10리 서쪽의 중대(中臺)로 12
방을 지어서 옮겼다."라고 하였다.【두타산삼화사고금사적】
　삼화사의 북쪽 삼면에 두타산이 있다. 신라 흥덕왕 기유년(829)에 3
명의 신선[三禪]이 두타산에 왔다. 훗날 사람들이 그 봉우리를 '삼공
봉'이라 하였다. 그 뒤에 암일[449] 조사가 사굴산에서 이곳으로 와 불사
(佛祠)를 세우고 삼공암(三公菴)이라고 하였다. 안축(安軸)의 「두타산
기」에 이르기를, "두타 3선이 연꽃으로 산의 서쪽 모퉁이를 표시했는
데, 동쪽을 청련대, 서쪽을 백련대, 북쪽을 흑련대"라고 하였다. 또 이
르기를, "옛날 서역에서 약사여래 3형제가 왔는데, 큰형은 삼화사, 가
운데는 지상사(池上寺), 막내는 궁방사(宮房寺)에 머물렀다."라고 하
였다. 뒤에 강헌왕(조선 태조)이 적안(籍案)을 내리는 은전을 베풀었

---

448. 흑련대는 이후 삼화사로 개칭되었으며, 점차 관음.지장.미타.나한.보질도 각 24방을 두
었다고 하였다. 이러한 가람배치는 오대산신앙과 유사하며, 동대의 관음, 남대의 지장, 서대의
미타, 북대의 나한, 중대의 보질도 신앙으로 추정해 볼 수 있다. 그러나 오대산신앙 중 중대 문
수신앙과 차이를 보이고 있다.
449. 암일(喦日)과 품일(品日)은 범일(梵日, 810~889)의 오자이다.

동해시 두타산 삼화사 삼층석탑과 적광전

고, 선조 연간에 무릉 상류로 옮기고, 이름을 중대사(中臺寺)라고 고쳤다. 영조 무진년(1748) 다시 옛터로 돌아왔는데, 옛 이름인 삼화사라고 하였다. 순조 경진년(1820)에 불이 났으며, 갑신년(1824)에 중건하고, 기축년(1829)에 또 불이 나 경인년(1830)에 중건하였다. 고종 병오년(1906)에 불이나 이듬해에 중건하였다.【강원도지[450]】

식영암(息影菴) 스님의 글에, "(두타)산은 고을 서북쪽 30리에 있다. 웅장하게 먼 데까지 걸쳐 있고 큰 바다에 임하여, 산세가 오대산·사굴산과 이어진다. 신라 말, 세 명의 신인(神人)이 있었는데, 각자 거느린 무리가 많았다. 여기에 모여서 서로 더불어 의논하였는데, 옛날 제후가 모여서 맹세하던 예절과 같았다. 오랜 뒤에 헤어졌는데, 지방 사람이 그 봉우리를 '삼공봉(三公峯)'이라 하였다. 지난번 사굴산 품일조사(品日祖師)가 그곳에 가서 절을 세우고 또한 '삼공(암)'이라는 현판을 걸었다. 그 후 (고려) 태조께서 임금이 되자 이 절에 조칙을 내려 절이름을 문안에 기록하고 후사에게 전하게 하시니, 이상한 일이었다. 대개 신인(神人)이 그 자리를 알려 준 것이다. 조사가 그 터에다 절을 지어 상서를 기록하였으며, 태조[神聖王]께서 삼국을 통일하였으니, 그 영험이 이처럼 현저하였으므로 이 사실을 이용하여 절 이름을 삼화사라고 고쳤다."라고 하였다.【신증동국여지승람】

---

450. 김용제 등편, 『강원도지』 권5(1941 ; 국립중앙도서관 古2780-2-3).

81. 세존
사리탑

도리사

구미 도리사 극락전

도리사는 선산 냉산(冷山, 태조산이라고도 한다)에 있다. 신라 스님 아도(阿道)가 있던 곳이다.

신라에 불교가 없었던 눌지왕(訥祇王) 때에 묵호자(墨胡子)라는 스님이 고구려에서 (선산)부의 도개부곡(道開部曲) 모례(毛禮)의 집으로 오자, 모례가 움집을 만들어 머물게 하였다.

그가 물러간 뒤 아도(阿道)와 그의 시종 등 3명이 또한 모례 집으로 왔다. 그 모습이 묵호자와 비슷했는데, 여러 해를 살면서 병이 없었다. 나중에 시종이 머물면서 경전과 계율을 강설하였는데 가끔 믿는 사람이 있었다. 이것이 신라불교의 시작이다.

세간에서 전하기를, "아도가 신라 서울에 갔다가 돌아올 때, 이 산 밑에 와서 보니, 겨울철인데 산허리에 복숭아꽃·자두꽃이 만발해 있으

므로 드디어 절을 짓고 도리사(桃李寺)[451]라고 불렀다."라고 한다.【신증동국여지승람】

석적사 사리

선주(선산) 냉산 기슭에 석적사(石積寺) 옛터가 있다. 또 옛 탑이 있는데 흙 속에 파묻혀 겨우 탑 꼭대기만이 드러나 있었다. 간혹 한두 해나 한두 달 간격으로 상서로운 빛이 나왔다.

나무꾼 김계장(金界丈)이 기이한 꿈을 꾸고 탑 아래에서 금함과 사리 1매를 얻었다. 사리는 백옥 빛의 율무와 같았으며, 금함의 4면에는 여덟 금강역사와 네 보살이 새겨져 있었다. 이를 보면 이 사리가 세존의 사리임을 분명히 알 수 있다.

사리를 도리사에 헌납하고 거의 30여 년이 지났건만 항상 이전처럼 상서로운 빛을 발하였다. 올해(1743년) 봄에 화주가[452] 권선문을 지니고 재물을 모아 윤달 4월에 장인(匠人)을 불러 탑을 만들고 향을 사른 뒤 안에 갈무리하였다.

중국에서는 백마사가 처음이니 동한의 명제가 창건하였고, 우리나라에서는 도리사가 처음이니 신라의 아도가 세웠다. 그러면 저 석적사는 어느 시대에 누가 지었단 말인가?「통도사사적」을 살펴보면, 신라의 자장 스님이 당나라에 들어가 사리 100매를 구해서 가지고 돌아왔다고 한다. 이를 따른다면, 석적사 역시 자장 스님 때에 세워지지 않았겠는가?【호은집[453]】

중국에 사리를 보내다

---

451. 도리사(桃李寺) : 경북 구미시 해평면 송곡리에 있는 절.

452. 도리사 석종탑 조성에 화주를 담당한 스님.

453. 호은 유기(好隱有璣 1707~1785),『호은집』권1. 본 내용은 한국학중앙연구원 소장 자료를 참조하였다. 직지성보박물관 소장의『호은집』을 보면, 권1에「도리사 석종기」란 제목으로 전하고 있다.

영락 17년(1419, 세종 1) 8월 17일, 흠차 내관인 황엄(黃儼)이 우리나라에 와서 황제의 편지를 전했는데, 이르기를, "조선국의 석탑과 사탑(寺塔) 속의 사리는 그 수효가 얼마가 되든지 다 보낼지어다. 그리고 다른 절 안에 있는 사리도 보낼지어다."라고 하였다. 이에 태종과 세종은 그 뜻을 받들어 선조 강헌왕(康獻王, 태조)이 공양하고 가지고 있던 석가의 사리·이마뼈 외 국내에 두루 다니며 받아 온 여래·보살과 스님의 사리를, 배신(陪臣) 원민생(元閔生)을 시켜 흠차관과 함께 가서 바치게 하였다. 이때 바친 사리는 총 558개였다.【세종실록】

안심사 세존 사리

청주 구룡산 안심사 대웅전

옛날 우리 세존의 사리가 구룡산(九龍山) 안심사(安心寺)[454]에 전해졌는데 대웅전의 대들보를 고칠 때 비로소 알게 되었다. 그리하여 절집이 더욱 빛나고 승려들은 그 광채를 입게 되었다. 불행하게도 신사년(영조 27, 1761)에 보배로운 기운이 남쪽(거제현) 구천동(九川洞)으로 옮아갔다. 흠모하고 우러러보는 정성은 피차에 똑같은 것이지만 이미 구룡산에 남겨진 보배이고, 저 구천동은 끝내 영원히 높일 곳이 아니었다.

그리하여 경자년(1780) 소춘(음력 4월)에 광우(廣祐)·등원(等元) 두 스님이 본사에 다시 모셔왔고, 이듬해 절의 동쪽 탑에 안치하였다.【안심사 세존 사리비[455]】

454. 안심사 : 충북 청주시 서원구 남이면 사동리에 있다. 775년(혜공왕 11)에 진표(眞表)가 창건했다고 전한다.
455. 1781년(정조 5) 5월 18일에 환월처준(幻月處峻)이 썼다.

82. 임신서기석

임신서기석

임신서기석(경주박물관)

임신년[456] 6월 16일 두 사람이 함께 맹세하여 기록한다. 하늘 앞에 맹세한다. 지금부터 3년 후 충성의 도리[忠道]를 지켜 허물이 없기를 맹세한다. 만약 이 일을 잃으면 하늘의 큰 죄를 얻을 것을 맹세한다. 만약 나라가 불안하고 크게 어지러운 세상이 되면 가히 쓰일 수 있도록 시행할 것을 맹세한다.

또 따로 먼저 신미년(辛未年) 7월 22일 크게 맹세하였다. 시경(詩經)·상서(尚書)·예기(禮記)·좌전(左傳)을 차례로 습득할 것을 맹세하

---

456. 임신년(壬申年) : ① 552년(진흥왕 13), ② 612년(진평왕 34), ③ 672년(문무왕 12), ④732년(성덕왕 31) 설 등 견해가 있다.

되 3년으로 하였다.[457]【임신서기석[458]】

신라 4선

계림의 옛 풍속에 남자 중 아름답고, 풍취가 있는 자를 뽑아 진주·비취로써 장식하게 하고 이름을 화랑이라고 하였다. 나라 사람들이 모두 받들었는데, 그 무리가 3천여 명에 이른다. 마치 옛날 평원군(平原君)·맹상군(孟嘗君)·춘신군(春申君)·신릉군(信陵君)이 선비를 기른 것과 같다. 그중 재능이 뛰어나고, 훌륭한 자를 뽑아 벼슬을 주어 조정에 일을 맡겼다. 오직 사선(四仙) 문도만이 가장 번성했는데, 비를 세워두었다.【파한집[459]】

삼일포(三日浦) 사선정(四仙亭)에 올랐다. 세상에서 일컫는 영랑(永郎)·술랑(述郎)·남랑(南郎)·안상(安詳) 등 4선이 이곳에 3일 동안 머물며 돌아갔다. 이로 인해 포구·정자 이름이 모두 이에 연유하여 지어졌다. 4선은 곧 신라 때 국선(國仙)이다. 대개 그때는 낭도를 국선이라고 했는데, 국선은 미남자(美男子)를 이르는 것이고, 진짜 신선은 아니다.【봉암집[460]】

---

457. 신라에서 3년으로써 맹세하는 경우로는 「남산신성비」에 만든 지 3년 이내에 무너지면 죄로 다스린다는 내용이 있어 참고된다.
458. 5행 74자. 1934년 5월 경북 경주시 석장사터 부근 언덕에서 발견되었고, 현재 국립경주박물관에서 보관하고 있다.
459. 이인로, 『파한집』 권하.
460. 채지홍, 『봉암집』 권13, 「동정기 경신(1740)」.

83. 백제승 발정과 관음도량

　백제 사문 발정(發正)은 양 천감 연간(502~519)에 서해를 건너왔다. 스승을 찾아 불도를 배워 자못 바른 진리를 알았고, 또한 꾸준히 정진하였다. 양나라에 머문 지 30여 년이 되자, 고향을 잊을 수 없어 본국으로 돌아가고자 하였다.

　발정은 월주(지금의 복건성) 경계에 관음도량과 관음굴방이 있다는 말을 듣고 가서 보았는데, 굴거리나무의 서까래는 없어지고, 굴 방에는 담장만이 있었다.

　일찍이 두 도인이 산에 들어와 한 사람은 『화엄경』을, 또 한 사람은 『법화경』을 외우고자 하여 각자 골짜기에 굴을 만들고 살았다.

　『화엄경』을 암송한 자는 기한 내에 마치고, 도반을 찾아가 보니 1권도 끝내지 못하고 있었다. 그가 말하기를, "나는 이미 다 끝냈는데 자네가 마치기를 기다리면 양식이 끊어질 것 같으니, 시간을 정해 만약 1부도 암송하지 못할 것 같으면 바로 『관세음경』을 암송토록 하라"고 하고는 돌아갔다.

　이에 그 도반은 비통한 마음을 느끼고, 정성껏 독송하였다. 주야로 게으르지 않아 약 반 정도를 암송하게 되었다. 며칠 후 그 사람이 다시 와서 말하기를, "나는 이미 『화엄경』을 암송하였는데, 어떻게 『관세음경』을 두세 달이 지났는데 외우지 못하였는가? 내가 자네를 버리고 간다면 원한 바를 지고 갈 수 있으나, 자네를 기다린다면 마침내 양식이 끊길 것이다. 앞으로 3일이 지날 때까지 마치지 못하면, 부득이 더 기다릴 수 없다. 그때 다시 올 터이니 그때까지 마치도록 하라!"라고 하였다.

그 도반은 전날보다 갑절로 지성껏 염송하여 외우기를 마쳤다. 다음 날 새벽에 그가 와서 말하기를, "『관세음경』의 초장과 같은 것을 암송하지 못하면 어떤 것도 할 수 없다. 나는 자네를 두고 가겠다."라고 하였다. 도반이 무릎을 꿇고 말하기를, "어젯밤 마칠 수 있었다."라고 하였다. 이에 그가 기뻐하며 서로 시험하고자 하여 책상에 앉아 암송하니 (화엄경) 40권 중 하나도 빠진 곳이 없었다.

도반이 단상에 올라 암송하였다. 첫 구절을 암송하자 공중에서 여러 꽃향기가 비처럼 쏟아지고, 꽃이 방 안에 가득 찼으며, 향은 계곡에 뻗치고, 기운은 하늘에 가득하였다. 이에 그가 땅에 엎드려 머리를 조아리며, 얼굴에 피가 흐르도록 죄과를 참회하고 떠나려 하였다. 도반이 말리며 말하기를, "늘 한 노옹이 나에게 음식을 제공하는데, 자네도 잠시 기다리면 오래지 않아 오지 않겠는가, 그때 작별하고 가게나?"라고 하였다.

도반이 물을 긷자 노옹이 음식을 가지고 풀 아래에 엎드려 있었다. 도반이 괴이하게 여겨 묻기를, "제 친구가 왔으니 그 음식을 함께 먹고자 합니다. 무슨 일로 쥐처럼 엎드려 양식을 주지 않습니까?"라고 하였다.

노옹이 답하기를, "그 사람이 나를 경멸하는데, 어찌 참고 볼 수 있겠는가?"라고 하였다. 이로써 이분이 관세음보살임을 알고 바로 온몸을 땅에 던져 지성으로 예배하였다. 사문 발정이 친히 본 것이다.[461]

【법화전기[462]】

---

461. 백제불교의 대표적인 신앙은 관음신앙과 미륵신앙이었다. 관음신앙은 중국에서 공부하고 월주의 관음도량을 찾아 영험을 확인한 발정의 신앙담에서 볼 수 있다.

462. 『법화전기』권6, 풍송승리 8-4, 월도인1 참조. 발정의 일화는 『관세음응험기』와 의적이 지은 『법화경집험기』(『불교사연구』창간호)에도 전한다.

84. 성덕산
관음사

충청도 대흥현에 맹인 원량(元良)이 일찍 아내를 잃고 홀아비로 궁핍하게 살았다. 친척도 의지할 데도 없었으며, 혈육으로는 오직 외동딸 홍장(洪莊)뿐이었다.

홍장은 정숙·미모를 타고났고, 몸가짐은 평범하지 않았다. 성격과 지식은 두루 미치고 슬기로웠다. 늘 지성으로 눈먼 아버지를 봉양하였다. 아침저녁으로 눕고 일어날 때뿐만 아니라, 좌우를 버팀목으로 받히고 시중을 들었다. 또 옷가지도 깨끗이 정리해 불편함이 없도록 했으며, 음식도 아버지의 입맛에 맞게 하였다. 모두 다 그녀의 효성을 칭찬하였고, 그 소문은 중국에까지 알려졌다.

하루는 아버지가 윗마을로 가는 길에 홍법사(弘法寺)의 법당을 고쳐 짓는 일에 책임을 맡은 화주승 성공(性空)을 만났다. 스님은 절을 하고 말하기를, "장차 군자와 더불어 불사를 함께 이루고, 영원히 변치 않을 인연을 맺고자 하오니 바라건대 공께서 나를 위해 크게 베풀어 주소서."라고 하였다. 아버지가 말하기를, "저 같은 가난한 거지한테 어찌 소원을 이루려고 하십니까?"라고 하였다.

스님이 거듭 절을 하고 말하기를, "꿈에 부처님께서 저에게 깨우쳐 이르시기를, '아침이 밝아 길을 나서면 마을 어귀에서 장님을 만날 것이며, 그가 너를 위하여 크게 베풀어 줄 것이다'라고 하시었기에 이렇게 간청을 드리는 것입니다."라고 하였다.

아버지가 한동안 고심하던 끝에 말하기를, "집에는 돈 한 푼 없고, 들에는 한 뼘의 땅도 없으니 비록 마음이 있다고 한들 어쩔 수 없습니다. 다만 딸아이가 하나 있는데, 데리고 가 팔아서 법당을 세우고 경전을 짓는 시주로 쓰도록 하십시오."라고 하였다. 이때 홍장의 나이 열여섯이었다.

비단 딸과 아버지만 슬퍼한 것이 아니고, 산천도 빛깔이 변하고, 해와 달도 그 빛을 잃었다. 하늘의 새들과 숲속의 짐승들도 슬피 울부짖고, 사람들도 가슴을 도려내고 찢는 아픔에 몹시 슬퍼하였다.

그녀는 산을 넘고 물을 건너는 여정에 심신이 피곤하여 소랑포(蘇浪浦) 부두에 서서 쉬었다. 머리를 들어 서쪽을 보는 순간 푸른 바다에 두 척의 붉은 배가 쏜살같이 다가와서 포구에 닻을 내렸다.

중국 황실의 배였다. 배에서 금관·옥패로 장식한 수의 사자[463]가 그녀의 아름다운 용모를 자세히 살펴보더니 바로 일어나 공손하게 사례하며 말하기를, "참으로 황후이십니다."라고 하였다. 그녀는 얼굴빛을 바꾸며 말하기를, "그 무슨 말씀이십니까?"라고 하였다. 사자가 말하기를, "우리는 진(晉)나라 사람입니다. 영강 정해년[464] 5월 신유에 황후께서 돌아가셨는데, 이때부터 황제께서는 늘 슬픔에 잠겨 나날을 보내셨습니다. 어느 날 밤 꿈에 신인(神人)이 나타나 황제에게 아뢰기를, '새 황후께서 동국에 태어나 벌써 장성하였으며, 단정하기가 전 황후에 못지않으니 더는 슬퍼하지 말라.'라고 하였습니다. 황제께서 날이 밝자마자, 폐백 4만 단, 금은 보물들을 준비시켜 모두 두 배에 나눠 싣게 하였습니다. 또 관상을 잘 보는 사람을 뽑아 차사(差使)로 삼아 거

---

463. 수의사자 : 수의직지(繡衣直指), 한무제 때 두었던 어사대부(御使大夫)에 속한 임시직, 조정에서 특파하는 관원.
464. 영강(永康) : 서진 혜제 때의 연호(300~301). 영강에는 정해년이 없다. 정해년은 267년, 327년, 387년, 447년 등이다.

듭 명하기를, 곧장 동국으로 이 물건들을 가지고 가서 예법대로 모셔 오라고 하셨습니다. 소신이 외람되이 이번 소임을 맡은 이래 이른 아침부터 밤늦게까지 무섭고 두려웠는데, 이제 다행히 훌륭한 위의를 갖추신 분을 뵈었으니 감히 말씀을 드리는 것입니다."라고 하였다.

홍장이 탄식하며 말하기를, "훈(塤)과 지(箎)는 서로 응하는 법입니다.[465] 이 한 몸 떠나고 머무는데, 어찌 어려움이 있겠습니까. 하오면 가져오신 예물은 얼마나 됩니까?"라고 하였다. 사자가 대답하여 말하기를, "두 배에 보물을 가득 실었습니다."라고 하였다. 홍장이 쓸쓸한 미소를 지으며 말하기를, "내 몸이 내 몸이 아니요, 아버님께서 낳아 기르신 것이니, 두 배의 재물은 모두 화주 스님께 보내드리십시오."라고 하였다.

마침내 차사와 함께 상국에 들어가 황제를 알현하였다. 보름달 같은 밝은 얼굴과 별같이 반짝이는 눈의 광채가 사람들을 비추었다. 황제가 보고 감탄하며 말하기를, "바다 모퉁이의 접역(鰈域 ; 백제)에 이 같은 미인이 있었단 말인가?"라고 하였다. 이로부터 총애가 있었으니 (황후가) 말을 하면 모두 좇았다.

황후의 품성은 남다르게 우아하였고, 자애로운 위엄이 하늘을 덮었다. 나아가 청정한 선업을 닦고자, 석공에게 명하여 마노석(瑪瑙石)으로 탑 3천 기를 만들어 제후국에 나누어 보내 봉안케 하였다.

그 뒤에 말하기를, "몸은 비록 보위에 올랐으나 어찌 고국을 잊을 수 있겠는가?"라고 하면서 거듭 조칙을 내려 53불[466]과 500성중(聖衆), 16나한상을 만들게 하였다. 제작을 마치자, 뱃사람에게 돌배[石船] 세 척에 나누어 싣게 하고, 본국으로 보냈다.

---

465. 훈지상응 : 훈과 지는 고대 악기 이름, 둘을 합주하면 화음을 이루어 소리가 잘 어울리는 데 형제가 화목함을 비유한 것이다.

466. 53불 : 『관약왕약상이보살경(觀藥王藥上二菩薩經)』에 53불의 이름을 부르면 나는 곳마다 여러 부처님을 만날 수 있고, 지극한 마음으로 예배하면 4중(重), 오역(五逆)죄가 없어지고 깨끗이 된다고 하였다. 금강산 유점사에 53불 설화가 전한다.

바다에 떠서 표류해 노를 저을 수 없게 되자, 돛과 노를 바람과 파도에 맡겨두었다. 다행히 감로사(甘露寺) 앞 포구에 정박하였기에 이 절에 봉안하였다. 돌아온 석공은 불심이 넓고 깊어져 아들을 시켜 다시 탑을 만들게 하고, 금강사(金剛寺)⁴⁶⁷에 옮겨 모셨다. 네 번째 탑은 바로 운반하여 풍덕현(豊德縣) 경천사(擎天寺)⁴⁶⁸에 세웠다.

황후도 본래의 소원을 성취하자, 아버지를 그리워하며 말하기를, "아버지의 복전(福田)이 어찌 나만 없는가?"라고 하였다. 그리하여 정성을 다해 불상과 탑을 만들고, 대흥현 홍법사에 옮겨 모셨다. 이처럼 왕복 다섯 번에 걸쳐 공덕이 원만해지고, 소원을 다 이루었다.

그러나 못한 일이 있었으니 자신의 원불(願佛)이었다. 곧바로 별궁으로 돌아가 고용된 장인에게 관음성상을 주조케 하고, 뱃사람에게 이 성상을 돌배에 싣도록 하였다. 장차 동국으로 떠나려 할 때, 황후가 거듭 말하기를, "이 불상은 모름지기 배가 멈추는 곳을 따라서 모시도록 하여라."라고 하였다. 뱃사람이 명을 받들어 동국으로 가던 중 표류하게 되어 한 달이 되었다.

그날 아침 갑자기 회오리바람을 따라 낙안(樂安) 땅 단교(斷橋) 부근에 정박하였다. 변방 수비병들이 황당선(荒唐船, 해적선)이라고 의심해 급히 쫓아가 잡으려는 순간, 돌배는 바람도 없는데 스스로 움직이더니 바다 가운데로 가버렸다.

이튿날 옥과(玉果)에 사는 여인이 이름은 '성덕(聖德)'이라고 하는데, 이유 없이 바닷가로 나와 우두커니 서서 멀리 수평선[天海]을 바라보고 있었다. 구름이 일더니 어렴풋하게 자그마한 석선 한 척이 마치 물건을 당기듯이 앞으로 다가왔다.

성덕은 배 위에서 금빛의 관음성상을 보고 공경심이 일어나 몸을 던

---

467. 금강사 : 1682년 제작된 『동여비고』 지도에 의하면 옥과현 성덕산 근처에 있었다.

468. 경천사 : 경기도 개풍군 경천사라고 하나, 이 절은 1348년(고려 충목왕 4) 원나라 기술자의 도움으로 세워진 사찰로 관음사와 천년이라는 시간의 차이가 있다.

곡성 성덕산 관음사 전경(문화재청)

져 절을 하였다. 절을 마치고, 관음상을 등에 졌는데 가볍기가 마치 새 털 같았다. 고개에 이르자, 무겁기가 마치 태산(泰山)과 같아 한 발자 국도 뗄 수 없었다. 그리하여 성상을 안치하고, 대가람을 세워 그 이름 을 '성덕산 관음사(聖德山觀音寺)'⁴⁶⁹라 하였다.

　무릇 홍장과 성덕은 모두 관음보살이 사람의 몸으로 나타내 보인 것 이다. 그때 화주승 성공 스님은 그 재물을 얻어 달을 넘기지 않고 공덕 을 일으켰다. 눈먼 원량은 전날에 딸과 이별할 때 흘린 슬픔의 눈물로 인하여 맹안(盲眼)이 홀연 밝아져 육신의 복[體福]을 누리며 살다가 95세에 돌아가셨다.【성덕산 관음사사적⁴⁷⁰】

469. 관음사의 창건 시기를 백제 분서왕 때인 308년이라는 기록도 있으며, 창건 뒤 성공 스님 이 성덕의 상(像)을 만들려 하다가 생각을 바꾸어 관세음보살상을 모시고 절 이름을 성덕산 관음사라 했다는 이야기도 전한다.
470. 1729년(영조 5) 백매(白梅) 선사가 우한자 스님으로부터 전해 듣고, 정리해 쓴 글. 같은 해 옥과 관음사에서 간행하였다. 순천 송광사에서 판각한 목판이 6.25전쟁 때 소실되고, 그 인 쇄본이 송광사 성보박물관에 보존되어 있다. 이 설화를 심청 설화의 원형으로 보고 있다.

85. 신라 관음과 명신

신라 관음

(일본) 행선(行善) 스님은 고구려(신라가 맞을 듯)에 들어가 불법을 구하고 양노 2년(718)에 돌아왔다.

행선은 고려에 있을 때 홍수를 만났는데, 다리가 끊기고 배도 없었다. 끊어진 다리 위에 서서 가만히 관음보살을 생각하였다. 잠깐 사이 한 노옹이 배를 저어 와서는 행선을 태우고 물가에 닿은 후 갑자기 사라지고, 배 또한 보이지 않았다.[471] 행선은 그 분이 관자재보살의 응현(應現)임을 알고 서원을 내어 그 모습을 새겨 모시고 밤낮으로 공경스럽게 예를 갖추니, 그 나라에서는 행선을 하변보살(河邊菩薩)[472]이라고 불렀다.

돌아올 때 그 보살상을 품고 와서 흥복사(興福寺)에 봉안하였는데, 하루는 그 존상이 갑자기 사라져 간 곳을 알 수가 없었다.【원형석서[473]】

---

471. 『법화경』 보문품에, "설령 큰물에 떠내려가게 되더라도 한마음으로 관세음보살님을 염하면 곧 물에 닿게 되느니라"라는 내용이 보인다.

472. 하변보살 : 그의 행적과 관련하여 '물가의 보살'이라는 의미로 불렸던 것 같다.

473. 원형석서(元亨釋書) : 일본 임제종 승려 코칸 시렌(虎關師錬, 1278~1346)이 지은 책. 전체 30권이며, 14세기까지 일본의 불교사 및 불교 문화사가 일목요연하게 정리되어 있다. 『삼국유사』와 비교해 편찬 시기와 성격 등에서 유사한 면이 매우 많으면서 동시에 뚜렷한 차이도 보여주고 있으므로 비교해서 볼만하다.

일본 오사카의 흥복사

신라 명신

(일본) 천안 2년(858), 원진(圓珍) 스님이 배를 타고 당나라에서 돌아오던 중, 바다에서 홀연히 한 노옹이 뱃머리에 나타나 말하기를, "나는 신라국의 신입니다. 미륵불이 하생할 때까지 스님의 교법을 지킬 것을 서원합니다."라고 하였다. 말을 마치자, 보이지 않았다.

원진이 서울에 들어가 장차 (당에서 가져온) 불교책들을 상서성(尙書省)에 두려고 하였다. 그때 해상의 그 노옹이 나와 말하기를, "이곳은 경전을 둘 곳이 아닙니다. 일본 땅에 유일한 승지가 있는데, 제가 미리 보아두었으니, 스님은 가만히 계십시오. 전해 듣기를 관청에서 원우(院宇)를 세워 이 책들을 두고자 한다니 제가 진압하여 더욱 지킬 것입니다. 또 불법은 왕법을 다스리는 도구이므로 불법이 쇠하면 왕법 또한 쇠할 것입니다."라고 하였다. 말을 마치고, 모습을 숨겼다.

원진 스님은 예산(叡山)으로 돌아가 산왕원(山王院)으로 갔다. 이때 산왕원 명신(明神)이 나타나 말하기를, "경전을 이곳에 두기에 마땅하다."라고 하며, 신라 명신이 또 나와 말하기를, "이곳은 내세에 반드시 전쟁이 있어 둘 수가 없습니다. 남쪽으로 몇 리를 가면 그곳이 뛰어난 곳입니다."라고 하였다.

원진은 신라·산왕원 두 명신 및 2명의 비구와 함께 자하군(滋賀郡) 원성사(園城寺)에 갔다. 그 절의 교대(教待)[474]스님이 절의 사적을 이야기하였다. 이미 산왕원 명신이 예부(睿阜)로 돌아오고, 신라 명신은 원진에게 말하기를, "제가 이 절 북쪽의 뜰에 살 것입니다"라고 하였다. 그때 백천의 권속이 주위에 둘러싸여 있었으나 오직 원진만이 보고 다른 사람들은 알지 못했다. 수레를 탄 사람들이 매우 많았는데, 좋은 음식으로 신라 명신을 대접하였다. 교대가 와서 반겨 맞이한 뒤에 수레를 탄 사람들의 모습이 보이지 않았다.

원진이 명신에게 "수레를 탄 사람은 누구입니까?"라고 하자, 명신이 말하기를 "삼미 명신(三尾明神)입니다."라고 하였다. 이로부터 신라 명신[475]의 위엄이 더욱 드러나게 되었다.【원형석서】

---

474. 교대(教待) : 생몰년 미상. 신라승. 일본에서 미륵보살의 화신으로 받들었다.
475. 이 밖에 일본이 아닌 당나라와 관련된 명신으로 신라의 적산명신이 있었다.

86. 천축산
불영사

신라의 옛 비석에 이르기를, "당 영휘 2년(651, 진덕여왕 5)에 의상 법사가 동경(경주)에서 바다를 따라 단하동(丹霞洞)에 들어 해운봉(海雲峰)을 올랐다. 북쪽을 바라보며 감탄해 말하기를, '서역 천축산의 모양이 그대로 해동에 옮겨졌다'라고 하였다. 또 계곡 위에 5불의 그림자가 있는 것을 보고 더욱 기이하게 여겼다. 물을 따라 내려와 금탑봉(金塔峰)에 오르니 그 아래는 독룡이 사는 못이 있었다. 법사는 용을 위해 설법하고, 땅을 바쳐 절을 세울 수 있도록 하라고 청했다. 용은 오히려 순종치 않으므로 법사는 신력을 세차게 하여 빌었다. 이에 용은 흥분하며 산을 무너뜨리고 돌을 날리면서 물러났다. 법사는 곧 못을 메우고 절을 세웠다. 정동방[震方]은 특히 청련전(靑蓮殿) 3칸과 무영탑 1기를 건립해 비보하고 그 이름을 천축산 불영사[476]라고 하였다.

법사는 의봉(676~679) 초에 다시 서산(西山 ; 충남 瑞山)에 들어가 부석사(浮石寺)·각화사(覺華寺) 등을 세우고, 15년간 천하를 주유하였다. 불영사에 돌아와 선사촌(仙槎邨, 지금의 울진군)에 이르자, 한 노옹이 기뻐하며 말하기를, '우리 부처님이 돌아오셨네.'라고 하였다. 이로부터 마을 사람이 전하기를, 불귀사(佛歸寺)는 산의 뿌리가 백암산(白巖山)에 있으므로 풍속에 백암산(白岩山)이라고 한다. 또 이 절

---

476. 천축산 불영사 : 경상북도 울진군 서면 하원리 천축산에 있으며, 651년 의상대사가 창건하였다. 대한불교조계종 제11교구 본사 불국사의 말사.

천축산 불영사 전경(울진군)

은 동쪽으로 삼각봉 아래에 있고. 좌망대(坐忘臺)와 오룡대(五龍臺)가 있으며, 남쪽으로 향로봉(香爐峰)·청라봉(靑螺峰)·종암봉(鍾巖峰)이 있고, 서쪽으로는 부용성·학소대가 있고, 북쪽으로 금탑봉·의상대·원효굴·용혈이 있는데 모두 절의 뛰어난 경관이다. 법사가 9년을 머물렀고, 원효 법사 또한 와서 어울렸다. 갑자기 두 법사가 함께 낙산에 가서 관음대비상을 참례하고 금강산으로 들어가 마하연(摩訶衍)이란 암자를 세웠다.”라고 하였다.

그러므로 천축산 불영사는 법사가 처음 천축의 옛 이름을 생각해 낸 것이고, 백암산 불귀사는 후대인들이 법사의 새로운 이름을 추모한 것이라고 할 수 있다. 그리하여 산과 절은 각각 이름이 둘이다.

지금 사람들이 모두 옛것을 버리고 새로운 것을 따르는 것은 성스러운 뜻에 매우 어긋나는 것이다.『화엄론』에 이르기를, “의상 법사는 과거 금산 보개여래(金山寶蓋如來)의 후신이며, 원효 법사는 현재 화엄 지위 대권보살(大權菩薩)이다.”라고 하였다. 이곳은 두 성인이 거주한 곳이므로 그 총림(사찰)의 이름은 정말로 귀중한 것이며, 지금 사람이 더욱 살피지 않을 수 없는 것이다.【천축산불영사기[477]】

---

477. 1370년 유백유(柳伯儒 혹은 柳伯濡)가 지었다.

87. 금강산의 법기보살

금강산 표훈사

『화엄경』에 이르기를, "바다 가운데에 '금강산'이라 불리는 곳이 있는데, 옛날부터 여러 보살이 살고 있었다. 현재에는 법기보살이 그 권속 1,200명의 보살과 함께 항상 이곳에 있으면서 불법을 설한다."라고 하였다.

『대방광불화엄』보살주처품 31에 이르기를, "산은 동해의 동쪽 가까이에 있다. 비록 전체가 황금으로 된 것은 아니지만 위아래 사방에서 산간으로 흐르는 물속의 모래까지 모두 다 금이 있다. 그러므로 멀리서 바라보고 곧 전체가 금이라는 말들을 한다."라고 하였고, 또 이르기를, "이 산에서 가끔 성인이 출현한다."라고 하였다.

또 60권 화엄[晉本]에는, "바다 가운데에 보살이 머무는 두 곳이 있는데[478], 하나는 이름을 '지달나(枳怛那)'라 한다. 현재 담무갈보살(曇無竭菩薩)[479]이 있고, 1만 2천 명의 보살 권속이 있다."라고 하였다. '지달(枳怛)'이란 것은 온전히 말하면 '일지다(昵枳多)'라고 하며, 또 '용출(踊出)'이라고도 한다. 금강(금강산)은 (산의) 본체(本體)를 말하고,

---

478. 바다에 있는 보살주처지는 관음보살의 보타락가산(낙산)과 법기보살의 금강산이 있다.

479. 담무갈(曇無竭) : 법기보살(法起菩薩)이라고도 한다. 금강산에서 12,000명(혹은 1,200명)의 권속을 데리고 살며 『금강경』을 설법한다는 설화가 있어 금강산 1만 2천봉이라는 말이 나왔다.

용출(지달산)은 모습[狀]을 말한 것이다. 담무갈은 법생(法生) 또는 법용(法勇)·법상(法尙)이라 한다. 지금 말하는 법기(法起)는 법생·법용과 뜻이 같은데, 바로 상제보살(常啼菩薩)의 벗이다. 보살의 권속이 불경보다 10배나 되니, 번역자의 잘못인 듯하다.

표훈사(表訓寺)는 백화암(白華庵) 위에 있으며, 신라 문무왕 때 표훈 스님이 창건하였다.[480] 오선봉(五仙峯)을 진산(鎭山)으로 하고, 왼쪽에는 청학대(靑鶴臺), 앞에는 능파루(凌波樓)가 있고, 남쪽에는 함영교(含影橋)가 있다. 법당에는 금강산을 형상화하여 가산(假山)을 세우고, 감실(龕室)을 만들어서 담무갈보살을 봉안하였는데, 신라 스님 법기(法起)가 그렇게 한 것이다.

법기 스님은 금강산에서 깨달음을 얻고, 그 상(像)을 받들어 주불로 삼은 것이다. 법당 남쪽에는 불좌(佛座)를 동향으로 설치하였는데, 무릇 이곳 지형이 행주형[481]이기 때문에 키[舵]에 앉은 모양으로 불상을 봉안한 것이라 한다. 【임하필기】

정양사

정양사(正陽寺)는 표훈사의 북쪽에 있으니, 즉 금강산의 정맥(正脈)이다. 그런 까닭에 정양사라고 이름 지은 것이다. 지대가 높고 트여서 산 안팎의 여러 봉우리가 하나하나 모두 보인다.

세상에서 말하기를, "고려 태조가 이 산에 오르니, 담무갈보살이 돌 위에 몸을 나타내어 광채를 발산하였다. 태조가 신하들을 거느리고 이마를 땅에 닿도록 절을 한 뒤 이 절을 창건하였다." 라고 한다. 그런 까닭에 절 뒤의 언덕을 '방광대(放光臺)'라 하고, 앞의 고개를 '배재[拜岾]'라고 한다. 【신증동국여지승람】

---

480. 표훈사는 만폭동 어귀에 있으며, 신라승 능인(能仁)·신림(神林)·표훈 등이 창건하였다고 한다(『신증동국여지승람』 권47, 강원도 회양도호부 불우조). 문무왕대라는 창건 시기는 표훈이 경덕왕대에 활동하였음을 볼 때 믿을 수 없다.

481. 행주형(行舟形) : 물길을 헤치고 나아가는 배의 형상을 한 지형.

88. 보개산의 지장보살

보개산 석대암

송도(개성)의 동쪽 180리쯤에 산이 있으니 보개산(寶盖山)[482]이라 한다. 뾰족뾰족한 산봉우리들이 늘어서 있고, 숲과 골짜기가 깊다. 그중 기이한 봉우리 하나가 우뚝하게 홀로 솟았으니 환희봉(歡喜峰)이다. 환희봉 아래 3리쯤에 암자가 하나 있으니 석대암(石臺庵)이라 한다. 그곳에 신령한 지장보살상이 있는데, 신비로운 변화가 헤아릴 수 없고 영험함이 끝이 없다. 그러므로 많은 사람은 단순히 석상의 하나로 보지 않는다.

높이는 3척이고 얼굴은 매우 오묘하다. 왼손에 구슬을 들었는데, 저절로 색이 변하여 앞으로 올 일들을 분변할 수 있으니 이것이 조각해서 만든 것이 아님을 더욱 잘 알 수 있다. 왼쪽 어깨에 가로로 된 자국이 1촌가량 있는데 이것은 예전에 사냥꾼이었던 이순석(李順碩)의 화살촉 흔적이다.

「고기(古記)」에 이르기를, 옛날에 사냥꾼 이순석 등 두 사람이 금빛 멧돼지 한 마리를 쏘았는데, 상처 구멍에서 흐른 핏방울이 땅에 뚜렷한데, 환희봉(歡喜峰) 쪽으로 나 있었다. 사냥꾼들이 (핏방울을) 쫓아

---

482. 보개산 : 경기도 연천·포천, 강원도 철원군에 걸쳐 있다. 본래 이름은 영주산이었으나, 1396년(태조 6) 무학 대사가 심원사 주지로 있으면서 보개산이라고 개칭했다고 한다. 이 밖에 지장산·산내산·법화산·보가산 등으로도 불린다.

서 그것이 멈춘 곳을 살펴보니 금빛 멧돼지는 보이지 않았다. 다만 샘 솟는 곳에 있는 석상만 보일 뿐인데, 머리는 이미 드러났으나 몸은 아 직 묻혀 있었다. 왼쪽 어깨에 화살이 꽂혀 있었으므로 두 사람은 깜짝 놀라 곧바로 화살을 뽑았다. 그리고 그 몸통을 파내려 하였지만, 태산 같이 무거워 움직일 수 없었다.

두 사람은 놀라서 함께 일어나 맹세하기를, "대성(보살)께서 이미 우 리를 불쌍히 여기고, 득도 해탈하기 위해 이 같은 신령한 변화를 보이 셨으니 만일 내일 땅에서 나와 샘가의 돌 위에 앉아 계신다면 우리는 마땅히 출가하여 도를 닦을 것입니다."라 하고 돌아갔다. 이튿날에 와 서 보니 보살상이 나와, 돌 위에 앉아있었다. 두 사람은 곧바로 출가하 고, 당 개원 8년 경신년(성덕왕 19, 720)에 무리 3백여 명을 이끌고 이 암자를 세웠다.

철원 보개산 심원사 명주전
지장보살상

이순석이 돼지를 사냥하는 모습과 그 돼지가 지장보살이었다는 내용을 그린 그림
(상왕산 개심사 벽화)

두 사람은 숲 아래의 돌무더기를 누대(樓臺)로 삼고, 늘 그 위에 앉아 정진하였으므로 이름을 석대암이라고 하였다. 그 후에 두 사람은 몸을 버리고 하늘로 올라갔다.

전해지기로는 두 사람의 무덤이 하나는 환희봉 정상에 있고, 하나는 봉우리 아래에 있다고 하는데 지금은 그 무덤을 볼 수 없다고 한다. 옛 사람이 전하기를, 일찍이 어떤 사람이 그 석상이 안치된 곳에 집을 지으려고 목재를 옮겨놓았는데 그날 밤에 갑자기 크기가 집채만 하고, 어디서 온 것인지 알 수 없는 큰 돌이 석상 곁에 놓였고, 날라놓은 목재들은 모두 골짜기로 던져졌다고 한다. 본래 석상이 솟아난 곳은 지금 우물이 있는 곳이다.【보개산 석대기[483]】

중국 명주(明州; 절강성 寧波)의 한 어부가 고기를 잡다가 그물에 사람 크기의 불상[等像] 하나가 걸렸는데, 도로 버렸다. 꿈에 한 스님이 나타나 자신을 버렸던 것을 꾸짖으며, 자신은 지장보살인데 바닷속에 있으면서 물에 사는 중생을 구제하였고, 이제 너희들을 생각하여 그물로 들어간 것이라고 하였다. 어부는 꿈을 깨고 나서 절을 짓고 지장보살상을 다시 모셨다.【지장보살영험기[484]】

483. 민지(閔漬, 1248~1326)가 1307년(충렬왕 33)에 석대암의 주지 중열(中悅)의 부탁을 받아 석대암의 연혁을 기록한 글이다. 1320년에 돌에 새겼지만, 현재는 남아 있지 않고, 탁본을 판독한 내용이 『조선사찰사료』(권하)와 『한국금석전문』(허흥식 편, 중세하)에 수록되어 있다.
484. 상근(常勤), 『지장보살영험기』; 현법 편저, 『지장경염험록』, 대흥기획, 1995 참조.

89. 천관산
화엄신중

영남 바닷가 끝 옛 오아현(烏兒縣; 지금의 전남 장흥군)에 천관산(天冠山)이 있다. 전해오기를, "이 산을 지제산(支提山)이라고도 한다."라고 하는데, 『화엄경』에, "보살이 머물렀던 곳을 지제산이라 하고, 현재 보살이 있는 곳을 천관이라고 한다."라는 설도 이와 같은 것이다.

산 남쪽에 돌무더기가 우뚝 서 있는데, 수 길[仞]쯤 된다. 이것은 서천축국의 아육왕이 문수보살[聖師]의 신통력을 빌려서 8만 4천 개의 탑을 세웠는데, 이것이 그중의 하나이다. 탑 앞의 깎아지른 낭떠러지 위에 한 길 남짓하게 우뚝 솟아 있는 층대(層臺)가 있으니, 이것은 우리 부처님인 석가모니불과 가섭불이 조용히 앉았던 곳이다.

신라 효소왕이 왕위에 오르기 전에 부석존자(浮石尊者) 의상(義湘)이 그 아래에서 살았는데, 지금의 의상암(義湘庵)이다. 그 형세가 요충지이고 맑고 수려하기가 천하에 제일이다. 창문을 열고 내려다보면, 호수와 산의 온갖 아름다움이 앉아있는 곳으로 들어와 마음이 엉기고 형상이 풀리어 심오한 진리의 경지로 들어가게 한다. 이것을 보면 우리 부처님과 가섭이 여기에 편안히 앉아있었다는 것이 참으로 빈말이 아님을 알겠다.

후에 통령 화상(通靈和尙)이 탑 동쪽에 절을 세웠는데, 지금의 탑산사(塔山寺)이다. 대사가 하루는 꿈을 꾸니, 북쪽 산허리가 땅속에서 솟아 나오는데 가지고 있던 지팡이가 날아서 산봉우리를 지나 이곳에 꽂혔다. 뒤에 꽂혔던 자리라고 생각되는 곳에 가시덤불을 베어내고 절을 지으니, 지금의 천관사(天冠寺)이다.

신라 신호왕(神虎王; 제45대 신무왕)이 태자로 있을 때, 임금의 견책을 받아 산의 남쪽 완도(莞島)로 귀양 갔다.[485] 그때 화엄승 홍진(洪震) 대사가 본래 태자와 좋아하는 사이였기 때문에 태자의 일을 듣고 천관사로 달려가서 밤낮으로 정성껏 예를 다해 화엄신중(華嚴神衆)을 불렀다. 이에 여러 신중이 감동하여 부름에 응하여 절 남쪽 봉우리에 죽 늘어섰으니, 지금의 신중암(神衆岩)이 그것이다.

지난 경자년(1240) 가을 7월, 내가[天因] 일찍이 이 산에서 놀면서 거룩한 자취[聖迹]들을 탐방하였는데, 탑산사의 주지인 담조(曇照)가 나에게 옛 기록[古迹]을 보여주며 말하기를, "이 초본(草本)이 산 뒤 민가에 흩어져 있었는데, 우연히 가서 얻게 되었다. 세월이 오래되어 파손되고 썩어서 글자가 없어진 것이 많으니, 그 뜻의 실마리를 찾아내어 새롭게 해서 후세에 보여주면 이것도 불법 유통의 한 가지 수단[一段]이 될 것이다."라고 하였다. 그때 마침 내가 다른 곳의 청을 받아 가므로 생각을 모아 볼 겨를이 없었다. 뒤에 담일(湛一)이 또 초본을 주었는데, 상자 속에 넣어 둔 지가 오래되었다. 우연히 검열하게 되어 대강 그 줄거리를 기록하여 그의 뜻에 부응하고 초본과 함께 돌려보낸다.【천관산기[486]】

---

485. 흥덕왕이 죽고, 왕위를 놓고 아버지 김균정과 함께 김제륭(희강왕)·김명(민애왕) 등의 세력과 다투었다. 이 싸움에서 균정이 죽고 패하자, 김우징(신무왕)은 청해진 장보고에게 의지하였는데, 이 사건을 '견책(譴責)'이라고 표현하였다.

486. 천인(天因, 1205~1248), <천관산기>(『동문선』 권68). 천인은 만덕사(萬德社) 제2세, 시호는 정명국사(靜明國師).

90. 감산사 미륵보살과 아미타불

감산사 미륵보살 입상

개원 7년 기미년(719, 성덕왕 18) 2월 15일 중아찬(제6관등) 김지성 (金志誠, 652~ ?)은 돌아가신 아버지 김인장(金仁章) 일길찬(제7관등) 과 돌아가신 어머니 관초리(觀肖里)를 위하여 감산사(甘山寺)[487]를 세우고, 석조 아미타불상 1구와 석조 미륵보살상 1구를 조성하였다.

제자 지성은 성군이 다스리던 세상에 태어나 명예로운 벼슬들을 역임하였다. 그러나 지략도 없이 당시의 폐단을 바로잡으려고 하다가 형벌을 겨우 면하였다. 마음은 산수와 어울려서 장자(莊子)·노자(老子)의 유유자적함을 사모하였고, 뜻은 불교를 소중히 여겨 무착보살[488]의 그윽하고 적적한 진리를 희구하였다.

나이 67세에 조정에서 물러나 한적한 전원으로 돌아와 『도덕경』을 보면서 명예와 지위를 버렸으며, 현묘한 진리의 세계에 들어가 17지의 『유가사지론』(유가법문)을 연구하니 색(色)과 공(空)이 무너져 모두가 없어졌다.

---

487. 감산사 : 경북 경주시 외동읍 괘릉리에 있었던 절.
488. 무착보살(無著菩薩) : 서기 3세기경 인도승. 미륵(彌勒)의 제자이며, 세친(世親)의 스승으로서 유식사상을 펼쳐 대승불교의 발전에 이바지하였다.

감산사 석조미륵보살입상(◀)(국보 제81호)
감산사 석조아미타불입상(▶)(국보 제82호)

얼마 있지 않아 다시 왕명을 받들어 도성의 바쁜 직무를 맡게 되었
다. 비록 관직에 있으면서 세속에 물들었으나, 세속 밖에 둔 마음을 버
리지 않았기에 재산을 다 바쳐서 감산(甘山)에 가람을 세웠다.

엎드려 바라건대, 이 작은 정성이 위로는 국주대왕(國主大王)께서
천년의 장수를 누리시고 만복을 크게 뻗치시는데, 도움이 되기를 바랍
니다. 또 이찬 개원공(愷元公)[489]은 시끄럽고 귀찮은 세속의 번뇌에서
벗어나, 태어남이 없는 묘과(妙果)를 깨달아 기뻐하시기를 바랍니다.

아울러 동생 양성(良誠) 소사, 현도사(玄度師), 누나 고파리(古巴
里), 전처 고노리(古老里), 후처 아호리(阿好里)와 서형 급한(及漢) 일
길찬, 일동(一憧) 살찬, 총경(聰敬) 대사, 여동생 수혜매리(首盻買里),

---

489. 태종 무열왕의 여섯 째 아들.

그리고 끝없는 법계의 일체 중생에게도 미쳐 함께 세속을 벗어나고 모두 부처님의 경지인 십호(十號)에 오르게 하소서.

비록 이러한 발원에는 끝이 있으니, 무궁한 겁(劫)을 지나면서 돌이 닳아 없어지더라도 존경하는 진용은 없어지지 아니할 것이니, 구하면 과보를 얻게 하고, 발원하면 모두 다 이루어지게 해 주소서. 만약 이러한 마음으로 발원하면서 따르는 사람이 있다면 모두 다 함께 그러한 착한 인연[善因]을 짓도록 해 주소서.

돌아가신 어머니 관초리 부인은 나이 66세에 고인이 되었으니, 동해 바닷가에서 (유골을) 뿌렸다.【미륵보살상 조상기】

감산사 아미타여래 입상

중아찬 김지전(金志全)은 신령스러운 산천의 정기로 잉태되고 성신(星辰)의 덕을 받아 이 세상에 나왔다. 그리하여 본성은 구름과 노을에 화합하고, 정신은 산수와 벗하였다. 현명한 자질을 갖추고 천명을 세상에 알리며, 지략을 품어서 국정을 보좌하였다. 황궁에 나아가 경륜을 쌓아 상사봉어(尙舍奉御)에 제수되고, 계림에서 벼슬을 주저하였으나 인끈을 끌고서 집사부 시랑(차관)을 맡게 되었다.

나이 67세에 수레를 매달고, 벼슬을 그만두었다. 세간을 피해 한적한 곳에 거처하니 상산사호[490]의 고상함과 같았으며, 영화를 버리고 품성을 기르니 소광(疏廣)·소수(疏受)[兩疏[491]]가 물러날 기회를 본 것과 같았다. 무착(無著)의 유식론[眞宗]을 우러러 사모하여 때때로 『유가론(瑜伽論)』을 읽고, 아울러 장주(莊周, 장자)의 그윽한 도를 사랑하여 날마다「소요편」을 펼쳐보았다.

---

490. 사호(四皓) : 중국 진시황 때 난리를 피하여 섬서성 상산(商山)에 숨어 지낸 동원공(東園公)·기리계(綺里季)·하황공(夏黃公)·각리 선생(角里先生) 등 네 선비를 말한다. 모두 눈썹과 수염이 하얗기에 '4호'라고 불렀다.

491. 양소(兩疏) : 한 성제(漢成帝) 때 태자의 스승 소광과 소수를 말한다. <52. 진성여왕의 양위와 효공왕의 사례> 참조.

그러나 자애로운 어버이의 은덕에 보답함은 부처님의 힘만 한 것이 없으며, 성스러운 임금의 은혜에 보답함은 삼보의 인연보다 나은 것이 없다고 생각하였다. 그리하여 나라의 주인이신 대왕과 이찬 개원공, 죽은 아버지, 죽은 어머니, 죽은 동생 소사 양성·사문 현도, 죽은 아내 고로리, 죽은 누이 고보리, 그리고 아내 아호리 등을 위해 그의 감산의 장전(莊田)을 희사하여 이 가람을 세우고, 이에 석조 아미타상 1구를 조성하였다.

엎드려 바라옵건대 이 작은 인연에 기대어 피안의 세상을 뛰어넘고, 사생 육도(四生六道)의 중생 모두 진리를 깨달아 얻게 하소서. 개원 7년 기미(719) 2월 15일, 내마 설총(薛聰)[492]이 왕명을 받들어 짓는다. 돌아가신 아버지 인장 일길찬은 나이 47세에 고인이 되었으니 동해에 유골을 뿌렸다.【아미타불상 조상기】

---

492. 설총(薛聰) : 원효의 아들.

91. 쌍계사
육조정상탑

삼법과 김대비

혜능(638~713)이 말하기를, "내가 입적한 뒤 5, 6년이 지나 마땅히 한 사람이 와서 내 머리를 가져갈 것이다. 내 예언을 들어 둬라. '머리[頭上]를 몸소 공양하려 함이요, 입 속에 밥을 구하네, 만(滿)의 난(難)을 만날 때 양류(楊柳)가 관(官)이 되더라.'"라고 하였다. 다시 이르기를, "내가 입적하고 70년이 지나 두 보살이 동방에서 올 것이니, 하나는 출가자이고 다른 하나는 재가자이다. 동시에 교화하여 나의 종(宗)을 세우고 가람을 일으키며 제자를 번창케 하리라."라고 하였다.

개원 10년 임술년(722) 8월 3일, 밤중에 (혜능) 탑에서 쇠줄을 끄는 소리가 났다. 대중이 놀라 나가보니 어떤 효자가 탑에서 나와 달아났다. 곧 탑 속을 살펴보니 (혜능) 조사의 목에 상처가 있었고, 이에 도적이 든 사실을 고을에 알렸다.

현령 양간(楊侃)과 자사 유무첨(柳無忝)은 보고를 받고, 도적을 잡기 위해 박차를 가해 5일 만에 석각촌(石角村)에서 도적을 잡아 소주(韶州)로 보내어 심문토록 하였다. 이름은 장정만(張淨滿)인데 여주(汝州) 양현(梁縣) 사람이었다. 홍주(洪州) 개원사(開元寺)에서 신라승 김대비에게 돈 2만 량을 받고 육조대사의 머리를 취하고자 했으며, 김대비는 그것을 해동에 가져가 공양하고자 한 것이다. 유 자사는 이 사실을 알고 처벌을 보류하고, 조계(曹溪)로 가서 조사(혜능)의 수제자인 영도(令韜)에게 어떻게 처리했으면 좋을까 물었다.

영도가 말하기를, "만약 국법으로 말한다면 마땅히 베어야 옳지만, 불교는 자비를 가르치니, 원수나 친지 모두가 평등한 것입니다. 하물며 그가 공양하고자 범한 것이라 하니 죄는 용서하는 것이 좋겠습니다."라고 하였다. 유 자사는 찬탄하며 말하기를, "이제 내가 비로소 불문(佛門)의 광대함을 알았다."라 하고 드디어 그를 놓아주었다. 【법보단경[493]】

앙산 혜적(仰山慧寂, 803~887)이 스승 위산 영우(潙山靈祐, 771~853)에게 아뢰기를, "육조 화상이 입적하실 때 제자들에게 부탁하여 이르시기를, '무게가 두 근쯤 되는 무쇠 자물쇠를 내 목 뒤에다 붙여 장사를 지내라.'라고 하시자, 제자들이 묻기를, '무쇠를 목덜미에다 붙이라는 뜻이 무엇입니까?'라고 하였습니다. 육조께서 말씀하시길, '종이와 붓을 가지고 오거라. 내가 예언을 써주겠다.'라고 하시며, '5, 6년 무렵에 머리 위에 부모를 봉양하고 입안에 밥을 먹인다. 만(滿)의 환난을 만나면 양(楊)과 유(柳)가 벼슬아치가 된다.'라고 쓰셨습니다."라고 하였다.

위산 스님께서 묻기를, "너는 조사의 예언을 알겠는가?"라고 하자, 앙산이 말하기를, "알기는 합니다만 이미 지난 일입니다."라고 하였다. 위산이 말하기를, "지난 일이기는 하나 말해보라."라고 하였다.

앙산이 말하기를, "5, 6년이라 함은 30년 뒤라는 뜻이요, 머리 위에 어버이를 기른다고 함은 효자(孝子) 하나를 만난다는 뜻이요, 입안에 밥을 먹인다고 함은 자주 재(齋)를 지낸다는 뜻이요, 만(滿)의 환난을 만난다고 함은 여주(汝州)의 장정만이 신라 사문 김대비에게 팔려 육조 스님의 머리와 의발을 훔치게 된다는 뜻이요, 양과 유가 벼슬아치가 된다는 것은 양은 소주의 자사요, 유는 곡강(曲江)의 현령이니, 이 사실을 깨닫고 석각대에서 붙는다는 뜻입니다."라고 하였다. 【조당집[494]】

---

493. 『법보단경』 10, 부촉품 및 영도가 쓴 부록.
494. 『조당집』 권18, 앙산화상조, 신라승 김대비.

쌍계사 육조정상탑

신라국 성덕왕(재위 702~737) 때 호남 왼쪽의 낭주군(전남 영암군) 운암사(雲岩寺)에 사문 삼법(三法) 스님이 있었다. 속성이 전씨(全氏)이며, 금관(김해) 대포촌(帶浦村, 경남 사천군 곤양면) 사람이다. 자못 총명하고 슬기로워 경전과 계율을 잘 풀이하고, 담력과 지략을 갖추었다. 일찍이 중국의 조계육조 혜능 대사의 가르침과 명망을 듣고 한 번 뵙고자 하였으나 이루지 못하고 있었다.

당 개원 2년(714) 육조대사가 입적[495]했음을 듣고, "후생(後生)으로써 변방에 살아 당대의 진불(眞佛)을 찾아뵙지 못하게 되었다."라고 하며, 서쪽을 바라보고 통곡하였다.

그때 금마국(金馬國, 전북 익산) 미륵사의 규정(圭晶) 스님이 당나라에서 돌아왔는데, 그에게서 육조 스님이 설하신 『법보단경』 초본 1권을 얻어 보게 되었다. 향을 사르고 공경히 읽어 나가니, 마치 친히 가르침을 받는 것 같았다. "육조대사가 이르길, '내가 멸한 5, 6년 후에 마땅히 어떤 사람이 나의 머리를 취해 가리라'라고 하였다."는 내용을 읽고, 스님은 조용히 생각하며 말하기를, "육조 스님께서 이미 머리를 취해가리라는 예언을 하였으니 다른 사람의 손에 떨어지게 하는 것보다, 차라리 내 힘으로 이 일을 도모해서 우리나라 만대의 복밭[福田]을 짓는 것이 낫겠다."라고 하였다.

또 "내가 이 일을 거행함은, 첫째는 곧 도둑질하는 것이며, 둘째는 곧 부처님 몸에 피를 내게 될 것이다. 이는 오역죄를 범하는 것이니, 응당 지옥에 떨어지리라. 그렇지만 진실로 중생들에게 이익이 될 수 있다면, 지옥의 고통쯤이야 달갑게 여기는 바이다."라고 하였다.

이에 영묘사(靈妙寺)의 비구니 법정(法淨, 김유신의 부인)에게 말하기를, "당나라의 육조 스님은 부처님이 세상에 나타나신 것입니다. 그런데 지금 입멸하셨고, 『법보단경』에 머리를 취해 가리라는 예언이 있

---

495. 혜능은 713년 8월 3일에 국은사(國恩寺)에서 입적(『법보단경』).

은즉, 만약 머리를 우리나라에 모셔와 공양한다면 국가에 크나큰 복이 될 것입니다."라고 하였다. 법정은 이 말을 듣고 매우 기뻐하며, 재산 2만 금을 주면서 말하기를, "이 변변치 못한 재물을 빌어서, 큰일을 이루면 다행이겠습니다."라고 하였다. 얼마 뒤에 삼법 스님은 상선을 타고 당나라에 가니, 곧 성덕왕 20년(721)[496] 임술년 5월이었다.

3개월 후 소주 보림사(寶林寺)에 이르렀다. 육조대사탑에 이마가 땅에 닿도록 수없이 절을 하고, 은밀히 소원을 빌었다. 7일째 되던 날 밤에 빛이 탑 꼭대기에 머무르더니 동쪽 하늘로 뻗쳐올랐다. 스님은 빛의 상서로움을 보고, 소원이 이루어질 것 같은 감응에 기뻐하였다. 그러나 형세를 살펴보니, 남몰래 머리를 빼낸다는 것이 쉽지 않았고, 의논할 만한 이가 없어서, 매우 울적하였다. 그때 본국 백률사 스님인 대비 선백(大悲禪伯)이 홍주 개원사 보현원(普賢院)에 머문다는 말을 들었다. 대비 스님 또한 도를 갖춘 자로서 일찍이 법의 계보에 들었으나 숨기고 있었다. 삼법 선사는 바로 가서 소박한 뜻을 은밀히 알렸다.

대비 스님은 기뻐하며 말하기를, "저의 뜻도 또한 그렇습니다. 그러나 감탑(龕塔)을 고쳐 봉할 때 나 또한 참여해 유심히 살펴보니, 예언대로 평평한 철판에 면포를 더하여 치밀하게 묶었으며, 탑문도 견고하게 봉하였습니다.[497] 게다가 엄하게 감시하고 지키고 있으므로, 힘이 여간 뛰어난 자가 아니고는 감히 손대어 볼 수도 없습니다. 또한 강철로 된 무기를 쓰지 않고 재빠르게 쪼개어 열기도 어려울 것입니다."라

---

496. 원문의 성덕왕 20년은 신유년이고, 임술년은 성덕왕 21년이다.

497. 『법보단경』 10 부촉품에, "선천 2년 계축년(713) 8월 3일 조사께서 게송을 마치시고 단정히 앉아 계시다가 삼경이 되자 문인들에게 말씀하시기를 '나는 간다.'라고 하시며, 조용히 돌아가셨다. 11월에 광주·소주·신주 세 곳의 승속(僧俗)이 서로 진신을 모셔가려고 다투느라 갈 곳을 결정하지 못하였다. 이에 향을 사르고 빌기를, '향기가 가리키는 곳이 조사께서 돌아가실 곳입니다.'라고 하니 그때 향기가 바로 조계를 향하여 뻗치므로 11월 13일에 신감(神龕)과 함께 의발을 옮겼다. 이듬해 7월 25일에 제자 방변(方辯)이 신감을 꺼내어 그 위에 향을 바르고, 문인들이 머리를 취하리라는 예언을 생각하여 철판과 옻칠을 한 천으로 조사의 목을 단단히 보호하여 탑에 모셨더니 홀연히 탑 안에서 흰빛이 나와 하늘로 뻗어 올랐는데 3일 만에 흩어졌다."라고 하였다.

고 하였다. 두 사람은 서로 탄식만 하고 있을 때 장정만(張淨滿)이라는 자를 알게 되었다. 그는 본래 여주 운량현 육암포(育岩浦) 출신인데, 절에 기거하고 있었다. 김대비는 그에게 뛰어난 힘이 있음을 알았으나, 경솔히 말할 수가 없었다.

하루는 장정만이 부모님의 부음[喪報]을 받고, 몹시 괴로워 가슴을 치며 슬퍼하고 있었다. 대비 스님은 삼법 스님과 상의해 1만 금을 보내어 도와주니, 장정만은 돈을 받고 매우 감격하였다. 부모님의 장례를 마치고 돌아오자, 대비 스님은 은밀히 육조 스님의 머리를 빼내오는 일을 부탁하면서, 거듭거듭 조심시켰다.

장정만은 말하기를, "소자가 비록 끓는 물에 들어가고, 타는 불을 밟는다 해도 어찌 사양할 수 있겠습니까? 스님은 염려하지 마십시오."라고 하였다. 곧바로 소주 보림사를 향하여 떠나가니, 8월 1일이었다.

이튿날 장정만은 보림사에 도착하였다. 한밤중 인적이 드문 때에 탑문을 열고, 육조의 정상(頂相)을 빼내어 큰 걸음으로 달려 개원사로 돌아와 대비 스님에게 드렸다.[498] 삼법과 대비 스님은 그날 밤으로 이를 짊어지고 낮에는 숨고 밤에 움직여 항주(杭州)에 도착해 배에 올랐으니, 때는 11월이었다.

당포(唐浦)로부터 마침내 운암사로 돌아왔다. 대비 스님과 함께 영묘사로 가서 법정 스님을 만났다. 법정 스님은 육조정상을 받들어 단상에 모시고 공양하고 예배하였다.

삼법 스님은 꿈에 한 노스님을 보았다. 수염과 눈썹은 흰 눈과 같았으며, 눈빛은 별처럼 빛났다. 몸에는 금란가사를 입고 사자좌에 가부좌하고서 낭랑하게 읊듯이 말씀하기를, "나의 머리가 이 땅에 돌아오니 불국과 인연이 있음이라. 강주(康州, 경남 진주) 지리산 아래 칡꽃이 핀 눈 속의 천국(天國), 사람과 경계가 모두 환상과 같고 산수는 묘

---

498. 혜능의 제자 영도가 지은 『법보단경』 부록 내용을 보면 김대비가 결국 혜능의 머리를 절취하지 못했음을 알 수 있다.

하기가 연꽃 같구나. 나의 법은 본래 무심하니 무덤[幽宅]에서 만년을 살리라."라고 하였다. 기지개하며 일어나자, 정신이 맑고 청량하였다. 대비와 법정 스님에게 가서 꿈의 이야기를 해 주었다. 이튿날 대비 스님과 함께 동쪽 강주 지리산으로 갔다. 이때가 12월이었다.

눈이 봉우리마다 쌓였고, 계곡은 막혀 갈 수 없었다. 그때 어린 사슴 두 마리가 바위에서 나와, 멀찌감치 서서 두 스님이 오는 것을 바라보고 있었다. 마치 마중 나와 길을 인도하려는 것 같았다. 기이하게 여기고 사슴의 자취를 따라가다 보니 골짜기에 돌문[石門]이 있었다. 문 안으로 몇 걸음 들어가자, 눈 쌓인 골짜기에 샘물이 솟고, 기온이 봄 같이 따뜻하며, 칡꽃이 흐드러지게 피어 있었다. 삼법 스님은 기쁜 나머지 뛰며 좋아하였다. 바로 그곳에 머리를 봉안하고, 장차 탑을 세워 견고하게 간직하고자 하였다.

그날 밤 (노스님이) 꿈에 나타나 말하기를, "탑을 세워 밖으로 드러내지 말며, 비문으로 기록해 적지도 말라. 이름도 없고 모양도 없음이 첫째가는 뜻[第一義]이니, 사람들에게 설하지도 말고 사람들이 알게 하지도 말라."라고 하였다.

삼법 스님은 이러한 뜻을 헤아려서 돌을 쪼개 함(函)을 만들고, 깊숙이 묻어 안치하였다.[499] 그리고 난야(蘭若)를 짓고 그 아래에서 오로지 선정만을 닦았으며, 대비 선백도 몇 달 뒤 백률사로 돌아가 선학(禪學)을 닦다가 그해에 입적하였다.

그 후 신라 효성왕 2년(738) 기묘(己卯)[500] 가을 7월 12일, 삼법 스님은 말하기를, "나는 운암사에서 출가하였고, 스승의 탑상(塔像)도 모두 거기에 있으니 내가 입적하면 이곳에서 장례를 치르라."라고 하였다. 목욕하고 단정히 앉아 『법보단경』 몇 쪽을 독송하고 고요히 입적하였다.

---

499. 육조정상탑 설화는 당대의 기록이 아니고, 정상탑도 근래 만들어졌던 점에서 사료적 가치를 떨어뜨리는 것이나, 당시 중국에서도 신라인에 의한 육조의 두골을 절취하려던 사건은 널리 알려져 있었던 것 같다. 한편 후대의 조작설을 주장하는 연구도 있다.

500. 기묘는 739년이다.

쌍계사 금당과 육조정상탑

제자 인혜(仁慧)·의정(義定) 등이 몸을 받들어 운암사에서 장례하고, 기타 유물과 그릇도 옮겨와 이곳에 보관하였다. 화개난야는 마침내 초목만 무성해져서 사라지게 되었다. 그 뒤 진감국사(眞鑑國師)가 그 터에 가람을 짓고, 머리를 봉안했던 곳 위에 육조대사의 진전(眞殿)을 세웠다.[501]

아! 부처님의 두골(頭骨)은 오대산에 모셨고, 조사 스님의 두골은 지리산에 모시게 되었다. 이것으로 우리나라가 불법본원의 보배로운 곳임을 알 수 있다. 이에 삼법 화상의 옛 기록에 근거하여 간략히 이 글을 엮으니, 육조대사의 두골이 영원토록 없어지지 않기를 바랄 뿐이다.【선종 육조혜능대사 정상동래연기[502]】

---

501. 진감국사 : 혜소(慧昭, 774~850)의 시호. 887년에 건립된 「지리산쌍계사 진감선사비」에, "혜소가 화개곡의 고(故) 삼법화상이 세운 절의 남은 터에 당우를 꾸리니 절의 모습을 갖추었다."라고 하였다.

502. 1103년『해동고승전』(1215)의 찬자 각훈이 지은 글이라고 하나, 후대에 조작된 것으로 보기도 한다.

92. 발해
아미타상

고정귀의 아미타불상

　무릇 끝없는 삼계(三界)에서 모두 오탁(五濁)의 인연에 미혹되어 꿈틀거리는 중생[四生]은 일불승(一佛乘)의 경계를 엿보지 못하네. 꿈과 환영 속에서 티끌과 먼지에 덮이고, 고해(苦海)를 건너게 해주는 나루와 다리[津梁]에서 보고 들음이 막혔네. 덧없는 목숨[朝露]은 갑자기 사라지니 나아갈 길 무엇에 의지할까?

　발해인 고정귀(高廷貴 혹은 高延貴)는 생사에 우뚝 서서 초연히 깨달아 열반 적멸의 영원과 안락[常樂]을 알고, 안팎의 모든 것이 공하다는 미묘한 이치를 이해하여 이 썩을 집을 돌아보고, 법의 다리를 놓을 것을 생각하였다.

　(그리하여) 공경히 돌로 감실과 아미타불상 1구를 만들었다. 온전한 상은 단정하고 엄숙하였으며, 얼굴은 맑고 밝았다. 노란 연꽃은 예쁘고 화려하며 극락정토의 공덕지(功德池)에 핀 것과 같고, 보수(寶樹)는 무성하니 수행[經行]의 땅을 덮어 그늘을 드리웠다. 이 뛰어난 행업으로서 저 묘한 인연 타기를 기원하니, 무릇 모두 생명이 다하면 극락세계로 올라가기를. 장안 3년(703) 7월 15일 삼가 만들고 돌에 새긴다.
【당문습유】

이씨의 아미타삼존상

함화4년명 아미타삼존불상

함화 4년(834) 윤5월 8일, 허왕부(許王府)의 참군 기도위(參軍騎都尉)였던 조문휴(趙文休)의 어머니 이씨(李氏)가 아미타불과 관음·대세지 등의 보살 존상을 공경하며 조성하였다. 모든 불문의 권속들이 모두 6바라밀을 실천하며, 온 세상의 중생들이 팔정도를 함께 이루기를 기원한다. 이를 위해 기리는 글을 짓는다.

크구나, 불법의 진리여! 지극하구나, 올바른 깨달음이여!

사생(四生)의 장애를 벗어나며, 오탁(五濁)의 세계를 지났다. 이는 더럽지도 않고 깨끗하지도 않으며, 사라지지도 않고 생겨나지도 않는 것이다. 자비로운 구름이 영원히 드리우고, 지혜로운 태양이 항상 비추리라.【발해함화사년명불상명문503】

---

503. 일본 구라시키(倉敷)시 오하라(大原) 미술관 소장. 이때 미타 삼존과 함께 문수보살상과 지장보살상도 만든 것으로 보인다.

93. 해인사 길상탑

해인사 묘길상탑

당나라 제19대 황제(昭宗, 889~904)가 중흥을 펼 때, 전쟁과 흉년 두 재앙이 서국(西國)에서 멈추고 동국으로 건너오니 악한 것이 없는 곳이 없었다.[504] 굶어 죽거나 싸우다 죽은 송장이 들판에 널려있었다.

해인사 별대덕[505] 승훈(僧訓)[506]이 이를 몹시 슬퍼하였다. 이에 불보살[導師]의 힘을 베풀어 대중의 마음을 이끌고, 각자 상수리 1과를 내도록 하여 함께 옥돌로 삼층탑을 쌓았다. 서원대로 굴러가게 하는 계율이나 방법은 대개 호국을 우선으로 삼았다. 이 가운데 특히 억울하게 죽어 고해(苦海)에 빠진 영혼을 구해 올리는 일에 힘썼다. 간소한 제사를 지내 (그들이) 명복을 받아 영원히 썩지 않도록 기록한다. 때는 건녕 2년(895, 진성왕 9) 7월 16일에 적는다. 대장(大匠) 스님은 난교(蘭交)[507]이다.【해인사 묘길상탑지[508]】

---

504. 당나라는 황소의 난이 평정되어 중흥하는 기운이 일어났으나, 신라는 889년(진성왕 3) 초적의 봉기로 국력이 약화된 상황을 일컫는다.

505. 별대덕(別大德) : 대덕 중 특별한 불사를 주관한 이를 가리킨다.

506. 승훈(僧訓) : 훈혁(訓蠱)이라고도 하나, 승훈이 맞다.

507. 난교(蘭交) : 운양대 길상탑의 조성에도 참여하였다.

508. 1966년 해인사 일주문 앞의 길상탑 안에서 발견, 현재 국립중앙박물관에 소장되어 있다. '묘길상'은 문수사리(文殊師利)를 말한다.

오대산사[509] 길상탑

기유년(889)에서 을묘년(895, 진성왕 9)까지 7년 동안 세상이 어둡고 어지러워 들판이 싸움터로 변하였다. 사람들은 갈 곳을 잃었고, 행동은 이리나 미친 강아지와 같았다. 나라가 기울어 깨질 듯하고 재앙이 사찰까지 다다랐다. 나라와 삼보를 지키려는 승려와 중생의 바람은 같은데, 서로 푸른 숲을 칼로 베듯이 하여 송장이 돌무더기처럼 쌓였다. 넉넉한 왕[滿王[510]]이 교화를 거듭하고, 이차돈[猒髑]이 다시 몸을 버린다면, 도(道)는 승려에게 있으며 이로움은 황공(皇公)에게 있을 것인가. 그것을 생각해보니 슬픔만 품게 되어 생각건대 꿈이 아닐까 한다.

이에 자비로운 말씀을 내고, 기어코 승려와 장인을 불러서 탑의 뿌리를 세웠다. 뼈를 썩지 않게 할수록 감실이 웅혼하고, 많은 줄을 만들수록 죽은 사람의 혼령을 붙잡으며, 층이 터를 잡을수록 중생을 인도할 것이다. 넋의 이름은 벽에 새겨지고, 떠다니는 넋은 창공을 빙빙 돌며 난다. 날갯짓하는 층탑은 오래되기를 산처럼 하여 영원히 선경(仙境)의 골짜기를 보호[鎭護]하라. 친히 이 일을 보고서 후손에게 광명을 주고자 대략의 뜻을 펴서 조잡한 글을 지어, 이 탑을 올린 공덕을 칭송하노라.

건녕 2년(895) 7월에 세웠다. 사문 승훈(僧訓)이 짓는다. 【오대산사 길상탑 축사 서문[511]】

---

509. 오대산사(五臺山寺) : 해인사에서 10km 지점인 월류봉(月留峰) 아래에 있었던 청량사(淸凉寺)로 추정하기도 한다.
510. 만왕(滿王)은 위만(衛滿)은 아닌 듯하고, 만왕(曼王 : 진성여왕)의 다른 표현인지도 모르겠다.
511. 탑지(塔誌)의 앞면에 있는 내용이다.

94. 인양사

인양사 탑과 금당

원화 5년(810) 경인년 6월 3일 순표□(順表□) 탑과 금당을 수리하고 완성한 글을 기록한다.

신해년(771, 혜공왕 7) (창녕) 인양사(仁陽寺)[512]의 종이 완성되었다. 신유년(781, 선덕왕 2) 여섯 절에서 안거[513]할 때 606석의 곡식을 먹었다. 임술년(782) 인양사의 취묘호(取妙戶)[514]와 정례석(頂禮石 ; 배례석)이 완성되었고, 금당을 수리하였다. 같은 해에 신열(辛熱 ; 미상)과 유천(楡川 ; 지금의 창녕 내야역 부근으로 추정)의 두 역(驛)에 곡식 102석을 주었다.

을축년(785, 원성왕 원년) 인양사의 무상사(无上舍)가 완성되었다. 임오년(802, 애장왕 3) 서울(경주)의 봉덕사(奉德寺)·영홍사(永興寺)·천엄사(天嚴寺)·보장사(寶藏寺)에 곡식 2,713석을 주었다.

임오년에 인양사의 삼보(三寶)에 954석의 곡식을 넣었다. 같은 해에 탑의 노반(盧半)을 수리하였다. 계미년(803)에 인양사 금당 안의 불상이 완성되었다. 같은 해에 원지사(苑池寺) 금당 안의 불상이 완성되었다. 계미년에 인양사 탑의 제4층을 수리하였다. 같은 해에 인양사 불문

---

512. 인양사(仁陽寺) : 경남 창녕군 창녕읍 교동에 있던 절이다.
513. 안거(安居) : 여름과 겨울 두 차례 승려들이 한곳에 모여 수행하는 제도.
514. 취묘호(取妙戶) : 불당의 정문을 가리키는 것으로 추측된다.

네 모서리의 방울[鐸 ; 풍경]이 완성되었다. 을유년(805)에 인양사 금당과 불문(佛門) 거당(居堂)에 기와를 덮었다. 정해년(807)에 불단[須彌壇]이 완성되었다.

기축년(809)에 상락사(常樂寺)의 무경회(无庚會)[515]를 이루었다. 경인년(810)에 같은 절의 무보회(无報會)를 이루었다. 같은 해에 대곡사(大谷寺)[516]의 석탑이 완성되었다.

기축년에 인양사 적호(赤戸)[517]의 계단이 완성되었다. 절 문의 돌계단과 정례석 둘이 완성되었다. □학족석(□鶴足石)이 완성되었다. 경인년에 용두(龍頭)[518]가 완성되었다. 신해년(771)에 시작하여 경인년(810)에 이르기까지 모두 곡식 15,595석을 썼다.

[결락] 삼보에 귀의하고, 삼가 4은(四恩)[519]을 갚거나, 다시 온몸을 부처님께 바치고 힘써 승려들을 공양하거나, 깊은 계곡에서 느긋하게 머물고, 깊은 산속에서 말없이 지내거나, 눈 속에서 팔을 자르고,[520] 방아 찧다가 마음을 깨닫거나,[521] 비둘기를 불쌍히 여겨 무릎의 살을 베어주고,[522] 호랑이를 생각해 몸을 던지는[523] 등의 이와 같은 것들 모두

---

515. 무경회(无庚會) : ① 상락사를 창건하기 위한 것이거나 재정적으로 돕기 위한 계회(契會), ② 법회, ③ 사원의 사물을 보관하는 창고 등의 견해가 있다.

516. 대곡사(大谷寺) : ① 경북 월성군 탑동에 있던 절, ② 창녕 인양사 부근에 있던 사찰 등의 견해가 있다.

517. 적호(赤戸) : 절의 입구에 있는 문이라는 견해가 있다.

518. 용두(龍頭) : 사찰 건축물 내외부에 나타난 용두를 말한다.

519. 사은(四恩) : 네 가지 은혜. ① 부모·국왕·중생·삼보 ② 부모·스승·국왕·시주.

520. 설중절비(雪中截臂) : 중국 혜가(慧可)가 숭산 소림사로 달마대사를 찾아갔다가 만나주지 않자, 눈 속에서 자기 왼팔을 잘라 정성을 보였다. 후에 선종 2조가 되었다.

521. 대하통심(碓下通心) : 선종 6조 혜능이 5조 홍인(弘忍)의 문하에서 수도할 때 8개월 동안 방아를 찧는 일을 맡았다가 깨우침을 얻었다.

522. 영구할고(怜鳩割股) : 석가모니가 전생에 시비(尸毗)의 왕이었을 때, 비둘기를 구하기 위하여 자기 허벅지살을 매에게 베어주었다.

523. 염호투신(念虎投身) : 석가모니가 전생에 '마하살타' 왕자로 있을 때, 출산한 호랑이가 기운이 없어 새끼에게 젖을 물리지 못하자, 호랑이의 먹이로 자신의 몸을 던졌다는 고사이다.

가 깨달음을 구하는 방법이다.【인양사 탑금당 치성문[524]】

설중절비[혜가단비. 소림굴
에 앉아있는 달마대사에게
무릎 꿇은 채 자신의 팔을
잘라 법을 청하는 혜가]

대하통심[육조도정. 방아
찧는 일을 맡았다가 깨우침
을 얻은 혜능](서울 아차산
영화사 대웅전 벽화 ⓒ신중
원 2014)

524. 이 비석은 771년(혜공왕 7)에서 810년(헌덕왕 2)에 이르는 근 40년간에 걸친 인양사의
탑과 금당 등을 건립, 보수하는 데 필요한 비용의 조달이 구체적으로 적혀있어서 당시의 사원
운영을 이해하는 데 중요한 자료가 된다.

95. 천관사와 승가굴

천관사

김유신은 계림 사람이다. 사업이 혁혁하여 국사에 많이 나온다. 어릴 때 어머니가 날마다 훈계를 엄하게 하여 함부로 남들과 사귀지 않았다. 하루는 우연히 계집종의 집에서 자게 되었다.

어머니가 훈계하기를, "나는 이미 늙어서 낮이나 밤이나 네가 성장하여 공명(功名)을 세워 임금과 어버이를 영화롭게 해주기를 바라고 있었다. 그런데 지금 네가 도살꾼과 술 파는 아이들과 어울려 창가(娼家)와 술집으로 놀러 다니기를 일삼느냐?"라고 하며, 울음을 그치지 않았다. 유신이 곧 어머니 앞에서 맹세하기를, "다시는 그러한 집 앞을 지나지 않겠습니다."라고 하였다.

하루는 술에 취해 집으로 돌아올 때, 말이 예전에 다니던 길을 따라 실수하여 창녀의 집으로 갔다. (창녀는) 잠시 기뻐하더니 원망하고, 눈물을 흘리며 나와 맞이하였다. 공(公)은 그제야 정신을 차리고, 타고 온 말을 베고 안장을 버린 채 돌아왔다. 그녀는 원망하는 노래 한 곡을 지어 세상에 전했다.[525]

---

525. 곡명은 '가시리'라고도 하는데, 참고로 그 가사는 "가시리 가시리잇고, 바리고 가시리잇고, 날러는 엇디 살라하고, 바리고 가시리잇고. 잡사와 두오리 마라난, 선하면 아니올세라, 설온님 보내보나니 가시난닷 도셔오쇼셔." 이다.

동도(경주)에 천관사[526]가 있는데, 바로 그녀의 집이다. (고려) 상국
(相國) 이공승[527]이 일찍이 경주 서기[管記]로 부임하여 지은 시에, "절
이름을 천관(天官)이라 하니 예부터 인연이 있는 듯, 홀연히 그 내력을
들으니 처연해지네. 다정한 공자(公子)는 꽃 아래 노닐고, 한을 품은
가인(佳人)은 말 앞에서 우는구나. 말[紅鬣]은 정이 있어 도리어 옛길
을 알았는데, 하인[蒼頭]은 무슨 죄로 부질없이 채찍을 더했던고? 다
만 남은 한 곡조의 가사가 오묘하여 달[蟾兎]과 함께 잔다는 말만 만
고에 전하네."라고 하였다. 천관은 그 여자의 이름이다. 【파한집[528]】

삼각산 승가굴

최치원 공의 문집을 보면, "옛날 신라시대에 낭적사(狼迹寺)의 수태
(秀台) 스님이 승가 대사의 거룩한 행적을 익히 듣고, 삼각산 남쪽에
좋은 장소를 골라 바위를 뚫어 굴을 만들고, 돌을 조각하여 얼굴을 묘
사하니 대사의 얼굴이 더욱 우리나라에 비치었다. 국가에 천지의 재
변이 있을 때나 수재나 한재 등 모든 의심스러운 일이 있을 때, 기도
를 올려 이를 물리치면, 그 자리에서 응답받지 않은 적이 없었다. 그러
므로 사절을 보내어 봄과 가을에 3일씩 재(齋)를 베풀고, 아울러 연말
에는 임금의 옷을 바치는 것을 정상적인 규례로 삼았다."라고 하였다.
【삼각산 중수승가굴기[529]】

---

526. 천관사(天官寺) : 경주 오릉 동쪽에 있었던 절. 김유신이 천관의 집을 절로 고쳐지었다고
한다. 천관사는 김경신이 김주원과의 왕위계승다툼에서 이겨 원성왕이 된 설화에도 나오는
데, 김경신이 복두(幞頭)를 벗고 흰 갓을 쓰고 가야금을 들고 천관사 우물로 들어가는 꿈을 꾸
었다고 한다(『삼국유사』 권2, 기이2, 원성대왕조).

527. 이공승(李公升) : 고려 문신(1099~1183). 인종 때 문과에 급제하여 직한림원(直翰林院)
을 거쳐 우정언을 지냈다. 청렴하였으며 의종의 총애를 받았다.

528. 파한집(破閑集) : 이인로(李仁老, 1152~1220)가 문인·선비들의 시에 평론을 가한 시화집.

529. 이예(李預)가 1106년에 지은 글, 『동문선』 권64에 수록되었다.

승가사 약사전 입구

승가사 약사전 승가 대사상 (보물 제1000호)

96. 창림사
무구정탑

　(제46대) 국왕 경응(慶膺 ; 문성왕)이 무구정탑(無垢淨塔)을 만들고
바람을 기록한 글이다. 한림랑[530]이며 새로이 추성군(秋城郡 ; 전남 담
양군으로 비정) 태수에 임명된 김립지(金立之)[531]가 왕명을 받아지었다.

　듣건대 경전에서 이르기를, "공덕을 짓는 데에는 만 가지의 방법이
있지만, 만물에 무한한 이로움을 주는 것으로서 탑을 짓는 것보다 더
한 것이 없다."라고 하였습니다. 삼가 생각건대 국왕께서는 많은 겁
(劫) 동안 선업(善業)을 닦으셔서 지위가 인간계와 천상계에서 으뜸으

경주 남산 창림사지 삼층석탑(보물 제1867호)과 발원기

---

530. 한림랑(翰林郎) : 국왕 조서, 외교문서 등을 작성하던 벼슬로 추정.
531. 김립지(金立之) : 825년(헌덕왕 17) 5월 왕자 흔(昕)을 따라 입당 유학하였고, 귀국 후 한
림랑이 되었다. 본 탑지 외에 「성주사 사적비」를 지었다.

로 되셨습니다. 그런데 중생[有情]이 고해에 잠겼다 떠올랐다 하고, 육도에 돌고 도는 것을 불쌍히 여기시어 장차 그들을 건져서 건너가게 하는 문(門)을 만들어

부처님의 정토(淨土)로 인도하고자 하셨는데, 무구정탑을 건립하는 것보다 나은 것이 없습니다. 이에 지성을 다하고 또 다해 모든 중생을 제도할 것을 서원하시고, 나라 안의 장인을 선발해 여러 산의 좋은 돌을 캐어내 새기고 쪼아서 탑을 쌓고, 여러 사리를 간직해 두었습니다.

공손히 바라건대 이 공덕이 넓게는 하늘 끝 너머, 높게는 유정천(有頂天)[532] 너머의 저 꿈틀거리는 모든 중생에게 이익이 되기를 빕니다. 또한 바라건대 국왕께서는 영원히 인간계와 천상계의 주인이 되시다가 그 업보가 다하는 날을 만나시면 흐트러진 좁쌀처럼 자질구레한 이름들을 버리시고, 부처의 경지[無上]에 들기를 빕니다. 당나라 대중 9년, 을해년(855, 문성왕 17) 4월 윤달 일에 세운다.【무구정탑원기[533]】

---

532. 유정천 : 삼계 28천 중 가장 높은 곳에 있는 무색계의 넷째 하늘, 비상비비상천이라고도 한다.

533. 창림사(昌林寺)는 경주시 남산 서쪽 포석정 동북쪽에 있던 절. 이 기문은 1824년(순조 24)에 석공이 탑을 깨뜨리고 그 안에 있던 다라니경과 함께 발견한 금동판에 적혔던 글이다. 이때 김정희(1786~1856)가 베껴 쓴 필사본이 일본학자 아유카이 후사노신(鮎貝房之進)에게 들어갔고, 1940년 조선총독부가 발간한『경주 남산의 불적(慶州南山の佛蹟)』에 수록되었다. 그동안 행방을 알 수 없던 이 금동판은 2011년 11월, 불교문화재연구소에 의해 용주사 효행박물관에서 발견되었다. 원래 경기 화성 용주사 말사인 이천의 영원사(靈源寺)에서 1968년 대웅전을 해체하다가 기단에서 발견된 것으로 확인되었다.

고승들의 행적

의해 5

97. 현광의 중국 유학

　현광은 해동 웅주(공주) 사람이다. 어려서부터 영특하였으며, 속세의 번잡함을 싫어해 이름난 스승을 찾아 배우기를 결심하고 오로지 깨끗한 행실을 닦았다. 장성해서는 중국 진(陳)나라를 둘러보고 형산(衡山)으로 가서 사대 화상 혜사(慧思, 515~577)를 만나보고, 사물이 열리고 교화를 이루었다. 사대 화상이 그에게 비밀리에 '법화안락행문'을 전해주었다.

　그의 예리함은 신의 송곳도 견고하지 않아 뚫지 못할 것 같았고, 그의 신선함은 무명옷에 물을 들이더라도 오히려 모두 깨끗해졌다. 타고난 성품으로 받들어 행하고, 부지런히 어긋남을 붙잡아 잠깐 사이에 법화삼매를 깨달아 화상에게 인가해 주기를 청하였다. 사대 화상이 그것을 증험하며 말하기를, "네가 깨달은 것은 진실로 헛된 것이 아니다. 그러니 부처나 보살을 늘 마음에 두고 선행을 쌓으면 법이 늘고 자라게 될 것이다. 너는 본국으로 돌아가 훌륭한 방편을 베풀어 애벌레가 모두 성충이 될 수 있도록 잘 보호해야 할 것이다."라고 하였다.

　그는 예를 올리고 눈물을 드리웠다. 그리하여 강남으로 돌아와 머물러 있다가 본국의 선박에 부탁해 몸을 실어 해안을 떠나갔다. 그때 채색 구름이 눈을 어지럽히고, 아름다운 음악이 하늘에 울려 퍼졌다. 붉은 깃발과 무지개 깃발이 불러낸 듯이 내려오더니 하늘에서 소리가 울리기를, "천제(天帝)께서 해동의 현광 선사를 부르신다."라고 하였다.

현광이 두 손을 맞잡고 길을 내주었다. 푸른 옷을 입은 사람이 나타나 앞서 인도하였다. 잠깐 사이에 용궁[宮城]으로 들어갔는데, 인간 세상의 관청이 아니었다. 호위하는 사람들이 모두 물고기들이었고, 귀신들도 간간이 섞여 있었다. 누군가 말하기를, "오늘은 천제께서 용궁에 내려오셔서 선사의 설법을 들어 몸소 법문을 증득하려고 하신다고 하니, 우리 수부(水府)에서도 선사의 은혜를 받고자 합니다."라고 하였다.

이윽고 보전(寶殿)에 오르고, 다시 높은 마루로 올라가서 물음에 따라서 말해주었다. 대략 7일이 지난 뒤 용왕이 몸소 작별하고 보냈다. 배는 바다에 떠 있는 채 그대로 있었고, 현광이 다시 배에 오르자 뱃사람이 한나절이 지났을 뿐이라고 하였다.

그는 웅주의 옹산(翁山)으로 돌아와 머물며, 띠 집을 짓고 지냈는데, 이내 사찰을 이루었다. 한 소리로 서로 응하여 법을 얻은 자가 닫혔던 문이 막 열려 쏟아져 나오는 듯하고, 쾌락을 줄이고 마음을 돌리려는 자는 개미가 줄지어 누린내에 모이는 듯했다. 그와 같이 당(堂)에 올라 수기[記莂]를 받은 자가 1인, 화광삼매(火光三昧)에 들어간 자가 1인, 수광삼매(水光三昧)에 들어간 자가 2인이었다. 서로 2종 법문을 얻어 뒤좇아 일어난 자가 삼매의 이름을 드날리게 되었다. 문인들은 비유컨대 모여 있는 새들이 수미산에 의지하는 것과 같아 모두 한 가지 색이었다.

그는 말년에 사라졌는데, 간 곳을 모른다. 남악 조사가 초상을 모실 영당을 꾸미고 안에 28인을 그렸는데, 한자리를 그가 차지하였다. 천태산 국청사의 조사당 또한 그러하다.【송고승전】

98. 순경의 나락

순경은 낭군(浪郡) 사람이다. 신라의 씨족이며, 동이의 가계이기 때문에 상세히 알 수 없다. 그는 경전[聲敎]을 거듭 번역하고 배우니 대개 타고난 것이었다. 더욱이 인명학은 현장(玄奘)법사가 정밀하게 연구하여 주고받았는데, 중국 승려는 오히려 통달하지 못하였다. 그러나 순경은 능히 통달하였으니 전세에 익힌 지혜의 힘이 아니라면 어찌 이에 이를 수 있었겠는가?

전해온 현장법사의 「진유식량」을 보고 곧 「결정상위부정량(決定相違不定量)」을 세웠다. 건봉 연간(666~667)에 신라 사신이 조공을 바칠 때 가지고 왔는데, 그때는 현장법사가 입적한 지 2년이 지난 뒤였다. 그 「결정상위부정량」에 이르기를, "진실로 지극히 색(色)을 완성하려고 하므로, 안식(眼識)을 정하기 어렵다. 처음 삼섭(三攝)을 허락함에서부터 눈은 포섭하지 아니하므로 오히려 안근(眼根)과 같다. 잠시 삼장(三藏)으로써 은밀히 주위를 막으면 대지(大智)가 밝히지 않음이 없다."라고 하였다.

순경이 종(宗)을 삼아 말하기를, "안식에서 떠나지 않고 처음 삼섭을 허락하면 눈은 포섭하지 않으므로 오히려 안식과 같다."라고 하였다. 이같이 다른 뜻을 잘 이루었다.

그때 대승 규기(窺基)가 이 저서를 열람하고 문득 순경이 모르고 있는 것이 있음을 보았으나, 변방 승려의 식견이 이와 같음을 끝내 숭앙하였다. 고로 탄식해 말하기를, "신라 순경 법사는 이름이 당나라와 변방에 떨치고, 학문은 대소(大小)를 안고 있구나. 행업은 가섭을 받드나, 오직 두타행에 집착하며, 마음은 박구[534]를 힘쓰며, 늘 작은 욕심에 치닫는다. 이미 서하(西夏)에서 쌓여온 기예(技藝)가 전하여 동이를 비춘다. 이름과 도업(道業)은 나날이 새롭고 승려들은 흠향하며 인사한다. 비록 저 용상이 적지 않으나 바다 밖에서 때로 독보적이라고 불린다. 이에 「진유식량」에 「결정상위」를 지었다."라고 하였다. 규기 법사는 생각하기를, '먼 나라의 사람이 날카로운 지혜가 있어서 당돌하게 현장법사와 대항하니, 암흑 속에서 기발하게 삼장의 뜻을 잘 이루었다.'라고 하였다. 애석하다, 순경이 본국에 있으면서 저술을 많지 않았으니 또한 중국에 전래한 것이 있겠는가?

　법상(法相)을 종으로 하는 것은 '대승요의교'이다. 『화엄경』 중 '처음 발심을 내면 곧 성불한다'라는 것을 보고 훼방하고 불신하는 마음이 생겼다. 혹자는 말하기를, "당장 손발을 내밀고 제자들에게 명하기를 부축하여 땅에 내려놓으라고 하자 땅이 천천히 열리며 순경의 몸이 갑자기 떨어졌다. 그때 살아있는 몸으로 지옥에 떨어졌다. 지금도 구덩이 있는데, 너비와 길이가 1장(丈) 남짓이며, 실로 구덩이 이름은 '순경날락가(順璟捺落迦)'라고 불린다."라고 하였다.【송고승전】

---

534. 박구(薄拘) : 아라한 바구라(薄拘羅, Vakkula). 160세를 사는 동안, 병도 없었고, 신자가 공양한 음식이나 옷을 받지 않았으며 평생 여자와 사귀지 않았으며 다른 사람들과 교분을 나누는 것도 싫어하였다고 한다.

99. 원측의 역경

　원측(613~696)은 어려서부터 총명하고 민첩하여 지혜와 지식이 거침이 없었다. 현장 삼장법사가 규기 법사를 위하여 새로이 번역한『성유식론』을 강의하자, 원측이 문지기에게 뇌물을 주고 몰래 듣고는 돌아가 책을 엮었다. 장차 현장의 강의가 끝나려 하자, 원측은 서명사에서 종을 쳐서 대중을 모으고 유식을 강의하겠노라고 외쳤다. 규기는 자신이 타인의 마음을 빼앗는다고 혐의를 받을까 해서 그에게 강의를 양보하였다. 현장이『유가사지론』을 강의하였을 때도 다시 이전처럼 문지기를 매수하여 훔쳐 듣고 그것을 수용하니 규기에 뒤지지 않았다.

　고종 말 측천무후 초에 경전 해석에 능한 이로 뽑히어 번역원에 들어가 뭇사람에게 추대받았다.『대승현식경』등을 번역할 때 고증자가 되었으며, 박진(薄塵)·영변(靈辯)·가상(嘉尙)과 함께 경론이 나아갈 방향을 잡았다. 그가 지은 유식의『소(疏)』·『초(鈔)』와 자세하게 해설한 경론들은 세상에 널리 유행하였다.【송고승전】

원측 탑비

　법사의 이름은 문아(文雅), 자(字)는 원측, 신라국의 왕손이다. 3세에 출가하였으며 15세에 중원의 장안에 들어가 배우기를 청하였다. 처음에는 법상(法常, 576~645)·승변(僧辨, 568~647) 두 법사에게서『섭대

승론』을 배웠다. 타고난 성품이 총명하고 남보다 뛰어나서 비록 수천 마디 말이라도 한 번 귓가에 스치면 마음속에 새겨 잊지 않았다.

정관 연간(627~649)에 태종 문황제(당태종)가 그에게 도첩을 내려 중국 승려가 되게 하였다. 장안 원법사(元法寺)에 머물면서 『비담』·『성실론』·『구사론』·『바사』 등의 논서를 열람하였고, 고금의 장소(章疏) 등에 미쳐서는 드러나지 않음이 없었으며 명성이 자자했다.

삼장법사 현장이 천축에서 돌아오자, 법사는 이미 꿈속에서 바라문이 준 과일이 가슴에 가득하여 그 깨달은 바와 상응하는 뛰어난 인연이 예전부터 만났던 듯하였다. 그리고 현장법사를 한 번 보고 서로 뜻이 일치하여 거스름이 없었으며, 현장법사가 곧 『유가사지론』·『성유식론』 등 논서와 번역된 대승 소승의 경론을 주니 법사는 이들 경론의 뜻에 밝기가 마치 태어나면서부터 이미 그것을 알고 있는 듯했다.

그 뒤 당태종의 부름을 받고 서명사의 강백(講伯)이 되었다. 『성유식론소』 10권, 『해심밀경소』 10권, 『인왕경소』 3권, 『금강반야바라밀다경소』, 『관소연론소』, 『반야심경소』, 『무량의경소』 등을 짓고, 현장법사가 번역한 신비로운 경론을 보완하여 당시 사람들의 눈과 귀가 되었다. 그러므로 법사는 현장법사를 도와 불법을 동쪽으로 흐르게 하고 무궁한 가르침을 크게 일으킨 분이시다. 법사는 산수를 좋아하는 성품이어서 종남산 운제사에 가서 머물렀다. 또 운제사에서 30리 남짓 떨어진 곳에서 고요히 지내면서 8년 동안 뜻을 깨끗이 하였다. 서명사 스님들이 머리를 조아리며 돌아오기를 청하자, 절로 돌아와 『성유식론』을 강의하기도 했다.

그때 중천축에서 온 지바하라(地婆訶羅, 日照) 삼장이 장안에 이르러 칙명을 받들었는데, 황제는 박진·영변·가상·선방(仙方) 등 다섯 대덕에게 『대승밀엄경』 등의 경전을 함께 번역하게 했다. 법사는 곧 그곳의 우두머리[證義]로서 참여하였다. 뒤에 또 낙양에 들라는 부름을 받고 『(80권)화엄경』을 강론하고 번역하였으나 부질[卷軸]을 채 끝내기 전에 불수기사(佛授記寺)에서 세상을 떠났으니, 만세통천 원년 (696) 7월 22일이었다.

춘추는 84세였는데, 그달 25일에 용문 향산사의 북쪽 골짜기에서 다비하고, 그곳에 백탑을 세웠다.

장안의 학도들과 서명사 주지 자선(慈善) 법사, 대천복사의 대덕 승장(勝莊) 법사 등이 당시 예를 받들 곳이 없음을 걱정하였다. 그리하여 향산사 산골짜기의 화장터에서 흩어진 뼈 한 줌을 보함의 돌관에 담아 법사가 옛날에 오가며 머물던 종남산 풍덕사 동쪽 고개 위에 따로 묻고 그 위에 탑을 세웠다. 탑의 기단 안에 사리 49위를 안치하였다.

지금은 그 길이 험난해서 사람들이 거의 다니지 않는다. 낭떠러지는 가파르게 깎이고, 무성한 숲이 울창하게 막혔으며, 험난하게 가로막힌 길은 재빨리 숨어들고, 사람의 발자국이 닿기가 드물었다. 법사의 빛은 묻히고 덕은 가려져 한갓 세월만 덧없이 흘러갔으니 그 누가 귀의해 우러를 줄 알겠는가?

이로 말미암아 동주 용흥사 인왕원의 광월(廣越) 법사가 부지런히 발원하여 송 휘종 정화 5년(1115) 4월 8일에 풍덕사로 나아가 공양하고 아울러 모든 불사리를 나누어 다시 흥교사의 현장법사탑 왼쪽에 있는 규기법사탑과 다르지 않게 새로이 탑을 세워 봉안하였다. 아울러 규기 법사의 탑도 낡았기에 새로 고치니 금륜(金輪)과 방울[寶鐸]이 켜켜로 서로 꿈틀대어 높이 솟은 모양이 세상 사람이 만든 것 같지 않았다. 그 아래에는 각기 넓은 처마를 둘러 신상들이 높고, 그윽이 현장 법사탑을 좌우에서 받들고 있다. 그곳에 이르는 사람마다 우러러 사모하고 믿음을 일으키게 하여 그칠 줄 모르게 한다.

탑 앞에 있는 헌전(獻殿)의 여섯 개 기둥을 새로이 수리하고 낙성을 경축하는 날이 다 되도록 글을 지을 사람을 구할 겨를이 없으므로 짐짓 내가 직접 그 일을 적고 명을 덧붙인다.【대주서명사 고대덕원측법사 불사리탑명병서[535]】

---

535. 송나라 송복이 지은 비문(1115).

중국 시안 흥교사의 현장, 원측, 규기의 사리탑 3기
왼쪽부터 규사탑(基師塔), 당삼장탑(唐三藏塔), 측사탑(測師塔)이다.

원측 화상의 제삿날 축원문

부처님[善逝]의 교화가 인도[竺乾]에서는 모습으로 나타났고, 동방의 조정[震朝]에는 소리로서 전해졌습니다. 그러므로 인도 사문이 와서 당나라의 조사가 되는 이는 많았으나 신라 사람[海鄉人]이 가서 중국의 법사가 되는 이는 적었습니다. 날카로운 기세를 신라[外鄉]에서 받고 명랑한 거울[朗鑑]을 중국에 매단 이는 오직 우리 문아 대사뿐입니다.

돌이켜 생각해 보건대 대덕은 풍향(馮鄉)의 사족이며 연(燕)나라의 왕손으로 과거세에 선한 싹을 심어 뛰어난 과보를 행한 인연으로 신라[鰈海]의 준걸[龍子]이 되었고, 이곳 계림의 영재[鳳雛]였습니다. 포대기에 싸여 있는 채 출가하여 일찍이 티끌 세상을 하직하고, 산 넘고 바다 건너 대국을 보고, 멀리 수도[天庭]에 이르렀으니 배움이 어찌 칠주(七洲)에 한정되었겠습니까?

외국말은 여섯 나라에 통하여 인도말[天言]에 능하면서도 중국말[華

音]을 잘하였고, 법회[海會]를 마음에 새기면서도 뛰어나게 범어의 뜻[梵義]을 탐구했습니다. 그리하여 마침내 행은 십지(十地) 가운데 높았고, 이름은 구천(九天) 위에 다다르게 되었습니다. 이에 태종문황제가 보배로 알고, 곧 도첩을 주어 (중국)승으로 삼았으며, 측천무후는 현인을 중히 여겨 진심으로 대사를 존중하기를 부처님같이 하였습니다.

매번 서방 천축국의 보살·논사와 만날 때면 동해(東海)의 이인(異人)을 불러 토론에 나아가게 하자, 인명(因明)의 논리로 유창하게 펼쳐내었습니다. 그러므로 경전을 이야기할 때면 반드시 윗자리에 앉았고, 주석서[疏]를 지을 때면 홀로 마음을 결단했으며, 그윽한 곳에 깃들면 영감(靈感)이 거듭 이르고, 법좌(法佐)에 오르면 법음(法音)이 응해졌으니 위대하십니다!

이미 동으로 흘러온 미묘한 뜻(妙義)이 무궁하여 또한 불법[西學]에 어두운 무리가 의탁하였습니다. 수공 연간에 우리 신라 임금께서 대사를 사모하여 누차 표문을 올려 신라로 보내줄 것을 청하였습니다. 그러나 측천무후[聖帝]가 (대사에 대한) 정을 지니고 있어서, 부드럽게 조칙을 내려 거절을 표했습니다. 그리하여 올 때는 진(秦)나라를 피한 어진 후손이요, 갈 때는 당[漢]나라를 도운 자애로운 혼령이 되었습니다.

이로부터 우리나라의 승단[釋門]은 높은 산처럼 우러러서 사방의 물줄기가 바다로 돌아가는 듯 학업을 닦았고, 만물의 소리가 바람을 읊는 듯 말을 하였습니다. 여러 대덕이 모여서 논의하기를, "돌아가신 문아 대사의 공(功)은 갑자기 지나가고, 정신은 이국땅으로 떠나갔으며, 뼈는 빈 산에 묻혔으니, 다만 봉새가 해가 돋는 곳으로 옮기는 것은 생각할 줄 알지만, (요동)학이 화표주(華表柱)로 돌아옴을 보지 못한다[536]"라고 하였습니다.

대사의 중국 제자들이 유해를 나누어 탑을 세울 때, 우리는 입을 다

---

536. 한나라 때 요동 사람 정영위(丁令威)가 영허산(靈虛山)에서 도를 닦아 신선이 되었다. 그 뒤에 학이 되어 고향에 돌아와 화표주에 앉았다는 고사를 인용한 것이다(『수신후기』). 원측이 고향으로 돌아오지 못했음을 비유한 것이다.

물고 기회를 잊었으니 비록 무이(無二)의 가르침[宗]을 살폈지만, 임금·부모·스승을 가장 존경해야 한다는 가르침[在三之義]을 빠뜨린 것이 우려됩니다. 더구나 훌륭한 사귐[芝蘭]의 비유를 베푼 것은 오래도록 향기가 더하게 하고, 보잘것없는 오얏시[木李詩]를 엮은 것은 길이 사이가 좋기를 바란 것입니다.[537] 이미 엄한 스승[嚴師]의 그러한 가르침을 받들었으니 어찌 조(祖)를 높이는 의리를 닦지 않겠습니까?[538]

이에 기일을 맞이하여 자애로운 모습을 우러르고 추모합니다. 엎드려 바라건대 높이 불국정토에 노니시고, 멀리 우리나라[仁方]를 지켜 주소서. 인도[竺嶺]의 큰 법음을 솟구쳐 내고, 용궁의 80화엄[上本]을 내소서. 그리하여 법의 생함과 법의 멸함으로써 모두 인연을 밝히시고, 나도 없고 남도 없으므로 길이 공덕을 융성케 하시어 귀의의 터가 비록 마르더라도 서원의 바다는 언제나 흐르게 하소서. 삼가 소문(疏文)을 짓습니다.【화엄사사적[539]】

---

537. 『시경』 목과(木瓜)에, "나에게 오얏[木李]을 보내주었는데 내가 구슬[瓊瑤]로 보답하고도 보답했다고 여기지 않는 것은 길이 우호(友好)했으면 해서이다"라는 구절이 있다.

538. 원문은 '존조지의(尊祖之儀)'라고 하였는데, 『의례(儀禮)』의 정현(鄭玄) 주(註)와 「대숭복사비명」(최치원 찬)에는 '尊祖之義'라고 하였다.

539. 최치원 찬, 「고번경증의대덕 원측화상 휘일문」, 『호남도 구례현 지리산대화엄사사적』. 최치원의 글이 아니라는 견해가 있었지만, 학계에서는 그의 저술로 규정하고 있다. 『화엄사사적』은 1책 43장(목판본)이며, 구례 화엄사의 사적을 기록해 놓은 책이다. 중관 철면(中觀鐵面, 中觀海眼)이 화엄사에 머물 때 지은 것으로 추정된다(1636년경).

100. 신라의 입당구법승

신라샘과 입심애

신라천(新羅泉)은 석인산 아래에 있다. 전해오기를 신라승이 이곳에서 수련했다고 한다. 하루는 무리에게 귀향하고자 한다고 했으나 산신이 그를 저지하였다. 신라승이 말하기를, "고향의 물이 생각날 뿐이다."라고 하였다. 산신이 땅을 가리키자 샘이 용솟음쳤다. 신라승이 그것을 맛보자 고향의 맛과 같으므로 드디어 돌아가지 않았다.【호광통지】

신라 사람으로 아호대의 선사[540]의 선풍을 사모하여, 만나기 위해 왔으나 선사가 이미 죽은 사실을 알고, 탄식하여 말하기를, '본래 법을 위해 왔으나 선사가 죽었으니, 법 또한 어디에 있는가?'라고 하고는 드디어 벼랑에서 몸을 던져 죽었다.

수일 후 이상한 향기가 계곡에 가득했고, 우윳빛 샘이 흘러내렸다. 스님들이 그곳에 가서 보니 (신라승이) 벼랑 아래에 단정히 앉았는데, 몸에 상처가 없었다. 가슴 안에 있던 게(偈)에 이르기를, "삼천리 길 선사의 얼굴을 보기 위해 왔건만, 선사는 이미 돌아가시고, 불당(佛堂)은 이미 닫혀있네. 귀신이 곡하며 울고, 주인이 없음을 탄식하네. 공산(空山)에는 잔잔한 물만 보일 뿐이네."라고 하였다.

드디어 (스님들이) 향기 나는 진흙을 발라 제사를 지내고, 대의당 옆

---

540. 아호대의(鵝湖大義, 746~818) : 마조도일의 법을 이었다(육조혜능→남악회양→마조도일→대의). 형주(衡州) 수강(須江)에서 출생. 속성은 서(徐)씨다.

에 정자를 세웠다. 몸을 던졌던 벼랑은 '임심애(臨深崖)'라고 하였다.
【강서통지】

신라승과 위령선

상주(商州) 사람 중에 병이 있어 손발이 제대로 자라지 않아 걷지 못하는 자가 있었다. 수십 년 동안 훌륭한 의원이 온갖 처방을 하였으나 치료하지 못하자, 가족이 그를 길가에 놓아두고 구해 줄 사람을 찾았다.

우연히 신라 스님이 그를 보고 말하기를, "이 병은 약초 하나면 치료할 수가 있는데, 이 땅에도 그 약초가 있는지 모르겠다."라고 하였다. 그리고 그를 위하여 산으로 들어가 애를 써서 찾아 결국 얻었는데, 곧 위령선[541]이었다. 병자에게 이를 복용케 하니 수일 만에 걸을 수 있게 되었다. 그 후에 산인(山人) 등사제(鄧思齊)가 그러한 사실을 알고 전하였다. <본초도경(本草圖經)에 나온다>.【해동역사】

오진사의 신라승

당 정관(627~649) 연간에 옥윤산(玉潤山) 오진사(悟眞寺)의 한 스님이 밤에 남계[542]에서 문득 『법화경』을 읽는 소리를 들었다. 그 소리가 가늘게 멀리 퍼지는데, 별빛과 달빛도 아득하게 멀리 임하였다. 사방을 둘러보아도 수십 리가 고요할 뿐 아무것도 보이지 않자, 슬픔과 두려움을 느꼈다. 절에 돌아와 스님들에게 그 사실을 말해주었다.

다음 날 저녁, 스님들과 함께 남계로 가서 들으니 과연 독경 소리가 땅속에서 나왔다. 이에 그곳을 나뭇가지로 표시해 두었다. 이튿날 표시해 놓은 곳 아래에서 머리뼈 하나를 얻었다. 흙으로 싸여 있었으나 뼈는 마른 채로 그대로였다. 단지 입술과 입 앞부분, 혀는 깨끗하고 또한 윤이 났다. 절로 가지고 돌아와 석함에 담아 천불전 서헌 아래에 두

---

541. 위령선(威靈仙) : 맵고 쓴 맛이 나는 약초, 노호수·능소·영선·철각위령선라고도 한다.
542. 남계(藍溪) : 중국 섬서성 남전현(藍田縣) 동남쪽에 있는 시내.

었는데, 이때부터 매일 저녁에 늘 『법화경』을 읽는 소리가 석함 안에서 났다. 장안의 선비와 부녀자 중 그것을 본 자들이 천여 명이었다.

후에 신라승이 이 절에 머물기를 1년여가 지났을 때, 하루는 승려들이 모두 산에서 내려갔다. 오직 신라승만 있었는데, 드디어 석함을 훔쳐 달아났다. 승려들이 그가 머문 곳을 찾았으나 이미 신라로 돌아간 뒤였다. 이때가 개원(713~741) 말이다.【선실지】

김사

저양군(睢陽郡)[543]에 신라승이 있었는데, 김사(金師)라고 불렀다. 녹사 참군 방완(房琬)에게 이르기를, "태수 배관(裴寬)의 벼슬이 분명히 바뀔 것입니다."라고 하였다. 방완이 언제 바뀔지를 묻자, 말하기를, "내일 오전에 칙서가 반드시 올 것입니다. 그리고 공과 더불어 군(郡)의 서남쪽 모퉁이에서 서로 만날 것입니다."라고 하였다. 이에 방완은 칙서가 오는가를 기다리고 있는데, 오전에 역의 관리[驛使]가 문서[封牒]를 가지고 왔으나 그런 내용이 아니었으므로, 김사의 말이 틀렸다고 생각했다. 그런데 정오가 되자, 한 관리가 또 문서를 가지고 와서 말하기를, "배공(裴公)의 벼슬이 바뀌어 안륙군(安陸郡)[544] 별가(別駕 ; 판관)가 되었습니다."라고 하였다.

이에 방완이 수레를 보내어 김사를 맞아 오게 하고, 또 자신이 직접 마중을 나갔다. 그런데 과연 군의 남서쪽 모퉁이에서 배관을 만났다. 배관이 김사를 불러다 물으니, 김사가 말하기를, "벼슬은 비록 바뀌었으나, 복장은 바뀌지 않을 것입니다. 그리고 공의 생질들은 각각 흩어지게 될 것입니다."라고 하였다. 뒤에 칙서가 도착해서 배관을 별가에 제수했는데, 자주빛 인끈은 그대로 있었고, 생질들은 뿔뿔이 흩어지게 되었다. <정명록>에 나온다.【태평광기】

---

543. /당 하남도 송주(宋州) 관할의 군. 지금 하남성 상구시(河南省商丘市).

544. 안륙군 : 당 회남도 안주(安州) 관할의 군, 지금 호북성 안륙시.

장건봉[545]이 서주(徐州)를 다스릴 때, 이번[546]을 판관으로 삼도록 아뢰었다. 관상을 잘 보는 신라승이 있었다.

공이 여러 판관 중에 재상이 될 만한 자가 있는지 없는지 살펴보도록 하였다. 신라승이 "모두 없습니다."라고 말하자, 공은 불쾌히 여겨 말하기를, "어느 벼슬아치를 뽑는단 말인가. 어찌 재상 자리에 오를 자가 한 사람도 없겠는가?"라고 하고는 급히 이(李) 판관을 불렀다. 판관이 이르자 신라승이 계단을 내려와 맞이하며 장공에게 이르기를, "판관은 사롱 가운데 있는 사람[紗籠中人][547]입니다. 재상은 저승의 법정[冥司]에서 반드시 그의 상(像)을 사롱으로 그를 보호하는데, 다른 물건이 어지럽힐까 걱정하기 때문입니다. 나머지 관리는 그렇지 못합니다."라고 하였다. 이번은 뒤에 과연 재상이 되었다<원화기[548]에 보인다>.【고금사문류취】

---

545. 장건봉(張建封) : 당나라 상서(尙書), 가무와 시를 잘하였다.

546. 이번(李藩) : 재상의 역량이 있으므로 9세기 초에 당 헌종에게 추천되어, 벼슬이 문하시랑 동평장사에 이르렀다.

547. 사롱중인(紗籠中人) : 사롱은 깁을 바른 등을 말하며, 장래 재상이 될 것을 뜻한다.

548. 원화기(原化記) : 당나라 황보씨(皇甫氏)가 지음. 『원화기』는 <원선기原仙記>, <화원기化源記>를 합한 것을 이른다.

101. 삼승
동학

법융·이응·순영

조열지[549]의 『인왕반야경소(仁王般若經疏)』서문에 이르기를, "진(陳)나라에서 수나라로 넘어오는 사이에 천태산의 지자대사가 멀리 용수(龍樹)에게 연원을 대어 하나의 대교를 세웠는데, 아홉 번 전하여 형계담연[550]에 이르렀고, 형계가 다시 전하여 신라에 이르러서 법융(法融)·이응(理應)·순영(純英)[551]에게 전하였다. 그러므로 이 가르침이 일본에 전파되어 해외에서 성행하게 되었다."라고 하였다.【석문정통】

지봉·지란·지웅

사문 지봉(智鳳)은 신라 사람이다. 그의 성씨는 자세하지 않다. 정신과 풍채가 높고 아득했고, 어려서 불도에 뜻을 두었다.

언젠가 바다를 건너 우리나라(일본)로 와 유학한 지 햇수가 오래되었다. 대보 3년(703, 성덕왕 2)에 '유학을 갔다 오라'는 왕명을 받들어 사문 지란(智鸞)·지웅(智雄)과 함께 당나라로 들어갔다. 복양 지주 대

---

549. 조열지(晁說之, 1059~1129) : 송나라의 문인, 관리. 자는 이도(以道). 육경에 통달하였는데, 특히 『역경』에 뛰어났다. 천태종의 명지중립(明智中立)의 제자이기도 하다. 저서로는 『유언(儒言)』, 『객어(客語)』가 있다.

550. 형계담연(荊溪湛然, 711~782) : 중국 천태종의 제6조.

551. 이화(李華), 『이하숙문집(李遐叔文集)』권2, <고좌계대사비명 병서>에는 영순(英純)이라고 하였다.

사[552]를 뵙고, 법상(法相 ; 唯識)을 배우고 돌아왔다. 이것이 법상종(法相宗)으로 입당하여 법을 얻어온 세 번째이다. 원흥사에 머물며, 유식사상을 크게 펼쳐 이름이 당대에 떨쳤다.

경운 3년(706) 10월 16일, 우복야 등담해공[553]이 대직관(大織冠)의 기일[遠忌][554]를 맞이해 '유마회'를 열었다.[555] 남경 영숙(英宿)을 청해 불경의 요지를 논설케 하고, 지봉을 강사로 하였다. 말뜻이 맑고 웅장하여 가르침을 바라는 빈객이 늘 강연 자리에 가득했다. 용문사 승정 의연(義淵)은 지봉에게서 법상종을 배웠다. 혹은 지봉을 자은 규기의 문하승으로 연계시키는 것은 잘못이다.[556] 【본조고승전】

---

552. 지주(智周) : 법맥은 규기(632~682)→혜소(慧沼, 650~714)→지주(668~723)로 이어지며, 자은학파(법상종) 승려이다.

553. 등담해공 : 대직관(大織冠) 겸족등공(鎌足藤公)의 아들.

554. 원기(遠忌) : 보통 13주기, 17주기, 23주기에 지냄.

555. 이후 매년 뛰어난 인재를 선발하여 강회사(講會師)로 삼고, 건축물을 짓거나 수리함이 끊이지 않았다고 한다(『본조고승전』).

556. 현장·자은을 만나 그 종지를 배웠다고도 하나, 현장·자은 두 스님은 이미 입적한 뒤였다 (『삼국불법전통연기』).

102. 자장과
문수보살

영남, 호서, 관동 사이에 산이 있는데, 솟아오른 모습이 넉넉하고 뛰어나므로 태백산이라 이름한다. 산의 서쪽에 옛 절이 있으니 정암사(淨巖寺)라고 한다. 신라 자장 법사가 당 태종 정관 19년(645) 을사에 창건하였다.

하늘이 열리던 태초에 태백산 정상에 세 개의 함지박이 있었다. 미륵불의 용화세상이 되면, 위쪽 함에서 부처님 이름이, 가운데 함에서는 경전 이름이, 아래쪽 함에서는 사람 이름이 나온다고 한다.

봉우리 또한 셋이 있는데, 동쪽 천의봉, 남쪽 은대봉, 북쪽 금대봉이 그것이다. 그 봉우리 속에 3개의 보탑이 있는데, 하나가 금탑, 둘째가 은탑, 셋째가 마노탑이다. 마노탑은 지금까지 지키고 보존되고 있으나, 금탑·은탑은 감추어져 눈에 띄지 않는다. 산신령이 은밀히 감추었기 때문에 복이 없는 자는 보기 어렵다고 한다. 산에 올라 약초를 캐는 사람들은 가끔 보기도 한다는데, 두 번 다시 찾을 수 없다고 하니 신령스럽고 기이하다고 할 수 있다. 자장이 몸소 마을 입구에 영지(影池)를 만들고, 어머니가 3탑을 가지고 놀게 하였기 때문에 연못 위에 삼지암(三池菴)이 있다.

세존은 입멸이 다가오자, 문수보살에게 부탁하기를, "만약 내가 멸도한다고 말하면 나의 제자가 아니며, 내가 멸도한 것이 아니라고 일러도 나의 제자가 아니다. 너는 나의 유품을 가지고 중국으로 가서 해동의 사미 자장을 기다려 이름 있는 땅에 탑을 세우라고 하라."고 하였다. 문수보살이 가르침을 받고, 중국 오대산으로 들어가 기다리기를 1천여 년이 지났다.

신라 왕손 무림공(武林公) 김씨의 아들인 자장은 속명이 선종(善宗)이다. 어머니 꿈에 별이 품으로 들어오는 것을 보고 세존과 같은 날에 태어났다. 품성이 민첩하고 넓게 통달하여 부모에게 인사하고 출가하여 불도와 선업을 열심히 닦았다. 제27대 선덕왕이 그의 어질음을 듣고, 재상으로 삼고자 여러 번 불렀으나 오지 않았다. 왕이 화를 내며, 관리[使者]를 보내 죽이고자 하였다. 법사는 얼굴색 하나 변하지 않고 말하기를, "계를 지키고 하루를 살지언정, 파계하기를 원하지 않으니 마음대로 죽이라."고 하였다. 사자가 차마 죽이지 못하고 돌아와 왕에게 고하니, 왕은 존경하는 마음이 더욱 커졌고, 다시는 부르지 않았다.

부지런히 힘쓰며 수도하는 모습에 감동한 새들이 꽃·열매를 물고 와서 공양하였으며, 천인(天人)이 와서 오계(五戒)를 받았다. 바야흐로 산골짜기에서 나오자. 시골 마을의 선비와 부녀자들이 계법을 받고 찬탄하기를 마지않았다.

법사는 우리나라에 불법이 크게 교화되지 않음을 민망히 여겨 정관 12년(638), 불법을 구하기 위해 당나라로 들어가 이름난 산을 유람하며, 성스러운 자취를 찾았다. 원향(圓香) 법사를 찾아뵙고, 뒤에 오대산 동대(東臺)로 가서 수십 일을 꼼짝하지 않고 앉아 돈오(頓悟)를 닦았다.

꿈에 한 스님을 보았는데, "묘한 법을 배우고자 한다면 반드시 북대에 있는 문수보살에게 예참해야 할 것이다."라고 하였다. 바로 북대 운제사(雲際寺)로 가서 제석천이 만든 문수보살상 앞에서 21일 동안 정진 수행하였다. 홀연히 인도승이 나타나 범어로 된 게를 주며 말하기를, "발라구차나 박리타가야 낭가휴함남 치리노차나"라고 하였다. 그 뜻을 밤새 풀어보려 했지만, 그 의미를 이해할 수 없었다.

다음 날 아침 인도승이 와서 풀이해 주기를, "일체법을 깨달아 알려면 자성이 본래 있는 바가 없다는 것을 알아야 한다. 이같이 법성을 이해하면 곧 노사나불을 볼 것이다. 불법을 구하고자 한다면 이 게보다 나은 것이 없다."라고 하고, 붉은 비단에 금박을 가사 1벌, 패엽경 5첩, 전신사리 100매, 부처 머리뼈·손가락뼈·치아·염주 등을 주며 이르기를, "이것들은 모두 세존의 신표이니 신중하게 보호할 수 있겠느냐? 본국으로 돌아가 삼재(三災)가 미치지 않는 명승지에 하나하나 나누어 감추어 두고 나라에 복되고 세상을 돕도록 하면 다시 태백산 3갈반처(三葛盤處)에서 만나볼 수 있을 것이다."라고 하였다. 말을 마치자 바로 사라졌다. 그가 문수보살의 화신임을 알고 슬픈 마음에 정례하였다.

바로 황성에 들어가니 황제(당태종)가 식건전(式乾殿)에서 맞았다. 존경하는 믿음으로 계를 받고 제자가 되고, 자장을 승광원(勝光院)에 머물게 하였다. 3년 후 정관 17년(643), 본국으로 돌아가기를 주청하자, 이때 당나라 승려들이 여러 보물이 변두리 나라로 가는 것을 시기하여 병사를 동원해 막으려 하였다. 그러나 법사가 그 계획을 먼저 알고 몰래 배를 타고 서해로 갔다.

서해 용왕이 용궁으로 모시고 들어가 존경의 예를 다하고 공양하였다. 자단목으로 만든 오리 베개를 바치며 말하기를, "법사 나라의 황룡사는 가섭불과 석가불이 함께 설법한 곳으로 앉았던 좌대가 아직 온존합니다. 저의 큰아들이 가서 그 절을 보호하고 있습니다."라고 하였다. 그리고 용왕은 수십 편의 마노석을 배에 실어 울진포에 이르게 하였다. 용왕이 신통력으로써 이 산에 감추고, 장차 불탑을 고치고 보수하는데 보물로 삼도록 하였다.

법사는 인도승(문수보살)의 만남과 용왕의 부탁 등등, 있었던 일들을 모두 선덕왕에게 알렸다. 왕은 기뻐하며 내전으로 들어가 신하들과 함께 예배하며 공양하고 법사를 국통으로 삼았다.

법사가 황룡사구층탑 건립을 아뢰고, 사리를 넣어두었고, 다음으로 월정사 13층탑을 세우고 사리를 넣었으며, 중대를 열고 세존의 머리뼈를 봉안하고, 차례로 태화사를 세우고 사리를 넣었다. 다시 태백산 삼 갈반지를 열고, 보탑을 세워 사리·손가락뼈·치아·불장주(佛掌珠)·염 주·패엽경을 넣어두었다. 또 사자산 석탑을 세우고 사리를 넣어두었 으며, 뒤에 통도사 계단을 세우고 사리·머리뼈·가사를 넣어두었다. 그 나머지는 명승 대지에 탑을 세워 맥을 진압해 삼한이 하나가 되도록 하여 전쟁이 영원히 사라지고, 비와 바람을 순조롭게 하였다. 이것이 이른바 나라에 복되고 세상을 돕는 것이었다.

이후 법사는 다시 태화사로 갔다. 갑자기 인도승이 나타나 말하기를, "태백산에서 보고자 한다."라고 하고는 즉시 사라졌다. 드디어 이 산으로 들어와 이무기가 자리한 나무 아래에서 계를 설하고 이무기를 산 아래로 옮겨가게 하고, 하살나(下薩那)를 세우니 지금의 정암사가 이곳이다. 남쪽으로 10리 떨어져 상살나(上薩那)를 세우니 지금의 조전(祖殿)이 이곳이다. 이 두 곳을 왕래하며 문수보살을 기다렸다.

하루는 승려도 속인도 아닌 늙은 거사가 헤어진 가사를 입고 죽은 강아지를 담은 칡으로 만든 삼태기를 매고 왔다. 시중드는 자[侍者]에게 말하기를, "자장을 보러왔다."라고 하였다. 시자가 거사에게 화를 내며 말하기를, "너는 어떤 미치광이이냐?"라고 하자, 다시 "너의 스승에게 고한 연후에 가리라."라고 하였다.

시자가 안으로 들어가 고하니, 법사가 전의 약속을 잊고 말하기를, "난폭한 미친 자구나, 어찌 내쫓지 않느냐!"라고 하였다. 시자가 법사의 말을 전하며 내쫓자, 거사가 웃으며 말하기를, "돌아간다, 돌아간다, 아상(我相)이 있는 자가 나를 어찌 보리오?"라고 하였다. 삼태기를 엎으니 개가 푸른 사자로 변하였다. 거사는 사자를 타고 빛을 내며 하늘로 날아가 버렸다. 그 모습을 전해 들은 법사가 쫓았으나 미치지 못하였다. 이에 몸을 버리고 가며 말하기를, "나의 몸은 방 안에 두어라. 3개월이 지나면 다시 돌아오리라."라고 하였다.

제자들이 그의 몸을 거두어 두었는데 외도(外道)가 와서 태우고자 하였다. 제자들이 따르지 않자, 한 달이 채 지나지 않아 외도가 크게 책망하며 태웠다. 3개월 후 하늘에서 부르는 소리가 났는데, "내가 의탁할 몸이 없으니 어찌하리오! 나의 유골을 암혈에 넣어두어라."라고 하였다.

조전(祖殿)의 남쪽 바위에 봉안하니 가끔 빛을 발하였다. 그 아래의 길가에 법사가 남긴 점을 친 돌이 있는데, 무릇 지나가던 자가 그것을 갈아 붙으면 효험이 있고, 붙지 않으면 효험이 없다고 하였다. 서쪽으로 10리 떨어진 곳에 육송정(六松亭)이 있는데, 법사가 몸소 심은 것이다. 그곳은 처음에는 미로 같아 알지 못했는데, 탑의 터를 닦을 때가 되어서야 눈 위에 세 개의 칡이 그곳에서 나와 이 터까지 이르렀음을 알았다. 겨울에도 3개의 칡꽃이 피니 그런 까닭에 그 마을을 갈래촌(葛來村)이라 한다. 삼갈반이라 하는 곳이 이곳이다.

자장 법사가 지은 불탑게이다.

만대(萬代)의 법륜왕(法輪王)이요 삼계(三界)의 주인,
사라숲[雙林]에서 열반에 드신 지 몇천 년이건만,
진신사리 지금도 여기에 남아,
두루 중생들에게 예배 쉬지 않게 하네.【태백산 정암사사적】

또 다른 창건설이 전해진다. 자장이 처음 사북리 불소(佛沼) 위의 산 정상에 부처님 사리탑을 세우려 했으나, 세울 때마다 무너짐으로 간절히 기도했더니 하룻밤 사이에 칡 세 줄기가 눈 위로 뻗어 지금의 수마노탑(水瑪瑙塔), 적멸보궁, 절터에 각각 멈췄다. 그리하여 그 자리에 탑과 법당과 본당을 세우고, 이 절을 '갈래사'라 하고 지명을 '갈래'라 했다고 한다. 창건 후부터 조선 중기까지의 연혁은 거의 전해지지 않는다.【조선불교통사】

103. 원효의
화쟁

원효 스님(617~686)은 해동 사람이다. 바다를 건너 중국에 왔을 때, 명산에서 불도를 배우기 위해 홀로 황량한 길을 걷기도 하며, 밤에는 무덤 사이에서 잤다. 이때 갈증이 심해 굴속에서 손으로 물을 떠 마셨는데 매우 달고 시원하였다.

◀ 상왕산 개심사 벽화
의상대사 서쪽 학문으로 부처의 둥근 소리를 전했고, 원효대사 홀로 공부해 깊고 그윽한 곳까지 다다랐네.
우리 해동보살만이 바탕[性]과 모습[相]을 밝게 아우르고,
옛것[古]과 지금 것[今]을 은근히 모아서
100개 집안의 다르다고 다투는 실마리를 화합해 당대의 지극히 공변된 이론[公論]을 이루었네 (이상 대각국사문집).

그러나 새벽녘에 보니 해골 속에 고인 물이었다. 몹시 메스꺼워 다 토해 버리려다가 문득 깨닫고 탄식하며 말하기를, "마음이 나면 온갖 법이 생기고, 마음이 사라지면 해골과 여래는 둘이 아니다. 부처님께서 말씀하시기를, '삼계가 오직 마음(三界唯心)'이라

하셨는데, 어찌 나를 속이는 말이겠는가?"라고 하였다. 그리하여 스님은 바로 해동으로 돌아가 『화엄경소』를 써서 화엄종[圓頓敎]을 크게 밝혔다.

내가 스님의 전기 중에 이 부분을 읽다가 진(晉)나라 악광(樂廣)의 술잔에 뱀이 비쳤던 이야기[557]를 회상하고 게를 지었다.

어두운 무덤 속의 해골에 고인 물은 원래 물이요[夜塚髑髏元是水],
손님 술잔에 비친 활 그림자는 필경 뱀이 아니다[客盃弓影竟非蛇].
이 가운데 생멸(生滅)을 용납할 곳이 없으니[箇中無地容生滅],
미소 지으며 옛 책을 들어 몇 글자를 적어본다[笑把遺編篆縷斜].

『금강삼매경』은 2각(覺, 본각과 시각)을 깨치는 것으로 보살의 수행을 보여주는 경전이다. 처음 원효 스님께서 『금강삼매경론소』를 지을 때, 그 경전이 본각(本覺)·시각(始覺)으로 종지를 구성하고 있다는 점을 깨달았다. 그리하여 스님은 소 수레[牛車]를 타고 가면서 두 모서리 사이에 책상을 얹어놓고 이 점을 근거로 글을 썼다. 또한 『원각경』의 경문은 모두 때도 성품도 없는 원각(圓覺)을 깨닫는 내용이다. 그러므로 『원각경』의 머리글에는 글을 쓴 시간과 장소를 기록하지 않았다. 그리하여 경문의 번역 연대를 고증하려 해도 아무런 역사 기록이 없다. 원효 스님이 '일을 통하여 법을 보이신 것'이나 『원각경』에서 은밀하게 부처님의 뜻에 계합한 것은 신령스러운 마음이 그림자 같다는 것을 알았기 때문일 것이다. 【임간록[558]】

---

557. 하남 태수 악광은 친구가 오랫동안 찾아오지 않자, 그 까닭을 물었다. 친구는 지난번 악광이 건네준 술잔에 뱀이 있는 것을 보고 병이 생겼다고 하였다. 악광이 그것은 뱀이 아니고 활[弓] 그림자라고 말해주자 그 자리에서 병이 나았다는 고사이다(『진서(晉書)』 악광전). 아무 것도 아닌 일에 의심하고 근심하는 것을 비유하는 말이다.
558. 중국 송나라 승려 혜홍 각범(1071~1128)이 지은 책.

원효에 대적할 자가 없다

원효는 신라 사람이다. 그 나라 땅에서 살았는데, 불법을 깨닫고 실천함에 이름이 높았다. (환속하여) 사람들과 살면서 예절 아닌 것이 없었고, 거듭 불승(佛乘)을 깊이 통찰하여 많은 주석서[文疏]를 지었다. 혹은 뜻의 울타리[義團]를 용감히 공격하고, 혹은 글의 진지[文陳]를 우렁차게 휘저었다. 그 나라 사람이 말하기를, "비록 1만 명이 있더라도 원효를 대적할 수 없다."라고 하였다. 후에 중국에 들어와[559] 도와 영예를 크게 떨쳤다.【석씨몽구[560]】

분황사 원효 성사 제문

법을 구하는 사문 의천(義天)은 삼가 다과 등 제수를 갖추어 해동교주(海東敎主) 원효보살께 받들어 올리나이다.

삼가 엎드려 생각하옵건대, 이치는 가르침으로 말미암아 드러나고, 도는 사람을 통해서 널리 선양됩니다. 그러나 풍습이 천박하고 시대가 혼탁하여 사람이 떠나고 도가 상실되면, 스승이 된 이는 이미 각각 자기 종(宗)의 가르침을 익히는데 국한되고, 제자들 또한 그 보고 듣는 지식을 닦을 수 없습니다.

저 자은규기(慈恩窺基) 대사가 많은 경·논을 주석하여 백본소주(百本疏主)라고 하지만, 그 논의는 상대 경계의 표상(表象)인 명상(名相)에 구애됩니다. 천태산에서 90일 동안 일대 설법을 하신 천태 지의(天台智顗)의 설법은 다만 이치로만 관하는 법[理觀]만 숭상하였습니다. 비록 그것이 본받을 만한 글이라 할 수는 있겠지만 일체를 두루 통한 교훈이라고 할 수는 없습니다.

오직 우리 '해동보살'만이 본성과 성상(性相)을 환하게 밝히고 고금(古今)을 바로 잡았으며, 백가(百家)의 서로 다른 다툼의 단서를 화합

---

559. 원효가 중국에 들어갔다기보다는 그의 여러 저술서를 말한 것으로 이해할 수 있다.
560. 석씨몽구(釋氏蒙求) : 청나라 승려 영조(靈操)가 지은 책.

하여 일대의 지극히 공정한 논리를 얻으셨습니다. 그리하여 신통으로 측량할 수 없고, 오묘한 작용을 생각할 수 있겠습니까? 비록 티끌 세상에 함께 하시지만 참 면목(面目)은 때를 묻히지 않으시고, 비록 범부속에 함께 응하시지만, 그 본체를 변하지 않으셨습니다. 그 이름은 중국·서역에까지 떨치시었고, 그 자비의 교화는 저승·이승에까지 두루 미치셨으니, 불법의 교화를 도와서 드날리신 업적은 진실로 어디에 비겨도 의논할 수 없습니다.

분황사 모전석탑(경주시)

오늘 계림(鷄林)의 보살님 계시던 옛 절 분황사(芬皇寺)에서 다행히 생존해 계신 듯한 모습을 보고 옛적 부처님께서 설법하시던 저 영취산 봉우리에서 처음 만나 뵈옵던 때를 그리며, 변변치 못한 공양을 드리옵고, 감히 적은 정성을 올리오니, 바라옵건대 자비를 베푸시어 밝게 굽어살피소서.【제분황사효성문[561]】

---

561. 의천(義天, 1055~1101), 「제분황사효성문(祭芬皇寺曉聖文)」(한국정신문화연구원 편, 『국역 대각국사문집』, 1989, 121~122쪽 참조).

104. 의상의 원융

화엄일승법계도

華嚴一乘法界圖合詩一印

一微塵中含十初發心時便正覺生死
一量無是即方成益寶雨議思意涅槃
即劫遠劫念一別生佛普賢大人如常共
多九量即一切塵中十海仁能境出爾和
切世十是如亦中雜空分無然冥事理益是
一即相即二無融圓性法爾隨器得利者行故
一細諸智證甚性眞境爲妄無隨家歸意實
中法不切動一絕相無不得無緣善巧
多不一雖極微妙不守不動必羅陀以糧
切本來寂無名守不不得無緣善巧
一中一成緣隨性自來舊床道中際實

화엄일승법계도

『일승법계도』는 시(詩)와 하나의 인(印)을 합한 것이 니, 54각(角)이고 210자(字)이다. 위대한 성인의 가르침은 모남이 없어서 근기에 응하고 병에 따름으로 하나가 아니다. 그런데 미혹한 자는 자취만을 집착하여 실체를 잃어버리는 줄을 알지 못하니 부지런히 종(宗)으로 돌아가고자 하나 그럴 날이 없다.

그러므로 이치에 의지하고 가르침에 근거하여 간략하게 '반시(盤詩)'562를 지으니, 이름에 집착하는 무리는 이름이 없는 참된 근원[眞源]으로 돌아가길 바라노라. 시를 읽는 방법은 마땅히 가운데의 '법(法)'자에서 시작하여 구불구불 돌고 굽히며 굽어져서 '불(佛)'자에 이르러 마치게 되니, '인의 길[印道]'을 따르면서 읽어야 한다.

---

562. 소반(小盤) 모양의 시. 법계도인과 법성게(7언 30구)를 말한다.

고사(古辭)에 이르기를 "원효대사가 의상 화상을 만나서 의심을 해결한 것이 세 가지 있다. 이른바 첫째는 시각(始覺)이 본각과 같으니 범부가 되고 성인이 되는 뜻이요, 둘째는 습과해(濕過海)니 갖가지 마음의 뜻이요, 셋째는 이 법[能詮]과 뜻[所詮]이 모두 말속에 있다."라는 것이다. 원효대사의 뜻은, 이른바 하교(下敎) 중에 법체가 실제로 있는 줄 알고 있다가 이 경문을 보고,[563] 이에 능전과 소전이 모두 말속에 있고 참다운 법체가 없음을 알았다는 것이다.

옛날에 신림 대덕이 말하였다. "『화엄경』보살명난품(菩薩明難品)의 일심의 바다[一心之海]는 '습함에 지나는 것[過於濕]'이며,『대승기신론』의 일심의 바다는 '습함에 머무는 것[留於濕]'이다. 만일 '습함에 머무는 바다[濕留海]'라는 생각에 서 있다면, 답은 '뜻에 장애가 되는 바가 있다.'이고, 만일 '습함에 지나는 바다[濕過海]'라는 생각에 서 있다면 답은 '뜻에 장애가 되는 바가 없다.'이다."라고 하였다. 【법계도기총수록[564]】

백화도량발원문

머리 숙여 귀의합니다. 저 본사인 관음대성의 대원경지를 보고, 또 제자의 성정 본각을 보니, 다 한가지로서 청정하고, 맑고 밝습니다. 시방세계에 두루 미쳐도 확연히 공적(空寂)하여 중생상(衆生相)과 불상(佛相)이 없고, 이름을 짓는 주체[能名]도, 이름[所名]도 없습니다. 이미 이렇게 맑고 밝으니 비추어도 이지러짐이 없으며, 삼라만상이 그 안에 단번에 드러납니다.

본사는 수월(水月)로 장엄하신 무진 상호를 갖고 계시나, 제자는 허공의 꽃 같은 신상(身相)으로 번뇌의 육신을 갖고 있습니다. (각자의)

---

563. '이른바 5승 등의 법은 능전의 교법인가, 아니면 소전의 뜻인가?'를 말한다.
564. 『법계도기총수록』(김호성 역, 불교기록문화유산 아카이브 서비스시스템) 참조. 지엄은 제자 의상과 법장에게 각각 '의지(義持)'와 '문지(文持)'라는 호를 주었다. 법장은 교리 연구에 뛰어나 많은 저술을 남겼지만, 의상은 실천수행에 치중해 저술이 많지 않다.

의지할 세계[依報]와 과보[正報]는 정토와 예토, 괴로움과 즐거움으로 서로 같지 않습니다. 그러나 모두 하나의 대원경지를 떠나지 않습니다. 이제 관음보살의 대원경지 가운데 있는 제자의 몸으로 귀명정례하오니 제자의 거울 가운데 계신 관음대성이 소리를 내어 가피를 입혀 주십시오.

바라건대 제자는 세세생생에 관세음을 부르며 본사로 삼겠습니다. 보살이 아미타여래를 이마에 이고 계시듯이 제자 또한 관음대성을 이마 위에 이고, 10개의 서원과 6개의 회향[十願六向]과 천수천안과 대자대비(大慈大悲)를 모두 동등하게 지니겠습니다. 몸을 버리고 몸을 받는 이 세상이나 저세상에서 머무는 곳마다 마치 그림자가 형상을 쫓듯이 늘 설법을 들으며 참된 교화를 돕고 열겠습니다. (그리하여) 진리를 널리 퍼뜨리고, 모든 중생이 대비주(大悲呪)를 외우고 보살의 이름을 생각하여 다 같이 원통삼매(圓通三昧)의 성품 바다[性海]에 들게 하겠습니다.

또 바라건대 제자의 이 업보가 다할 때 친히 대성께서 광명을 놓으시어 맞아주시고, 모든 두려움을 떠나 신심을 안락하게 해 주시며, 잠깐 사이에 백화도량에 왕생하여 여러 보살님과 함께 바른 법을 듣게 해 주시기를 빕니다. (그리하여 여래의) 법류수(法流水)에 젖어 들어, 한 생각 한 생각이 더욱 밝아져서 여래의 무생법인(無生法忍)을 깨닫게 해 주시기를 빕니다. 발원을 마치고, 관자재보살마하살께 귀명정례합니다.【백화도량발원문[565]】

---

565. <백화도량발원문>은 의상이 낙산 관음굴에서 예배 발원할 적에 지어서 읽은 글로 알려졌다. 원문은 전해지지 않고 1328년 해인사 스님 체원(體元)이 원문의 각 구절 밑에 주석을 붙여서 <백화도량발원문약해>를 지어서 세상에 알려지게 되었다.

105. 원효와 사포

　원효방(元曉房) 아래에 나무 사다리가 있는데, 높이가 수십 층이다. 발을 겹치고 벌벌 떨면서 올라가야 마침내 이를 수 있다. 뜰 앞의 계단과 창문이 수풀 끄트머리에 솟아 있다. 들리는 말에 종종 호랑이·표범이 사다리를 부여잡고 올라오나 위까지는 오르지 못한다고 한다.

　그 곁에 암자 하나가 있는데, 속설[俗諺]에 이르기를, 사포(蛇包) 성인이 옛날에 머물던 곳이며, 원효가 와서 살았으므로 사포 또한 와서 곁에서 모시고, 원효공에게 바칠 차를 맛보고자 하였으나, 샘이 없어 걱정하던 차에 물이 바위틈을 따라 갑자기 솟아났는데 물맛이 매우 달고 젖 같아서 이로써 차를 우려내 맛을 보았다고 한다.[566]

　원효방은 겨우 8척이며, 나이 든 스님[阿闍梨] 한 분이 머물고 있었다. 거친 눈썹과 해진 가사를 입었는데, 엄숙한 모습이 고고(高古)하였다. 방 가운데를 막아 내실과 외실을 만들고, 내실에는 불상과 원효의 초상을 모셨다. 외실에는 병 하나, 신 한 켤레, 찻그릇, 책상뿐 취사

---

566. 이 설화는 『삼국유사』에 수록된 사복설화보다도 약 80년 전에 채록된 설화이다. 『삼국유사』에서는 사복이 원효의 스승으로 기술되어 있으나, 이규보(1168~1241)가 1200년에 지은 <남행월일기>에서는 사복(사포)이 원효의 제자라고 하였다.
　흥륜사 금당에 놓인 소조상의 순서를 보면 서쪽 벽, 동쪽(甲向)방향을 향하여(오른쪽부터) 자장-혜공-원효-사파-표훈의 순으로 되어있었다. 이 순서는 나이순으로 보이며, 사파는 원효의 제자이거나 아니면 도반으로 생각되며, 원효의 스승이라고 할 수 없다.

부안 소래사 대웅보전

도구는 없고 시중드는 사람도 없었다. 다만 소래사(蘇來寺)[567]에서 하루에 한 번 공양을 이용할 뿐이라 하였다. 아전[陪吏]이 슬

그머니 내게 말하기를, "이 스님은 일찍이 전주(全州)에 살았는데, 이르는 곳마다 힘을 믿고 횡포하여 사람들이 모두 성가시게 여겼습니다. 그 뒤 간 곳을 몰랐는데 지금 보니 바로 그 스님입니다."라고 하였다.

내가 숨을 내쉬고 말하기를, "대개 (근기가) 중간[中]이나 아래[下]의 사람은 그 그릇이 일정하다. 그러므로 한곳에 머물러 옮겨지지 않는다. 그러나 무릇 악(惡)으로써 사람을 놀라게 하는 자는 그릇이 보통 사람과는 다름이 있다. 그러므로 한번 선(善)으로 돌아오면, 반드시 드높고 탁월함이 이와 같은 것이다. 옛날에 사냥하던 장수가 혜가[牛頭二祖] 대사를 만나 허물을 고치고 선을 닦아 마침내 고승이 되었다. 그리고 해동의 명덕대사(明德大士)도 매사냥하다가 보덕성사(普德聖師)의 큰 제자가 되었다. 이런 사례로 미루어본다면, 이 스님이 마음을 결단하여 행실을 고치고 굳게 지켜 기이한 행실을 한 것이 조금도 이상하지 않다."라고 하였다.【동국이상국집】

567. 소래사 : 전북 부안군 내소사(來蘇寺)를 말한다.

106. 진표의
불사의방장

이른바 불사의방장(不思議方丈)이란 것을 듣고, 찾아가 보았다. 그 높이와 험함이 원효공의 방장보다 만 배 정도이다. 나무 사다리가 있는데, 높이가 1백 척쯤 되고 바로 절벽을 의지하고 있다. 삼면은 다 아득한 골짜기이고, 몸을 돌려 층을 세고 내려가야 방장에 이를 수 있다. 한번 발을 실수하면 다시 어쩔 수 없다고 한다.

내가 평소에 마루[臺]와 다락[樓]에 오를 때 높이가 사람의 키 정도나 1장(丈)에 불과해도 두통 때문에 어질어질하여 굽어볼 수 없었는데, 이곳에 이르자 더욱 소름이 끼치며, 넓적다리가 부들부들하고, 들어가지도 않았는데 머리가 벌써 돌았다. 그러나 예전부터 이 빼어난 곳을 싫증이 나도록 듣다가 이제 다행히 특별히 왔으니, 만약 그 방장을 들어가 보지 못하고, 진표(眞表) 대사의 상에 예배하지 못한다면 뒤에 반드시 후회할 것 같았다. 이에 머뭇머뭇 기어서 내려가니, 발은 층계에 있는데 금방이라도 떨어질 것 같았다. 드디어 들어가 부싯돌을 쳐서 불을 붙여 향을 사르고 율사의 진영에 예배하였다.

율사는 이름이 진표이고, 벽골군 대병촌(혹은 대정촌) 사람이다. 12세에 현계산(賢戒山) 불사의암(不思議巖)에 거처하였으니, 현계산이 바로 이 산이다. 마음을 재우고 가만히 앉아 미륵보살[慈

진표의 수행처라고 전해지는 변산 불사의방

氏]과 지장보살을 보고자 하였다. 그러나 몇 날이 지나도록 보이지 않자, 이에 몸을 절벽 아래로 던졌다. 그런데 두 명의 청의동자(靑衣童子)가 손으로 그를 받들면서 말하기를, "스님의 법력(法力)이 작으므로 두 보살[二聖]이 보이지 않는 것입니다."라고 하였다. 이에 더 부지런히 노력하여 21일이 되자, 바위 앞 나무 위에 자씨와 지장보살이 몸을 나타내어 계(戒)를 주었다. 자씨보살은 친히 『점찰선악업보경』 2권과 또 199(189의 잘못)개 간자를 주었다. 그는 이것으로써 중생을 가르치는 도구로 삼았다.

불사의방장은 쇠줄로 바위에 못을 박았기 때문에 기울어지지 않는데, 민간에는 바다의 용(龍)이 그렇게 한 것이라고 전한다.

> 무지개 같은 사다리 발밑에 뻗쳤으니,
> 몸을 돌려 만 길 아래로 내려가네.
> 지인(至人, 진표)은 이미 가고 지금은 자취조차 없는데,
> 옛집 누가 돌보는지 지금도 그대로네.
> 장륙(미륵보살)은 어느 곳에 나타나는가,
> 대천세계(大千世界)는 이 속에 감출 만하네.
> 완산에 숨어 세상일을 잊은 객이
> 손을 닦고 한 줌의 향 사르러 오네.【동국이상국집[568]】

---

568. 이규보, <남행월일기> 『동국이상국집』(이성우 역, 한국고전번역원, 1980) 참조.

107. 풍악
발연사

발연(鉢淵)은 신계(神溪)에서 북쪽으로 25리 떨어진 지점에 있다. 쌍으로 흐르는 곳은 상발연(上鉢淵)이고, 6개의 웅덩이가 있는 곳은 하발연(下鉢淵)이다. 제5연이 마치 바리때[鉢]처럼 둥글게 생겼기 때문에 그렇게 이름을 지은 것이다. 옛날에는 절이 있었는데, 지금은 폐사가 되었다.[569] 옛날 진표 율사가 가부좌하고 선정에 들었다가 폭포에 달려가서 마음을 안정하였기 때문에 이름을 치폭(馳瀑)이라 하였다. 【임하필기[570]】

금강산 발연사 곁에 소나무 두 그루가 있다. 500년 동안 세 번 마르고, 세 번 무성했다고 하나, 이제는 마르고 껍질 또한 없어졌다. 가장 나이 많은 승려가 말하기를, "지난 40년 전에 말랐을 때 마침 볼 수 있었는데, 껍질을 손톱으로 긁으면 진액(津液)이 나왔다."라고 하였다. 이는 나무의 마음이 죽지 않았기 때문에 언젠가 다시 살아날 것이니, 마치 사람이 죽었다가 살아남과 같은 것이다. 그렇다면 죽음은 하나의 꿈이고, 삶은 하나의 깨어남이다. 이른바 영혼이 정처 없이 노닌다는 것도 물건이 와서 마음에 접촉하는 것일 뿐이다. 【추강집[571]】

---

569. 1777년(정조1) 홍수로 폐사가 되었다[서영보(1759~1816), 『죽석관유집』 제3책, 풍악기(楓嶽記)].

570. 이유원(1814~1888), 『임하필기』(김동주 역, 한국고전번역원, 2000) 참조.

571. 남효온(1454~1492), 『추강집』 권5, 심론(박대현 역, 한국고전번역원, 2007) 참조.

발연사에는 옥불(玉佛) 3구와 뜰에는 6층 석탑이 있었다. 절의 동남쪽에 큰 바위가 두 개가 있는데, 모양이 자못 기이하였다. 발연에 이르니, 폭포수가 한 돌을 따라 떨어지다가 연이어 두 줄기의 폭포가 되었는데, 폭포수가 떨어져 이룬 못은 둥근 모습으로 바리때와 같았으며 배를 띄울 만하였다.

발연의 상류에 이르니, 옥을 갈아놓은 듯 윤기가 나고 매끄러운 흰 돌들이 계곡 가득 줄지어 있었다. 물이 그 위를 흐르거나 달려 와폭(臥瀑)이 되고, 혹은 흩어져 맑은 물이 되니, 못과 폭포는 비록 만폭동에 미치지 못하나, 반석이 평평하고 넓고 밝고 흰 것으로 말하면 만폭동보다 훨씬 나았다. 시냇가의 가장 그윽한 곳에 '봉래도(蓬萊島)' 세 글자가 새겨 있었는데, 획이 기이하고 굳세니 바로 양봉래(楊蓬萊)[572]의 필체이다.

반석의 가장 아래층은 승려들이 폭포로 치달리는 곳이다. 와폭이 반석으로 흘러내려 10여 길을 지나서 작은 소에 모이고 그 아래에 또 못이 있다. 두 명의 어린 승려인 금석(金石)과 각해(覺海)가 저고리와 바지를 다 벗고 홑바지 차림으로 상류에 앉았다가, 흐르는 물을 따라 곧바로 내려갔다. 돌은 미끄럽고 물은 내달리니 빠르기가 마치 나는 화살과 같았다. 눈 깜짝할 사이에 두 승려가 석담 가운데에서 가라앉았다 솟아올랐다 하다가 몸을 뒤집어 폭포를 향하여 앉으니, 이는 물놀이 가운데 가장 기이한 것이었다. 10여 차례나 두 승려에게 교대로 치달리게 하였는데, 아무리 보아도 싫증이 나지 않았다.【도곡집[573]】

---

572. 조선의 문신 양사언(1517~1584)을 말한다. 봉래는 그의 호이다.

573. 이의현(1669~1745), 『도곡집』 권5, <유금강산기(遊金剛山記)>(성백효·박희정·김창효 공역, 성신여자대학교 고전연구소·해동경사연구소, 2015) 참조.

108. 심상의
화엄 전법

심상(審祥, ?~742)[574]은 신라 사람이다. 일본에 구경 왔다가 스승을 찾아 법을 구하게 되었다. 당나라에 들어가 현수국사[法藏]로부터 화엄을 전해 받고 일본으로 돌아와 대안사(大安寺 ; 奈良)에 머물렀다. 낮의 섬뜩한 빛이 대중들을 혼란스럽게 하였다.

동대사(東大寺)의 양변(良辨)이 화엄종을 일으키고자 하였다. 꿈에 자주색 옷에 푸른 바지를 입은 스님이 나타나서 말하기를, "화엄종을 펴기 위해서는 마땅히 엄지(儼智) 스님을 청해 불공견색관음(不空羂索觀音) 앞에서 강의하도록 해야 할 것이다."라고 하였다.

그때 원흥사(元興寺)에 엄지 법사가 있었는데, 이에 찾아가 강의해 주기를 청하였다. 엄지가 말하기를, "나의 깨달음은 천박해 그 이름과 부합하지 않습니다. 지금 심상 선사가 화엄종의 교리[宗乘]를 품에 품고 있으니, 그가 곧 향상대사[賢首][575]의 수제자이며 진짜 엄지 스님입니다. 가서 이 선사에게 청하도록 하십시오."라고 하였다.

이에 양변은 대안사로 가서 심상에게 세 번이나 청하였지만, 그는 허락하지 않았다. 이 소문이 대궐에까지 들어가 천황이 조서를 내렸고, 천평 12년(740, 효성왕 4) 12월 18일에 금종도량(金鐘道場)에서『

---

574. 저서로는『화엄기신관행법문(華嚴起信觀行法門)』1권이 있었다고 하나 전하지 않는다.
575. 향상대사(香象大師) : 향상은 몸은 푸른빛을 띠고, 향기가 나며, 바다나 강을 돌아다닌다고 하는 상상의 코끼리를 말하며, 법장을 말한다.

대승화엄사자후경』을 강설하기 시작하였다. 이때 서울의 이름난 스승 16명과 그 지역 일대의 학자들이 책을 들고 참석하였다. 경전의 제목과 내용을 개관하는 날에는 천황이 신하를 거느리고 절에 행차하여 강의를 들었다.

그의 거침없는 연설과 미묘한 해석은 신의 경지에 이르렀으며, 자줏빛 구름 한 조각이 춘일산(春日山)을 덮었는데, 보는 이로 하여금 더욱 기이함과 탄복을 안겨주었다. 천황이 크게 기뻐하며 비단 1,000필을 내렸고, 태상왕의 왕후와 공경(公卿)들도 모두 보시하니, 겹치고 길게 늘어설 정도였다.

또 조서를 내려 자훈(慈訓)·경인(鏡忍)·원증(圓證) 대덕을 복사(覆師)[576]로 삼게 하였다. 한 해에 20권씩을 강설하여 3년 만에 모두 마쳤다. 이로부터 화엄종이 널리 전해지게 되니 양변은 그의 수제자가 되었으며, 제자가 점점 많아졌다. 천평 14년(742, 경덕왕 1) 임오년에 머문 곳에서 생을 마쳤다.

세속의 나이와 법랍이 상세하지 않다. 심상 선사의 일은 국사와 불서에 기재되어 있지 않다. 지금 응연(凝然)의 기록을 근거하여 열전을 만든 것이다.

찬하여 말한다. "화엄경은 여래가 처음 성도한 원돈대승경(圓頓大乘經)이다. 본체[理]는 깊고, 현상[事]은 넓어 경지에 오른 사람이 아니면 그 뜻을 통달할 수 없도다. 심상 스님은 친히 강장 국사[法藏]를 찾아보고, 진리를 전해 받고 돌아와 널리 전하매, 용과 코끼리[龍象]가 둘레를 돌고, 성스러운 군주가 빛을 보며, 신명(神明)이 상서를 다스리니, 과거세[宿世]의 근기는 저절로 익지 않으리오. 대사는 부처님의 초분(初分) 모임에 돌아갈 것이니 능히 그같이 될 것이네."

지금 화엄을 공부하는 자는 심상 스님을 초조로 삼는다.【본조고승전】

---

576. 복사(覆師) : 강사의 강의 내용을 대중이 이해할 수 있도록 쉬운 말과 비유를 들어 다시 강의하는 스님.

109. 법상종의 점찰 참회법

점찰 참회법

참회법을 닦고자 하는 자는 마땅히 고요한 곳에서 머물며, 능력에 따라 방을 꾸며야 한다. 안에 불사(佛事)를 설치하고 경법(經法)을 봉안하며, 비단과 번개를 걸고 향과 꽃을 구해놓고서 공양을 해야 한다. (또한) 몸을 씻고 의복을 빨아서 악취와 더러움이 없게 해야 한다.

윤상(輪相)은 3가지 종류의 차별이 있다. 첫째 윤상은 과거세에 지은 선업과 악업 종류의 차별을 보이는 것으로 그 나무 간자[木輪]는 열 개가 있다. 둘째 윤상은 과거세의 집합된 업이 오래고 가까움[久近], 지은 바의 강하고 약함[强弱], 크고 작음[大小] 등의 차별을 보이는 것이며, 그 간자는 셋이 있다. 셋째 윤상은 삼세 가운데의 과보를 받는 차별을 보이니 그 간자에는 여섯이 있다.【점찰경[577]】

궁예와 석총

선종(善宗 ; 궁예)은 스스로 미륵불이라고 하였다. 머리에는 금색 두건을 쓰고 몸에는 가사를 걸쳤으며, 큰아들을 청광보살(靑光菩薩), 막내아들을 신광보살(神光菩薩)이라고 하였다. 거둥할 때 늘 백마를 탔는데 비단으로 말의 갈기와 꼬리를 장식하였다. 동남동녀(童男童女)

---

577. 『점찰선악업보경』 상권.

에게 깃발·양산·향화를 들고 앞서게 하고, 비구 2백여 명에게 범패를 부르며 뒤를 따르게 하였다. 또 경전 20여 권을 지었는데, 내용이 요 망하고 모두 도리에 어긋났으나 반듯하게 앉아 강설하였다. 승려 석총 (釋聰, ?~901)이 말하기를, "모두 사악한 설과 괴이한 말로써 교훈이 될 수 없다."라고 하였다. 선종이 이를 듣고 철퇴로 그를 때려죽였다. 【삼국사기】

수정사의 점찰법회

고려 인종 때이다. 수정사(水精社)에 참가한 사람들의 이름을 간자 에 새겨두고, 15일마다 『점찰업보경』에 의하여 간자를 꺼내놓고 목륜 을 던져서 선악(善惡)의 과보를 점쳤다. 점쳐서 나온 선과 악을 두 개 의 상자에 나누어 놓고 그 악보(惡報)에 빠진 사람은 회원들이 그를 위하여 대신 참회하고 다시 목륜을 던져서 선보(善報)를 얻게 한 후 그만둔다.

또 처음에는 선보를 얻었다가 나중에 악보로 떨어질 것을 염려하여, 다시 1년마다 한 번씩 목륜을 던져 점을 쳐서 만일 다시 떨어져 버린다 면 곧 처음과 같이 대신 참회한다. 이것은 대중과 함께 해탈을 얻어서 미래의 세계에까지 꺼지지 않는 법의 등불을 점하려 함이다.【지리산 수정사기[578]】

---

578. 1129년(고려 인종 7) 지리산 오대사(五臺寺)에서 진억(津億)에 의해 결성된 수정사 점찰 회(권적, 「지리산수정사기」『동문선』권64).

110. 화엄종의
남악과 북악

설악산의 도의[北山義]와 지리산의 홍척[南岳陟]

(당 목종) 장경(821~825) 초(헌덕왕대), 도의(道義) 스님이 있었다. 서해를 건너 서당 지장(西堂智藏, 735~814)의 깊은 뜻[奧旨]을 보았고, 지혜의 빛이 지장 선사와 비등해져서 돌아와 처음으로 선종[玄契]을 말한 사람이다. 그러나 원숭이의 마음[猿心]에 사로잡힌 무리가 남쪽 대신 북쪽으로 달리는 짧은 생각[短見]을 감싸고, 메추라기의 날개를 자랑하며 남쪽 바다를 횡단하려는 대붕(大鵬)의 높은 생각[高見]을 꾸짖었다. 이미 경전을 독송하는데 도취했기에 다투어 비웃으며 마귀의 말[魔語]이라고 하였다.

이 때문에 지혜의 빛을 처마 밑에 숨기고, 자취를 협소한 곳[壺中]에 감추었으며, 동해의 동쪽[慶州]에 갈 생각을 그만두고, 마침내 설악산[北山]의 북쪽에 은둔하였다. 하지만 겨울 산마루에 외로운 솔이 빼어나듯, 선정(禪定)의 숲에서 향기가 배어 나오자, 사람들이 개미가 누린내를 좋아해 모여들듯이 산을 가득 채웠으며, 매가 비둘기로 변하듯이 개과천선하여 그 골짜기에서 나왔다. 따라서 도(道)는 폐할 수 없는 것으로서 때가 된 뒤에 행해지는 것이라 하겠다.

그 뒤 흥덕대왕(재위 826~836)께서 왕위를 잇고, 선강태자(宣康太

子)[579]께서 정무를 보시게 되었다. 그리하여 사악한 것을 제거하여 나라를 바르게 다스리고, 선행(善行)을 즐겨하여 왕가의 생활을 기름지게 하였다.

이때 홍척(洪陟) 대사가 당나라 선승 서당 지장에게서 심인(心印)을 깨달아 얻고, 지리산[南岳]에 머무니, 임금께서 가르침에 따르겠다는 뜻을 밝히셨고, 태자께서는 안개가 걷힐 것이라는 약속을 하셨다. 드러내 보이고 은밀히 전하여 아침의 범부가 저녁에 성인이 되니, 변함이 널리 행해진 것은 아니나, 일어남이 갑작스러웠다.

시험 삼아 그 종취(宗趣)를 엿보아 비교하건대, 닦되 닦을 것이 없는 것[沒修]을 닦고, 증득하되 증득할 것이 없는 것[沒證]을 증득하였다. 고요히 있을 때는 산처럼 서 있고 움직일 때는 골짜기처럼 응하였으니, 무위(無爲)의 유익함으로 다투지 않고도 이긴 것이다. 이에 우리나라 사람의 마음 바탕[方寸地]은 불교에 잠기게[靈] 되었고, 능히 선종[靜利]으로써 해외를 이롭게 하였으면서도, 그 이롭게 한 바를 말하지 않으니 위대하다 하겠다.

북산의 도의(道義)와 남악의 홍척(洪陟)이여,
홍곡(鴻鵠)의 날개 드리우고 대붕의 날개 펼쳤도다.
해외에서 제때 돌아와서 도를 한껏 떨쳤나니,
멀리 뻗는 선(禪)의 물줄기 막힘이 없었어라. 【희양산 봉암사 지증대사 적조탑비명[580]】

---

579. 선강태자(宣康太子) : 김충공(金忠恭, ?~835). 둘째 형인 헌덕왕이 14년(822)에 셋째 형 수종(秀宗, 흥덕왕)을 부군(副君)으로 삼자, 상대등으로서 부군과 더불어 정치개혁을 추진하였다. 김헌창의 난 때 각간으로서 진압에 공을 세웠다. 아들 민애왕이 즉위하면서 선강대왕으로 추존되었다.

580. 최치원 찬, 「鳳巖寺智證大師寂照之塔碑」

남악 관혜와 북악 희랑

신라 말 가야산 해인사에 두 화엄종사가 있었다. 첫째는 관혜공(觀惠公)으로 백제의 우두머리가 된 견훤(甄萱)의 복밭[福田]이었고, 둘째는 희랑공(希朗公)으로서 우리 태조대왕의 복전이었다.

희랑공이 신심을 받아서 향화(香火)의 원을 맺기를 관혜공에게 청하였으나 서원이 이미 달랐기 때문에 마음도 같지 않았다. 그 문도에게는 점점 물과 불처럼 번지었으니, 하물며 법미(法味)이겠느냐? 시고 짠 맛을 각기 받았으니 이 폐단을 제거하기 어려움은 이미 그 유래가 오래되었다. 당시 세상의 무리가 관혜공의 법문을 일러 남악(南岳)이라 하고, 희랑공의 법문을 일러 북악(北岳)이라 하였다. 【균여전[581]】

희랑과 태조

신라말 신이한 스님인 희랑 선사가 있었다. 때는 고려 태조와 (후)백제 월광 세자[582]와 서로 싸울 때였다. 태조는 힘으로 월광을 제압할 수 없자, 해인사로 도망쳐 들어왔다. 군사들은 희랑공을 섬기면서 부처님의 위신력에 의지하기를 원하니, 선사가 바로 신병(神兵)을 보내 구원하였다. 월광 세자는 두려워 항복하였다. 태조가 그를 존경하고, 또 밭 500결을 바쳤다. 【풍계집[583]】

---

581. 김지견 편, 「대화엄수좌 원통양중대사 균여전」 『균여대사화엄학전서』 하권 참조.

582. 월광세자 : 「순응전」을 인용한 『신증동국여지승람』에는 대가야 태자라고 하였다.

583. 풍계집(楓溪集) : 승려 명찰(明詧, 1640~1708)의 시문집. 「가야산해인사대장경인출문」에 수록된 내용이다.

밀교 승려들의 전기
신주 6

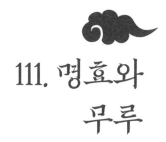

111. 명효와
무루

명효

바라문 이무첨(李無諂)은 북인도 남파국(嵐波國) 사람이다. 식견과 생각이 총명 민첩하고 내외의 경전에 통달하였다. 당나라와 인도 두 나라의 말을 알아 막힘이 없었다. 삼장 아이진나(阿儞眞那, 寶思惟)·보리류지(菩提流志) 등이 여러 경전을 번역할 때, 무첨은 범어의 한역 [度語]을 담당하였다.

측천무후 성력 3년(700, 효소왕 9) 경자년에 신라승 명효(明曉)를 위하여 불수기사(佛授記寺) 번경원에서 『불공견색다라니경』(혹은 『불공견삭다라니경』이라고도 한다) 한 권을 번역하였는데, 사문 파륜(波崙)이 필수를 맡고 아울러 서문을 지었다.【속고금역경도기[584]】

측천무후 성력 3년 경자 3월, 신라국 승려 명효가 당나라의 교화를 널리 살펴보고 장차 돌아가고자 하였다. 그는 총지문(總持門)에 먼저 뜻을 두고 마침내 간절하게 이 진언(眞言, 불공견색다라니경)을 번역 해 줄 것을 청하였다. 그리하여 저 변두리 나라 사람들도 다 같이 비밀 법문을 듣게 하였다.【개원석교록[585]】

---

584. 『속고금역경도기』: 당 지승(智昇, 668~740)이 730년에 서숭복사(西崇福寺)에서 편찬, 현장부터 금강지에 이르기까지의 역경 기록이다.

585. 『개원석교록』: 당 지승이 730년에 서숭복사에서 편찬한 경전 분류·편목의 지침서.

무루

무루는 성이 김씨, 신라왕의 셋째 아들이다.[586] 왕이 맏아들을 대신하여 그를 태자로 삼으려 하였으나, 그는 어려서부터 연릉(延陵)이 왕위를 형에게 양보하고 숨어 살던 고사[587]를 흠모하고, 불제자가 되기를 원하여 배를 타고 중국에 들어갔다.

다시 오천축을 유람하고 8대 불탑을 예배하고자 사막을 건넜다. 우전국(于闐國)을 지나 서쪽으로 총령(蔥嶺)에 이르러 큰 절에 머물게 되었는데, 그곳의 스님들은 모두 예측할 수 없는 분들이었다. 그가 뛰어난 절개가 없으면서 천축으로 간다고 생각한 스님들이 말하기를, "옛 기록에 이름나지 않은 사람은 천축으로 갈 수가 없다고 하였습니다. 이곳에는 독룡이 사는 연못이 있는데, 그곳에 가서 독룡을 교화하여 징험이 있으면 천축으로 건너갈 수 있을 것입니다."라고 하였다.

그는 스님들의 요청으로 연못 언덕에 올라가 걸상에 앉았다. 날이 새려고 할 때 우레와 번개가 치더니 괴물이 나타나 입김을 토하였다. 그러자 갖가지 변화가 일어나면서 밝았다가 어두워지곤 하였다. 그는 눈을 감은 채 조금도 움직이지 않았다. 잠시 뒤 큰 뱀이 그의 무릎 위에서 머리를 쳐들었다. 그는 뱀을 불쌍하게 여겨 삼귀의계를 주니 뱀이 떠나갔다.

다시 노인으로 나타나 말하기를, "법사 덕분에 번뇌에서 벗어나게 되어 오래 있을 수가 없습니다. 3일 후 비늘이 덮인 몸을 벗어버리고 좋은 곳에 다시 태어날 것입니다. 이곳에서 남쪽으로 가면 넓고 평평한 바위가 있는데, 그곳에 이 제자가 몸을 버릴 것이니, 저의 유해를 거두어 주시기 바랍니다."라고 하였다. 후에 바위 위에서 길며 굵고 뒤틀린 것을 보았다.

스님들이 그의 천축행을 암묵적으로 허락하고 말하기를, "모름지기

---

586. 『신승전(神僧傳)』에는 둘째 아들이라고 하였다.
587. 오왕 수몽의 넷째 아들 계찰(季札)이 형에게 왕위를 양보하고 연릉으로 갔다는 고사.

천축국에 가고자 하는 사람은 이곳의 관음보살에게 기도합니다. 기도하면 헛된 감응이 없고 상서로운 조짐을 얻을 것입니다."라고 하였다. 그는 다시 관음보살상 앞에 서서 선정에 들어갔다. 49일이 지나자 종기가 생겨 서 있을 수가 없게 되었다. 그때 조그만 쥐새끼가 나타나 왼쪽 넓적다리에서 누런 고름을 빨아내었는데 종기가 모두 나았다.

기한이 다 되어 응험을 얻자, 스님들이 말하기를, "선사를 보건대 교화의 인연이 마땅히 당나라 땅에 있습니다. 마음속에 다른 사람을 교화할 뜻을 간직하고 있으면 이익되는 바가 많을 것입니다. 이곳저곳 떠돌아다니면서 부질없이 보고 듣더라도 억지로 교화할 수 없다는 것을 선사는 알아야 할 것입니다."라고 하였다. 그는 성현의 말이 거짓이 아닐 것이라고 여겨 되돌아가고자 하였다. 출발할 즈음에 스님들이 말하기를, "난(蘭)을 만나면 즉시 그곳에 머물도록 하십시오."라고 하였다. 돌아오는 길에 하란산(賀蘭山)이 있었는데, 스님의 말을 기억하고 드디어 그 산으로 들어가 백초곡(白艸谷)이란 곳에 띠로 집을 짓고 살았다.

얼마 뒤에 안사(安史)의 난이 일어나 장안과 낙양이 어지러워 현종(玄宗)은 촉(蜀 ; 사천성 성도) 땅으로 가고, 숙종(肅宗)이 영무(靈武)에서 군사를 훈련하고 있었다. 숙종은 금빛의 사람이 어전(御殿)에서 보승불(寶勝佛)을 염불하고 있는 꿈을 자주 꾸었다. 하루는 꿈을 신하들에게 말하자, 한 사람이 아뢰기를, "행적이 알려지지 않은 스님이 북산에 살면서 늘 그 부처님의 이름을 외우고 있습니다."라고 하였다. 숙종이 사람을 보내 불렀으나 오지 않자, 삭방 부원수 중서령 곽자의(郭子儀)에게 모셔오도록 하였다. 마지못해 산에서 내려온 그를 본 숙종은, "참으로 꿈속에서 본 그 사람이다."라고 하고는, 곧바로 내사(內寺)에 머물게 하고 공양하였다.

무루는 원숭이가 쇠창살을 가볍게 여기고, 새가 조롱을 싫어하듯 하면서 여러 차례 글을 올려 예전에 살던 산으로 돌아가게 해 주기를 간

청하였다. 그러나 숙종이 몹시 아꼈으므로 돌아가지 못하고 있었다.

얼마 뒤에 자취를 감췄다. 궁궐 내문(內門)의 오른쪽 미닫이 위에 두 발이 나타났는데, 땅 위로 몇 자가량 떠 있었다. 문지기가 이 사실을 보고하자, 숙종이 손수레를 타고 가서 직접 확인해 보고, 그곳에서 옛날에 숨어 살던 산 아래에 장사 지내 주기를 바란다는 글을 찾아냈다. 이에 즉시 그대로 시행하게 하고 장례의 업무는 관에서 제공하도록 하였다. 선어문(宣御門)에 전(奠)을 설치하고, 칙사를 보내 상여를 호송케 하였다.

앞서 그는 회원현(懷遠縣)에서 교화하였으므로, 그곳에 집을 짓고 하원(下院)이라고 불렀다. 상여가 이곳에 이르자 신좌(神座)를 들 수가 없었다. 이에 사람들이 의논하여 당우(堂宇)를 짓고, 그곳에 안치하였다. 그때가 상원 3년(762)이었다. 지금도 몸이 단정하게 그대로여서 변하거나 부서지지 않았다.【송고승전】

당나라 숙종 지덕 원년(756)에 도적들의 난이 성하여 혹자는 황제에게 부처님의 도움에 의지하도록 권하기도 하여, 스님 100인에게 행궁에 들어와 아침저녁으로 범패[諷唄]를 시행하도록 하였다.

황제가 한번은 스님이 금색의 몸을 하고 보승여래(寶勝如來)를 부르는 꿈을 꾸고, 좌우 신하들에게 물으니, 혹 대답하기를, "하란 백초곡에 신라승 무루가 있는데, 늘 이 부처님의 이름을 부르고 있습니다."라고 하였다. 행재소에서 불러 보고, 이미 불공(不空)이 와 있었으므로 함께 머물며 복을 기원하도록 부탁하였다.【불조통기[588]】

---

588. 지반(志磐), 『불조통기』 권45(1269년).

112. 태장계 현초

현초

대흥선사 선무외(善無畏, 637~735) 삼장은 몸소 오천축을 참례하고 거듭 대승의 뛰어난 법을 자문하니 그 가르침이 천하에 흘러가 성하였다. 그런 이유로 신라 등 여러 나라에서 수만 리의 거리를 무릅쓰고 몸을 잊고 바다를 건너 당나라에 와서 지극히 뛰어난 불법을 구하였다.[589]【양부대법 상승사자부법기】

선무외 삼장은 『비로자나대교왕경』을 가지고 와 대흥선사 사문 일행(673~727)과 보수사 신라 사문 현초(玄超)에게 전하였다. 현초 아사리는 이 경전과 소실지교를 청룡사 동탑원 혜과(惠果, ?~805) 아사리에게 전하였다. 혜과 아사리는 또 성도부 승 유상(惟尙)<또는 유명(惟明)>, 변주 변홍, 신라 혜일·오진, 일본 공해(774~835), 동탑원 의만 등에게 전하였다. <'아사리관정위'를 전해 받은 자는 112인이다>. 혹은 서울에서 전하고, 혹은 지방에서 널리 가르쳤다.【양부대법 상승사자부법기】

혜과 화상은 무외 삼장화상의 제자인 현초 화상으로부터 『대비태장비로자나대유가대교왕경』과 『소실지대유가법』 및 『제존유가법』을 배

---

589. 불가사의·현초·의림(이상 태장계밀법)과 혜초(금강계밀법), 그리고 혜일과 오진(금강계·태장계 양부 밀법) 등이 있었다. 법맥을 보면, 선무외→신라 현초→당 혜과→신라 혜일·오진과 선무외→신라 의림→당 순효(順曉)→일본 최징(最澄)으로 이어졌다.

웠다. 현초 화상께서는 하나하나 손
수 그 뜻을 가르쳐 주셨다.【대당청
룡사삼조공봉대덕행장】

의림

대삼장 바라문 왕자는 법호를 '선
무외'라 하는데 당나라에 와서 제자
의림(義林 703~?)에게 법을 부촉하
였다.

의림은 국사이며, 대아사리이다.
현재 103세로서 신라에서 법을 크게

선무외 화상

전하고 있다. 의림은 당나라 제자 순효(順曉)에게 법을 전하니 그는 진
국도량의 대덕아사리이다. 순효는 일본 제자 최징(最澄)에게 법을 전
하니 최징은 제4대 부촉 제자이다. 당나라 정원 21년(805) 4월 19일 쓴
다.

삼가 「순효화상부법기」를 보니, 사문 의림 아사리는 진국도량 대덕
아사리로서 선무외 삼장을 스승으로 섬기니, 삼장은 대비태장만다라
묘법을 사문 의림에게 부촉하셨다. 현재 103세로서 신라에서 법을 전
하고 있으니 그는 일행(一行) 선사의 법제이다.【내증불법상승혈맥도】

불가사의

선무외 화상이 50여 국을 순례하고 북천축에 이르렀는데, 성이 하나
있어 건다라(乾陀羅)성이라고 하였다. 그 나라의 왕이 화상에 의지해
따르며, 법을 받고 염송하였다. 그런데 경전의 내용이 많고, 그 뜻이 깊
어 마침내 「공양차제법(供養次第法)」을 찾을 수 없자, 화상에게 공양
방법을 부탁하였다.

화상은 그의 부탁을 받아 금속왕(金粟王)이 조성한 탑 근처에서 성

스러운 가피를 구하니 「공양차제법」이 홀연히 공중에 나타나며 금으로 쓴 글자[金字]가 환하게 비추었다. 화상이 한 번 줄여 읽으니 기록한 저술이 분명하였다.

공중에 대고 말하기를, "누가 지은 것인가?"라고 하니, 대답하기를, "내가 지은 것이다."라고 하였다. "나는 누구인가?"라고 하니, "나는 문수사리이다."라고 하였다. 바로 글씨를 쓸 사람을 불러 마침내 베껴 쓰게 함으로써 얻을 수 있게 되었다. 즉시 그 왕에게 1본을 주고 스스로 1본을 베껴 가는 곳마다 가지고 다니며 사방에 유통하였다.

소승 불가사의(不可思議)는 다행스럽게도 화상을 직접 뵙고 자문을 얻을 수 있었으므로 들은 바의 요점만을 힘닿는 대로 기록한다. 【대비로자나경공양차제법소590】

---

590. 「대비로자나경공양차제법소」: 불가사의가 스승 선무외의 『대일경』 권7, 공양차제법 강의 내용을 주석한 것이다. 단의 건립, 제존 공양법, 실지 성취법 등 대일여래에 대한 공양차제 의식을 상세히 기술하였다. 본 항목의 내용은 공양차제법의 유포 배경만을 소개한 것이다.

113. 금강계
혜초

불공 삼장의 유서

불공(不空, 705~774) 삼장화상의 유서에 이르기를, "내가 당대에 관정(灌頂)한 지 30여 년이 되어 밀교에 들어와 법을 받은 제자가 자못 많다. 5부를 갈고 닦아 8개가 일가를 이루었는데, 몰락하고 차례로 이어서 오직 여섯이 남아있을 뿐인데, 누군가 하면, 금각사의 함광(含光), 신라의 혜초(慧超), 청룡사의 혜과(慧果), 숭복사의 혜랑(慧朗), 보수사의 원교(元皎)와 각초(覺超)이다. 후학에게 의심나는 것이 있으면 너희들이 열어 보여 법의 등불이 끊이지 않도록 함으로써 나의 은혜에 보답토록 하라."라고 하였다.【대종조 증사공 대변정 광지 삼장화상표제집[591]】

혜초의 옥녀담 기우제

사문 혜초(惠超)는 아룁니다. 지난달 26일 칙사 이헌성(李獻誠)이 구두로 조칙을 선포한 것을 받들었는데, 저에게 주질현(盩厔縣) 옥녀담[592]에 가서 향을 피우고 비를 비는 행법을 닦게 하셨습니다. 저는 수

---

591. 『대종조증사공대판정광지삼장화상표제집』: 원조(圓照)가 800년 이전에 혜초와 불공 등 10여 명의 고승이 쓴 180여 작품의 표(表), 제(制), 사표(謝表), 비답(批答), 제문, 비문, 유서(遺書) 등을 총 6권으로 모아 놓은 책. 『대정신수대장경』권52에 수록되어 있다.

592. 옥녀담 : 선유사의 옥녀담은 현재 물에 잠겼다.

행을 정밀하게 닦지 못하여 천자의 뜻을 제대로 떨쳐 일으키지 못하였습니다. 그러나 산천의 영험은 기도를 잊지 않아 처음에 법단을 세우자 계곡 소리가 갑자기 크게 울렸고, 사리(舍利)를 던지자 빗발이 실같이 내렸습니다. 하룻저녁에 초목이 꽃을 더하고, 이틀이 되어서는 내와 들판에 흐르고 넘쳤습니다. 말랐던 못은 물로 깊게 되었고, 경사로움은 사람과 신에게 흡족하였습니다.

공경히 생각건대 폐하의 성덕이 하늘을 감동케 하여 하늘의 은택이 먼저 내린 것뿐이요, 어찌 저의 하찮은 정성에 감통한 것이겠습니까? 환희와 경사를 감당할 수 없어 손뼉 치고 춤을 추었습니다. 삼가 칙사 이헌성에게 표문(表文)을 받들고 가서 하례를 올리게 하오니, 사문 혜초는 매우 두렵고 불안[惶恐]하기만 합니다. 삼가 대력 9년(774) 2월 5일 내도량 사문 혜초가 표문을 올림을 말씀드립니다.

대종(代宗, 寶應元聖文武皇帝)이 답하여 말하기를, "짐은 백성들의 근심을 염려하여 제때 내리는 비를 몹시 바라며, 향리에 명하여 두루 신령한 사당에 기도하게 했다. 그러나 화답이 못의 풀을 적실 정도이고, 그것도 겨우 10여 일 만에 그쳤다. 스님은 오래도록 경건과 순결에 노력하고, 부지런히 도량을 청정케 하도록 하라. 이제 풍년을 기약할 수 있게 됐으니, 돌아보니 기쁨과 경사를 더하는구나. 경하한 바는 알았다."라고 하였다.【대변정광지삼장 표제집】

『대승유가금강성해만수실리천비천발대교왕경』의 서문

대당 개원 21년(733) 계유 정월 1일 진시(오전 7~9시), 천복사(薦福寺) 도량 내에서 금강지(金剛智, 671~741) 삼장이 승 혜초에게 '대승유가 금강오정오지존 천비천수천발천불석가 만수실리보살 비밀보리삼마지법(大乘瑜伽金剛五頂五智尊千臂千手千鉢千佛釋迦曼殊室利菩薩秘密菩提三摩地法)'의 가르침을 전수하였다. 그리하여 혜초는 법을 간직할 뿐, 금강지 삼장의 곁을 떠나지 않고 8년 동안 받들어 섬기었다. 그 뒤 개원 28년(740) 경진년 4월 15일, 현종[開元聖上皇]에게 천복사 도량으로 행차해 주시기를 청하였고, 5월 5일에 이르러 천자의 칙명을 받들어 경전을 번역하기 시작하였다. 아침 묘시(오전 5~7시)에 향불을 사르고 번역을 시작하였다. 삼장이 범본을 풀어 설명하면 혜초가 받아 적었다. '대승유가 천비천발만수실리 경법교(大乘瑜伽千臂千鉢曼殊室利經法敎)'는 그 후 12월 15일에 이르러 번역을 마칠 수 있었다.

천보 원년(742)[593] 2월 19일, 금강지 삼장은 이 경전의 범본 및 오천축의 아사리들에게 드리는 서한 모두를 모아서 인도승 목차난타바가(目叉難陀婆伽)에게 주면서, 경전 범본 및 서한을 5인도와 남천축 사자국의 본사(本師)인 보각 아사리(寶覺阿闍梨)에게 전하도록 하였다. 경전은 지금까지 돌아오지 않았다.

그 후 당 대력 9년(774) 10월, 대흥선사 대사 대광지삼장화상(大廣智三藏和尙, 不空, 705~774)과 가까이 있으면서 다시 거듭 자문하였는데, 삼장화상이 대교유가심지비밀법문(大敎瑜伽心地秘密法門)의 옳고 그름을 판단하여 결정해 주었다. 그 후 바로 천발만수경본(千鉢曼殊經本)을 배우게 되었다.

당 건중 원년(780) 4월 15일에 오대산 건원 보리사(乾元菩提寺)에 갔다가 옛날에 번역되었던 당나라 말과 한자음[唐言漢音]의 경본을 이곳 사찰에서 얻게 되었다.[594] 5월 5일에 이르러 사문 혜초가 다시 기록하기 시작하여 '일체여래대교왕경 유가비밀금강 삼마지삼밀 성교법문(一切如來大敎王經瑜伽秘密金剛三摩地三密聖敎法門)'을 베껴써냈다.【대승유가금강성해만수실리천비천발대교왕경 서문】

---

593. 이때는 이미 금강지는 입적한 후이다.

594. 한역과 한자음사(漢字音寫)를 시도하여 약 20일 동안 이 한역본을 다시 채록했다.

<혜초 스님이 인도에서 신라를 그리워하며 지은 망향시>

내 나라는 하늘 끝 북쪽 땅인데[我國天涯北],
이 몸은 지금 남의 땅 서쪽에 와 있네[他邦地角西].
무더운 남녘 날씨에 기러기도 없는데[日南無有雁],
누가 계림(경주)의 숲을 향해 날라줄 것인가![誰爲向林飛]【왕오
천축국전】

혜일과 오진

건중 2년(781) 신라승 혜일(惠日)이 본국의 신물을 가지고 와 혜과(惠果) 화상을 받들어 섬기며, 태장계·금강계·소실지 등과 여러 부처님의 유가 30본을 배우기를 구하였다.

배우기를 마쳐 정통한 후 본국으로 돌아가 대교(大敎)를 널리 전하고 정성을 다해 양식을 끊고 실지(悉地)를 지념(持念)하였다.[595] 현전지(現前地)[596]의 경지에 올라 마침내 환한 대낮에 천축국 왕궁에 도달해 예배하고, 그 법을 구하니 공중에서 말하기를, "서쪽 대당국에 비밀법이 있는데, 그 법은 청룡사에 있다."라고 하였다.

같은 해 신라승 오진(悟眞)이 태장계 비로자나불과 여러 부처님의 지념 교법 등을 수학하였다. 정원 5년(789) 중천축국에 가서 『대비로자나경』 범본 및 여러 경을 가지고 오다가 티베트[吐蕃]에서 죽었다.【대당청룡사삼조공봉대덕행장】

---

595. 실지(悉地)는 비법을 배워서 깨달음의 묘과(妙果)를 성취하는 것이고, 지념(持念)은 마음의 지표를 가지고 생각한다는 뜻이다.

596. 현전지(現前地) : 보살의 10가지 수행 단계인 십지(十地) 중 여섯째 단계, 마음의 모습이 눈앞에 나타난 지위이다.

승려와 불자들의
영험·감응 기록
감통 7

114. 법우화상과
성모천왕

무당의 시조 법우화상

무당이 굿할 때 한 손엔 방울을 흔들고 또 한 손에는 부채를 쥐고 중 얼대며 춤을 추는데, 그들은 부처님을 부르고 또한 법우화상을 부른 다. 그렇게 하는 데에는 까닭이 있다.

세상에 전하기를, 지리산의 옛 엄천사(嚴川寺)[597]에 불법 수행이 대 단한 법우(法祐) 화상이 있었다. 불법 수행이 대단하였다. 하루는 한가 로이 있는데, 산골짜기를 보니 비도 오지 않는데 물이 가득히 흐르고 있었다. 그는 그 근원을 찾아 천왕봉 마루에 이르러서 보니 몸이 크고 힘센 한 여인이 있었다.

스스로 말하기를 성모천왕(聖母天王)이라고 했다.<성모천왕이란 곧 지리산의 산신이다. 이것은 고려 박전지(朴全之)[598]「용암사중창 기」에 나타나 있다.[599]> 인간 세상에 귀양을 내려왔다고 하면서 그대와 인연이 있으므로 물을 이용하여, 당신과 혼인하고자 한다고 말하였다.

---

597. 엄천사(嚴川寺) : 함양 지리산에 있던 사찰. 9세기경 사미에게 구족계를 주던 신라의 관 단 사원이었다.

598. 박전지(朴全之, 1250~1325) : 고려 충숙왕 때의 재상.

599. 「영봉산용암사중창기(靈鳳山龍巖寺重創記)」(『동문선』권68)에, "옛날에 개국 조사 도선 (道詵)이 지리산 주인 성모천왕이, '만약 세 개의 암자를 창립하면 삼한이 합하여 한 나라가 되 고 전쟁이 저절로 종식될 것이다.'라고 한 말에 따라 세 암자를 창건하였으니, 곧 지금의 선암 사(仙巖寺)·운암사(雲巖寺)와 이 절이 그것이다."라고 하였다.

드디어 그들은 부부가 되고, 집을 짓고 거기에 살았다. 8녀를 낳았고, 자손도 많이 퍼졌는데, 그들에게 무술(巫術)를 가르쳤다. <지금도 산 밑에는 백무촌[600]이 있다고 한다>. 그들은 방울을 흔들며 부채춤을 추고 아미타불을 창하며 법우 화상을 불러 방방곡곡을 다니면서 무업(巫業)을 행하였다. 그러므로 세상의 큰 무당들은 반드시 한번은 지리산 꼭대기에 이르러 성모천왕에게 기도하고 신과 접한다고 한다.[601]
【조선무속고】

성골장군 호경과 성거산의 산신

김관의(金寬毅)의 『편년통록(編年通錄)』에 이르기를, "이름이 호경(虎景)이라는 사람이 있어 스스로 성골 장군(聖骨將軍)이라고 불렀다. 백두산(白頭山)에서부터 두루 돌아다니다가 부소산(扶蘇山)의 왼쪽 골짜기에 이르러 장가를 들고 살림을 차렸다. 그런데 집은 부유했으나 자식이 없었다.

활을 잘 쏘아 사냥을 일삼았다. 하루는 같은 마을 사람 아홉 명과 평나산(平那山)에서 매를 잡았다. 마침 날이 저물어 바위굴에서 하룻밤을 묵으려 하는데 호랑이 한 마리가 굴 입구에서 크게 울부짖었다. 열 사람이 서로에게 말하기를, '범이 우리 무리를 잡아먹으려 하니 시험 삼아 두건[冠]을 던져 호랑이가 잡는 것의 임자가 맞서기로 하자.'라고 하였다. 드디어 모두 던지자 호랑이가 호경의 관을 움켜잡았다.

호경이 나가 호랑이와 싸우려고 하였는데, 호랑이는 갑자기 보이지 않고 굴이 무너져 아홉 명은 모두 빠져나오지 못하였다. 호경이 돌아가 평나군(平那郡)에 알리고, 되돌아와 아홉 명의 장사를 지내려고 먼

---

600. 백무촌 : 지금의 함양군 마천면 백무동으로 변강쇠가 땔나무한 백모촌(百母村)으로도 알려져 있다.

601. 저자 미상의 『무녀속고(巫女俗考)』에, "신라 중엽, 함양의 법우화상에게 딸 여덟이 있었는데, 각기 여덟 지역으로 파견되어 무업을 행하였다."라고 기록되어 있다. 한편 난곡(蘭谷)이 엮은 『무당내력(巫黨來歷)』(규장각 소장)에서는 단군을 무조(巫祖)로 기록하면서 법우화상의 무조설(巫祖說)에 대해서 근거가 없는 말이라고 비판하고 있다.

저 산신에게 제를 올렸다. 그때 산신이 나타나서 말하기를, '나는 과부로서 이 산을 다스린다. 다행히 성골장군을 만나, 부부가 되어서 함께 신정(神政)을 다스리고자 하니 이 산의 대왕으로 봉하기를 청한다.'라고 하였다. 말을 마치자 호경과 함께 사라져 보이지 않았다.

평나군 백성들은 그 때문에 호경을 봉하여 대왕으로 삼고 사당을 세워 제사 지냈다. 또 아홉 사람이 함께 죽었다 하여 산 이름을 고쳐 구룡산(九龍山)이라 하였다."라고 하였다. 【고려사】

성거산 문수사

성거산(황해도 우봉현)이 뻗어 내려온 거리는 멀다. 장백산(長白山)에 뿌리박고 길게 뻗기를 1천여 리, 동해를 옆에 끼고 남으로 계속 달음질하고, 또 1천 리를 내려와 우뚝 섰는데 가장 높은 곳이 화악산(華嶽山, 강원도 화천-경기도 가평)이다. 이 화악산으로부터 남으로 수백 리를 달려 불쑥 솟은 산은 성거산인데, 우리나라 국조(國祖, 왕건의 고조부) 성골장군 호경 대왕의 사당이 이곳에 있으니 이 때문에 성거산이란 이름을 얻었다.

또 신라의 성승(聖僧) 의상(義相)이 이 산에 와 있었으므로, 어떤 이는 산 이름이 여기에서 나왔다고도 한다. 이 산의 또 다른 이름은 구룡산(九龍山)이라고도 한다.

산 가운데에는 절이 많다. 높고 가파르며 기온이 차서 겨울에는 거처하기 어렵다. 산허리부터 그 밑은 봉우리가 치솟지 아니하였다. 그래서 문수사(文殊寺)가 여기를 점령하였다. 【목은문고[602]】

---

602. 이색(李穡), 「성거산문수사기(聖居山文殊寺記)」(1377).

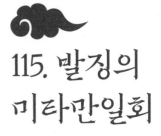

115. 발징의
미타만일회

당나라 숙종 건원 무자[603]에 신라국 고성현[604] 원각사(固城縣圓覺寺)에 발징(發徵)[605]이라는 큰 스님이 있었다. 법명은 동량(棟樑)이며, 산문에 주지가 되었다. 두타행을 하는 정신(貞信)과 양순(良順) 스님 등을 청하여 31인이 미타만일연회(彌陀萬日蓮會)[606]를 만들고, 향도 1,820인을 결성하였다. 이 중에 1,700인은 음식을, 120인은 의복을 각각 시주하였으며, 매년 각 집집에서 쌀 한 말과 향유(香油) 한 되, 닷세 베[五綜布] 한 단씩을 내어 공양하였다.

29년이 지난 병진년(786) 7월 17일 밤, 자금색의 연화대에 로른 아미타불과 관음·세지 두 보살이 문 앞에 이르러 황금 팔뚝을 펴서 염불하던 대중들을 가까이 이끌어 들였다. 이것을 본 대중들이 모두 깡충깡

---

603. 무술의 잘못임, 경덕왕 17년(758)이다.

604. 이 비문에 고성현(固城縣)을 고려시대에 열산현(烈山縣)로, 조선시대에 간성군(杆城郡)으로 고쳤다는 기록이 있다. 경남 고성(固城)과 강원도 간성(杆城)의 관련성이 비문에는 확인되지 않는다.

605. 발징(?~787) : 758년 건봉사에서 만일미타도량을 개설하여 29년째 되던 787년에 같이 수행하던 31인과 함께 공중으로 솟아 극락왕생하였다. 건봉사 서쪽 5리쯤에 소신대(燒身臺)가 있는데 공중으로 날아가다가 이곳에서 몸을 버렸다고 하며, 그 유골은 소신대의 돌 속에 간직하였다고 한다. 우리나라 염불종(念佛宗)의 시조로 받들기도 한다.

606. 미타만일연회 : 10,000일 동안 염불을 계속하는 모임. 발징은 염불만일회를 열었으니 이는 우리나라 만일회의 효시가 된다.

충 뛰면서 기뻐하였다. 부처가 대중을 거느리고 반야선[607]에 올라 48원[608]을 주창하자 백련화(白蓮花) 세계로 왕생하여 상생 상품으로 영생하였다.

그때 발징 화상은 경주의 양무 아간(良茂阿干)의 집에서 지내고 있었다. 큰 불빛이 양무의 집을 환히 비추자 동량은 깜짝 놀라 양무와 집안의 사람들과 함께 밖으로 나와 보았다. 이때 관음보살이 현신하여 동량에게 말하기를, "부처님이 너의 도량 스님들을 가까이 이끌어 들여 서방정토에 상품상생으로 왕생하는 은혜를 입었으니 속히 가서 보라."라고 하였다. 말을 마치자 온데간데도 없었다.

곧 동량이 가려고 하자 양무가 말하기를, "우리 스승께서 최초로 발원을 하셨는데 우리와 같이 어리석은 무리를 먼저 제도하신 후에 세상에 나가십시오. 저희 또한 29년 동안 자못 미력이나마 정성을 기울였는데 오늘 어찌 이같이 저희를 버리고 홀로 가려 하십니까?"라고 하였다.

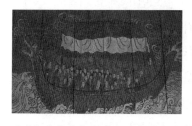 

반야용선:삼각산 홍천사 극락보전 벽화　　　관악산 관음사 벽화(ⓒ 최원미 2012)

이에 동량은 양무 등을 데리고 가서 31명의 스님을 보았는데, 모두 육신은 이미 허공으로 올라가 있었다. 마음이 맑아지고 기쁨에 넘쳐 도량을 향하여 1,300여 배를 올린 후에 다비식을 거행하였다. 이로 인해 만일회를 수행한 향도 913인도 도량의 대중과 더불어 한꺼번에 단정히 앉아서 왕생하게 되었고, 나머지 907인만이 남아 수행하였다.

동량이 도량에 돌아온 지 7일 만에 또 아미타불을 보았는데 반야선

607. 반야선(般若船) : 반야의 지혜를 생사의 바다를 건너는 배에 비유한 말.
608. 48원(願) : 아미타불이 과거세에서 법장보살이었을 때 세운 48개의 서원을 말한다.

을 가지고 와서 함께 타라고 하였다. 동량이 아뢰기를, "저는 향도를 아직 제도하지 못하였는데 어떻게 혼자 갈 수가 있겠습니까?"라고 하였다. 이는 본원[609]이 아니라 하면서 부처에게 다시 고하자, 18인을 상품중생으로 왕생케 하였다. 그 나머지는 다시 왕생할 수 있도록 덕업을 더 닦게 하고는 그런 연후에 와서 제도하겠다고 말하고, 홀연히 자취를 감추었다.

향도들은 동량이 자신의 성불을 마다하였다는 소리를 듣고 눈물을 흘리며 몹시 슬퍼하였다. 향도들이 서로 이르기를, "우리가 어떠한 죄업을 지었는지도 모르시면서 홀로 왕생하시지 않고 다시 더욱 부지런히 힘쓰라고 하니, 우리는 밤을 지새워가며 게으름을 피우지 말고 정진하자.'라고 하였다. 또 7일 후 밤에 아미타불이 다시 반야선에 올라 동량에게 말하기를, "내가 본원의 힘으로써 너를 맞아 함께 왕생하고자 한다."라고 하니, 동량은 사양하고 눈물을 흘리며 말하기를, "만약 향도들이 중한 죄가 있어 왕생의 연분이 없으면 맹세코 지옥에 들어가 그들의 고통을 대신 받아 영원히 그 죄를 없애고 그들 모두를 왕생케 한 다음 마땅히 왕생토록 하겠습니다."라고 하였다.

부처님이 그 말을 막지 못하고 31인을 상품하생으로 나게 하시고, 그 나머지는 '너희들이 먼저 왕생하면 다음에 왕생토록 하겠다'라고 하면서 부처님의 은혜를 입을 수 있는 수기를 주었다. 동량은 부처님의 가르침을 듣고 머리를 조아리며, 신표를 받았다. 즉 부처님의 수족을 받들고 반야선에 올라 서방정토에 왕생하였다. 【간성 건봉사 만일연회 연기[610]】

---

609. 본원(本願) : 부처나 보살이 중생을 교화하려고 세운 발원.

610. 비석은 1904(광무 8) 3월에 건립되었고, 비문은 조병필이 짓고, 김가진이 썼으며, 전액은 정학교가 썼다. 본 내용은 『국역 건봉사의 역사적 발자취』(고성군문화원, 2001)를 참고했다. 건봉사에서 총 4회의 만일회가 열렸는데, 발징의 1회, 고려시대 아간 장자의 2회, 1742년 용허 석민 화상의 3회, 1851년 벽오유총 화상의 4회 연회가 그것이다.

116. 부설거사

부설천상 거사[611]는 신라 진덕왕 때 사람이다. 속성은 진(陳)씨이며, 이름은 광세(光世)이다. 어려서부터 총명하여 경서와 사서를 통달하였다. 장성해서는 불법을 그리워하여 불국사 원정(圓淨)을 따라 출가하고, 몇 년이 지나 종지(宗旨)를 오묘하게 깨닫고 부안 변산으로 들어가 묘적암을 세우고 지냈다.

영조(靈照)·영희(靈熙) 두 스님이 있었는데, 함께 강론하며 교분을 닦으니, 미묘한 말이라도 서로 화합하였다. 하루는 거사가 두 스님과 함께 오대산(五臺山)으로 유람가는 길에 동쪽으로 두릉(杜陵)을 지났다. 그때 구무원(仇無寃)이라는 노인 집에 머물게 되었다. 노인에게 딸이 있었는데, 아름답고 지혜로웠다. 거사를 보고 기뻐하였으나 거사와의 결혼 허락을 얻을 수 없자, 마음이 서글퍼져 병이 들었다.

노옹이 거사에게 사실을 고하며 말하기를, "혹시 자비심을 내어주실 수 있다면 제 딸을 살려주십시오."라고 하였다. 거사가 말하기를, "그렇게 하겠습니다."라고 하였다. 드디어 그녀를 아내로 맞아들이니, '묘화(妙花) 부인'이라고 한다. 두 스님은 마음으로 부설을 업신여기며 헤어졌다.

15년 후, 두 스님이 두릉을 지나가게 되었는데, 그를 방문하였다. 그

---

611. 범명(法名)은 부설이며, 자(字)는 천상(天祥)이다.

때 거사는 앓아누웠는데, 두 스님이 왔다는 말을 듣고 함께 불도를 이끌고자 했던 옛 친구로서 매우 기뻐하였다. "자네들과 헤어진 지 오래되었네. 자네들이 불문에 나아간 것은 반드시 아득할 터이니, 내가 미치지 못할 것 같네?"라고 하며, 동자(아들)에게 병 3개에 물을 담아 들보에 매달도록 하였다.

울진 불영사 명부전 벽화

두 스님을 돌아보며 말하기를, "각각 때리는데 대도(大道)는 크게 때리고 소도(小道)는 작게 때려보게!"라고 하였다. 두 사람은 무슨 일인지 이해할 수 없었으나, 차례대로 병을 때렸다. 물이 떨어져 땅으로 쏟아졌다.

거사가 웃으며 말하기를, "지난날 반수(返水)의 계율과 쌍행(雙行)

의 서원은 어찌 남겼는가?[612]"하고 곧 물병을 쳤다. 병을 깨졌으나 물은 매달려 있었다. 두 스님 모두 깜짝 놀라며, 일어나 절을 하고 말하기를, "용렬한 저희가 큰 스승을 잃을 뻔했습니다. 오직 바라건대 다시 반수, 쌍행의 설법을 듣고자 합니다."라고 하였다. 거사가 4구게를 지어 읊었다.

눈으로 보는 바가 없으니 분별할 것이 없고,
귀로 소리를 들어도 들은 것이 없어 시비가 끊어졌네.
분별과 시비를 모두 놓아 버리고,
단지 마음의 부처님을 보았으니 스스로에 의지할 뿐이네.

글쓰기를 마치고, 드디어 입적하였다. 반수쌍행은 일찍이 두 스님과 함께 법을 이야기하던 것이다. 두 스님은 사리를 묘적암 남쪽 언덕에 모셨다.

처음에 거사가 묘화를 아내로 맞은 후 사내아이를 낳아 등운(登雲)이라 하고, 딸을 낳아서는 월명(月明)이라 하였다. 모두 꿈으로 인해 지은 이름이다. 거사가 입적하자 모두 출가하여 묘화는 100세를 살았고, 뒤에 스님들이 등운암·월명암 등 두 암자를 변산에 세웠다. 등운암은 지금 폐허가 되었다.[613] 【소호당문집[614]】

---

612. 반수(返水)는 쏟아진 물은 다시 담을 수 없다는 말. 두 스님이 부설거사와 헤어질 때, 영조는 '지혜를 얻기 위해 계행을 닦아야 하는데, 부설거사가 묘화와 결혼해 애욕에 빠져 지혜를 얻지 못할 것'이라 했으며, 영희는 '부설거사의 결혼은 엎질러진 물이나, 이후 그 물을 다시 담아서 함께 불도를 닦자[雙行]'라고 한 말에 대한 부설거사의 답변이다.

613. 이 이야기는 해일(海日, 1541~1609)이 지은 불교 소설이라고 한다. 그러나 혜공·원효로 이어지며 나타난 거사불교의 모습을 엿보는데 손색이 없을 것이다. 본 내용은 김택영(金澤榮, 1850~1927)이 변산 월명암을 방문했을 때, 스님이 보여준 고적에 근거하여 기록한 것으로서 『영허대사집』「부설전」의 축약본이라 할 수 있다.

614. 법역은 월명암, 『부설전』(문우당인쇄소, 1987)을 참조하였다.

117. 경흥과
11면 관음

신라 경흥 국사는 서울 (경주) 삼랑사(三郞寺)에 거주하였다. 병든 지 오래되었으나 낫지 않았다. 한 비구니가 국사 보기를 청하니, 제자가 데리고 와서 그를 보았다.

비구니가 말하기를, "국사는 비록 큰 가르침을 깨달았다 해도 사대(四大)[615]가 합해 몸을 만든 것이니 어찌 병이 없을 수 있겠습니까? 병에는 네 종류가 있으니, 사

삼랑사 당간지주

대에 따라 생기는 것입니다. 첫째, 신병(身病)이니 기가 막히고, 담(痰)에 열이 있기 때문이고, 둘째 심병(心病)이니 정신이 혼미하고 어지럼이 그 원인이고, 셋째, 객병(客病)이니 칼과 몽둥이에 잘리고 상해를

---

615. 사대 : 우주와 우리 몸의 구성 요소. 지수화풍(地水火風)을 말한다.

입거나 일의 과로가 그 원인입니다. 넷째, 구유병(俱有病)이니 굶주림과 목마름, 추위와 더위, 괴로움과 즐거움, 걱정과 조바심이 원인입니다. 그 나머지 종류는 서로 원인이 전전하여 한번 크게 조화롭지 못하기 때문에 1백 가지 병이 생기는 것입니다. 지금 국사의 병은 치료할 수 있는 약[藥石]이 없고, 놀이와 즐겁게 노는 모습을 본다면 그것이 처방법입니다."라고 하였다. 이에 21[616]가지 모습으로 춤을 추었다.

국사가 알랑거리는 기묘한 모습을 보고 자못 기뻐 즐거워하니 병이 달아난 지도 몰랐다. 비구니가 국사와 헤어져 갔는데, 남화사(南花寺)[617] 불전으로 들어가 숨었다. 그가 소지한 대나무 지팡이는 11면 관음상 앞에 있었다. <『해동고승권』[618] 권5에 나온다>【법화영험전】

616. 『삼국유사』에서는 11이라고 하였다. 21은 11의 오자로 여겨진다.
617. 『삼국유사』에서는 남항사(南巷寺)라고 하였다.
618. 『해동고승전』은 각훈이 지은 것으로 보이는데, 현재 전하는 『해동고승전』은 권2까지만 남아있다. 이 기록을 통해 『해동고승전』은 권5까지 있었음이 확인된다.

118. 배리의
문수보살

배리는 경주부 남쪽 20리 금오산 서쪽 기슭에 있다. 속전(俗傳)에 다음과 같은 이야기가 전한다.

신라 풍속에 불사를 다투어 숭배하여 부모가 돌아가신 날에는 반드시 스님을 청하여 밥을 대접하였다. 그런 까닭에 당시 사람들은 기일을 승재(僧齋)라고 불렀다.

한 늙은 재상[619]이 그와 친한 스님에게 말하기를, "내일이 내 선친의 기일이니 자네가 힘써 고승을 찾아서 모셔와 주게."라고 하였다. 과연 그 스님이 늙은 스님을 데리고 왔는데, 그를 살펴보니 고승 같지 않으므로 재상이 화가 나 그를 꾸짖으며 말하기를, "당신이 어찌 고승이란 말이오?"라고 하였다.

이에 늙은 스님이 성을 내며 일어나 소매를 떨치니 새끼 사자 한 마리가 소매에서 나왔다. 늙은 스님은 곧 그것을 타고 하늘로 날아올라 가버렸다. 비로소 재상은 그 신령함을 깨닫고 달려서 쫓아갔으나, 스님은 날아서 사라산(舍羅山)으로 들어갔다. 재상이 뉘우치며 온종일 산 아래에서 바라보고 절했으므로 그 아랫마을의 이름을 배리라고 불렀다. 【동경잡기】

---

619. 손대호, 『신라사화(新羅史話)』(선일사, 1950)에는 재상의 이름이 유렴(劉濂)이라고 하였다.

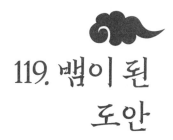

119. 뱀이 된 도안

흥륜사 스님 도안

신라국 대흥륜사에 제일 늙은 승려가 있는데, 그 이름이 도안(道安)이었다. 어려서 출가하고 이 절에 머물렀으며, 경론에 해박하여 높은 직책을 맡았다. 그러나 밥을 먹을 때 맛이 마음에 어긋나면, 매와 회초리를 번갈아들었다. 그러므로 절의 다른 스님들은 아침저녁으로 불안하여 조금도 편안한 날이 없었다. 스님들이 비록 그를 걱정하였지만 그치게 할 수 없었다.

뒤에 병이 들자 더욱 심해져서 욕하고 꾸짖거나, 화를 내고 때리며, 기물을 집어던지니, 친척과 이웃들도 감히 볼 수 없을 정도였다. 며칠이 지나 드디어 길이 1백여 척의 뱀으로 변하였는데, 울부짖으며 방을 나와 숲속으로 빠르게 기어갔다. 이것을 보거나 들은 승려와 속인들이 모두 상심하였고, 한편으로 교훈으로 삼았다.

또한 한 비구니가 있었는데, 성격이 화를 잘 내었다. 죽은 후 수일 뒤 모습을 드러내 스승에게 말하기를, "악처(惡處)[620]에 태어나서 독사의 몸을 받아 성의 남쪽에 살고 있습니다."라 하고는 울며 물러났다. 과연 성 남쪽에 뱀 한 마리가 있었는데, 머리가 1되 정도 되고, 길이는 3장이었다. 움직일 때면 몸을 굽혀 돌며, 사람을 만나면 반드시 쫓겼고, 그

---

620. 악처(惡處) : 삼악처라고 하며, 지옥, 아귀, 축생도를 말한다. 여기서는 축생도에 떨어져 뱀이 되었다는 뜻이다.

뱀을 만나 죽음을 면한 사람이 드물었다. 사람과 동물이 왕래할 때 매우 경계하였다. 【석문자경록】

버섯이 된 스님

수나라 말기에 신라에 한 선사가 있었다. 그 이름은 전하지 않지만, 수행이 훌륭했고, 저서가 많았다. 한 재가 신자[檀越家]로부터 치우치게 공양을 받았으며, 왕래가 10년 동안 끊이지 않았다. 단월의 믿음과 행력[621]은 굳고 깊어 집은 점점 풍요로워졌으며, 아침저녁으로 신심을 다해 공양하였다.

선사가 연로하여 임종하자, 단월은 법에 따라 염을 하고 묻어주었다. 며칠이 지나 단월의 집 동산에 있는 마른 나무에 갑자기 연한 버섯이 돋아났다. 집안사람이 그것을 따다 국에 넣으니 맛이 고기와 같았다. 모두 기뻐하고 좋아하며, 크고 작은 집안일에 그것을 따다가 썼다. 그러나 다시 나서 써도 다함이 없었고, 친척과 이웃이 다 함께 나누어 먹었다.

어느 날 밤 서쪽 마을의 한 사내가 담을 넘어 들어와 버섯을 훔치려고 칼로 도려내려고 하였다. 그때 갑자기 나무가 사람 소리를 내며 말하기를, "누가 내 고기를 자르느냐? 나는 자네에게 빚지지 않았네."라고 하였다. 그 사내가 깜짝 놀라, "너는 누구이냐?"라고 묻자, 답하기를, "나는 지난날의 모(某) 선사이다. 나의 도행(道行)이 아주 작고 가벼운데 주인의 큰 공양을 받았던 인연으로 업이 소멸하지 않아 이곳에 와서 빚진 것을 갚는 것이다. 자네가 나를 위하여 내가 받은 만큼 물건을 구걸하여 주인에게 돌려준다면 나는 해탈을 얻을 수 있을 것이다."라고 하였다.

사내는 지난 일을 기억해 알고 있었기 때문에 놀라고 탄식하며, 바로 주인에게 알렸다. 주인이 이를 듣고 쓰러져 울부짖으며, 나무에 대

---

621. 신력(信力) : 믿음의 힘, 또는 부처님의 가르침을 믿고 그것에 의지하여 얻는 힘.

하여 허물을 참회하고 용서를 빌며, 서로의 빚을 면하기로 서약하였다. 이웃 사람들이 쌀 1백 석을 구해 와서 주인에게 주자, 이에 뜰에 버섯이 다시 나지 않았다.

　　신라승 달의(達義)는 나이가 80세인데, 지조와 정성이 간절하고 빈틈이 없다. 행적을 이 산에 의탁했는데, 내가 그 덕을 공경하여 때때로 의약을 공급하였다. 달의가 나에게 울면서 이야기하며, 그 연유를 말하기를, "나 또한 몸을 잘라 스님에게 돌아올 것이다."라고 하였다.[622]
【석문자경록[623]】

---

622. 당나라 마조도일의 제자인 남전보현 또한 제자들에게 다음 생에 시주의 은혜에 보답하기 위해 열심히 쟁기를 끄는 소가 되리라는 말을 자주 하였다고 한다.
623. 당나라 회신(懷信)이 지은 책.

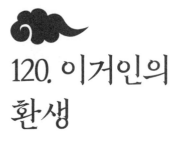

120. 이거인의 환생

합주(지금의 경남 합천)에 이거인(李居仁)이라는 사내가 있었다. 거인은 길에서 눈이 셋이고 다리를 저는 강아지 한 마리를 보고, 가엾이여겨 데려다 길렀다. 강아지는 매일 점심 한 끼의 밥만 먹었으며, 거인이 출타할 때면 늘 몇 리라도 보내고 맞이하였다. 3년 후 개가 죽자, 거인은 장사하고 제사 지내기를 사람과 같이하였다.

2년 뒤 거인은 아프지도 않았는데 갑자기 죽었다. 지옥으로 들어가니, 대문 안에 관복을 차려입은 관원이 있었다. 관원이 마루에서 내려와 다정하게 맞이하며 말하기를, "우리 주인께서는 어찌하여 오셨습니까? 옛적에 제가 재난을 당해 인간 세상에서 털가죽을 쓰고 있어야 했는데, 다행히 주인의 은혜를 입어 3년이 지난 후 다시 이 벼슬을 맡게되었습니다."라고 하였다. 거인이 관원을 보니 전혀 면식이 없었으나, 다만 그 눈이 셋이었다.

거인은 애원하며 말하기를, "나는 용렬하니 염라대왕 앞에서 무슨말로 대답해야 하겠습니까?"라고 하자, 대답하기를, "세상에 살 때 팔만대장경을 간행해 보고자 생각하였으나 성사하지 못하였다고 말씀하십시오."라고 하였다.

거인이 그 말대로 아뢰었더니, 염라대왕은 기특히 여겨 죽은 자의 명부에서 이름을 빼고 석방토록 명하였다. 눈이 셋 달린 관원은 작별인사를 하면서 말하기를, "세상에 돌아가시면 팔만대장경을 인쇄하시고, 화주(化主)의 권선권(勸善券)에 합주(陝州)의 도장을 찍어 잘 보관해 두십시오. 그렇게 하면 후일에 서로 만날 수 있을 것입니다."라고 하였다. 거인은 살아 돌아와서 그의 말대로 하고 보관해 두었다.

이때 애장왕의 공주 자매가 천연두를 앓았는데 문득 말하기를, "팔만대장경의 권선문을 얻는다면 우리의 병은 나을 것입니다."라고 하였다. 왕은 바로 명을 내려 그것을 구해 오도록 하였다. 이에 합주의 원님이 거인을 역마로 실어 궁궐로 보내왔다.

거인이 공주를 보자, 공주는 눈이 셋 달린 관원의 목소리로 말하기를, "작별한 뒤로 평안하셨습니까?"라고 하였다. 그리고 부왕에게 말하기를, "팔만대장경은 저승에서 귀중하게 여기는 것입니다. 염라대왕께서 이 사람을 석방하여 주신 까닭은 세상에 나와서 이 일을 도모하게 하신 것입니다. 바라옵건대 부왕께서는 이 사람을 도와 일을 성사하소서."라고 하였다. 그리고 거인과 작별하며 말하기를, "이제부터는 영원히 만나지 못할 것입니다."라고 하였다. 말을 마치자, 곧 병이 나았다.

이때 거제(巨濟) 바다에 어느 나라에서 왔는지 모를 큰 배가 떠 있었다. 그 안에는 팔만대장경이 가득 실려 있었는데, 모두 금과 은으로 쓰여있었다. 왕은 나라의 장인을 동원하여 거인과 함께 섬에 가서 간행하고 합주 해인사로 옮기어 보관하도록 명하였다. 해인사는 바로 순응(順應)과 이정(利貞)이 창건한 것이라고 한다.【청장관전서[624]】

---

624. 「해인사팔만대장경사적」의 내용이다. 이덕무의 사촌 조카 이서구(李書九, 1754~1825)가 1809년에 쓴 것인데, 명찰(明察, 1640~1708)의 「가야산해인사대장경인출문」(『풍계집』권하)을 요약한 것이다.

121. 두운과
호랑이

옛날 강주부(진주) 희방사[625]는 신라 경문왕 원년(861)[626] 고승 두운(杜雲)[627]이 태백산 심원암(深源庵)에서 소백산으로 들어와 풀을 엮어 암자를 만드니 본사의 개창은

두운과 호랑이(불영사 극락전 벽화)

두운 조사로부터 비롯되었다.

어미 호랑이 한 마리가 부엌 안으로 들어와 새끼를 낳고, 마치 개가 주인에 의지하듯 스님을 따랐다. 스님은 기이하게 여기지 않고 늘 먹을 것을 내어주었다. 하루는 호랑이가 밖에서 들어오더니 입을 벌리고 꼬리를 흔들며 애걸하는 모습을 지었다.

---

625. 희방사(喜方寺) : 경북 영주시 풍기읍 수철리 소백산에 있는 절. 대한불교조계종 제16교구 본사인 고운사(孤雲寺)의 말사이다. 1850년(철종 1)과 6.25전쟁 때 두 차례 큰 재난을 맞아 소실되었다가, 1953년 중건한 뒤 지금에 이르고 있다.

626. 643년(선덕여왕 12)에 두운이 창건하였다는 기록도 전한다(『한국사찰전서』).

627. 두운(杜雲) : 생몰년 미상의 신라 말 승려. 경북 예천군 용문산(龍門山)에서 수도하였으며, 870년(경문왕 10) 용문사를 창건하였고, 883년(헌강왕 9) 소백산에 희방사를 창건하였다. 왕건이 936년(태조 19) 그의 덕을 기리기 위하여 절을 크게 중창하였다(『신증동국여지승람』).

"너는 지금 어디에서 오는 것이냐? 궁지에 빠진 것이냐, 아니면 혹 배고픔보다 더한 괴로움이 있느냐?"

호랑이는 머리를 치며 대응하지 않았다.

"네가 혹 생물을 잘못 삼켜 입에 상처를 입은 것이냐?"

호랑이는 눈물을 흘리며 머리를 끄덕였다. 스님은 팔로 그 목을 더듬어 금비녀 한 개를 뽑아냈다. 호랑이는 이리저리 뛰며 기뻐서 어쩔 줄을 모르더니 부엌으로 들어가 새끼를 품었다.

며칠이 지난 어느 밤, 스님이 좌선하고 있을 때, 갑자기 땅을 울리는 소리가 문밖에서 들렸다. 스님이 문을 열고 보니, 호랑이가 산돼지 한 마리를 등에 지고 와서는 마치 스님에게 주려는 듯 머리를 숙였다.

스님은 나무라며 말하기를, "내가 매운 채소와 기름진 것을 먹지 않는 것을 너는 보지 못하였느냐? 어찌 이러한 부정한 물건을 가지고 왔느냐, 빨리 가지고 멀리 떨어진 곳에서 가서 먹도록 하여라."라고 하였다. 호랑이는 마을 밖으로 가지고 나와 새끼와 함께 그것을 먹었다.

여러 날이 지나 문득 창밖에서 은은한 소리가 들려 나가 보니 한 여자가 있었다. 나이는 17,8세 정도로서 호랑이 옆에 빳빳하게 누워있었다. 숨은 실같이 가늘며, 가슴에는 약간의 온기가 있었다. 스님은 그녀를 방 안에 누이고, 입에 물을 넣어주자, 한 식경이 지나서야 깨어났다.

"어디 사는 귀한 낭자인지 모르겠으나, 어찌 생각지도 못한 화를 입었는가?"

"저는 계림 재상 유석(兪碩)[628]의 딸입니다. 이번 달 15일이 혼례 날인데, 저녁 무렵에 신방에 들어간 이후로는 도무지 기억이 나지 않습니다. 다행히 스님의 자비로운 은혜를 입어 얼마 남지 않은 목숨을 부지할 수 있게 되었습니다."

"계림은 이곳에서 400여 리 떨어진 곳인데, 한 식경도 안 되어 이곳에 오다니 그 빠르기가 바람과 같구나. 호랑이를 산의 군자라고 일컫

---

628. 호장(戶長) 유석(留石) 혹은 유석(柳碩)이라고도 한다.

는 것이 헛된 말은 아니구나."

드디어 의남매를 맺었다. 그때가 경문왕 계미(863) 2월 12일이었다. 10여 일이 지난 후, 그녀에게 남자 옷을 입혀 변장하고 함께 그녀의 집으로 갔다. 그녀의 집에서는 한창 호랑이에게 제사를 지내고 있었기 때문에 문밖 우물가 나무 밑에서 쉬고 있었다. 그때 한 여자가 물을 긷기 위해 나오다가 그들을 보고 급히 달려 들어가 집안사람에게 말하기를, "스님 한 분과 총각 한 명이 우물가 나무 아래에 있는데, 총각의 모습이 우리 집 낭자와 매우 닮았습니다."라고 하였다. 이에 집안의 어른과 아이들이 엎어지고 넘어지며 나가 맞아들이며 말하기를, "너는 도깨비냐 신이냐? 너는 누구냐?"라고 하니, "나는 이 집의 딸입니다."라고 대답하였다. 이어 다시 말하기를, "내 아이는 호랑이에게 상해를 입었음이 틀림없는데, 어찌 이처럼 온전할 수 있겠느냐?"라고 하였다.

그녀는 스님이 자신을 구해준 모든 일을 이야기하였다. 그녀의 부모는 스님을 맞아들여 100배를 올리며 감사를 표하고, 이내 사위로 삼고자 청하였다.

스님은 고사하며 말하기를, "낭자가 다시 살아난 것은 귀댁의 음덕의 소치일 뿐 소승에게 무슨 공이 있겠습니까? 또 소승과 함께 의남매를 맺었으니 모두 부처님의 은혜입니다. 은혜를 갚고자 하는데, 절을 세우는 것 만한 것이 없습니다."라고 하였다. 이에 재상은 흔쾌히 돈을 내어 먼저 가까운 고을의 조세를 옮겨와 희방사를 세우고, 마을 입구에 수철[水鐵]로써 다리를 놓았으며, 고을 서문 밖에는 큰 돌로서 다리를 놓았다. 지금은 유교(兪橋)라고 한다. 사찰을 '희(喜)'로서 이름한 것 또한 유씨(兪氏)의 기쁨을 안다는 것이다.[629]【한국사찰전서】

---

629. 이러한 내용과 다른 설화도 전해지고 있는데, 처녀의 아버지 상호(上戶)가 두운에게 보은하기 위하여 두 탑을 암자 아래에 세울 때 소로서 돌을 운반하였는데, 바위 위에 소의 자취가 있으므로 절 이름을 우적사(牛迹寺)라 하였다고도 한다.

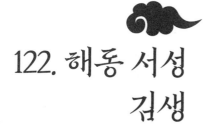

122. 해동 서성 김생

나주 객사(客舍)에 이른바 '유색루(柳色樓)'라는 누각이 있다. 현판은 김생(金生, 711~791)의 글씨를 모아 새긴 것이다. 예전에 도깨비들이 누각 안에서 소란을 피워 사람들이 들어가 지낼 수가 없었다. 그리하여 편액을 만들어 걸었는데, 그 뒤로 다시는 그러한 걱정거리가 없어지게 되었다고 한다. 글씨의 힘[筆力]이 부정한 것을 물리칠 수 있었기 때문에 그런 것인가 보다.【임하필기】

해동서성

세상에서 신라의 김생을 우리나라 제일의 명필로 친다. 원나라 조맹부는 "당나라 때, 신라 승려 김생이 쓴 창림사비(昌林寺碑)는 자획(字劃)에 깊은 전형(典型)이 있어, 아무리 당나라 사람의 명각(名刻)이라 해도 그보다 더 나을 수 없다."라고 하였다. 이규보도 말하기를, "우리 동국의 제일인으로 왕희지와 조금도 다름이 없는 이는 바로 김생이다."라고 하였다.

세상에서 전하기를, "어떤 이가 갑자기 김생 앞에 나타나 『제석경(帝釋經)』을 써 달라고 하여 써 주자, 그 사람이 '나는 제석천의 사자(使者)이다.'라 하고는, 사라져 버렸다."라고 하였다.

또 "안양사(安養寺)의 액자(額字)를 쓰기 시작한 지 수년 만에 그 절집이 남쪽으로 기울므로 즉시 북쪽으로 옮겨 쓰기 시작하자 절집이 도로 반듯해졌다."라고 한다. 또 청룡사(靑龍寺)의 편액을 쓸 때는 주위에 구름과 안개가 끼어있었다고 하니, 마땅히 김생을 신필(神筆)의 제일로 삼아야 할 것이다.

노수신(盧守愼)의 『예성야록(蕊城野錄)』에, "김생은 5세 때부터 풍월(風月) 두 글자를 배우면서 굵직한 싸리나무로 모래밭 위에 썼고, 6~7세부터는 불경 2권을 부지런히 쓰기 시작하여 20세에 서법을 크게 이루었다. 그때 일본 스님 혜담(惠曇)도 글씨를 잘 썼는데, 신라에 와서 김생의 글씨를 보고 매우 기이하게 여기면서 왕희지가 썼던 진적(眞蹟)을 주었다. 그는 그 뒤부터 왕희지의 글씨에만 전력하여 밤에는 큰 글자를 쓰고 낮에는 작은 글자를 써서 명성이 이웃 나라에까지 전해졌다. 또 불교를 좋아하여 고기와 파·마늘 따위(오신채)를 먹지 않았으며, 그 손과 발은 가늘고 작아서 여인네의 것과 같았다. 나이 90이 되어서도 눈에서 빛이 나며, 붓을 손에서 떼지 않다가 나이 97에 죽었다."라고 하였다.

나는(이규경) 지금 충주의 골짜기에 살고 있다. 이 지방의 유명한 인물들을 생각해보면, 신라시대에 우륵선인(宇勒仙人)·임강수(任强首)가 있고, 그 가운데 김생이 가장 유명하다. 또 그로 인해 생긴 지명으로 김생면(金生面), 강으로는 김생탄(金生灘)이 있어<세속에서 김곶(金串)이라 부른다.> 지금까지 전해지고 있다. 이른바 김생사(金生寺)의 절터도 아마 이 부근으로 보이나, 아는 사람이 없으니 안타까울 뿐이다.【오주연문장전산고[630]】

김생사

김생사(金生寺)는 충주목 북진(北津) 언덕에 있다. 김생은 신라 사람인데, 부모가 미천하여 그 가계는 알려지지 않는다. 경운 2년(711)에

---

630. 조선 후기 이규경(李圭景, 1788~1863)이 쓴 백과사전 형식의 책.

태어났다. 어려서부터 서예에 능하여 평생토록 다른 기예는 공부하지 않았다. 80세가 넘어서도 붓을 잡고 쉬지 않았으며, 예서·행서·초서는 모두 신의 경지에 들어갔다. 지금도 가끔 진품이 나오는데, 배우는 자들은 서로 전하며 보물로 여긴다.

숭녕 연간(1102~1106)에 고려 학사(學士) 홍관(洪灌, ?~1126)이 진봉사(進奉使)를 따라 송나라에 들어갔다. 그가 변경(汴京)[631]에 머물 때, 한림 대조(翰林待詔) 양구(楊球)와 이혁(李革)이 황제(휘종)의 칙령을 받들고 관사로 와서 그림 족자를 썼다.

홍관이 김생의 행서·초서 한 권을 보이니, 두 사람이 깜짝 놀라며 말하기를, "오늘 왕희지[王右軍]의 친필을 보리라고는 생각지 못하였다."라고 하였다. 홍관이 말하기를, "그것이 아니라 이것은 바로 신라 사람 김생이 쓴 것이다."라고 하니, 두 사람이 웃으며 말하기를, "천하에 왕우군을 제외하고 어찌 이런 신묘한 글씨가 있으랴?"라고 하였다. 홍관이 여러 번 말했으나 끝내 믿지 않았다. 김생이 두타행을 닦으며, 이 절에 머물렀으므로 절 이름으로 삼았다.【신증동국여지승람[632]】

김생사지 표지석

---

631. 중국 하남성 개봉(開封). 북송의 수도.

632. 『삼국사기』 열전 김생전에도 같은 내용이 전한다.

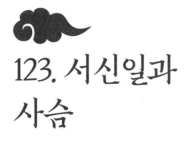

123. 서신일과 사슴

고려초(신라말의 잘못)에 서신일(徐神逸)이란 사내가 교외에 살고 있었다. 하루는 사슴 한 마리가 몸에 화살이 꽂힌 채 뛰어 들어왔는데, 신일이 바로 화살을 뽑고 숨겨 주었다. 그리하여 사슴을 쫓아온 사냥 꾼이 찾아내지 못하고 돌아갔다.

꿈에 한 신인(神人)이 나타나 사례하며 말하기를, "사슴은 내 아들이오. 그대의 은혜를 입어 죽지 않았으니, 그대의 자손을 대대로 재상이 되게 하겠소."라고 하였다. 신일이 나이 80세에 아들을 낳았으니, 서필(徐弼, 901~965)이다. 필이 서희(徐熙, 942~998)를 낳고, 희가 서눌(徐訥)을 낳아, 과연 서로 이어 태사(太師)·내사령이 되었고, 왕[성종]의 사당에 배향되었다.

근세에 통해현(通海縣, 평남 평원군)에 거북처럼 생긴 동물이 바닷물을 타고 포구에 들어왔다가 그만 빠져나가지 못하였다. 주민들이 그것을 도살하려고 하자, 현령 박세통(朴世通)이 그만두게 하고, 굵은 새끼로 묶고 배 두 척에 매어 바다에 끌어다가 놓아 주었다.

꿈에 한 늙은이가 나타나 절하며 말하기를, "내 아이가 날을 가리지 않고 나가 놀다가 죽게 됨을 면치 못하였는데 다행히 공(公)이 살려주어 그 은덕이 큽니다. 공과 공의 아들 손자 3대가 반드시 재상이 될 것입니다."라고 하였다.

그리하여 세통과 그의 아들 홍무(洪茂)는 재상의 지위에 올랐다. 그러나 그의 손자 박함(朴瑊)은 상장군으로 벼슬을 그만두게 되었다. 이에 불만을 품고 시를 짓기를, "거북아! 거북아! 잠에 빠지지 마라, 삼대의 재상이 헛소리일 뿐이구나."라고 하였다.

그날 밤에 거북이 꿈에 나타나 말하기를, "그대가 주색(酒色)에 빠져서 자기 스스로 복을 던진 것이지, 내가 은덕을 잊은 것은 아니다. 그러나 한 가지 좋은 일이 있을 것이니, 조금 기다리시오."라고 하였다. 며칠 지나 과연 파면 조치가 취소되고 재상급인 복야(僕射)[633]가 되었다. 【역옹패설[634]】

---

633. 복야 : 고려시대 상서성에 딸린 정이품의 벼슬.
634. 이제현이 1342년에 편찬

은둔한 승려, 신선을 꿈꾼
신라인의 기록

피은 8

124. 지통과
보현보살

지통과 돼지

신라승 지통은 의상 대덕의 10성 제자 중 하나이다. 태백산 미리암 굴에 머물며 화엄관을 닦고 있었다. 하루는 큰 돼지가 굴의 입구를 지나가는 것을 보았다. 평상시와 같이 목각 존상(尊像)[635]에게 정성을 다해 간절히 예배하였는데, 그때 존상이 말하기를, "굴 앞을 지나간 돼지는 네 과거의 몸이고, 나는 곧 네 미래 결과[果報]로서의 부처이다."라고 하였다. 지통은 이 말을 듣고 과거·현재·미래 삼세가 한순간이라는 법문을 깨달았다.

후에 의상을 찾아가 이를 이야기했는데, 의상 대덕은 그의 그릇이 완성되었음을 알고 마침내 법계도인(法界圖印)을 주었다.【석화엄지귀장원통초[636]】

보현보살과 코끼리

담익(曇翼)은 전생에 꿩이었는데, 법지(法志) 스님의『법화경』독경

---

635. '낭지승운'조를 보면 지통이 낭지를 만나기 전 보현보살로부터 보살계를 받았던 사실을 볼 때, 목각의 존상은 보현보살상이 아닐까 한다.

636. 고려 광종 때의 화엄승이 균여(均如)가 지었으며, 줄여『지귀장원통초(旨歸章圓通抄)』라고노 한다(김지건 편,『균여대사 화엄학전서』상권).

소리를 들은 공덕으로 인간으로 태어났다. 출가 후 진망산에 들어가『법화경』의 독송을 업으로 삼아 수행하고 있었다.

보현보살이 여인의 몸으로 나타나 그의 수행을 시험하였다. 그녀는 바구니에 한 쌍의 흰 돼지와 큰 달래 두 뿌리를 가지고 와서 하룻밤 머물기를 청하였다. 담익은 마지못해 자리를 마련해 주고, 계속 불경을 암송하였다. 시간이 지나 그녀는 배가 아프다며 스님이 배를 쓰다듬으면 나을 것 같다고 하였다. 담익은 손으로 할 수 없어 지팡이에 수건[巾布]으로 싸서 그녀의 배를 쓰다듬었다.

이튿날 아침 여인은 보현보살이 되고, 돼지는 흰 코끼리로, 달래는 연꽃으로 변하였다. 그녀는 흰 코끼리를 타고 가면서 담익의 청정한 수행을 칭찬했다. 이 일을 전해 들은 고을 태수가 조정에 건의하여 법화사를 창건케 하였다.[637]【법화영험전[638]】

보현보살

---

637. 문수보살은 사자를 타고 있는 모습으로 나타나는데, 사자는 보통 개로 변신하고 있다. 보현보살은 코끼리를 타고 있으며, 코끼리는 돼지로 대체되고 있다.

638. 요원(了圓),『법화영험전』권상, 우족관문이변탈업구(羽族慣聞而便脫業軀) 참조.

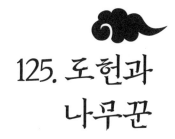

125. 도헌과 나무꾼

도헌(道憲, 824~882)은 소년 시절부터 노련하고 의젓한 덕이 풍부하였다. 또 본래 가지고 있던 불성계(佛性戒)의 구슬을 밝혔기 때문에 후생들이 다투어 따르면서 배우기를 청하였다. 그러나 대사는 이를 거절하여 말하기를, "사람의 큰 걱정은 남의 스승이 되기를 좋아하는 것이다. 억지로라도 어리석은 이를 슬기롭게 만들어야 하는데, 스승이 스승답지 못하다면[639] 어찌하리오. 하물며 큰 바다에 뜬 겨자씨가 스스로 구제할 여가도 없으면서 없는 그림자를 쫓으니 반드시 비웃음을 살 꼴이 되리라."라고 하였다.

훗날 산길을 가는데 나무꾼이 길을 막으면서 말하기를, "선각이 후각을 깨닫게 하는데 어찌 덧없는 몸을 아낄 필요가 있겠습니까?"라고 하였다. 그에게 다가가려고 하니 갑자기 보이지 않았다. 부끄러움과 함께 깨닫는 바가 있어 돌아와 배우고자 하는 사람들을 막지 않으니, 계람산 수석사(鷄藍山水石寺)[640]에 대나무와 갈대처럼 빽빽하게 몰려들었다.

---

639. 한 양웅, 『양자법언』 학행편에, "배움에 힘쓰는 것은 스승을 구함에 힘쓰는 것만 못하다. 스승이란 사람의 모범이지만 모(模)로서 모답지 못하고 범(範)으로서 범답지 못한 이가 적지 않다."라고 하였다.

640. 계람산 수석사 : 계람산은 지금의 춘천 지방에 위치한 산.

얼마 뒤에 다른 곳에 땅을 골라 집을 짓고 말하기를, "매이지 않는 것이 평소의 생각이나, 능히 옮겨가는 것이 귀한 일이다."라고 하였다. 불법의 깊은 뜻을 알지 못하고 책의 글자만 보는 이로 하여금 세 가지를 반성하게 하고, 보금자리를 꾸민 자에게는 아홉 가지를 생각하도록 하였다.【희양산 봉암사 지증대사 적조탑비명】

한송사와 보현사

강릉성(江陵城)으로 나가 문수당(文殊堂)을 관람하였는데, 사람들의 말에 의하면 문수보살과 보현보살의 두 석상이 여기 땅속에서 위로 솟아 나왔다고 한다.[641] 그 동쪽에 사선(四仙)의 비석이 있었으나 호종단(胡宗旦)에 의해 물속에 가라앉았고 오직 귀부(龜趺)만 남아있었다.

한송정(寒松亭)에서 전별주를 마셨다. 이 정자 역시 사선이 노닐었던 곳인데, 유람객이 많이 찾아오는 것을 고을 사람들이 싫어하여 건물을 철거하였으며, 소나무도 들불에 전소되었다고 한다. 지금은 오직 석조(石竈)와 석지(石池)와 두 개의 돌 우물이 그 옆에 남아있는데, 이것 역시 사선이 차를 달일 때 썼던 것들이라고 전해진다.【가정집[642]】

---

641. 다른 기록에는 신라시대에 천축(天竺)에서 보현보살과 문수보살이 강릉시 동남 남항진 해안에 도착해 한송사(寒松寺)를 세웠는데, 보현보살이 말하기를, "한 절에 두 보살이 있을 수 없으니 내가 활을 쏘아 화살이 떨어지는 곳을 절터로 삼아 떠나겠다."라고 하고 활시위를 당기니 화살이 보현사터에 떨어져 창건했다고 한다(『한국사찰전서』).

642. 이 글은 고려 말기의 학자인 이곡(李穀, 1298~1351)의 문집 중 「동유기」에 나오는 내용이다.

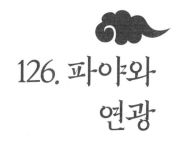

126. 파야와 연광

파야

사문 파야(波若)[643]는 고구려인이다. 진(陳)나라 금릉에 머물며 강의를 들었고, 수나라가 진나라를 병합할 때 지방을 돌아다니며 학업을 익혔다. 개황 16년(596) 천태산[644] 북쪽으로 들어가 지의(智顗)[645]에게 가르침을 받았는데, 바로 깨달은 바가 있었다.

지의가 그에게 말하기를, "네가 이곳에 인연이 있다면 한적하고 조용한 곳에서 뛰어난 행법을 준비하는 것이 마땅하다. 지금 천태산 최고봉인 화정봉(華頂峰)은 내가 예전에 두타행을 닦았던 곳이다. 그곳의 산신은 대승의 근성(根性)이니 너는 그곳에 가서 도업을 배우고 수행을 정진하면 반드시 깊은 이익이 있을 것이다. 모름지기 의식(衣食)은 걱정하지 말고 바로 내 뜻을 따르도록 하라"고 하였다.

개황 18년(598) 화정봉으로 가서 새벽과 밤에 도를 수행하고 감히 자거나 눕지 않았다. 16년 동안 산에서 나오지 않다가, 대업 9년(613)

---

643. 파야(561~613) : 혹은 반야(般若)라고도 하였다(『불조통기』). 우리나라 최초로 천태교관을 익혔으며, 중국 천태종의 개산조 천태지자(天台智者)의 제자이다.

644. 천태산 : 중국 절강성 태주부 천태현에 있는 산이다. 573년에 지의(智顗)가 수선사(修善寺)를 창건하여 천태종의 근본도량으로 삼았다. 전성기에는 70여 절이 있었다고 하며, 지금은 국청사(國淸寺) 등의 대찰이 있다.

645. 지의(538~597) : 중국 천태종의 개산조. 591년 수양제가 보살계를 받고 지자(智者)의 호를 줌으로써 지자대사로 불리게 되었다.

2월, 갑자기 내려와 불롱상사(佛壟上寺)에 이르렀다. 그때 시중을 들던 3인이 국청하사(國淸下寺)에 가서 몰래 스님들에게 말하기를, "파야는 자신의 수명을 알고 지금 대중에게 작별하기 위해 나온 것이다."라고 하였다. 수일에 되지 않아 아프지 않고 단정히 앉아 참선하더니 국청사에서 죽었다. 나이 52세였다.

신주를 모신 장[龕]을 산으로 보내기 위해 절의 대문을 나설 때, 수레를 돌려 작별을 보이니, 눈이 떴다가 산에 이르러 거듭 감았다. 이때 관사(官私)와 도속(道俗)들이 모두 감탄하여 숭앙하였으며, 모두 도심(道心)을 발하였다.【속고승전】

연광

연광은 신라인이다. 조상은 삼한의 후예이며, 그의 집안은 이름난 귀족이었다. 오래전부터 믿음이 돈독했으며, 어려서 좋은 인연을 만나 승복을 입었다. 수행에 정진하고 지혜를 생각하니 식견이 다른 이보다 앞섰다. 눈으로 본 것은 반드시 기억하고, 마음을 놓려도 깨달았다. 다만 변두리에 살아 바른 가르침에 화합하지 못함을 알고, 수나라 인수 연간[646]에 오나라로 갔다.

그때 지의가 『법화경』을 널리 떨치고 있었는데, 먼저 엎드려 응하고, 아침저녁으로 쌍밀(雙密)을 행한 지 수년 만에 크게 깨달았다. 지의가 『법화경』을 강설케 하니 뛰어난 문도들이 정신을 놓지[神伏] 않음이 없었다.

뒤에 천태별원(天台別院)에서 묘관(妙觀)을 더욱 힘써 닦았다. 갑자기 사람들이 나타나 천제가 강의 듣기를 청한다고 하자, 말없이 허락하였다. 이에 기절한 지 10여 일이 지났으나 안색은 평상시와 같았다. 본래대로 돌아왔을 때는 이미 기업이 성취되어 있었다.

---

646. 지의는 597년에 입적하였으므로 인수(601~604)은 맞지 않는다. 그가 유학은 개황(開皇, 581~600) 연간으로 봄이 타당하다.

장차 고국으로 돌아갈 때 수십 인과 함께 큰 배를 탔는데, 바다 한가운데에서 배가 갑자기 나아가지 않았다. 한 사람이 말을 타고 파도를 헤치고 오더니, 뱃머리에 이르러 말하기를, "해신(海神)은 스님이 잠시 해궁에 머물러 강설하기를 청합니다."라고 하자, "하찮은 몸이지만 사물을 이롭게 하기로 맹세하였는데, 배와 승객들을 맡지 않으면 어떻게 되겠습니까?"라고 대답하였다. 그 사람이 이르기를, "사람들과 동행하고, 배 역시 걱정하지 마십시오."라고 하였다.

이에 사람들을 데리고 함께 내려 몇 발자국을 가니 도로와 통하는 평지가 보이는데, 향과 꽃이 길에 펼쳐져 있었다. 해신이 100명의 시종을 데리고 맞이하여 궁중으로 들어갔다. 구슬로 만든 벽이 휘황하고 모습이 마음과 눈을 빼앗았다. 『법화경』1편을 강설하니 진귀한 보물을 내리고, 다시 돌아와 배에 올랐다.

연광이 고향에 도착하여 늘 『법화경』을 넓게 펼치니, 법문이 크게 열렸다. 어릴 때부터 매일 『법화경』 한 편씩 독송하는 것을 일과로 삼아 목숨이 다할 때까지 한 번도 거른 일이 없었다. 받은 은혜를 다 갚았어도 이 업은 어그러지지 않았다. 나이 80이 되어 생을 마쳤다. 화장을 마치니 해골과 혀만 남아 있었다. 온 나라 사람이 드문 일이라고 감탄하였다.

연광에게 여동생 2명이 있었는데, 어려서부터 가슴에 맑은 믿음을 품고 있었다. 그것을 거두어 공양하였다. 혀에서 저절로 『법화경』을 암송하는 것을 여러 번 들었으며, 모르는 글자를 물어보면 모두 가르쳐 주었다. 【홍찬법화전】

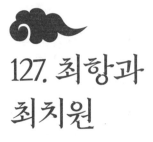

127. 최항과 최치원

최항

신라의 최항(崔伉)은 자가 석남(石南)이다. 애첩이 있었으나 부모가 반대해서 몇 달 동안 만나지 못하고 갑자기 죽었다.

여드레가 지난 밤에 최항이 첩의 집으로 갔다. 그녀는 그가 죽은 줄 모르고, 매우 기뻐하며 맞이했다. 최항은 머리에 석남(石枏)[647]을 꽂고 있었는데, 그 가지를 나누어 그녀에게 주면서 말하기를, "부모가 너와 동거하는 것을 허락해 이렇게 왔다."라고 하였다. 그리고 그녀와 함께 자기 집으로 돌아왔다.

최항이 담을 넘어 들어가더니 새벽이 되어도 소식이 없었다. 그때 집 안사람이 그녀를 보고 온 연유를 물었다. 그녀가 있었던 일을 다 말하니, 집안사람이 "항은 죽은 지 여드레나 되어 오늘 장사를 지내려 하는데, 무슨 괴상한 일이냐?"라고 했다. 그녀가 말하기를, "낭군께서 내게 석남의 가지를 나누어 꽂아 주었습니다. 이것으로 증거를 삼을 만합니다."라고 하였다. 이에 관을 열고 보니 머리에 석남을 꽂고 있었으며, 옷이 이슬로 젖어 있고, 신발도 신고 있었다. 그녀는 그제야 최항이 죽은 것을 알고 통곡하며 목숨을 끊으려 하니, 최항이 곧 다시 살아났다. 20년 동안 해로하다 생애를 마쳤다. <수이전에 나온다>【대동운부군옥】

---

647. 석남(石枏): 석남과의 상록 활엽 관목이고, 5월에 백색 또는 담홍색의 꽃이 핀다.

최치원

최치원 진영

최치원은 12세에 당나라에 유학하여 과거에 장원하고 표수현위(漂水縣尉)가 되었다. 하루는 표수현 남쪽에 있는 초현관(招賢舘)에 놀러 갔다가 쌍녀분(雙女墳)을 보고 시[石門詩]를 지어 혼백을 위로한 뒤 관사로 돌아왔다.

달이 밝고 바람이 시원한데, 문득 아리따운 여인이 붉은 주머니를 가지고 관사로 들어왔다. 그녀는 쌍녀분의 8낭자와 9낭자가 시를 지어준 보답으로 내린 선물이라며 글이 쓰인 붉은 주머니를 내밀었다. 그 글에 함께 마음을 터놓고자 하는 뜻을 전하므로 기뻐하며 그 여인에게 답시를 써 보냈다. 여인의 이름은 취금(翠襟)이라고 하였다. 취금이 답시를 가지고 사라지자 잠시 후 향내가 나는데, 두 낭자가 연꽃을 들고 들어왔다.

그는 놀라고 한편으로 기뻐하며 시를 짓고, 어디 사는 누구인지를 물었다. 그들은 표수현 초성의 향호(鄕豪)인 장씨의 딸로서 언니가 18세, 아우가 16세 때 각각 소금 장수와 차 장수에게 정혼했는데, 이 혼처가 불만스러워 우울하게 보내다가 요절했으며, 오늘 그를 만나 심오한 이야기를 하게 되어 다행이라 하였다.

그는 무덤에 묻힌 지 오래되었는데, 그동안 지나는 영웅과 아름다운 이야기를 나누지 않았느냐고 물었다. 이에 여인은 지나다니는 사람들이 모두 평범하였을 뿐이고, 오늘 다행히 수재를 만나 기쁘다고 하였다.

세 사람은 서로 술을 권하며 달[月]과 바람[風]을 시제 삼아 시를 짓고 취금의 노래를 들으며 즐겼다. 그는 좋은 짝을 만났으니 인연을 쌓는 것이 어떠냐고 묻고, 이에 세 사람은 정을 나누었다. 날이 새자 두 낭자는 천년의 한을 풀었다고 사례하며 시를 지어주었다. 그리고 뒷날 이곳에 오게 되면 거친 무덤을 보살펴달라고 부탁하고 사라졌다. 그는 무덤으로 달려가 두 사람을 애도하는 장시를 지었다.

뒤에 본국으로 돌아가 여러 곳을 주류하다가 마지막에 가야산 해인 사에 은거하다 죽었다.[648] 【태평통재】

『당서』예문지를 보니, 최치원 사륙문(四六文) 1권과 또 『계원필경 』 20권이 실렸다. 예문지의 주에 이르기를, "최치원은 고려 사람인데, 빈공과에 급제하고 고병(高騈)의 회남종사(淮南從事)가 되었다."라고 하였다. 이것을 읽어보고, 과연 중국인은 생각이 넓다고 칭찬하였다. 그 이유는 외국인이라고 해서 가볍게 여기지 않고, 이미 문집을 발간 하여 세상에 반포하였고, 또 사기에 이렇게 실었기 때문이다.

그러나 열전을 지어 넣지 않은 것은, 그 의도를 모르겠다. 만일 최치 원의 행적이 열전에 써넣을 것이 못 된다면, 최치원이 나이 12세에 바 다를 건너 중국에 들어가 유학을 하여 한번 과거 보아 급제를 하고 잇 달아 고병의 종사관이 되었고, 황소(黃巢)에게 격문(檄文)을 보내어 그의 기운이 저상(沮喪)하게 되었고, 뒤에 벼슬이 도통 순관시어사(都 統巡官侍御使)에 이르렀으며, 그리고 본국에 돌아올 때는 같이 과거 에 급제한 (중국인) 고운(顧雲)이 유선가(儒仙歌)를 지어서 주었는데, 그 노래에 대략 이르기를, "나이 12세에 배를 타고 바다를 건너와서 문 장이 중국을 감동케 했다."라고 하였다.

그 자취가 이같이 뚜렷이 드러나니, 이것을 가지고 열전에 써넣으면, 진실로 문예 열전에 소개된 심전기(沈佺期)·유병(柳佈)·최원한(崔元

---

648. 이 설화는 원래 『수이전』에 수록되었으며, 1462년 성임(成任)의 『태평통재』(권68)에 「최 치원」이라는 이름 아래 전재하였다. 1589년 권문해의 『대동운부군옥』(권15)에는 위의 「최치 원」보다 약 5분의 1 정도로 축약된 「선녀홍대」가 전한다. 최치원이 당나라에 있을 때의 일화 에 관련된 문헌설화로서, 중국 남송 때의 『육조사적편류』 분릉문(墳陵門) 제13 쌍녀분기(雙女 墳記)와 공통되는 바가 많아 상호 연관성이 있다. 당나라의 전기소설인 장작(張弗)의 「유선굴 (遊仙窟)」과도 공통되는 점이 많아 그 영향을 받았던 것으로 추측된다.

翰)·이빈(李頻) 등의 반장(半張)밖에 안 되는 열전보다는 훨씬 나을 것이다. 만약 외국인이라고 해서 열전에 써넣지 않았다면, 예문지에 이미 최고운의 이름이 나타나 있고, 또 번진(藩鎭) 호용(虎勇)의 열전에 있어서는 이정기(李正己)·흑치상지(黑齒常之) 등이 다 고려 사람인데, 각각 그 열전에 열거해서 그 일을 소소하게 기재하였으니, 어찌 문예 열전에만 유독 최고운의 열전을 쓰지 않았는가. 가만히 혼자 생각해 볼 때, 옛날 사람들은 문장에 있어서 서로 시기가 있었는데, 하물며 최치원이 외국 사람으로 중국에 들어가서 당시의 명인들을 짓밟았으니, 이런 것이 중국 사람들이 꺼리는 것이라 하겠다. 만약 열전에 써넣어서 그 사실을 직필하면, 중국 사람들이 꺼릴까 두려워서 빼어버린 것일까. 이에 대하여 이해가 가지 않는다.【동문선⁶⁴⁹】

　최고운은 활달한 인물이다. 기개를 자부한 채 어지러운 세대를 만나니, 중국에서만 불우한 것이 아니라 또한 동방에서도 용납되지 못하여 드디어 세상[物] 밖에 은둔하였다. 산수가 깊숙하고 고요한 땅은 다 그가 놀다 간 곳이었으니 세상에서 그를 신선이라고 부르는 것이 부끄러운 것이 아니다.【속동문선⁶⁵⁰】

---

649. 이 글은 이규보, 「당서불립최치원열전의(唐書不立崔致遠列傳議)」의 내용이다. 한국고전번역원의 이정섭 역본을 참조하였다.

650. 이 글은 김종직, 「누뮤기행록」에 나오는 내용이다. 『대동운부군옥』(권15)에도 수록되어 있다.

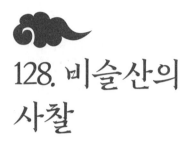

128. 비슬산의 사찰

　비슬산은 현풍·귀화·창산·성산의 경계를 아우르고 있으며, 일명 포산(苞山)이라고도 한다. 신라 때 두 명의 승려인 관기(觀機)·도성(道成)이 이 산에 숨어 지낼 때 산의 나무들이 남쪽으로 구부리고, 북쪽으로 드리워져 있는데 그들의 내왕을 증명하고 있다. 선가(禪家)에서 서로 전하며, 산중 고사로 여기고 있다.

　산의 서쪽에는 대견사(大見寺)·소재사(消災寺)·도성사(道成寺)·속성사(速成寺)·정백사(庭柏寺) 등이 있는데, 혹은 지금까지 전하고, 혹은 폐사되었다. 산의 남쪽에는 연화사(蓮花寺)가 있으며, 산의 북쪽에는 용연사(龍淵寺)가 있다. 산은 높고 크며 깊고 깊어 도량이 많고, 관기·도성 이후 또한 훌륭한 스님들이 남긴 자취가 많다.【식산별집[651]】

　달성 남쪽에 비슬산이 있는데 소슬산(所瑟山)이라고도 한다. 대체로 범음(梵音)인데, 이것은 포(苞)라고 한다. 신라시대에 인도승이 동쪽에 순례하였으므로 그렇게 부른다. 비(毗)는 중국에서 온 것인데 지금은 상고(詳考)할 수 없다. 지리지에 이르기를, "신승 관기·도성이 포산 남과 북에 머물렀는데, 두 스님이 서로 부를 때 산의 초목이 따르고, 쓰러졌다"라고 한다. 선림(禪林)의 신령한 자취[靈迹]가 이 산에 나타난 것은 그 유래가 오래되었다.【둔와유고[652]】

651. 이만부(李萬敷), 「지행부록」 『식산별집』 권4.
652. 임수간(任守幹 : 1665~1721), 「비슬산용연사기」 『둔와유고』 권3.

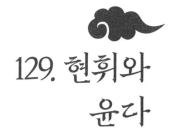

129. 현휘와
윤다

법경대사 현휘

현휘(玄暉, 879~941) 대사의 속성은 이씨(李氏)다. 당시 소인배들이 관직을 맡아 세상을 어지럽게 하였다. 남쪽 무주(武州, 지금의 전남 광주)가 안전하다는 소문을 듣고 그곳으로 피난해 수도하면서 여생을 보내리라고 결심하였다. 대사는 스님 11인과 함께 망망한 먼 길을 따라 그곳에 도착하니, 과연 사람들이 모여 편안하게 살고 있었다.

얼마 지난 후 남해지방에 많은 사찰이 있다기에 다시 그곳에서 마땅한 거처를 구하러 다니다가 도적들을 만나게 되었다. 도적들은 사람들의 물건을 빼앗은 뒤 방으로 끌고 가서 차례로 죽였다.

스님의 차례가 되어 칼로 목을 치려 하였다. 그러나 스님은 신색(神色)이 태연할 뿐만 아니라, 청운(靑雲)의 눈빛은 더욱 빛나서 전혀 두려워하는 기색이 없이 태연자약하였다. 도적의 우두머리는 스님의 풍채와 태도[風度]가 늠름하고, 말소리 또한 절절(切切)함을 보고는 크게 감격하여 칼을 버리고 무리와 함께 절을 하면서 스승으로 모시겠다고 간청하였다.

승냥이와 이리 같은 잔혹한 마음을 고치고 예의를 알게 하였으니, 마치 현장(玄奘) 법사가 서역의 구법 도중 국경을 무단 침범한 죄로 죽게 되었을 때, 도리어 그들을 교화한 것과 남양 혜충국사(慧忠國師)가 남양(南陽)으로 가다가 도적의 소굴을 만났을 때 일행들은 빨리 피하고자 하였으나, 마침내 도적이 칼을 목에 들이댔음에도 저들을 제자로 교화한 것과 같다고 하겠다.

그 후 스님은 "내가 여기에 머물게 되면 앞으로 나아갈 길이 막혀 버릴 것이다."라고 하였다. 천우 3년(906) 우연히 당나라로 가는 배를 만나 편승을 간청하여 허락받고 중국으로 들어갔다.【정토사법경대사자등탑비】

광자대사 윤다

윤다(允多 ; 864~945)는 자가 법신(法信), 경주[京師] 출신이다. 그의 조부모는 귀족으로서 높은 벼슬을 지냈으며, 효도와 의리를 소중히 여겨 충효의 본보기가 되었다. 이렇게 가문을 지켰지만, 난리가 나서 몰락하였다.

스승을 찾아 도를 물었던 대사의 자취는 두루 닿지 아니한 곳이 없었다. 행각 중에 있으면서도 항상 본사(本寺; 동리산 태안사)를 잊지 아니하다가 옛 산으로 돌아왔다.

이튿째 되던 날 밤에 갑자기 산적이 절에 침입하여 옷가지와 물건을 빼앗고자 상방화상(上方和尙 ; 도선)의 방으로 들어왔다. 대사는 우연히 뜻밖의 일을 당하였으나 조금도 두려워하지 않을 뿐만 아니라 자리[禪座]에서 움직이지 않았다. 위협을 당하여서는 오히려 그들의 악한 마음을 버리게 하였다.

대사는 '죄란 본래 없는 것'이라 하여 도적들의 허물을 탓하지 아니하니 스님의 말이 끝나자 도적들은 공손히 예배하고 물러갔다. 이 광경을 지켜본 대중들은 감탄하였다.【대안사광자대사비[653]】

---

653. 손소 찬, 「대안사광자대사비」 ; 이지관, 『교감역주 역대고승비문』 1.

130. 암시 선인과
검가기

암시 선인

마한 때 보덕(寶德)이란 신녀(神女)가 있었는데, 바람을 타고 다니며, 가야금을 들고 노래를 부른다. 얼굴은 가을철의 푸른 물에 떠 있는 연꽃과 같았다. 이는 영랑(永郎)의 도를 이은 것이다.

신라초 표공(瓢公 : 瓠公)이 있었는데, 동해에서 표주박을 타고 와서 나라의 명재상이 되었다. 옥을 삶아 먹고, 나무를 길러서 옷을 만들어 입었다. 또 바람과 비를 불러들이고, 날짐승과 들짐승을 몰고 다녔다. 그는 말년에 설악산으로 들어갔으니 선가(仙家)의 별파(別派)이다.

가락국 방등왕(房登王, 거등왕) 때, 암시 선인(嵒始仙人)[654]이 있었다. 칠점산(七點山)에서 내려왔는데, 생김새가 한옥(寒玉)같이 맑았으며, 말투가 인도말과 같았다. 초현대(招賢臺)에서 왕을 뵙고 이르기를, "임금이 자연의 이치로 백성을 다스리면 백성도 저절로 자연스럽게 살 것입니다."라고 하니, 왕이 기뻐하며 소를 잡아 대접하였다.[655] 그러나 이를 사양하고 단풍나무의 진과 도라지를 요구하여 먹었다. 그는 표공의 유파이다.

---

654. 『신증동국여지승람』 경상도 양산군 산천 칠점산조에는 참시(嵒始)선인이라고 하였다. 또는 금선(琴仙), 칠점선인(七點仙人)이라고도 한다.
655. 홍만종(洪萬宗, 1643~1725)의 『해동이적(海東異蹟)』에는 왕이 앉았던 연화석과 바둑판이 당시에 남아있었다고 하며, 초현대는 김해 동쪽 7리 되는 곳에 있다고 하였다.

물계자(勿稽子)는 신라의 유명한 신하인데, 나라에 공을 세웠으나 포상이 이루어지지 않자, 가야금을 들고 사이산(斯彛山)으로 들어가 봄에는 숲에서 지내고, 겨울에는 동굴에서 살았다. 효공왕 때 옥룡자[玉龍子 ; 道詵]가 풍악산에서 그를 보았다. 얼굴과 피부가 어린아이 같았으며, 술병을 들고 노래를 불렀는데, 나이를 물으니 800세라 하였다. 그는 칠점의 후예이다.

옥보고(玉寶高)는 거문고를 배운 산사람[山人]이며, 이순(李純)은 은일을 좋아한 인격이 고결한 선비이다. 이들은 보덕의 분파이다. 대세(大世)·구칠(仇柒)은 배를 타고 남해를 건넜고, 원효·도선은 불교에 몸을 의지하니 모두 물계자의 영향을 받은 것이다.【청학집[656]】

김가기

김가기(金可紀, ?~859)는 신라 사람으로, 빈공과 출신의 진사이다. 성품이 조용하고 도를 좋아하며, 화려하고 사치스러운 것을 좋아하지 않았다. 또한 양생술(養生術)과 연년술(延年術)을 익히면서 스스로 즐기었다. 학문이 넓고 기억력이 뛰어났으며, 지은 글은 청아하고 아름다웠다. 얼굴과 풍채가 아름다웠고, 거동과 언사에 중국풍이 있었다.

얼마 뒤에 급제하여 발탁되었으나, 종남산 자오곡(子午谷)에 은거해 살면서 은일(隱逸)의 정취를 품고 기이한 꽃과 이상한 과실을 많이 심었다. 항상 향을 피우고 조용히 앉아 마치 무엇인가를 생각하는 듯했으며, 『도덕경』과 여러 신선의 경전[神仙經]을 읽었다. 그로부터 3년 뒤 본국으로 돌아갔다가 다시 중국으로 돌아와 도복(道服)을 입은 채 종남산으로 들어가 음덕(陰德)을 힘써 실행하였다. 누군가 무엇인가를 부탁하면 애당초 거절하지 않고, 정성스럽고 부지런히 들어주기 위해 노력하였다.

857년(헌안왕 1) 12월에 홀연히 황제에게 표문을 올려 말하기를, "신

---

656. 조여적 찬, 등사본(한국학중앙연구원 소장) 참조.

이 옥황상제의 조서를 받들어 영문대 시랑(英文臺侍郞)이 되었습니다."라고 하였다. 이듬해 2월 25일, 승천할 때를 맞아 선종(宣宗)이 몹시 이상하게 여겨 비밀리 칙사를 보내 대궐 안으로 불렀는데, 굳이 사양하면서 가지 않았다.

또 옥황상제의 조서를 보여 달라고 하자, 별선(別仙)이 가지고 있는 것은 인간 세상에 남겨 두지 않는 법이라고 하면서 사양하였다. 이에 드디어 선종이 궁녀 4명과 향·약·금채(金綵)를 하사하였으며, 또 칙사 2명을 보내 전담하여 모시게 하였다.

김가기 마애석각(중국 서안 종남산)

『사림광기(事林廣記)』를 보면, 김가기의 승천일에는 천하의 도사들이 그의 제사를 올렸다고 한다. 이렇듯 세상 사람들이 비록 아녀자나 어린아이라도 김가기가 진선(眞仙)임을 모르는 자가 없는데, 우리나라에서는 그의 이름을 알지 못한다. 중국 사람이 물어보아도 대답하지 못하니 부끄러운 일이다(홍만종의 『해동이적』).

김가기는 홀로 조용한 방에 거처하였는데, 궁녀와 칙사가 가까이 접근하지 못하였다. 매일 밤 방 안에서 누군가와 담소하는 소리가 들리자, 칙사가 몰래 엿보았다. 선관(仙官)과 선녀가 각각 용과 봉황의 등위에 앉아서 서로 마주 대하고 있을 뿐이었다. 더욱이 호위하는 사람이 적지 않았는데, 궁녀와 칙사가 감히 놀라게 하지 못하였다.

2월 25일이 되자, 봄 경치가 아름답고 온갖 꽃들이 만발하였다. 과연 오색구름이 일더니 학이 울고, 난새·고니가 날아오고, 생황·피리 및 온갖 악기 소리가 울리며, 깃털 가마와 구슬 수레가 내려왔다. 깃발이 하늘 가득 펄럭이고, 신선들의 의장(儀仗)이 잔뜩 늘어선 가운데 김가기가 승천하여 가버렸다. 이 모습을 본 조정의 관원들과 백성들이 산골짜기를 가득 메웠는데, 모두 우러러 예를 올리면서 기이함에 탄복하였다.【속선전[657]】

해동전도록

조선 인조 때에 한 스님이 관동지방에 놀러 갔다가 붙잡혀 관청에서 수색당했다. 책 한 권을 내놓았는데 제목을『해동전도록(海東傳道錄)』[658]이라 하였다. 고을 원님이 이 책을 택당 이식(澤堂 李植, 1584~1647)에게 보냈고, 택당은 이 책을 세상에 전하였다.

여기에 말하기를 "당나라 문종 개성 연간(836~840)에 신라의 최승우(崔承祐), 김가기, 스님 자혜(慈惠) 등이 당나라로 가서 종남산 천사(天師) 신원지(申元之)와 교분을 맺었다. 신원지는 이들을 선인(仙人) 종리 장군(鍾離將軍)에게 소개하였다. 종리가 말하기를 '신라에는 도교의 인연이 없어서 다시 8백 년을 지난 다음에야 마땅히 단학(丹學)이 있어서 저들에게 선양할 것이다. 그리하여 이로부터 도교가 더욱 성하여 지선(地仙) 2백이 나와 온 집이 하늘로 올라가서 신선이 되어 도교를 크게 할 것이다.'라고 하고는 세 사람에게 도법을 전수해 주니,『청화비문(靑華祕文)』등의 책과 구결(口訣)이 있었으며, 또 위백양(魏伯陽)의『 참동계(參同契)』등의 책이 있는데 서로 전수하여 명맥을 전한다."라고 하였다.【오주연문장전산고】

657.『속선전(續仙傳)』: 남당(南唐) 때의 문학가 심분(沈汾)이 지은 책.
658.『해동전도록』: 한무외(韓無畏, 1517~1610)가 1610년(광해군 2) 지은 도가서(道家書)이며, 단학(丹學)의 계보를 밝히고 있다.

131. 주암
도인

김극기(金克己)[659]의 시(詩) 서문에 이른다.

경주 하지산(下枝山)은 세속에서 부산(富山)이라 부른다. 이 산 남쪽에 주암사(朱巖寺)가 있다. 절 북쪽에 대암(臺巖)이 있는데, 깎아지른 듯 기이하고 빼어났다. 마치 먼 산과 바다를 바라보는 것이 학을 타고 하늘에 올라 온갖 사물을 내려다보는 것 같다. 또 대암 서쪽에 지맥석(持麥石)이 있다. 사면을 깎아 세운 듯 올라갈 수 없을 것 같지만, 그 위는 평탄하여 1백 명이 앉을 만하다. 옛날 신라의 대서발(大舒發) 김유신 공이 이곳에 보리를 갖다 두고 술을 빚게 하여 군인과 관리들을 대접하던 곳이라 하며, 지금까지도 말 발자국이 남아있다. 이곳에서 서쪽으로 8~9보쯤 가면 주암(朱巖)이 있다.

예전에 한 도인이 신중삼매(神衆三昧)를 얻고, 자신을 격려하며 말하기를, '진실로 궁녀가 아니라면 내 마음을 움직일 수 없다.' 라고 하였다. 신중들이 그 말을 듣고, 궁녀를 납치해 데려다 놓고, 공중을 날아가버렸다. 새벽에 가서 저녁에 돌아오곤 하는데, 때를 어기는 일이 없었다.

궁녀가 두려워서 왕께 아뢰니, 왕이 궁녀에게 자는 곳마다 붉은 모

---

659. 김극기(金克己) : 고려 명종(재위 1148~1209) 때의 학자, 시인. 호는 노봉(老峰). 어려서부터 문명이 높았고, 문과에 급제하였으나 벼슬에 뜻이 없어 초야에서 시를 즐겼다. 저서에는 『김거사집』이 있다.

래로 표시하게 하고, 이어 군사를 보내 찾게 하였다. 성(城)과 저자에서부터 높은 산골짜기의 매우 으슥한 곳까지 뒤졌으나 찾아낼 수 없었다. 그런데 이 바위에 도착해서 보니, 붉은 모래의 흔적이 바위문에 찍혀 있는데, 납의(衲衣)를 입은 늙은 스님이 그 안에 한가로이 앉아 있었다. 왕이 그의 사물을 미혹시키는 요상한 행위에 화를 내며, 용맹한 군사 수천 명을 보내 죽이게 하였다.

스님은 마음을 고요히 하고 눈을 감은 채, 주문을 한 번 외우니, 신병(神兵) 수만 명이 산골짜기에 늘어선 것이 마치 세상에서 그려 놓은 신중의 형상과 같았다. 왕의 군사들이 두려워하여 땅에 엎드릴 뿐 나아가지 못하고 돌아왔다. 왕은 그가 비범한 사람임을 알고, 궁궐로 맞아들여 국사(國師)로 삼으니 요망한 일이 드디어 사라졌다.【신증동국여지승람】

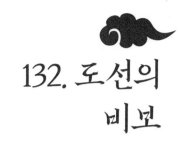

132. 도선의
비보

　우리나라의 의심되는 승려[異僧]로서 의상(義湘)과 도선(道詵)이 있다. 세간에 전하는 말에 의상이 원효의 제자라고 한다. 원효와 의상은 모두 신라 신문왕 때의 승려임을 살펴서 혹자는 의상은 원효의 동생이라고 말한다. 또 도선을 일러 일행(一行)의 제자라고 하고도 한다. 일행이 당 중종 때의 승려이고, 도선은 신라말에 태어나 세대가 멀리 떨어져 있음을 보면, 그의 제자가 아니고, 그의 술학(術學)을 전했을 것이다.

　고려의 중 굉연(宏演)이 지은 『도선전(道詵傳)』에 "처음 도선이 당나라에 들어가 일행 선사에게 불법을 배울 때, 선사가 삼한(三韓)의 산수도(山水圖)를 보고 말하기를, '만일 사람이 병이 나면 혈맥(血脈)을 찾아 침도 놓고 뜸질도 하면 낫듯이, 산천(山川)의 병도 그와 같아서 혹 절을 건립하여 불상을 세우고 탑을 세우면 마치 사람에게 침놓고 뜸질하는 것과 같으니, 이를 비보(裨補)라 한다.'라고 하였는데, 뒤에 도선이 5백 개의 사찰을 비보하였다."라고 하였다. 그렇다면 지금 곳곳에 있는 석불(石佛)·부도(浮圖)가 아마 그때 세운 것인가 보다.【지봉유설⁶⁶⁰】

---

660. 이수광(李睟光, 1563~1628), 『지봉유설』 권18, 외도부 선문(禪門).

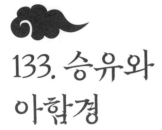

133. 승유와
아함경

승유는 신라인이다. 어려서 출가하여 정토의 가르침에 마음이 이끌려 『아함경』을 수지·독송하는 자들을 보면, 나무라고 업신여겼다. 꿈에 극락세계의 동쪽 문에 이르러 안으로 들어가려고 하는데, 동자들이 문밖에 서서 승유를 쫓으며 말하기를, "작은 가르침[小道]이 없어지면, 곧 큰 가르침[大敎]이 사라집니다[滅相]. 작은 법을 사다리로 삼아 큰 도로 오르는 것이 바로 당신 나라의 법식입니다. 그런데 『아함경』을 가벼이 여겨 암송하지 않고 버린다면 대승의 문에 들어갈 수 없습니다."라고 하였다.

꿈에서 깨자, 눈물을 흘리며 잘못을 뉘우치고, 4부 아함경[661]을 수지 독송하여 아미타불과 그 권속의 안내를 받아 정토에 왕생하게 되었다.

그의 제자가 꿈을 꾸었는데, 연화좌에 앉은 스승 승유가 와서 말하기를, "내가 사바세계에서 『아함경』을 암송하고 본래의 정토업에 의존하였기 때문에 먼저 소승의 도를 얻고 오래지 않아 대승의 도에 들어가게 되었다."라고 하였다. 【삼보감응요약록】

---

661. 사부 아함(四阿含): 증일아함경, 장아함경, 중아함경, 잡아함경.

효행·선행·미담의 기록

효선 9

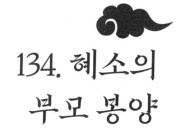

134. 혜소의
부모 봉양

큰 자비는 사랑하지 않는 것이 없고, 큰 효도는 친애하지 않음이 없다. 그러므로 내가 사랑하는 것만 사랑하고 남이 사랑하는 것은 사랑하지 않으면 큰 자비가 아니며, 현재의 부모만 친애하고 옛날의 친애했던 부모는 친애하지 않으면 큰 효도가 아니다. 다섯 가지 형벌이 3천 가지나 되지만 불효보다 더 큰 죄가 없으며, 육바라밀의 행문이 8만 가지가 있으나 효를 행하는 것보다 더 큰 복은 없다.【대각국사문집662】

혜소(慧昭, 774~850)는 속성이 최씨(崔氏)이다. 그의 선조는 한족(漢族)으로 산동(山東)에서 벼슬하는 집안이었다. 수나라 군대가 요동을 정벌할 때 고구려에서 많이 죽었는데, 그때 뜻을 굽혀 고구려의 백성이 된 사람이 있었다. 그 뒤 성당(聖唐) 시대에 와서 옛날 한사군(漢四郡)의 지역이 판도로 들어올 때, 지금의 전주 금마(全州 金馬)에서 터를 잡고 살게 되었다.

아버지는 창원(昌元)이며, 재가 신자였으나, 출가자처럼 행동하였다. 어머니 고씨(顧氏)가 낮에 잠깐 잠든 사이에 꿈을 꾸었다. 한 인도 스님[梵僧]이 나타나서 말하기를, "내가 어머니의 아들이 되고자 합니다."라고 하면서 유리병을 주었다. 이 꿈을 꾸고 얼마 지나지 않아서 선사를 잉태하였다.

---

662. 한국정신문화연구원 편,『국역 대각국사문집』, 1989 참조.

선사는 태어나서도 울지 않았다. 일찍부터 말소리가 작고 말이 없어 뛰어난 인물이 될 싹을 보였다. 이를 갈 나이(7~8세)에 아이들과 놀면서 반드시 나뭇잎을 태워 향이라 하고 꽃을 따서 공양하였으며, 때때로 서쪽을 향하여 무릎 꿇고 앉아 해가 지도록 움직이지 않았다. 이렇듯 선근(善根)이 백천 겁 전에 심어진 것임을 알 수 있으니 발돋움하여도 따라갈 수 없는 것이다.

어려서부터 성인이 되기까지 부모의 은혜를 갚는데 뜻이 간절하여 잠시도 잊지 않았다. 그러나 집에 한 말의 여유 곡식도 없고, 또 한 치의 땅도 없었기 때문에 하늘이 주는 기회를 이용하여 음식을 봉양할 수 있도록 힘닿는 대로 노력하였다. 이에 작게 생선 장사를 벌여 좋은 음식을 넉넉하게 봉양하였다. 그러나 손수 그물을 짜지 않았으며, 마음은 이미 통발을 잊고 있었다.

어버이의 초상을 당하자 흙을 져다 무덤을 만들고 말하기를, "길러주신 은혜에 대해서는 애오라지 힘닿는 대로 보답하려고 노력하였다. 이제 심오한 도에 둔 뜻을 어찌 마음으로써 구하지 않겠는가? 내가 어찌 덩굴에 매달린 조롱박처럼 젊은 나이에 그냥 한 곳에만 머물 것인가?"라고 하였다. 드디어 804년(애장왕 5)에 중국으로 가는 사신에게 가서 뱃사공이 되겠다고 청하였다. 중국으로 가는 배에 발을 붙인 뒤에 궂은일을 마다하지 않고 험난한 길도 평탄하게 여겼다.【쌍계사 진감선사 대공영탑비명】

135. 김과의의 두 집

전생과 현생의 두 집

신라에 김과의(金果毅)라는 사람이 사내아이를 낳았다. 아이는 어려서 출가하여 『법화경』을 즐겨 읽었는데, 제2권에 이르러 잘못하여 글자 하나를 태웠다. 18세 때 갑자기 죽어서, 다른 곳의 김과의의 집에 환생하였다. 이번에도 출가하여 『법화경』만을 애독하였는데, 웬일인지 제2권의 한 글자는 물어서 알았다가는 곧 잊어버리곤 하였다.

어느 날 밤 꿈에 한 사람이 나타나 말하기를, "스님은 전생에 아무 곳 김과의의 집에 태어나 출가하여 『법화경』을 독송하다가 잘못하여 글자 한 자를 태워버렸으므로, 이생에서 물어도 곧 잊어버리게 된 것입니다. 그때의 옛 경전이 지금 전하고 있으니 그곳에 가서 살펴보십시오."라고 하였다.

그는 꿈에 일러주던 대로 찾아가 보니 과연 그 집이 있었다. 전생의 부모는 희한하다고 생각했지만 확인하고 싶어 옛 『법화경』을 찾아내 보니 과연 제2권에서 한 자가 불에 타 없어 있었다. 스님과 전생의 부모는 희비가 교차하였다. 이리하여 두 집은 친해져서 마침내 한 집안처럼 지냈다. 이 사실이 고을에 알려지고, 고을에서는 나라에 보고하여, 온 나라에 전해졌다. 지금까지도 끊이지 않으니 정관(623~649) 때 일이다. 【홍찬법화전】

136. 김방이의
금 방망이

신라의 제1 귀족은 김가이다. 그 먼 조상 이름은 '방이'이다. 아우가 하나 있었는데, 집의 재산이 매우 많았다. 그러나 형 방이는 동생과 분가해 살았기에 옷과 음식을 구걸해 살았다. 이웃 사람들이 놀리고 있는 땅 1무(사방 100보)를 그에게 주자, 그는 아우에게 누에와 곡식 종자를 구하였다. 아우는 그 종자를 쪄서 주었으나 방이는 그 사실을 몰랐다.

누에알이 깨어날 때 단지 1마리만 살아났다. 매일 1촌 남짓 자라 10일 정도 지나자 소처럼 커서, 여러 그루의 뽕잎으로도 먹이기가 부족하였다. 동생이 그것을 알고 엿보다가 그 누에를 죽였다. 여러 날이 지나 사방 100리의 누에들이 모두 날아서 방이의 집에 모여들었다. 사람들이 죽은 누에를 '큰 누에[巨蠶]'라고 불렀는데, 그것은 '누에의 왕'이라는 뜻이었다. 이웃과 함께 실을 삼아 길쌈을 하였으나 다 하지 못할 정도로 많았다.

곡식도 오직 한 줄기만 자랐는데, 그 이삭의 길이가 1척 정도였다. 방이가 늘 그것을 지켰으나, 어느 날 갑자기 새가 꺾어서 물고 가버렸다. 방이는 새를 쫓아 산을 5~6리 올랐는데 새가 돌 틈으로 들어갔다. 날이 지고 어두워지자 방이는 돌 옆에 머물렀다.

밤이 깊어 반달이 밝았다. 붉은 옷을 입은 어린아이들이 함께 놀고 있었다. 한 아이가 말하기를, "너는 무슨 물건이 필요하냐?"라고 하자, 한 아이가 술이 필요하다고 하였다. 아이가 금방망이로 돌을 내리치자

술과 술통이 모두 갖추어졌다. 한 아이가 음식이 필요하다고 하자, 또 그것을 치니 떡·국·고기가 돌 위에 차려졌다. 한참 음식을 먹고 금방망이는 돌 틈에 꽂아두고 갔다.

방이는 매우 기뻐하며 그 방망이를 갖고 돌아와 원하는 것은 방망이를 두들겨 장만하였다. 그리하여 그의 재산은 나라와 겨룰 정도였으며, 항상 보석으로 그 아우를 만족하게 해 주었다.

아우는 그제야 이전에 누에와 종자를 속인 사실을 후회하며, 방이에게 이르기를, "누에와 종자가 나를 속이는지 시험해 보면, 나도 혹 형 같이 금방망이를 얻을 것이다."라고 하였다. 방이는 아우의 어리석음을 알고 타일렀으나 듣지 않았다.

곧 그 말한 바와 같이 동생은 누에를 키웠다. 누에알을 부화시켜 하나의 누에를 얻었지만, 보통 누에와 같았다. 곡식 종자도 역시 한 줄기가 자랐는데, 익을 무렵에 또 새가 물고 갔다. 동생은 기뻐하며 새를 쫓아 산으로 들어갔다.

새가 들어간 곳에 이르러 귀신 무리를 만났는데, 노하며 말하기를, "네가 우리의 방망이를 훔쳐 갔구나?"라고 하였다. 그리고 그를 붙잡고 말하기를, "네가 우리를 위하여 당분(설탕) 3판을 쌓아놓겠느냐, 아니면 1장 길이의 코를 갖고 싶으냐?"라고 하였다. 아우는 당분 3판을 쌓겠다고 대답하였으나 3일이 지나 배고픔과 피곤함으로 일을 마치지 못하고 도깨비에게 애걸하였다. 도깨비는 그의 코를 잡아 뽑았고, 그는 코끼리 코가 되어 돌아왔다. 사람들이 괴이하게 여겨 그것을 보기 위해 모여들었다. 아우는 부끄럽고 화가 나 결국 죽고 말았다. 그 후 방이 자손들이 방망이 놀이를 하면서 짐승 똥을 구하는데, 번개가 치며 땅이 흔들리더니 방망이가 없어졌다.[663] 【유양잡조속집[664]】

---

663. 이 이야기는 '뚝딱방망이', '보배방망이', 금추설화(金錐說話) 등으로도 불리며, 「흥부전」에 영향을 미쳤다고 한다.

664. 유양잡조(酉陽雜俎) 속집 : 당나라 단성식(段成式)이 860년에 편찬한 중국 설화집. 그 뒤 『태평광기』 등의 중국 문헌에 수록되었고, 우리 문헌으로는 안정복의 『동사강목』에 인용되어 있다.

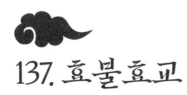

137. 효불효교

효교와 불효교

세상에 전하기를, 신라 때 일곱 아들을 둔 어머니가 있었다. 내연남이 개천 남쪽에 살았는데 아들들이 잠든 것을 보고, 왕래하였다. 아들들이 서로 이르기를, '어머니가 밤에 물을 건너는 것을 보면, 어찌 아들의 마음이 편안하겠는가?'라고 하고는 돌로 다리를 만들었다. 이에 어머니는 부끄러워 행실을 고쳤다고 한다. 당시 사람들이 그 다리를 '효불효교'라고 하였다. 다리는 경주부 동쪽 6리에 있다.⁶⁶⁵

> 남쪽의 여울물에 흰 돌 줄지어 있네,
> 차라리 모두 없었더라면 어머니 신을 쫓지 않았을 텐데.
> 요요한 꿩의 울음소리 우북이 자라는 쑥 속에 있고,
> 아들 일곱이 어머니를 더 수고롭게 하니 '불효'라 이르고,
> 오히려 자신의 정성을 다하니 '효'라고 이르나
> 얼굴에는 부끄러움이 가득하네.【낙하생집】

칠성교

칠성교(七星橋)는 형산면(지금의 포항) 용흥강에 있다. 용흥강(龍興江)의 남쪽 섬 가운데 한 과부가 살았는데, 강 북쪽에 있는 내연남에게

---

665. 이 이야기는『동경잡기』에도 수록되어 있다. 이와 비슷한 전설로서 포항의 '칠성교'가 전한다.

경주 남천에 있었던 신라시대의 다리터(효불효교)

가곤 했다. 과부의 아들이 그 어머니가 건너다니느냐 병에 걸리자, 몰래 그녀를 위하여 다리를 놓았다. 돌이 7개이므로 이로 인해 이름을 얻었다. 효불효의 전설이 있다.【영일읍지[666]】

---

666. 김용제 편, 『영일읍지』 권2, 이문, 흥해향교, 1929(국립중앙도서관 古2753-28).

138. 목주의 효녀

목주가(木州歌)[667]는 목주의 효녀가 지은 노래이다.

목주(지금의 충남 목천)에 사는 딸이 아버지와 계모에게 효성을 다함이 소문났다. 그러나 부친이 계모의 거짓말에 혹하여 딸을 집에서 내쫓으려 하였다. 딸은 차마 나가지 못하고 집에 머물면서 부모 봉양을 더욱 힘쓰며 태만하지 않았다. 그러나 그럴수록 부모는 더욱 화를 내었고, 드디어 내쫓았다.

딸은 부득이 하직하고 집을 나왔다. 어떤 산속에 이르러 석굴에 사는 노파를 만나서 그런 사정을 말한 다음 그곳에 머물기를 청하니 노파가 그의 곤궁한 사정을 불쌍히 여기고 허락하였다.

처녀는 노파를 자기 부모 섬기듯이 받들어 모셨다. 그리하여 노파의 사랑을 받게 되었고, 그녀의 아들과 결혼하게 되었다. 그 부부는 한마음으로 근면 절약하여 부유하게 되었다. 그 후 딸은 친정 부모가 매우 가난하게 산다는 말을 듣고, 시집으로 모시고 와서 지극 정성으로 봉양하였다. 그러나 친정 부모는 오히려 기쁘게 생각하지 않자, 효녀가 노래를 지어 자기의 효성이 부족함을 원망하였다. 【고려사】

---

667. 목주가 : 작자와 제작 연대 미상의 신라 가요. 가사는 전하지 않고 제목과 제작 동기만이 『고려사』, 『증보문헌비고』, 『대동운부군옥』에 전하고 있다. 목주가의 가사가 사모곡이라고도 한다.

목주의 소녀 어버이에게 효도하고,
근검하고 열심히 농사지어 부자가 되었네.
석굴의 노파가 어루만져 사랑해 주니,
그녀는 평온하고 환한 얼굴로 효성을 다했네.【임하필기】

사모곡[668]
호미도 날히언마르는 낟フ티 들리도 업스니이다.
아바님도 어이어신마르는 위 덩더둥셩 어마님フ티 괴시리 업세라.
아소 님하 어마님フ티 괴시리 업세라.
호미도 날이지마는 낫같이 들을 리도 없습니다.
아버지도 어버이시지만, 어머님같이 사랑하실 분이 없습니다.
말씀을 마시오, 임이시여! 어머님같이 사랑하실 분이 없습니다.
【악장가사】

---

668. 「사모곡」이 목주가의 별칭이라고도 한다. 「사모곡」은 어머니의 사랑이 아버지보다 크고 지극함을 낫과 호미에 비유하여 읊은 노래이다. 『시용향악보』 등에 실려 있다.

【참고문헌】

홈페이지

국사편찬위원회 한국사데이터베이스(http://db.history.go.kr)

한국학중앙연구원(https://www.aks.ac.kr)

한국고전번역원(https://www.itkc.or.kr)

국립중앙도서관(https://www.nl.go.kr)

동양고전종합DB(http://db.cyberseodang.or.kr)

CBETA 漢文大藏經(http://tripitaka.cbeta.org)

漢リポ Kanseki Repository(https://www.kanripo.org)

文淵閣四庫全書(http://skqs.nlic.cn:8000)

국내

각간선생실기(角干先生實記) : 미상, 고전 소설, 3권.

강원도지 : 김용제(金龍濟) 등편, 1941

건봉사급건봉사말사사적(乾鳳寺及乾鳳寺末寺史蹟) : 이대련(李大蓮) 편, 1928

경주불국사사적 : (중앙도서관 고1792-12)

계산기정(薊山紀程) : 미상, 19세기 연행견문록, 5권, 필사본

고려사(高麗史) : 김종서·정인지 등편, 139권, 1450년경.

고운문집(孤雲文集) : 최치원(崔致遠, 857~?) 시문집, 1926, 3권.

기년아람(紀年兒覽) : 이만운(李萬運, 1736~?), 8권, 아동용 역사서, 1770년대.

기언(記言) : 허목(許穆, 1595~1682) 시문집, 93권, 1689.

낙하생집(洛下生集, 洛下生藁) : 이학규(李學逵, 1770 ~ 1835) 시문집, 3권.

난실담총(蘭室譚叢) : 성해응(成海應, 1760~1839) 편, 『연경재전집』 외집 소수.

다시문집 : 정약용(丁若鏞, 1762~1836) 시문집, 『여유당전서』 소수(所收)

대각국사문집 : 의천(義天, 1055~1101) 시문집, 23권

대동운부군옥(大東韻府群玉) : 권문해(權文海, 1534~1591), 20권, 사전, 1589.

동경잡기(東京雜記) : 성원묵(成原默, 1785~1865), 3권, 지방지, 1845.

동국이상국집(東國李相國集) : 이규보(李奎報, 1168~1241) 시문집, 53권(전집 41, 후집 21권), 1251.

동문선(東文選) : 서거정(徐居正, 1420~1488) 등 23인, 시문 선집, 133권, 1478.

속동문선(續東文選) : 신용개(申用漑, 1463~1519) 외, 시문 선집, 23권, 1518.

동사강목 : 안정복(安鼎福, 1712~1791), 역사서(단군 ~ 고려), 20권, 1778.

동사략(東史約, 紀年東史約) : 이원익(李源益, 1792~1854) 편.

동사록(東槎錄) : 강홍중(姜弘重, 1577~1642), 일본 사행록, 1책, 1625년경.『해행총재(海行摠載)』소수.

동인시화(東人詩話) : 徐居正(1420~1488) 시화집(평론), 2권, 1474.

두타산삼화사사적(頭陀山三和寺事蹟) : 최시영(崔始榮), 1847.

목은집(牧隱集) : 이색(李穡, 1328~1396) 시문집, 55권(시고 35권, 문고 20권), 1404.

무릉잡고(武陵雜稿) 주세붕(周世鵬, 1495~1554) 시문집, 20권, 1581.

무명자집(無名子集) : 윤기(尹愭, 1741~1826) 시문집, 20권(시고 6권, 문고 14권).

박천집(博泉集) : 李沃(1641~1698) 시문집, 33권, 1720.

백화도량발원문(白花道場發願文) : 의상(義湘, 625~702), 발원문, 1편, 671년경.

범해선사문집(梵海禪師文集) : 각안(覺岸, 1820～1896) 시문집, 2권, 범해선사유고(梵海禪師遺稿) 소수[4권(문집 2권, 시집 2권, 부록(梵海遺集補遺)].

법화경집험기(法華經集驗記) : 신라 의적(義寂, 681~?),

법화영험전(法華靈驗傳) : 고려 요원(了圓), 영험전, 2권, 1534년경.

부계기문(涪溪記聞, 涪溪聞記) : 김시양(金時讓, 1581~1643) 유배록(1612), 2권,『대동야승(大東野乘)』에 수록.

부상록(扶桑錄) : 이경직(李景稷, 1577~1640) 일본 사행록, 1617

불국사고금역대기(佛國寺古今歷代記=佛國寺古今創記=佛國寺歷代記) : 동은(東隱), 1권, 1740

불국사고금창기(=불국사고금역대기)

사가(문)집 : 서거정(徐居正, 1420~1488) 문집, 63권(시집 52권, 시집 보유 4권, 문집 6권, 문집 보유 1권), 이 외 동인시화 2권, 필원잡기 2권, 골계전 2권 수록, 1488·1980(영인본)

삼국사기(三國史記) : 김부식(金富軾, 1075~1151) 등편, 50권, 1145.

삼국사절요(三國史節要) : 서거정 외, 15권(외기 1권, 본기 14권), 1476.

삼국유사(三國遺事) : 일연(一然, 1206~1289) 편, 5권, 1310년경.

삼연집(三淵集) : 김창흡(金昌翕, 1653~1722), 시문집 36권, 1753.

석화엄지귀장원통초(釋華嚴旨歸章圓通抄) : 균여(均如, 923~973), 주석서, 2권, 1251.

성호사설(星湖僿說) : 이익(李瀷, 1681~1763), 논설문, 5문(門), 1915.

소호당(문)집 : 김택영(金澤榮, 1850~1927), 시문집, 15권(시집 5권, 문집 10권), 1916. 창강고[(滄江稿) 14권, 1911].

순암집(順菴集) : 안정복(安鼎福, 1712~1791) 시문집, 27권, 1900.

숭혜전지(崇惠殿誌) : 김학수(金學銖) 편, 사적지, 2권, 1932.

식산집(息山集) : 이만부(李萬敷 : 1664~1731), 시문집, 36권(본집 22권, 별집 4권, 속집 10권, 부록), 1813.

신증동국여지승람(新增東國輿地勝覽) : 이행(李荇, 1478~1534) 등, 지리지, 55권, 1530.

심재집(深齋集) : 조긍섭(曺兢燮, 1873~1933) 시문집, 41권(원집 31권, 속집 10권), 1966

심전고(心田稿) : 박사호(朴思浩, 1784~1854) 청 사행록(일기, 시문), 4권, 1829년경.

암서집 : 조긍섭(曺兢燮, 1873~1933)의 시문집, 31권 17책.

양촌집(陽村集) : 권근(權近, 1352~1409) 시문집, 40권, 1418년경.

여지도서(輿地圖書) : 읍지, 55책, 1765년경.

역옹패설(櫟翁稗說) : 이제현(李齊賢, 1287~1367) 시화집, 4권(전집 2권, 후집 2권). 익재
    난고(益齋亂藁) 소수(1814).

연려실기술(燃藜室記述) : 이긍익(李肯翊, 1736~1806), 1776년경. 34권(원집 24권(태조~
    인조), 별집 10권, 1911), 59권(원집 33권, 속집 7권, 별집 19권, 1913)

오대산월정사사적(五臺山月精寺事蹟) : 민지(閔漬, 1248~1326)

오산설림초고 : 차천로(車天輅, 1556~1615), 시평집(수필집), 2권,『대동야승』소수.

오주연문장전산고(五洲衍文長箋散稿) : 이규경(李圭景, 1788~1856), 사전, 60권.

완당집(阮堂集) : 김정희(金正喜, 1786~1856), 시문집, 10권, 1867.

왕오천축국전(往五天竺國傳) : 혜초(慧超, 704~787), 견문록(여행기), 잔본 1권(3권으로
    추정).

용재총화(慵齋叢話) : 성현(成俔, 1439~1504), 평론집, 10권, 1525.『대동야승』소수.

운양집(雲養集) : 김윤식(金允植, 1835~1922), 시문집, 16권(1914), 15권(1917).

월정만필(月汀漫筆, 月汀漫錄) : 尹根壽(1537~1616) 시화집, 1597년경.『대동야승』소수.

임하필기(林下筆記) : 이유원(李裕元, 1814~1888), 평론·수필집, 39권, 1871. 영인본
    (1961)

점필재집(佔畢齋集) : 김종직(金宗直, 1431~1492), 시문집, 25권(시집 23권, 문집 2권),
    1497.

제왕운기(帝王韻紀) : 이승휴(李承休, 1224~1300), 역사서, 2권(상하), 1287.

조선무속고(朝鮮巫俗考) : 이능화(李能和, 1869~1943), 논문, 1927.

조선불교통사(朝鮮佛敎通史) : 이능화, 불교서, 3권(상중하), 1918.

조선사찰사료(朝鮮寺刹史料) : 조선총독부 내무부 지방국 편, 사찰지, 2권(상하), 1911.

졸고천백(拙藁千百) : 崔瀣(1287~1340), 문집, 2권, 1354.『고려명현집』소수.

증보문헌비고(增補文獻備考) : 서명응(徐命膺) 외, 유서(類書), 250권, 1903년 이후.

증수 임영지(增修臨瀛誌) : 농택성(瀧澤誠) 편, 지방지, 1933,

천관산기(天冠山記) : 석 천인(釋天因, 1205~1248), 기문.

청성잡기(靑城雜記) : 성대중(成大中, 1732~1812) 편, 야담집, 1책, 1964(활자본).

청음집(淸陰集) : 김상헌(金尙憲, 1570~1652), 시문집, 40권, 1671.

청장관전서(靑莊館全書) : 이덕무(李德懋, 1741~1793), 문집, 71권, 1978(영인본).

청천집(靑泉集) : 신유한(申維翰, 1681~?), 시문집, 6권.

청학집(靑鶴集) : 조여적(趙汝籍, ?~?), 도교 평론집, 1976(영인본).

청허집(淸虛集, 淸虛堂集) : 휴정(休靜, 1520~1604), 시문집, 4권(8권설), 1612.

추강집(秋江集) : 남효온(南孝溫, 1454~1492), 시문집. 8권, 1577.

태평통재(太平通載) : 성임(成任, 1421~1484), 야담집, 5권(240권 추정).

파한집(破閑集) : 이인로(李仁老, 1152~1220), 시화집, 3권(상중하), 1260.

패관잡기(稗官雜記) : 어숙권(魚叔權, 16세기), 수필집, 6권.

풍계집(楓溪集) : 명찰(明察, 1640~1708), 시문집, 3권(상중하), 1711.

필원잡기(筆苑雜記) : 서거정(徐居正, 1420~1488), 수필집, 2권, 1487.

한강집(寒岡集) : 정구(鄭逑, 1543~1620), 시문집, 24권(원집 12권, 속집 9권, 별집 3권), 1680년경.

조선금석총람(朝鮮金石總覽) : 조선총독부 편, 자료집, 1책(상하), 1919.

조선사찰전서(朝鮮寺刹全書, 한국사찰전서) : 권상로(權相老, 1879~1965), 사지, 1979.

한사집(寒沙集) : 강대수(姜大遂, 1591~1658), 시문집, 7권.

해동고승전(海東高僧傳) : 각훈(覺訓, ?~?), 승려 열전, 2권(5권 이상 추정).

해동역사(海東繹史) : 한치윤(韓致奫, 1765~1814), 역사서, 85권(본편 70권, 속편 15권).

해동이적(海東異蹟) : 홍만종(洪萬宗, 1643~1725), 인물 열전, 1책, 1666.

해동제국기(海東諸國記) : 신숙주(申叔舟 : 1417~1475), 일본 사행록, 1책, 1443.『해행총재(海行摠載)』소수.

해상록(海上錄) : 정희득(鄭希得, 1575~1640), 포로일기, 2권, 1613년.『해행총재(海行摠載)』소수.

호은집(好隱集) : 호은 유기(好隱有璣, 1707~1785), 시문집, 4권, 1785.『한국불교전서』소수.

홍재전서(弘齋全書) : 정조(正祖, 1752~1800), 시문집, 60권, 1799.

중국

고승전(梁高僧傳) : 양 혜교(慧皎, 497~554) 편, 승려 열전, 14권.

강서통지(江西通志) : 청 사민(謝旻) 등편, 지리지, 162권, 1729년경.

개원석교록(開元釋敎錄) : 당 지승(智昇, 658~740), 목록집, 20권, 730((T55-No.2154))

경덕전등록(景德傳燈錄) : 송 도원(道原), 계보집, 30권, 1004.

고금사문류취(古今事文類聚) : 송 축목(祝穆), 유서(類書), 170권(전집 60권, 후집 50권, 속집 28권, 별집 32권). 51권(신집 36권, 외집 15권, 원 富大用 찬), 유집 15권(원 祝淵 찬)

고금주(古今注) : 서진(西晉) 최표(崔豹), 명물지(名物志), 3권.

고문진보(古文眞寶) : 송 황견(黃堅), 시문 선집, 20권(전집 10권, 후집 10권).

고시기(古詩紀) : 명 풍유눌(馮惟訥), 시화집, 156권(전집 10권, 정집 130권, 외집 4권, 별집 12권), 1550년경.

관세음응험기(觀世音應驗記) : 제(齊) 육고(陸杲, 459 ~ 532) 찬, 1권(牧田諦亮, 『六朝古逸
    觀世音應驗記の硏究』소수).

구당서(舊唐書) : 후진(後晉) 유후(劉昫) 등편, 역사서, 200권.

당회요(唐會要) : 송 왕부(王溥), 역사서, 100권.

대당청룡사삼조공봉대덕행장(大唐靑龍寺三朝供奉大德行狀) : 미상, 행장, 1권, (『대정신
    수대장경』50권 ; 이하 T50-No.2057 소수).

대승현론(大乘玄論) : 길장(吉藏, 549 ~ 623) 찬, 주석서, 5권(T45-No.1853).

대종조증사공대판정광지삼장화상표제집(代宗朝贈司空大瓣正廣智三藏和尙表制集) : 당
    원조(圓照), 문선집, 6권(T52-No.2120).

대주서명사고대덕원측법사불사리탑명병서(大周西明寺故大德圓測法師佛舍利塔銘幷
    序) : 송 송복(宋復) 찬, 1115.

두양잡편(杜陽雜編) : 당 소악(蘇鶚), 전기집(傳奇集), 3권.

법화전기(法華傳記) : 당 승상(僧詳), 영험기, 10권(T51-No.2068).

법화현의석첨(法華玄義釋籤) : 湛然 찬, 주석서, 20권(T33-No.1717).

불조역대통재(佛祖歷代通載) : 원 念常, 불교사, 22권(T49-No.2036).

불조통기(佛祖統紀) : 남송 지반(志磐), 불교사, 54권(T49- No.2035).

삼국지(三國志) : 진(晉) 진수(陳壽, 233~297), 역사서, 65권.

삼론현의(三論玄義) : 길장 찬, 주석서, 1권, 597년경(T45-No.1852)

삼보감응요약록(三寶感應要略錄) : 송 비탁(非濁), 영험록, 2권(상하). (T51-No.2084).

석문자경록(釋門自鏡錄) : 당 회신(懷信), 영험록, 2권(상하). (T51-No.2083).

석씨몽구(釋氏蒙求) : 청 영조(靈操) 찬, 2권(상하)(『卍속장경』제148책-No.1623).

선실지(宣室志) : 당 장독(張讀) 찬, 전기집(傳奇集), 10권.

속고금역경도기(續古今譯經圖紀) : 당 지승(智昇), 목록집, 1권, 730(T55-No.2152).

속고승전(續高僧傳) : 당 도선(道宣, 596 ~ 667), 승려 열전, 30권(T50-No.2060).

속선전(續仙傳) : 당 심분(沈汾), 신선 열전, 3권

송고승전(宋高僧傳) : 송 찬녕(贊寧), 고승 열전, 30권, 988(T50-No.2061).

신당서(新唐書) : 송 구양수(歐陽脩) 등편, 역사서, 225권.

양부대법상승사자부법기((兩部大法相承師資付法記) : 당 해운(海雲), 법맥기, 1권,
    834(T51-No.2081).

운급칠첨(雲笈七籤) : 송 장군방(張君房), 도교서, 120권.

유양잡조 : 당 단성식(段成式), 설화집, 30권(본집 20권, 속집 10권).

육조대사법보단경(六祖大師法寶壇經) : 당 법해(法海) 편, 1권(T48-No.2007)

육조사적편류(六朝事迹編類) : 송 장돈이(張敦頤), 전기집(傳奇集), 2권(상하).

이제의(二諦義) : 길장 찬, 주석서, 3권(T45-No.1854).

임간록(林間錄) : 송 각범 혜홍(覺範惠洪, 1071 ~ 1128) 찬, 2권, 1107년경(『권속장경』제
148책-No.1624-A).

전당문(全唐文) : 청 동고(董誥 : 1740~1818) 등편, 문선집, 1000권, 1814.

전당시(全唐詩) : 청 조인(曹寅) 등편, 시선집, 900권, 1706.

조당집(祖堂集) : 송 정(靜)·균(筠) 찬, 전기집, 20권, 952.

중관론소(中觀論疏) : 길장 찬, 주석서, 10권(T42-No.1824).

진습유집(陳拾遺集) : 당 진자앙(陳子昂) 시문집, 10권.

태평광기(太平廣記) : 송 이방(李昉) 등편, 유서(類書), 200권.

태평어람(太平御覽) : 송 이방(李昉) 등편, 유서(類書), 1000권.

호광통지(湖廣通志) : 청 매주(邁柱) 등편, 지리지, 120권.

홍찬법화전(弘贊法華傳) : 당 혜상(惠祥, 慧詳), 영험기, 10권

후한서(後漢書) : 남조 송 범엽(范曄), 역사서, 120권.

해동금석원(海東金石苑) : 청 유희해(劉喜海), 자료집, 8권(본문 6권과 부록 2권), 1831.
1922(유승한 중교본).

일본

일본서기(日本書紀) : 도네리 친왕(舍人親王, 676~735) 외, 역사서, 30권, 720.

속일본기(續日本記) : 스가노 마미치(菅野真道) 등편, 역사서, 40권, 797.

속일본후기(續日本後記) : 후지와라노 요시후사(藤原良房) 등편, 역사서, 12권, 869.

고사기(古事記) : 오노야스마로(太安萬呂), 설화집, 3권, 712.

본조고승전(本朝高僧傳) : 시반(師蠻) 편, 승려 열전, 75권, 1702(일본불교전서 102책)

불법전래차제(佛法傳來次第) : 미상.

삼국불법전통연기(三國佛法傳通緣起) : 교넨(凝然, 1240~1321) 편, 불교사, 3권,
1311(『일본불교전서』제101책)

원형석서(元亨釋書) : 코칸 시렌(虎關師錬, 1278 ~ 1346) 편, 불교사, 30권, 1322.

입당구법순례행기(入唐求法巡禮行記) : 엔닌(圓仁, 794 ~ 864) 찬, 견문록, 4권.

화한삼재도회(和漢三才圖會) : 데라시마 료안(寺島良安) 편, 사전류, 105권, 1712.

이칭일본전(異稱日本傳) : 마쓰시타 겐린(松下見林), 역사서, 3권, 1688.

광륭사내유기(廣隆寺來由起) : 미상(일본불교전서 119책).

내증불법상승혈맥보(內證佛法相承血脈譜) : 사이초(最澄, 767 ~ 822), 법맥도, 819.

【색인】